Thilo Sarrazin

Deutschland auf der schiefen Bahn

Thilo Sarrazin

Deutschland auf der schiefen Bahn

Wohin steuert unser Land?

LMV

MIX
Papier | Fördert gute Waldnutzung
FSC® C014889

2. Auflage 2024
3. Auflage 2024
4. Auflage 2024

Thomas-Wimmer-Ring 11, 80539 München, info@langenmueller.de

Umschlaggestaltung: Jorge Schmidt, München
Satz: Satzwerk Huber, Germering
Druck und Binden: Friedrich Pustet GmbH & Co.KG, Regensburg
Printed in Germany
ISBN 978-3-7844-3717-0

www.langenmueller.de

Inhalt

Einleitung

Seit Jahren bewegt mich die Frage, wie es in und mit Deutschland eigentlich weitergeht. Daraus entstand 2010 *Deutschland schafft sich ab*. Ich hatte die damals absehbaren Trends bei Demografie, Bildung und Einwanderung analysiert und einen kritischen Ausblick auf die künftige deutsche Entwicklung gegeben. Auch die weiteren Bücher seit 2012 kreisten um verschiedene Teilaspekte dieser grundsätzlichen Frage. Es ging um die kritische Auseinandersetzung mit Wirtschafts-, Währungs- und Finanzfragen, mit Meinungsfreiheit und dem Islam. In der Summe ergab sich ein Panorama der wesentlichen Probleme, mit denen Deutschland konfrontiert ist.

Mit dieser Problemsicht stieß ich nicht überall auf Gegenliebe.[1] Gleichwohl lässt mich die Frage nach Deutschlands Zukunft auch heute nicht los. Anderthalb Jahrzehnte nach der Niederschrift von *Deutschland schafft sich ab* sehe ich die Problemlage Deutschlands wie folgt:

- Die langfristige Geburtenlücke von etwa einem Drittel zur Bestandsneutralität dauert an, innerhalb der niedrigen Geburtenzahl entfällt ein immer größerer Teil auf Mütter mit Migrationshintergrund aus dem islamischen Kulturkreis, regional gesehen aus dem Nahen und Mittleren Osten und Afrika. Bildungsferne Schichten und religiöse Fundamentalisten sind bei der Geburtenhäufigkeit weit überrepräsentiert. Das ist ein weltweiter Trend.
- Die kulturfremde Einwanderung aus dem Nahen und Mittleren Osten und aus Afrika hat sich auf einem stabilen Niveau von jährlich 200 000 bis 400 000 eingependelt und ist damit weitaus höher als seinerzeit von mir in *Deutschland schafft sich ab* angenommen.
- Die Bildungsleistung in Deutschland sinkt immer weiter ab. Der Anteil der Schüler, die selbst Mindeststandards in Deutsch und Mathematik nicht erfüllen, steigt fortlaufend an, während derjenige der Schüler mit Spitzenleistungen sinkt. Die gleiche Entwicklung sieht man unter den Schülern bei Sportlichkeit und Fitness.[2]

- Das sinkende Potenzial bei der durchschnittlichen Leistungsfähigkeit junger Menschen zeigt sich nicht nur im Ausbleiben sportlicher Erfolge und in immer größeren Mängeln bei körperlicher Fitness, sondern auch an der abnehmenden Zahl junger Menschen, die fähig und willens sind, MINT-Fächer zu studieren. In Deutschland muss man sich wachsende Sorgen um einen ausreichenden Nachwuchs an qualifizierten Ingenieuren und Naturwissenschaftlern machen.[3]
- Das belastet den Produktionsstandort Deutschland, das als Hochlohnland auf Vorsprünge in Wissenschaft und Technik angewiesen ist. Die Zunahme der Arbeitsproduktivität hat sich bereits deutlich verlangsamt und ist nahezu zum Stillstand gekommen.
- Die forcierte Energiewende entwertet teilweise den deutschen Kapitalstock. Sie schafft aber für sich genommen keinen neuen Wohlstand. Im Gegenteil, es droht die dauerhafte Abwanderung energieintensiver Produktionen aus Deutschland. Damit geraten darauf basierende Wertschöpfungsketten in Gefahr, ebenfalls aus Deutschland abzuwandern.
- Im Verkehrsbereich zeigt die physische Infrastruktur wachsende Verfallserscheinungen. Beim Ausbau der digitalen Infrastruktur ist Deutschland gegenüber Industrieländern vergleichbaren Entwicklungsniveaus weit zurückgefallen. In der öffentlichen Verwaltung und im Gesundheitswesen kommt die Digitalisierung nur langsam voran. Auch hier sind wir gegenüber vergleichbaren Industrieländern in Rückstand geraten.
- In den öffentlichen Haushalten steigt der Anteil der Sozialausgaben fortlaufend an, während der investive Anteil kontinuierlich zurückgeht. Der Umfang stiller Lasten nimmt zu. Für den in wenigen Jahren einsetzenden Übergang geburtenstarker Jahrgänge ins Rentenalter wurde keinerlei Vorsorge getroffen.
- Die Kriminalitätsbelastung in der Gesellschaft verlagert sich mehr und mehr auf Ausländer, Fluchtmigranten und die organisierte Kriminalität arabischer Clans.
- Die durchschnittliche Allgemeinbildung gewählter Politiker nimmt dramatisch ab. Solide historische Kenntnisse werden bei aktiven

Politikern zur Ausnahme. Unter den Mandatsträgern nimmt der Anteil jener zu, die weder einen beruflichen Abschluss noch ein abgeschlossenes akademisches Studium vorweisen können. Unter den akademischen Abschlüssen von Mandatsträgern – sofern sie vorhanden sind – dominieren sogenannte weiche Fächer wie Politikwissenschaft. Ingenieure, Naturwissenschaftler und Mathematiker kann man dagegen unter heutigen aktiven Politikern mit der Lupe suchen.

- Der öffentlich-rechtliche Rundfunk und die etablierten Medien projizieren ein häufig gleichgeschaltet wirkendes Weltbild. Sie sind links beziehungsweise linksliberal dominiert und versuchen, die Öffentlichkeit, soweit sie ihnen zugänglich ist, in ihrem Sinn zu erziehen, etwa zu sexueller Diversität und gendergerechter Sprache.
- Gleichzeitig werden die herkömmlichen Medien ebenso wie die etablierten politischen Parteien von sinkender politischer und gesellschaftlicher Reichweite geplagt. Dies nimmt unterschiedliche Ausdrucksformen an. Auch der europaweite Aufstieg rechter Parteien gehört dazu. Es wird sich zeigen, ob politische und moralische Ausgrenzung allein diesen Trend stoppen kann.[4]

Diese insgesamt kritische Sicht impliziert zwar nicht unbedingt einen »Untergang Deutschlands«. Aber ein relatives Zurückfallen in der Welt und vielleicht auch in Europa prognostiziere ich als ziemlich sicher. Den individuellen Lebenschancen in Deutschland muss das nicht unbedingt einen Abbruch tun. Im Gegenteil: In einem gesellschaftlichen Umfeld, in dem die individuelle Tüchtigkeit und der mit ihr einhergehende Gestaltungsehrgeiz langfristig eher auf dem Rückzug sind, kann der Tüchtige und Ehrgeizige sehr gute Chancen zum materiellen Lebenserfolg und zur individuellen Selbstverwirklichung haben. Mit dem Rückgang des durchschnittlichen Niveaus von Leistungsfähigkeit und Leistungswillen steigen die Möglichkeiten der Tüchtigen und Ehrgeizigen zu einer guten relativen Positionierung. So wird es zum Beispiel der tüchtige Sportler in einem Deutschland, in dem sportliche Leistungsfähigkeit immer knapper wird, leichter haben, an die Spitze zu gelangen. (Damit ist allerdings noch kein Weltniveau erreicht, wie sich zuletzt im Fußball schmerzlich zeigte.) Ähnlich gilt dies für alle Bereiche beruflicher, persönlicher und materieller Selbstverwirklichung, in denen die individuelle Leistung eine Rolle spielt. Eine Voraussetzung sind allerdings regulatorische Rahmenbedingungen und ein gesellschaftliches Klima in Deutschland, das dem Einzelnen bei seinem individuellen Streben und bei der Verfolgung ehrgeiziger persönlicher Ziele keine übermäßigen Hemmnisse in den Weg legt. Sollte die gesellschaftliche Regulierung in Deutschland den Einzelnen im Übermaß behindern und zum Mittelmaß quasi zwingen, so bliebe den Tüchtigen immer noch die Auswanderung. *Ein schwächer und mittelmäßiger werdendes Deutschland muss deshalb im eigenen Interesse umso intensiver dafür Sorge tragen, dass es für die Tüchtigen und Ehrgeizigen ein attraktiver Lebensraum bleibt.*

In der obigen Aufzählung habe ich gegenwärtig wirksame Trends und Zustände beschreibend zusammengefasst. Es wäre nicht sachgerecht, sie einfach unkritisch in die Zukunft zu verlängern. Noch nachlässiger ist es allerdings, wenn man sie leugnet und verdrängt. Das ist aber das, was in der aktuellen gesellschaftlichen und politischen Debatte in Deutschland weitgehend geschieht. Die oben genannten Negativtrends hängen innerlich miteinander zusammen. Im Kern ergeben sie sich zu einem großen Teil aus der demografischen Entwicklung in Deutschland, aus der sozioökonomischen Verteilung der Geburten und aus dem Umfang und der Struktur der Einwanderung nach Deutschland. Sie werden auch von jeweils herrschenden gesellschaftlichen Einstellungen geprägt. Letztere haben – unabhängig davon, wie positiv oder negativ man ihnen im Einzelnen gegenübersteht – häufig auch unbeabsichtigte Nebenwirkungen. Das zeigt sich beispielsweise in der Demografie an der steigenden Zahl kinderloser Frauen oder bei der Klima- und Energiewende an den Gefahren für den Industriestandort Deutschland.

Es ist ein Ziel dieses Buches, absehbaren Trends im Einzelnen nachzugehen, zu zeigen, wie sie innerlich miteinander zusammenhängen, was sie für Deutschland bedeuten, und was man tun kann, um sie zu beeinflussen. Außerdem skizziere ich differenziert nach Politikbereichen die zu erwartende Entwicklung, wenn die beschriebenen Trends weiterhin dominieren.

Gesellschaftliche Entwicklungen – und häufig auch die damit verbundenen politischen Konsequenzen – gleichen in gewisser Hinsicht dem Wechsel von Ebbe und Flut am Meeresstrand: Man sieht das Wasser kommen und gehen. Man kann Deiche und Schleusen bauen und gegen die gelegentliche Sturmflut besondere Vorsorge treffen. Grundsätzlich kann man aber – zumal als Einzelner oder als Teil einer kleinen Gruppe – wenig dagegen machen. Zumeist fährt man persönlich am besten, wenn man sich dem Gezeitenwechsel beugt, sich also ein Stück weit opportunistisch verhält. Das schützt die Nerven und oft auch mehr, aber ist es auch gut für die Gesellschaft? Wo lohnt es den Kampf? Und wo ist es klüger, sich ins Unvermeidliche zu fügen und die wechselhaften gesellschaftlichen Trends zu nehmen, wie sie kommen?

In jeder Gesellschaft wäre es zudem die absolute Ausnahme, wenn sich die öffentlichen Dinge in der Summe so entwickelten, wie es den Vorstellungen eines Einzelnen oder einer Gruppe, die das Land nicht als Diktatur in der Hand haben, entspricht. Der Regelfall ist doch bei den meisten Zeitgenossen eher, dass sie sich mit ihren eigenen Einstellungen und Ansichten – ob bewusst oder unbewusst – weitgehend an das Klima anpassen, das in einer Gesellschaft vorherrscht. So verhindern sie seelisch belastende Dissonanzen und investieren durch Anpassung der eigenen Einstellungen an die gesellschaftlichen Erwartungen in das eigene Wohlbefinden. Durch solche individuellen Anpassungen an das allgemeine Meinungsklima in einer Gesellschaft wird auch das für das Funktionieren einer jeden Gesellschaft unverzichtbare Maß an Verhaltenskoordinierung sichergestellt. Wenn es hier zwischen wichtigen gesellschaftlichen Gruppen allzu große Unterschiede gibt, entstehen soziale Kosten, die das Funktionieren einer Gesellschaft stören und bis zu deren Existenzgefährdung reichen können. Allerdings können festgefügte gesellschaftliche Wahrnehmungen und anscheinend unverrückbare Grundeinstellungen einer Gesellschaft in einer bestimmten Epoche bisweilen durch schockartige Ereignisse erschüttert werden. So geschah es mit der weit verbreiteten pazifistischen Grundeinstellung in Europa, als Russland die Ukraine überfiel.

Mir geht es wie wohl den meisten, die an Politik und Gesellschaft interessiert sind: Es frustriert, wenn es bei den gesellschaftlichen Themen, die man für wichtig hält, nicht so läuft, wie man sich das vorstellt. Die Frage ist: Was bedeutet das konkret, und was ist so schlimm daran? Oder existieren die meisten Gefahren nur in meiner Einbildung, beziehungsweise sind sie gar keine Gefahren, wenn man nur Blickwinkel und Perspektive ein wenig ändert? Jeder Mensch denkt, urteilt und handelt ja aus einem bestimmten Weltbild heraus. Das mag bewusst oder unbewusst geschehen. Der individuelle Blick auf die Welt ist immer auch ein *persönliches Glaubensbekenntnis*, hat also subjektiven Charakter.[5]

Für die »große« Politik und die meisten Medien stehen gegenwärtig die Auswirkungen der menschengemachten Erderwärmung im Mittelpunkt aktueller Sorgen. Dabei ist klar, dass menschliches Leben auf der Erde auch dann weiter stattfindet, wenn es nicht gelingt, den Anstieg der Durchschnittstemperatur in der Welt – wie international politisch vereinbart – auf 1,5 Grad zu begrenzen.

Für den Klimawandel wie auch für viele andere Einflüsse auf die menschliche Wohlfahrt gilt nämlich: Die Unmöglichkeit einer aus guten Gründen für richtig erachteten Politik bedeutet zwar den Untergang von Zielen oder guten Vorsätzen und kann auch erhebliche Folgeschäden mit sich bringen, sie bedeutet aber nicht den Untergang der Welt und auch nicht notwendig den einer bestimmten Gesellschaft. Vielmehr eröffnen sich regelmäßig alternative Entwicklungspfade, auch wenn diese mit hohen politischen, sozialen und fiskalischen Kosten verbunden sein und für viele Menschen schreckliches Leid bedeuten können. *Niemals also – außer vielleicht bei der Katastrophe eines atomaren Weltkriegs – ist die menschliche Welt an einem bestimmten Punkt quasi mit Brettern zugenagelt, sodass es überhaupt nicht mehr weitergeht.* Menschen mögen sterben, aber für die Überlebenden und Nachgeborenen wird es immer ein Morgen mit neuen, wenn auch anderen Lebenschancen geben. Das gilt bei Seuchen, Erdbeben, großen Kriegen, schrecklichen Diktaturen und auch für die Folgen des Klimawandels.

Analoges – auch unterhalb des Katastrophenniveaus – gilt für meisten Felder der Politik und des gesellschaftlichen Wandels: Wenn es nicht so läuft wie vorgestellt und wie es aus einer bestimmten Perspektive auch notwendig und richtig wäre, so entstehen aus diesem Scheitern alternative Entwicklungspfade, die möglicherweise alte Probleme gegenstandslos machen, aber zu neuen führen können. Die Zukunft ist wie ein Labyrinth: Wenn die gewählte Tür verschlossen ist, muss man eine andere Tür wählen oder man wird gar durch diese gestoßen, dort tun sich wieder Alternativen auf. Dieser Gedanke lässt sich auf alle klassischen Felder der Politik anwenden. Das tue ich in diesem Buch für einige jener Politikfelder, in denen ich in der Vergangenheit beruflich oder publizistisch tätig war. Bei den Politikfeldern, die ich in diesem Buch abhandle, schöpfe ich argumentativ aus meinen in den letzten fünf Jahrzehnten gemachten Erfahrungen und den dabei gewonnenen Einsichten. Dahinter lässt sich unschwer ein Weltbild erkennen. Dieses ist aber unvollständig und nicht abgeschlossen. Zwischen den Politikfeldern bestehen die unterschiedlichsten Zusammenhänge und gegenseitigen Wechselwirkungen.

Den Einstieg wähle ich über die Themen Demokratie, Meinungsfreiheit und Friedenspolitik, denn aus meiner westlich-abendländisch geprägten Sicht sind sie zentrale Voraussetzungen für die gedeihliche Entwicklung einer jeden Gesellschaft, in der ich gerne leben möchte, und damit quasi politikübergreifend. Demokratie braucht Meinungsfreiheit, und Meinungsfreiheit braucht gelebte Pluralität auch für das Unerfreuliche und Abstoßende. Zu viel Pluralität kann aber jede Gesellschaft überfordern. Hier liegt der nur schwer auflösbare Widerspruch einer jeden offenen Gesellschaft.

Die in der gesellschaftlichen Wirklichkeit immer wieder auftretende Unmöglichkeit, in einer konkreten Situation bestimmte Wege zu gehen und entsprechende Entscheidungen durchzusetzen, motiviert die Suche nach alternativen Handlungspfaden. Soweit diese gefunden und beschritten werden, tun sich regelmäßig neue unerwartete Probleme auf, gleichzeitig aber können wegen des veränderten Entscheidungsumfelds alte Probleme gegenstandslos werden. Die Frage ist also: *Wie kann es weitergehen, wenn die Dinge ganz anders laufen, als es der eigenen Vorstellung oder den überwiegenden gesellschaftlichen Ideen entspricht?*

Das ist übrigens eine Frage, die sich nicht nur in politischen Zusammenhängen, sondern auch in individuellen beruflichen und privaten Lebenslagen immer wieder stellt. Dann hilft es nicht, mit dem Kopf durch die Wand zu gehen oder sich verzagt abzuwenden. Man muss die Situation nehmen, wie sie ist, und sich etwas einfallen lassen.

Hat man einmal die dahinter verborgene universale Entscheidungsmechanik erkannt, so wird klar, dass es in der Politik immer geboten ist, für das als notwendig Erkannte, aber vielleicht nicht Umsetzbare, rechtzeitig nach Alternativen zu suchen. Dies kann zur Folge haben, dass man nicht beim ursprünglichen Ziel, sondern ganz woanders ankommt, in einem veränderten Umfeld, das neue Fragen aufwirft, vielleicht aber auch ganz andere Antworten erfordert. Hier gilt Bismarcks Bonmot von Prinzipien in der Politik: Wer starr an bestimmten Prinzipien festhält, die zur Lage nicht mehr passen, gleicht einem Mann, der mit einer quer auf den Rücken gebundenen Stange durch einen Wald gehen will. Die Suche nach Alternativen gibt zudem dem Zufall und dem Unvorhergesehenen Raum. So entsteht Kontingenz im politischen Geschehen und damit in der Gesellschaft.

Gerade bei den Lebensläufen politischer Überlebenskünstler, die sich lange in öffentlichen Ämtern halten, fallen häufig die unvermuteten Wendungen und der flexible Umgang mit Prinzipien auf. Das kann dazu führen, dass politische Amtsträger eine ganz andere Politik betreiben als jene, für die sie ursprünglich gewählt wurden. So erging es Deutschland mit der Bundeskanzlerin Merkel bei der Euro-Rettung, der Atomkraft, der Einwanderung oder der Abgaben- und Steuerpolitik. Der Übergang von einem flexiblen Umgang mit politischen Prinzipien zu einem gedankenlosen Opportunismus ist gleitend. Wie gefährlich das sein kann, hat Deutschland Anfang 2022 bei der Energie- und Verteidigungspolitik erlebt, als die Bundeswehr in den Worten des Inspekteurs des Heeres nach 30 Jahren »Friedensdividende« bei ihrer Verteidigungsfähigkeit »blank« dastand, während gleichzeitig 55 Prozent des in Deutschland verbrauchten Erdgases aus Russland stammten.

Das »magische Viereck« nachhaltiger Politik besteht in der gleichzeitigen Sicherung von Rechtsstaat, Demokratie, Meinungsfreiheit und einer stabilen Friedensordnung. Nur sie schaffen in ihrer Kombination grundsätzliche Voraussetzungen für ein gedeihliches Zusammenleben. Diese Einsicht wird alle denkbaren Maßnahmen und politischen Strategien in den von mir in diesem Buch diskutierten Politikfeldern stets überwölben.

Bei den diskutierten Politikfeldern beschreibe ich jeweils zunächst die Problemlage und gehe auf die Ursachen ein. Auf dieser Grundlage diskutiere ich sodann die Möglichkeiten zur Abhilfe unter sachlichen, politischen und gesellschaftlichen Aspekten. Dabei stößt man sehr häufig auf den Umstand, dass Abhilfe in der sachlich gebotenen Form auf kaum überwindbaren politischen oder gesellschaftlichen Widerstand stößt oder auch, dass bei erfolgreicher Abhilfe unerwünschte beziehungsweise unüberschaubare Nebenwirkungen überwiegen.

So kann man beim Versuch der Problemlösung und bei dessen Scheitern auf einen ursprünglich nicht beabsichtigten Entwicklungspfad geraten, der ungeplant die Zukunft maßgeblich bestimmt. So erging es Deutschland mit seiner Gastarbeiterpolitik: Aus dem Anfang der Sechzigerjahre gestarteten Versuch, einen Arbeitskräftemangel im gewerblichen Bereich für einige Zeit zu überbrücken, wurde eine säkulare Masseneinwanderung, die Deutschland kulturell und ethnisch in einer Weise verändert hat und weiter verändert, die von Politik und Gesellschaft damals weder vorausgesehen wurde noch so gebilligt worden wäre.

Ob man überhaupt etwas als »Problem« empfindet, ist nur teilweise sachlogisch begründbar, es ist auch normativ geprägt: Während viele bürgerlich-konservative Gemüter – darunter auch ich – die ethnische und kulturelle Verwandlung Deutschlands durch anhaltende kulturfremde Masseneinwanderung als problematisch oder auch bedrohlich ansehen, wird dieselbe Entwicklung von Teilen des linken und grünen Spektrums der Gesellschaft geradezu überschwänglich begrüßt. Das hat seine Logik: Wer Deutschland und die deutsche Kultur immer schon misstrauisch beäugte oder gar hasste, kann einer demografischen und kulturellen Selbstabschaffung Deutschlands durchaus auch positive Seiten abgewinnen.

Für die verschiedenen Problemfelder erörtere ich Ziele und Zielverfehlungen sowie mögliche Verbesserungsmöglichkeiten und was ihnen sachlich, gesellschaftlich und politisch entgegensteht. Dabei geht es um

- Art und Grad der Zielverfehlung in einer bestimmten Ausgangslage,
- denkbare Abhilfen dagegen sowie die damit verbundenen Widerstände,
- Handlungsalternativen sowie Konsequenzen und Entwicklungspfade, wenn man sich auf solche Alternativen einlässt.

Interessant ist dabei stets die Frage, was denkbare Verbesserungsmöglichkeiten behindert/verhindert

- Mangel an umsetzbaren Ideen,
- gesellschaftliche/politische Machtverhältnisse,
- das gesellschaftliche Klima,
- die Wünsche der Menschen.

Die tief gestaffelten Verzweigungen alternativer Entscheidungen und Entwicklungspfade können bisweilen in ganz andere Welten führen und ursprüngliche Ziele gegenstandslos machen beziehungsweise auch in ihr Gegenteil verkehren. Anschaulich ist der Vergleich mit einem Schachspiel, das je nach den gewählten Zügen zu ganz unterschiedlichen Situationen führen kann. Gleichzeitig greift dieser Vergleich zu kurz, denn das Schachspiel erfolgt nach festen Regeln und mit einer eindeutigen Zielvorgabe. In der Politik dagegen können sich mit den Spielzügen sowohl die Regeln als auch die Ziele ändern, das ist sogar regelmäßig der Fall. Es gibt insofern kein historisches Schicksal.

Bei der Betrachtung eines gesellschaftlichen Problems beziehungsweise einer sozialen Entwicklung muss man stets unterscheiden zwischen

- der Identifikation und Beschreibung des Sachverhalts,
- den Ansatzpunkten für eine kausale Erklärung,
- den Möglichkeiten zu einer Problemlösung.

In gesellschaftlichen Fragen kann man auf allen drei Ebenen – der Analyse, der Erklärung und der Therapie – leicht der Gefahr des Quacksalberns erliegen. Gleichwohl braucht man auch den Mut zur Vereinfachung und darf sich nicht dahinter verstecken, dass die meisten gesellschaftlichen Fragen umso komplexer werden, je mehr man sich in ihre Details vertieft. Um Muster und Lösungsmöglichkeiten zu erkennen, braucht man auch so etwas wie eine optimale Distanz zum Problem.

Vor dem Einstieg in die Diskussion unterschiedlicher Politikbereiche erörtere ich die *Rolle des Zufalls in Politik und Geschichte*. Historiker benutzen dafür gern den Begriff der Kontingenz. Kontingenz ist aber nicht auf Politik und Geschichte beschränkt. Sie trägt zum Beispiel auch zur massentauglichen Faszination des Fußballspiels bei: Auch die stärkere Mannschaft kann verlieren, wenn der schwächeren zur rechten Zeit ein glücklicher Treffer gelingt und die so bewirkte psychologische Dynamik Unordnung in die Reihen der eigentlich besseren Mannschaft bringt, woraufhin die Schwächeren ihre Chance wittern und eine ungeahnte Kraftanstrengung entfalten. Kontingenz bestimmt auch unsere individuellen Lebenswege und die damit verbundenen menschlichen Dramen: Es war Zufall, dass Romeo Julia traf, und Zufall war es auch, dass sie aus verfeindeten Familien stammten.

Der Titel des Buches deutet an, dass ich die Perspektiven in [illegible]eutschland nicht optimistisch sehe. Die natürliche Schwerkraft der [illegible]nge zerrt die Entwicklung von Staat, Gesellschaft und Wirtschaft [illegible]n seit längerer Zeit in eine ungünstige Richtung. Viele Gegen[illegible]l, die es gäbe, entziehen sich dem gesellschaftlichen Einverneh[illegible]ür andere Maßnahmen ist es schlicht zu spät. Für individuelles [illegible]teuern bleiben die Perspektiven allerdings viel besser als für [illegible]e Aktionen. Liberales, ja sogar libertäres Gedankengut hat [illegible]m Hintergrund eine große Zukunft und wird langfristig an

Attraktivität gewinnen. Ohne Anstrengung und Entsagung geht es allerdings nicht. Hier gilt die Einsicht von Wilhelm Busch:

> »So ist's in alter Zeit gewesen,
> So ist es, fürcht' ich, auch noch heut.
> Wer nicht besonders auserlesen,
> Dem macht die Tugend Schwierigkeit.
> Aufsteigend mußt du dich bemühen,
> Doch ohne Mühe sinkest du.
> Der liebe Gott muß immer ziehen,
> Dem Teufel fällt's von selber zu.«[6]

Kapitel 1
Die Rolle des Zufalls in Politik und Gesellschaft

Umfassend gelten in der Welt die Gesetze der Logik und die Naturgesetze. Anhand der Naturgesetze entwickelte sich von einem singulären Ausgangspunkt, dem sogenannten Urknall, die physische Welt. Unser Milchstraßensystem, die Sonne und der Planet Erde, die um diese kreist, sind davon nur ein infinitesimal winziger Teil. Unter den spezifischen Bedingungen der Erdatmosphäre entstand vor rund vier Milliarden Jahren aus chemischen Verbindungen in warmen Gewässern das Leben, zunächst in Form von Einzellern, die sich durch Teilung vermehren konnten.[1] Im Zuge der Evolution entstand daraus durch weitere Ausdifferenzierung die Vielgestaltigkeit des Lebens auf der Erde, von der der moderne Mensch als Homo sapiens eine der jüngsten Ausprägungen ist. Zwingend angelegt war die Entstehung des Menschen im Bauplan der Natur nicht. Hätte nicht vor 66 Millionen Jahren ein großer Meteoriteneinschlag auf der mittelamerikanischen Halbinsel Yucatán die Lebensbedingungen auf der Erde stark verändert, so wäre es möglicherweise nicht zum Aussterben der Dinosaurier und zum Aufstieg der Säugetiere, damit letztlich auch nicht zur Entwicklung des Menschen gekommen.

Auch in der kurzen Zeit der menschlichen Geschichte war nie eine bestimmte Entwicklung zwingend angelegt: Obwohl es den Homo sapiens seit 200 000 bis 300 000 Jahren gibt, entwickelten sich erst vor 10 000 Jahren Ackerbau und Viehzucht, Metallverarbeitung gibt es erst seit 5000 Jahren, und ein ähnliches Alter haben die Ursprünge der menschlichen Schrift. Die moderne Naturforschung in Astronomie, Physik und Chemie begann vor circa 600 Jahren, und das Industriezeitalter, das die menschliche Lebenswelt und das Angesicht der Erde so radikal veränderte, setzte erst vor circa 250 Jahren ein. Durch minimale, im Zufallsbereich liegende Änderungen der äußeren Bedingungen hätte es durchaus sein können, dass der Homo sapiens noch immer keinen Ackerbau, keine Schrift, keine Metallverarbeitung und schon gar nicht die moderne Technik kennt. Als weitere Folge wären auch das starke Bevölkerungswachstum auf der Erde und der menschengemachte Klimawandel ersatzlos ausgefallen. Australien wäre von den Europäern niemals entdeckt worden, und die Menschen dort würden immer noch mit Speeren jagen, weil sie Pfeil und Bogen in 40 000 Jahren auf ihrem Kontinent nicht erfunden hatten. Die brachten ebenso wie das Rad erst die britischen Entdecker zu ihnen.

Natürlich ist das, was ist, rückschauend immer in einer kausalen Kette verbunden mit dem, was war. Aber die kausale Kette zu einem bestimmten Ereignis, die im Nachhinein eindeutig feststellbar ist, lässt sich eben im Voraus selbst dann nicht eindeutig fortschreiben, wenn alle nur denkbaren Daten aus Vergangenheit und Gegenwart vollständig bekannt sind. Das gilt prinzipiell, und das werde ich in einem etwas gewagten Beispiel an mir selbst erläutern:

Die öffentliche Wahrnehmung meiner Person und wahrscheinlich auch für einige Jahrzehnte die Erinnerung an mich ist durch die Veröffentlichung von *Deutschland schafft sich ab* geprägt, das hitzige Kontroversen auslöste. Wären sich mein Vater und meine Mutter nicht im Dezember 1940 in Freiburg begegnet, was ein reiner Zufall war, und hätten sie sich nicht im Mai 1944 zu einer bestimmten Stunde liebend vereinigt, und wäre nicht zufällig dabei eine bestimmte Samenzelle auf ein bestimmtes Ei getroffen, so wäre die Person Thilo Sarrazin niemals entstanden und hätte infolgedessen auch nicht 66 Jahre später ein kontroverses Buch veröffentlichen können. Im Voraus gesehen war die Entstehung meiner Person extrem unwahrscheinlich und hätte von niemandem, außer von einem allwissenden Gott, prognostiziert werden können.

Die konkrete Vorhersage von Einzelereignissen und darauf aufbauenden Ereignisketten ist also logisch unmöglich. Anders steht dies aber mit Wahrscheinlichkeiten. Aus dem Umstand, dass meine Eltern im März 1943 heirateten, ließ sich die Wahrscheinlichkeit ableiten, dass früher oder später eins oder mehrere Kinder geboren werden würden. (Am Ende waren wir vier Geschwister.) Alle Lebewesen sichern ihr Überleben auch dadurch, dass sie günstige Umweltbedingungen erkennen, sich darauf einstellen und jene Orte und Aktivitäten meiden, die für sie mit besonderen Gefahren verbunden sind. Dabei hilft auch in der Tierwelt eine Prognosefähigkeit anhand der Einschätzung von Wahrscheinlichkeiten.

Bedingte Prognosen, aufbauend auf Wahrscheinlichkeiten, sind auf zahlreichen Gebieten möglich. Das gilt auch für das menschliche Lebensumfeld vom Klima bis hin zu politischen, kulturellen und gesellschaftlichen Entwicklungen. Aber es sind eben bedingte Prognosen mit Wahrscheinlichkeitscharakter und keine absoluten Vorhersagen bestimmter Entwicklungen oder Ereignisse.

Unsere Wahrnehmung der natürlichen Lebensumwelt ist durch die Erfahrung von Kreisläufen bestimmt: Es gibt den Rhythmus von Tag und Nacht, von Schlafen und Wachen, den Wechsel der Jahreszeiten, das Werden und Vergehen in Fauna und Flora. Es gibt die individuelle Lebenskurve, die, was das Individuum angeht, stets aus dem Nichts kommt und mit dem Tod auch wieder zwingend im Nichts endet.

Viele romantische, teilweise auch theologisch gefärbte Ordnungsvorstellungen hängen an der Idee eines ewigen Kreislaufs, in dem sich die Einheit des Kosmos sowie die Einheit von Mensch und Natur verwirklichen sollen. Die grünen Schlagworte von »Nachhaltigkeit« und »Kreislaufwirtschaft« sind durch solches Denken geprägt, und dieses hat zum Beispiel in der Wasserwirtschaft, bei dem Recycling von Rohstoffen, bei der Müllbeseitigung und der Eindämmung von Umweltgiften durchaus seine Berechtigung.

An anderen Stellen trägt es dagegen nicht: Insbesondere in Bezug auf die Geschichte der Natur, die Geschichte des Menschen und den Weg von Völkern, Staaten und Nationen aus der Vergangenheit in die Zukunft geht jedes Kreislaufdenken fehl.

Zwar kreist der Zeiger der Uhr auf dem Ziffernblatt, aber mit jedem vollendeten Kreis beginnt eben eine neue Stunde, mit jeder Morgendämmerung ein neuer Tag, und es wiederholt sich nichts, auch wenn die Abläufe sich ähneln. Der älter werdende Mensch kann so lange er möchte in seinen Erinnerungen kramen, aber er wird die Jugend nicht zurückholen, nicht ihre Ängste und Hoffnungen und nicht die verpassten Gelegenheiten, die er so gerne noch mal nutzen möchte. Der Zug der Zeit fährt nur in eine Richtung, nämlich in die Zukunft, und die Stationen der Vergangenheit liegen unaufhebbar in der Vergangenheit, es führt kein Weg zu ihnen zurück. Das Leben auf der Erde wird niemals zum Zustand der Ursuppe vor vier Milliarden Jahren zurückkehren, die Dinosaurier werden niemals wiederauferstehen, und der Mensch wird nie mehr als Jäger und Sammler durch europäische Savannen streifen. Wir können aus der Geschichte lernen und in der Zukunft vieles anders und hoffentlich auch besser machen, aber die Vergangenheit zurückholen können wir nicht. *Deshalb ist Nostalgie in der Politik und im persönlichen Leben häufig ein schlechter Ratgeber.*

Ein Denken in Kreisläufen kann zwar für die menschliche Psyche aufgrund der scheinbaren Vorherbestimmtheit und der Einbettung in größere Zusammenhänge seelisch entlastend wirken. Es hat gleichwohl nur für sehr begrenzte Fragestellungen einen heuristischen Wert, und nur für bestimmte Fragestellungen ist es auch prognostisch geeignet.

Unabhängig von der Kreislaufidee gibt es auch bei linearer Entwicklung keine logische Gesetzmäßigkeit, nach der die Vergangenheit die Zukunft quasi enthält. *Deshalb geht jeder historische Determinismus, der aus Vergangenheit und Gegenwart die Zukunft ableiten will, grundsätzlich fehl.*

Allerdings bestimmt die Vergangenheit zusammen mit der Gegenwart indirekt über die Zukunft – und zwar, indem sie deren *Möglichkeitsraum* beschneidet. Nehmen wir als Beispiel die Demografie: Jene Kinder, die in den letzten fünfzig Jahren in Deutschland aufgrund der Geburtenarmut nicht geboren wurden, können logischerweise in der Gegenwart und in den kommenden Jahrzehnten nicht als Steuer- und Beitragszahler herangezogen werden, um die Renten der sogenannten Babyboomer zu finanzieren, die jetzt und in den kommenden Jahren die Phase der Erwerbstätigkeit verlassen. Auch die Erfindungen, die die Forscher und Tüftler unter jenen 30 Millionen Deutschen, die in den vergangenen Jahrzehnten nicht geboren wurden, vielleicht gemacht hätten, fallen ersatzlos aus.

Das bedeutet selbstverständlich nicht, dass große Teile der Babyboomer als Rentner der Altersarmut anheimfallen müssen. Es bedeutet aber schon, dass auskömmliche Renten und niedrige Beiträge ohne längere Lebensarbeitszeit und steigende Zuschüsse aus der Staatskasse nicht miteinander vereinbar sind. Die Wahlmöglichkeiten, vor denen Politik und Gesellschaft bei der Alterssicherung stehen, werden also durch die bereits ausgefallenen Geburten unaufhebbar beschränkt. Sie sind allerdings immer noch nahezu unendlich groß und reichen von der Inkaufnahme einer gewissen Altersarmut über steigende Steuer- und Abgabenlasten bis zur staatlichen Einheitsrente. Soweit die denkbaren Lösungen eine weitere starke Verstärkung der Einwanderung nach Deutschland vorsehen, können denkbare Lösungsansätze auch das deutsche Demokratie- und Gesellschaftsmodell nachhaltig verändern und vielleicht sogar zerstören. Kurzum: Die Geburtenausfälle der letzten 50 Jahre begrenzen zwar den Lösungsraum in der deutschen Rentenpolitik, aber sie bestimmen nicht über seinen Inhalt. Insofern bleibt die Zukunft offen.

Geistesgeschichte

Der Inhalt zukünftiger Lösungsräume für politische Probleme und gesellschaftliche Fragen wird zu einem großen Teil durch die zu einer bestimmten Zeit in einer bestimmten Gesellschaft vorherrschende Ideenwelt vorgegeben. So unfassbar mächtig bestimmte Ideen, Weltanschauungen und Philosophien in einer bestimmten Epoche erscheinen mögen, so verbietet sich doch hinsichtlich ihrer Entstehung, ihrer Dauer, ihres Inhalts und ihrer Intensität jedweder Determinismus.

Es war nicht zwingend, dass die antike Geisteswelt ausgerechnet durch das Christentum abgelöst wurde. Es war nicht zwingend, wie der Islam entstand und sich im Nahen und Mittleren Osten verbreitete. Entstehung und Ablauf der evangelischen Reformation waren nicht zwingend, und auch der Weg der europäischen Aufklärung, der seit dem späten Mittelalter schließlich in die Explosion der Naturwissenschaften und die Industrialisierung führte, war zu dieser Zeit und in dieser Ausprägung nicht zwingend. Die Entstehung der marxistischen Lehre war ebenfalls nicht zwingend, ohne sie hätte es aber auch keine Sowjetunion gegeben, und die europäische wie auch die Weltgeschichte wäre ganz anders verlaufen.

Hätte es

- ohne die Geburt des Jesus von Nazareth das Christentum,
- ohne Mohammed den Islam,
- ohne Luther die Spaltung der katholischen Kirche und den Dreißigjährigen Krieg,
- ohne Marx den Kommunismus,
- ohne Hitler den Nationalsozialismus

gegeben? Die Menschheitsgeschichte wäre, ohne dass diese Männer zu einer bestimmten Zeit und an einem bestimmten Ort geboren wurden, mit Sicherheit gänzlich anders verlaufen. Aber Inhalt und Richtung dieses anderen Verlaufs kennen wir nicht. Das zeigt die überragende Rolle des Zufalls auch für große historische Prozesse.

Auch die Geschichte menschlicher Ideen und vorherrschender geistiger Strömungen lässt sich nicht vom Zufall lösen. Sie ist aber nur aus dem Zufall heraus auch nicht erklärbar: Die Wiederentdeckung der Antike im späten Mittelalter durch die aufkommende Renaissance war eben nur in Europa möglich, das seine verschüttete Geschichte wieder offenlegte. Und aus diesem Geist wuchsen nicht nur die Künste in Architektur und Malerei, sondern auch die philosophischen Ideen der Aufklärung sowie die moderne Naturwissenschaft. Vorhersehbar war dies alles zu keiner Zeit. Im Nachhinein erkennt man einige notwendige Bedingungen, und, soweit Entwicklungen tatsächlich eingetreten sind, müssen sie zusammen mit weiteren unbekannten Bedingungen offenbar auch hinreichend gewesen sein.

Philosophische Ideen, gesellschaftliche Theoriegebäude und darauf aufbauende politische Theorien gehen nicht nur stets in eine ungewisse Zukunft. Sie können durch politische und gesellschaftliche Entwicklungen jederzeit auch wieder untergehen oder in ihr Gegenteil verkehrt werden. Es gibt hier keinen linearen und schon gar keinen gesicherten Fortschritt. Der Rückfall ins Banausentum und die Rückkehr in dunkle Zeiten – entweder durch Dummheit oder durch politische Gewalt oder durch die Kombination von beidem – sind grundsätzlich jederzeit denkbar. Insbesondere die moderne Demokratie ist nicht älter als 250 Jahre, wenn man ihren Beginn mit der amerikanischen Unabhängigkeitserklärung ansetzt, und sie ist – wie gerade aktuelle amerikanische Entwicklungen zeigen – immer wieder in ihrem Bestand bedroht.

Das demokratische Erbe der Aufklärung ist also aus meiner Sicht stets vom Untergang bedroht. Sein Überleben ist keineswegs zwingend, sondern allenfalls ein Resultat fortwährender politischer Anstrengung.

Naturwissenschaft und Technik

Anders sieht es mit dem Erbe der Aufklärung in Naturwissenschaft und Technik aus. Hier hat die Menschheit mit den wachsenden Wissensbeständen in Astronomie, Physik, Chemie und Biologie eine Einbahnstraße betreten, auf der es hinsichtlich des Umfangs der Erkenntnisse und ihrer Anwendung in den unterschiedlichsten technischen Lösungen einschließlich der Datenverarbeitung kein Zurück mehr gibt. Eine Gesellschaft, die hier nicht mitmacht, die sich dem naturwissenschaftlich-technischen Wissen nicht öffnet oder seine Anwendung in ihrem Herrschaftsgebiet untersagen will, schneidet sich von der Zukunft ab und gerät im Wettbewerb der Systeme in eine hoffnungslose Unterlegenheit. Das ist nur kurzfristig und scheinbar zum Vorteil der Führungsschichten, vielmehr müssen sie den Zorn der Geführten fürchten, wenn diese willkürlich von technischen und damit auch wirtschaftlichen Errungenschaften in anderen Teilen der Welt abgeschnitten werden.

Wie der Geist, der einmal aus der Flasche ist, lässt sich das technisch-naturwissenschaftliche Wissen niemals ungeschehen machen, und es lässt sich auch nicht in ein politisch und gesellschaftlich gewolltes Vergessen zurückdrängen. Das gilt für die moderne Genforschung ebenso wie für die Entwicklung von Systemen künstlicher Intelligenz (KI) oder das Wissen um die Nukleartechnik. Hier gibt es überall nur den Weg nach vorn, auch wenn der Ausgang für die Menschheit ungewiss ist.

Der häufig schlagwortartig verwendete Begriff von »der einen Welt« enthält also in Bezug auf die Nutzung und die Folgen von Naturwissenschaft und Technik eine umfassende Wahrheit. Das gilt umso mehr in einer Welt, in der die Menschen – bedingt durch die Fortschritte von Wissenschaft und Technik – immer zahlreicher werden. Der menschengemachte Klimawandel ist ein Ausdruck davon. Aber auch der Müll in den Ozeanen ist ein Problem, das nur durch gemeinsame, Länder und Kontinente übergreifende Anstrengungen der Staaten und Völker überwunden werden kann.

Ereignisgeschichte

In der Kontingenz historischer Abläufe sind die Geschicke von Staaten und Völkern vom Einfluss einzelner Ereignisse und von den Taten einzelner handelnder Personen nicht zu trennen:

- Der Sieg der Griechen über die Perser in der Seeschlacht von Salamis 480 v. Chr. verhinderte den Zugriff des Persischen Reichs auf Griechenland und machte es möglich, dass sich die politische und die Geistesgeschichte Europas eigenständig entfalten konnte.
- Der durch Caesar 45 v. Chr. militärisch bewirkte erfolgreiche Übergang von der Römischen Republik zum Kaisertum brachte für 400 Jahre Frieden in einem politisch und wirtschaftlich vereinigten Mittelmeerraum. Das war nicht nur die Basis für die Entwicklung eines historisch beispiellosen Wohlstands, sondern auch eine Voraussetzung für die Ausbreitung des Christentums als dominierender Religion.
- Ohne Martin Luther wäre es im 16. Jahrhundert wahrscheinlich nicht zur Glaubensspaltung im Abendland gekommen. Auch der Dreißigjährige Krieg hätte so nicht stattgefunden. Der Gegensatz

Deutschland–Frankreich, der in eine 300 Jahre währende »Erbfeindschaft« mündete, hätte sich so nicht aufgebaut, oder er wäre auf andere Weise aufgelöst worden.

- Der Aufstieg des unbedeutenden und ärmlichen Kurfürstentums Brandenburg zur europäischen Großmacht als Königreich Preußen wurde nur durch den historischen Zufall möglich, dass in der Herrscherfamilie der Hohenzollern vier ungewöhnlich fähige Herrscher von 1640 bis 1786 in unmittelbarer Nachfolge 146 Jahre lang regierten. Das war eine historische Ausnahme sowohl hinsichtlich der Kontinuität ungewöhnlicher Fähigkeiten bei den Herrscherpersönlichkeiten als auch bei der für damalige Zeiten ungewöhnlichen Langlebigkeit mit entsprechender Regierungszeit.
- Der Zufall wollte es aber auch, dass dasselbe Geschlecht der Hohenzollern von 1786 bis 1918 keinen einzigen bedeutenden Herrscher mehr hervorbrachte. Der letzte unter ihnen, Kaiser Wilhelm II., hatte vielmehr durch seinen erratischen Charakter ein erhebliches Mitverschulden sowohl am Ausbruch des Ersten Weltkriegs als auch an der deutschen Niederlage.
- Auch die Entstehung und das Ende der Sowjetunion sind untrennbar mit dem zufallsbedingten Auftreten bestimmter Persönlichkeiten verbunden. Hätte nicht der deutsche Generalstab 1918 den bolschewistischen Revolutionär Lenin aus der Schweiz über die schwedisch-finnische Grenze nach Russland eingeschleust, so wäre es niemals zur Oktoberrevolution gekommen. Und hätte nicht das Zentralkomitee der KPdSU im März 1985 Michail Gorbatschow zum Generalsekretär gemacht, so wären Glasnost und Perestroika in dieser Form ausgefallen, vielleicht auch die deutsche Einheit, und sowjetische Truppen würden noch immer an der Elbe stehen.
- Ebenso ist es leider wahr, dass das erste Jahrzehnt der Russischen Föderation durch die Trunksucht ihres Präsidenten Boris Jelzin verdunkelt wurde, der am Ende in einem bedauerlichen Mangel an Urteilskraft Wladimir Putin als seinen Nachfolger installierte – vergleichbar dem greisen Präsidenten Hindenburg, der unter

dem Einfluss nachlassender Verstandeskraft Hitler den Weg in die Reichskanzlei öffnete.[2] So konnte Putin in zwanzigjährigem Wirken zum Totengräber der jungen russischen Demokratie werden und das Land in den Vernichtungsfeldzug gegen die Ukraine führen.

Diese Beispiele zeigen: Geschichte ist zu jeder Zeit offen für alternative Entwicklungspfade und insofern niemals in die Zukunft hinein determiniert. Aber es gilt gleichzeitig: *Ein zu einer bestimmten Zeit gegebener historischer Zustand begrenzt immer den Möglichkeitsraum künftiger Entwicklungen.* Zu solchen begrenzenden Faktoren zählen Geografie, Demografie und ethnische Herkunft, politische Traditionen, Mentalitäten, Bildungsniveau, Religion sowie Kultur und Sitte im weitesten Sinne. Daran scheitert immer wieder der Export westlicher Gesellschaftsmodelle in den sogenannten Globalen Süden. Daran scheiterten auch westliche Interventionen in Ländern wie Irak, Afghanistan, Libyen oder Mali. Man kann eben westliche Mentalitäten, Organisationsmodelle und Handlungsabläufe nicht unabhängig von ihren historischen Voraussetzungen ohne Weiteres in fremde Kulturen und ihre Gesellschaften implantieren. An der ungeheuren Schwierigkeit beziehungsweise Unmöglichkeit der Übertragung westlicher Gesellschaftsmodelle in fremde Kulturen scheitert auch immer wieder die Entwicklungshilfe insbesondere in Afrika.

In der Gegenwart müssen wir umgekehrt auch dafür Sorge tragen, dass nicht kulturfremde Masseneinwanderung nach Europa die spezifischen Mentalitäten und kulturellen Eigenschaften gefährdet oder zerstört, die für Europa wesensbestimmend und für den Erfolg der abendländischen Zivilisation maßgebend sind. Diesbezügliche Gefahren haben in den letzten Jahren noch an Aktualität gewonnen.

Die Gesellschaften, Völker, Staaten und Nationen auf dieser Welt weisen in Bezug auf religiöse Einflüsse, mentale Strukturen, politische Systeme, Bildungsniveau und kognitive Kompetenzen der Bevölkerung sowie auf das Niveau der wirtschaftlichen Entwicklung nach wie vor extreme Unterschiede auf. Aber alle werden gleichzeitig durch die Fortschritte in Wissenschaft, Technik und Medizin betroffen. Alle spüren die Wirkungen der anhaltenden Bevölkerungsexplosion in den weniger entwickelten Teilen der Welt und – wenn auch unterschiedlich je nach geografischer Situation – die Folgen des Klimawandels.

Wie sie das alles meistern und ihre eigenen Entwicklungen gestalten, ist zum Teil zufallsbestimmt. Die lineare Übertragung westlicher Entwicklungsmodelle ist oft überhaupt nicht zielführend. Aber einige universal gültige Regeln und Grundsätze gibt es eben doch.

Kapitel 2
Voraussetzungen einer gelungenen Gesellschaft

Im Folgenden gehe ich auf sechs aus meiner Sicht unverzichtbare Voraussetzungen für ein gelungenes Zusammenleben der Menschen in einer bestimmten Gesellschaft ein. Ihr notwendiger Erfüllungsgrad hat niemals einen absoluten, sondern immer einen gleitenden Charakter. Darum ist kaum eine Gesellschaft, in der Menschen irgendwie zusammenleben, in jeder Hinsicht völlig misslungen, und ebenso wenig ist irgendeine real existierende Gesellschaft in jeder Hinsicht völlig gelungen.

Auch ändern sich ständig die Maßstäbe, die Menschen an die Gesellschaft, in der sie leben, anlegen. Sie werden tendenziell umso schärfer und kompromissloser, auch gegenüber kleinen oder nur vermeintlichen Unvollkommenheiten, je mehr die Gesellschaft als Ganzes zufriedenstellend funktioniert und krasse Armut, Hunger oder größere Ungerechtigkeiten erfolgreich vermeidet.

Herrschaft des Gesetzes

Unter der »Herrschaft des Gesetzes« verstehe ich, dass es in einer Gesellschaft feste, transparente und für alle verbindliche Regeln gibt, die den Einzelnen vor Gewalt und Willkür schützen – gleichgültig ob diese von Individuen, Gruppen oder staatlichen Organen ausgehen – und den Raum seiner individuellen Handlungsfreiheit verbindlich bestimmen.

Die »Herrschaft des Gesetzes« ist das zentrale Element einer jeden funktionierenden Gesellschaft – unabhängig davon, wie die Gesetze zustande kommen, wer sie erlässt und was ihr Inhalt ist. Ein autoritäres Herrschaftssystem, das Gesetze mit Bindungskraft für die Handlungen der Bürger und des Staates erlässt sowie deren Beachtung wirksam gewährleistet, tut mehr für den Rechtsfrieden und das sichere Zusammenleben der Bürger als eine politische Demokratie, in der geltende Regeln nicht wirksam durchgesetzt werden können.

Am schlimmsten ergeht es Gesellschaften, die diktatorisch von gewaltsam herrschenden Eliten regiert werden, die nur an ihr eigenes Wohlergehen denken und staatliche Regelungen für ihre Zwecke missbrauchen, ohne den Schutz und die Rechtssicherheit der Bürger im Auge zu haben. Besonders krasse Beispiele der Gegenwart sind gescheiterte Staaten wie Haiti oder Somalia, in denen die uneingeschränkte Herrschaft gesetzloser Banden eher zur Regel als zur Ausnahme gehört. Aber auch das gegenwärtige Russland ist von solchen Strukturen stark geprägt.

Zur »Herrschaft des Gesetzes« gehört auch eine gesetzestreu agierende, funktionierende staatliche Verwaltung, deren Rechtsakte nachprüfbar und deren handelnde Vertreter weitgehend frei von Korruption sind. Dazu bedarf es keiner Demokratie.

Im autoritär regierten Königreich Preußen des 18. Jahrhunderts oder auch in der Habsburger Monarchie derselben Zeit gab es in diesem Sinne weitgehend eine »Herrschaft des Gesetzes«. Im gleichzeitigen Großreich des russischen Zaren gab es diese dagegen weitgehend nicht, dort herrschten über weite Strecken Korruption und staatliche Willkür. Die Unterschiede der gesellschaftlichen Kulturen sind auch heute noch spürbar, wie die politischen Erfahrungen der Gegenwart zeigen.

Im autoritär regierten China der Gegenwart kann der Bürger, soweit er die jeweils geltenden Gesetze beachtet und sich bei politischen Meinungsäußerungen zurückhält, weitgehend in Ruhe und Sicherheit sein Leben führen, seinen Geschäften nachgehen und dabei auch zum Millionär werden. Im derzeit demokratisch regierten Mexiko der Gegenwart setzen dagegen rivalisierende gewalttätige Narko-Banden in weiten Teilen des Landes das staatliche Recht außer Kraft und haben die Macht praktisch an sich gerissen. Ein Ausdruck davon ist eine der höchsten Mordraten der Welt. Eine wirksame »Herrschaft des Gesetzes« gibt es also gegenwärtig eher in China als in Mexiko.

Eine »Herrschaft des Gesetzes« ist ohne eine grundsätzlich gesetzestreue, weitgehend von Korruption freie und allein dem Gesetz verpflichtete Bürokratie nicht möglich. Dazu gehören die Kontrolle des Verwaltungshandelns und der Schutz der Bürger durch eine unabhängige Justiz, die allein dem Gesetz verpflichtet ist und dieses möglichst sachgerecht interpretiert.[1] In einer entwickelten Demokratie gehört auch die demokratische Wahl der gesetzgebenden Körperschaften, die die Gesetze erlassen und die Regierung berufen, dazu. Notwendige Bedingung für eine »Herrschaft des Gesetzes« ist aber nicht eine demokratische Regierungsform, sondern eine funktionsfähige Machtbalance zwischen den Spitzen der Regierung, der an das Gesetz gebundenen, aber in diesem Rahmen weisungsabhängigen Verwaltung und der ebenfalls an das Gesetz gebundenen, aber weisungsunabhängigen Justiz.

Die »Herrschaft des Gesetzes« ist ein formales Prinzip. Wo es beachtet wird, setzt es der Willkür der politischen Herrschaft und der Bürokratie Grenzen beziehungsweise schließt sie aus. So wird der Bürger geschützt und kann in einem berechenbaren Freiraum seine Ziele verfolgen.

Die »Herrschaft des Gesetzes« schließt aber nicht aus, dass es gute und schlechte Gesetze geben kann. Sie ist auch kein Mittel gegen ein Übermaß an Bürokratie oder gegen die Schädlichkeit beziehungsweise Widersprüchlichkeit vieler gesetzlicher Bestimmungen. Eine gute Wirtschafts- und Gesellschaftsordnung ist vielmehr ein kollektives gesellschaftliches Produkt. Ihre Geltung in der jeweils bestimmten Form wird durch die Herrschaft des Gesetzes sichergestellt – nicht mehr und nicht weniger. Die Qualität und die Leitlinien einer gesellschaftlichen Ordnung können sich nur im gesellschaftlichen Diskurs entwickeln. Viele fachliche und politische Details, die dazugehören, lassen sich auch gar nicht aus allgemeinen Prinzipien, sondern nur aus der Sachlogik des jeweiligen Gegenstands entwickeln.

Zu den nur scheinbar selbstverständlichen Normen gehört auch die »Gleichheit vor dem Gesetz«. Sie ist als handlungsleitendes Prinzip für Justiz und Verwaltung unmittelbar einleuchtend, gibt aber noch keine unmittelbare Antwort darauf, wie mit religiösen, kulturellen und intellektuellen Unterschieden der Menschen umzugehen ist.[2]

Menschenrechte

Die politische Menschenrechtsdebatte ist in vielerlei Hinsicht misslich befrachtet und wird von mir an dieser Stelle ausgeklammert. Unter Menschenrechten verstehe ich das moralische Recht eines jeden auf dieser Erde als Mensch geborenen Lebewesens, frei von Hunger und Not sowie unbedroht an Leib und Leben aufzuwachsen und sein Leben nach seinen Bedürfnissen im Rahmen der geltenden Gesetze frei zu gestalten.

Zur Gewährleistung der individuellen Menschenrechte ist zuerst die staatliche Gemeinschaft beziehungsweise die Gesellschaft berufen, in die ein Mensch hineingeboren wird, in der er aufwächst und sein weiteres Leben verbringt. Die Gewährleistung der Menschenrechte ist unabhängig von der Regierungsform sowie von der Frage, ob es sich um eine Demokratie handelt oder nicht. Es gibt kein Menschenrecht darauf, in einer Demokratie oder überhaupt in einer bestimmten Regierungsform zu leben.

Strittig ist für mich die Frage, ob ein bestimmter Staat oder eine bestimmte Gesellschaft darauf verpflichtet werden kann, für die Einhaltung von Menschenrechten außerhalb des eigenen Staatsgebiets zu sorgen beziehungsweise Menschen bei sich aufzunehmen, die wegen Menschenrechtsverletzungen aus ihren Staaten fliehen. Generell gilt hier natürlich das allgemeine moralische Gebot menschlicher Barmherzigkeit. Aber es gilt auch die Notwendigkeit pragmatischen Handelns im Sinne des Wohls der eigenen Bürger und der Interessen des eigenen Staats.

Wo sich alle für alles zuständig fühlen, endet die Welt schnell in Krieg und Chaos. Die gut gemeinten Interventionen der USA und westlicher Verbündeter in Schurkenstaaten wie dem von Saddam Hussein beherrschten Irak, dem von den Taliban beherrschten Afghanistan und dem von Gaddafi beherrschten Libyen haben jeweils in der Summe und trotz guter Absichten weitaus mehr Leid und Chaos hervorgebracht, als sie durch den Umsturz der Herrschaftsform beseitigt haben. Es ist deshalb aus meiner Sicht unbedingt geboten, den Einsatz für Menschenrechte auf den Territorien fremder Staaten und

Völker pragmatisch zu dosieren. Eine menschenrechtlich noch so ungerechte Ordnung ist häufig auch in menschenrechtlicher Hinsicht dem Leid und dem Chaos, das durch Regimesturz bewirkt wird, vorzuziehen.

In den westlich geprägten Industriestaaten mit ihren entwickelten Demokratien herrscht oft ein besonders ausgeprägter Begriff von den Menschenrechten vor. Das ist als Leitlinie für die internationale Politik grundsätzlich auch nicht zu beanstanden. Gefahren ergeben sich jedoch in dreierlei Hinsicht:

- Staaten und Gesellschaften, die (noch) keine entwickelte Demokratie sind beziehungsweise eine andersartige kulturelle Prägung haben, werden an Maßstäben gemessen, die für sie nur teilweise oder gar nicht passen. Das führt zu Missverständnissen und Spannungen und kann die internationale Zusammenarbeit beeinträchtigen.
- Einwanderer aus fremden Kulturen tragen ihre Sitten und Wertmaßstäbe in unsere Gesellschaften. Dazu gehören häufig auch Fanatismus, Intoleranz und Unterdrückung der Frauen. Westlicher liberaler Geist ist gegen solche importierten Menschenrechtsverletzungen häufig wehrlos, weil er nicht zu seiner eigenen Liberalität in Widerspruch geraten will. Der weit verbreitete Unmut darüber gibt seit einigen Jahren populistischen Bestrebungen Auftrieb.
- Die westliche Interpretation der Menschenrechte hat in Verbindung mit der konkreten Ausformung des Asylrechts die rechtlichen Grundlagen dafür geschaffen, dass kulturfremde Masseneinwanderung, insbesondere aus Afrika und aus dem Nahen und Mittleren Osten, im westlichen Europa in großem Stil ermöglicht und durch die Exekutive und Judikative abgesichert wird, sobald die Migranten die EU oder Großbritannien erreicht haben. Problematisch ist nicht, dass alle Menschen auf der Erde dieselben Menschenrechte haben, sondern dass sie diese aufgrund der Europäischen Menschenrechtskonvention und der Genfer Flüchtlingskonvention in ein konkretes Aufenthaltsrecht in den Staaten Europas ummünzen können, sobald sie europäischen Boden erreicht

haben. Das überfordert die westeuropäischen Gesellschaften und kann sie auch zerstören.

In den westlichen Gesellschaften wollen Ideologen und Gutmenschen die Gesellschaft als Ganzes in eine moralische Rigorosität treiben, die diese mehrheitlich nicht zu leisten bereit ist. Darum geht es hauptsächlich bei dem erbitterten Streit um die Grenzen des Asylrechts und das erträgliche Ausmaß kulturfremder Einwanderung.

Meinungsfreiheit

Der Begriff der Freiheit, angewandt auf das menschliche Individuum und die Gesellschaft, in der er lebt, schillert in seiner Bedeutung. Es führt leicht zu Missverständnissen, wenn man nicht ausreichend exakt umreißt, um welchen Aspekt von Freiheit es geht. Der Politikwissenschaftler Peter Graf Kielmannsegg unterscheidet den Freiheitsbegriff nach drei zentralen Aspekten:

- Die Freiheit, sich in einem vom Staat geschützten Raum nach eigenem Ermessen selbst entfalten zu können. Dazu gehört auch die Freiheit, auf die Teilnahme an öffentlichen Angelegenheiten weitgehend zu verzichten.
- Die Freiheit, sich an der Gestaltung des Gemeinwesens politisch zu beteiligen.
- Die Sicherung der materiellen Verhältnisse, die es dem Einzelnen erst ermöglichen, frei von materieller Not sein Leben in Freiheit zu gestalten.

Die Freiheit zu Punkt 1 kann auch im autoritären Rechtsstaat verwirklicht werden. Die Freiheit zu Punkt 2 setzt irgendeine Form von Demokratie voraus. Die Freiheit zu Punkt 3 hat zum modernen Sozialstaat geführt.[3]

Quer über allen Freiheitsarten liegt der Aspekt der Meinungsfreiheit. Dazu gehört nicht nur die Freiheit, sich seine eigene Meinung selbst zu bilden und entsprechend freien Zugang zu Informationen zu haben, sondern insbesondere auch *die Freiheit, die eigene Meinung innerhalb bestimmter Grenzen, die sich aus Anstand und Sitte ergeben, im privaten Kreis und öffentlich frei zu äußern, ohne dass dies zu Sanktionen des Staates oder der Gesellschaft führt.* Wo man sich nicht über seine Gedanken mit anderen austauschen kann beziehungsweise Repressionen befürchten muss, ist die eigene Geisteswelt in Gefahr zu verkümmern, denn der menschliche Geist entfaltet sich im Austausch.

Politische und gesellschaftliche Freiheit muss sich tatsächlich immer zuerst an der Meinungsfreiheit bewähren. Das geistige Leben in jeder Gesellschaft ist immer auch ein Wettkampf zwischen unterschiedlichen Denkweisen. Diese kommen teils als dickflüssige Zeitströmungen, teils als Modewellen daher – vergleichbar einem Ozean, in dem es Grundströmungen wie den Golfstrom oder den Labradorstrom gibt, die von den Ereignissen lokaler Winde und Stürme überlagert werden.

Dickflüssigkeit und universale Präsenz von Zeitströmungen beeinflussen häufig auch das Denken kritischer und unabhängiger Geister. Es ist schwer, sich solchen Zeitströmungen zu entziehen. Wer dies gleichwohl mit Erfolg tut, wird häufig trotz bester Argumente nicht gehört, weil er dem Zeitgeist widerspricht. So wird der unabhängige Geist schnell zum sprichwörtlichen »Rufer in der Wüste«. Es fällt den meisten Menschen subjektiv schwer, sich beim eigenen Denken vom Zeitgeist zu lösen oder ihm gar zuwiderzuhandeln. Für einzelne Menschen oder kleine Gruppen ist es zudem objektiv schwer bis unmöglich, den herrschenden Zeitgeist nennenswert zu beeinflussen oder ihn gar in eine andere Richtung zu drängen.[4]

Bisweilen helfen schockartige Ereignisse wie Putins Überfall auf die Ukraine am 24. Februar 2022 oder der Terrorangriff der Hamas auf Israel am 7. Oktober 2023:

– Putins Überfall auf die Ukraine desavouierte den in großen Teilen des Westens, vor allem aber in Deutschland grassierenden naiven Pazifismus und führte zumindest verbal zu der von Bundeskanzler Scholz im Bundestag am 27. Februar 2022 verkündeten

»Zeitenwende«. Von dieser war allerdings zwei Jahre nach Scholz' Rede immer noch unklar, ob und in welchem Tempo sie zu praktischen Konsequenzen bei der Ertüchtigung der Bundeswehr führen würde.
- Der Terrorangriff der Hamas auf Israel und der Jubel darüber überall in der islamischen Welt, aber auch unter vielen Muslimen in Europa, zerstörte nicht nur die Hoffnung, dass Antisemitismus eine aussterbende politische Ideologie ist, sondern auch die Illusion, dass die Muslime in Europa mehrheitlich gut integriert und auf dem Weg zur kulturellen Übernahme westlicher Werte sind.

Aber solche schockartigen Ereignisse, die der menschlichen Lernfähigkeit unmittelbar auf die Sprünge helfen, bleiben die Ausnahme, und die Erinnerung an sie verblasst schnell. Deshalb ist es eher die Regel, dass die Gesellschaft schleichenden Gefahren, die zu den gerade herrschenden Denkmoden nicht passen, durch Verdrängung und Nicht-wissen-Wollen so lange ausweicht, bis irreparable Schäden entstanden sind. Welches Ereignis, in seiner schockartigen Wirkung mit Putins Krieg vergleichbar, wäre zum Beispiel geeignet, in der deutschen Politik eine kritischere Haltung zum politischen Islam und seinen Gefahren für die deutsche Zukunft zu bewirken? Der Terrorangriff der Hamas auf Israel und der anschließende Jubel in den islamischen Stadtvierteln Europas haben dazu offenbar nicht ausgereicht. Gegenüber schleichenden Prozessen ist die öffentliche Meinung vor allem dann besinnungslos und lässt es an Risikobewusstsein mangeln, wenn durch die Anerkennung des Problems ein beliebtes vorherrschendes Narrativ gefährdet scheint.

Geistige Moden und vorherrschende Medienströmungen können zu einer Dominanz schiefer beziehungsweise falscher Berichterstattung führen – mit der Folge, dass sich auch das vorherrschende Meinungsklima in einer Gesellschaft falsch ausrichtet und von der Wirklichkeit löst. Darum ist in jeder Diktatur die Herrschaft über Medien und Propagandainstrumente so wichtig. Aber auch in einer Demokratie kann dominierende Propaganda für gewaltige Schieflagen sorgen:

- So gelang es in der nationalsozialistischen Herrschaft der staatsgelenkten Propaganda, bis in die totale Niederlage hinein, die Wahrnehmungen der Mehrheit der Deutschen einseitig zu beeinflussen.
- Die stufenweise Ausschaltung der freien Presse in Russland seit 2010 und der wachsende Verfolgungsdruck auf alle Kritiker der gegenwärtigen Politik haben offenbar bewirkt, dass die überwältigende Mehrheit der russischen Bürger den Vernichtungsfeldzug gegen eine unabhängige Ukraine inhaltlich mitträgt.
- In Deutschland, aber auch in der gesamten westlichen Welt, ist ein Medienkrieg über die Einschätzung der Folgen des Klimawandels ausgebrochen. Dabei werden die mathematischen Gesetze der Proportionalität und die logischen Gesetze der Kausalität häufig besinnungslos verletzt. So konnte der irrige Eindruck entstehen, das Weltklima hänge davon ab, in welchem Tempo in deutschen Heizungskellern Gasthermen durch Wärmepumpen abgelöst werden.

Der öffentliche Umgang mit unerwünschten Wahrheiten durchläuft typischerweise ein vierstufiges Verfahren:

- Leugnen von Tatsachen beziehungsweise der ihnen innewohnenden Risiken,
- Diffamierung jener, die das Problem öffentlich zum Thema machen,
- Verdrängen, Ignorieren, Totschweigen,
- Anerkennung der verdrängten Tatsachen und Risiken als immer schon evident und eigentlich banal, um den angefeindeten Warnern und Kritikern den Triumph des Rechtbehaltens vorzuenthalten.

Einschränkungen von Meinungsfreiheit kommen nicht notwendigerweise und häufig auch nicht primär aus staatlicher Repression, sondern entwickeln sich oft zunächst aus antagonistischen Strömungen in der Gesellschaft. Staatliche Instanzen können dann schon dadurch zu Komplizen gesellschaftlicher Repression werden, dass sie sich aus bestimmten gesellschaftlichen Auseinandersetzungen heraushalten und die Meinungsfreiheit von sozialen Gruppen oder von Individuen nicht ausreichend aktiv verteidigen.

Gefährlich wird es, wenn sich soziale Gruppen mit repressiver Tendenz staatlicher Institutionen bemächtigen und diese in ihren Dienst stellen. Dies gilt auch dann, wenn dieser Bemächtigung ein demokratischer Wahlvorgang vorausgeht. Alexis de Tocqueville vergleicht in seinen Betrachtungen zur Demokratie in Amerika (die zeitlich in den Dreißigerjahren des 19. Jahrhunderts angesiedelt sind) einen repressiven Staat europäischer Provenienz mit dem Repressionsdruck, der in einer Demokratie auf den Individuen mit falscher Meinung lasten kann, und kommt zu dem Schluss, dass die Ketten staatlicher Repression mehr geistige Freiheit mit sich bringen können als die gesellschaftliche Ächtung der Vertreter »falscher Meinungen« in einer Demokratie.[5] Dies wirft die Frage auf, ob der Mensch als solcher gewohnheitsmäßig unfähig zu innerer Liberalität und der damit verbundenen Gewährung von Meinungsfreiheit auch für jene Meinungen ist, die er selbst als abstoßend und unmoralisch empfindet.

Deshalb muss man grundsätzlich Angst haben vor repressiven Tendenzen in einer Gesellschaft – auch dort, wo Rechtsstaat und Demokratie scheinbar verwirklicht sind. Wo Raub und Mord ausgeschlossen und sowohl moralisch als auch durch die Gesetze geächtet sind, verbleiben immer noch die repressiven Mittel von Rufmord und psychischem Druck auf Menschen, die Meinungen vertreten, die nicht in das jeweils als politisch korrekt erachtete Raster passen. Die Medien machen dabei häufig mit, wenn sie nicht gar die Anführer sind, oder sie schweigen opportunistisch. Und der Staat, der die Meinungsfreiheit schützen sollte, hält sich oft raus oder zieht sich zurück. Damit habe ich meine eigenen Erfahrungen gemacht – und leider auch meine Familie:

Persönlich hatte ich mir über das Thema Meinungsfreiheit nie besondere Gedanken gemacht, obwohl ich in meinem gesamten Berufsleben immer wieder in bestimmte Kontroversen eingebunden war. Als allerdings die Zeitschrift *Lettre International* im September

2009 unter dem Titel »Klasse statt Masse« ein Interview mit mir zu den Problemen und Perspektiven Berlins veröffentlichte, erlebte ich erstmals einen regelrechten Mediensturm. Anlass waren meine darin enthaltenen kritischen Äußerungen zur Bildungsleistung und Integrationsbereitschaft türkischer und arabischer Migranten in Berlin.[6] Studenten an der TU Berlin drohten damit, einen seit Längerem angekündigten finanzpolitischen Vortrag von mir zu stören. Der Vizepräsident der TU Berlin Jörg Steinbach – heute Wirtschaftsminister in Brandenburg – sagte daraufhin den Vortrag aus »Sicherheitsgründen« ab. Als ich dagegen protestierte, schrieb er mir, ich solle mich nicht so anstellen, das sei kein Angriff auf die Meinungsfreiheit. Das war es natürlich doch, denn die Technische Universität knickte höchstamtlich vor den Gewaltdrohungen radikaler Studenten ein. So entstand ein Muster, dem ich in den folgenden Jahren bei staatlichen Instanzen, die eigentlich die Rahmenbedingungen für die Freiheit der Meinungsäußerung sichern sollten, immer wieder begegnete.

Als ein Jahr später *Deutschland schafft sich ab* erschien, musste ich erleben, dass meine öffentlichen Veranstaltungen routinemäßig zum Ziel gewaltsamer Störversuche wurden. Die Örtlichkeiten der Veranstaltungsräume wurden beschmiert, Fenster wurden entglast, Stinkbomben flogen, einmal wurde ich Opfer eines Tortenwurfs. Die Polizei agierte stets vorzüglich, aber private Veranstalter bekamen mit der Zeit Angst und verloren den Mut. Bei kommunalen Veranstaltungsräumen schritten häufig lokale Politiker ein und untersagten ihren Veranstaltungsgesellschaften, die Räumlichkeiten für Lesungen mit mir zur Verfügung zu stellen. So ist es bis heute geblieben.

Als es trotz allem nicht gelang, mich öffentlich mundtot zu machen, und meine Bücher weiterhin erfolgreich verkauft wurden, wurde ich im öffentlich-rechtlichen Rundfunk gecancelt. Seit Frühling 2014, als mein Buch über Meinungsfreiheit in Deutschland erschien,[7] versucht man dort, mich totzuschweigen. Nahezu zeitgleich wurden damals bereits vor längerer Zeit ausgesprochene und fest terminierte Einladungen bei ARD und ZDF abgesagt. Wer sich nur aus dem öffentlich-rechtlichen Rundfunk informiert, muss davon ausgehen, dass ich bereits vor längerer Zeit gestorben bin.

Auch in Teilen der SPD – der Partei, der ich von 1973 bis 2020 angehörte – stießen viele meiner Bücher auf ein Missfallen, das nach mehrfachen vergeblichen Versuchen schließlich 2020 in meinem Ausschluss gipfelte. Die formale Begründung für den Ausschluss gaben meine Vorschläge zur Reform der Asylpolitik, die ich erstmals im August 2016 in einem *FAZ*-Artikel und 2018 auch in einem Buch veröffentlicht hatte. Mein Ausschluss änderte allerdings weder etwas an den vom mir beschriebenen Problemen, noch trug er etwas zu ihrer Lösung bei. Die SPD wirkt bei den Themen Einwanderung – Integration – Asyl so ratlos wie eh und je. Da ist es umso skurriler, dass ein Putin-Freund wie Gerhard Schröder, der als Gas-Lobbyist aus russischen Quellen viele Millionen verdient hat, weiterhin Mitglied der SPD sein darf. Ich sehe es mittlerweile als Ehre an, nicht mehr dazuzugehören

Problematisch wird es, wenn staatliche Institutionen, statt die Meinungsfreiheit zu schützen, selbst bestimmte Meinungen fördern – oder sanktionieren. So kann es kommen, dass staatliche Institutionen auch in einer Demokratie ihre Rolle als Wächter der Freiheit verlassen und den institutionellen und gesetzlichen Rahmen gefährden, der Meinungsfreiheit sichern soll. Besonders schwierig und damit auch besonders fehleranfällig sind die Versuche des demokratischen Rechtsstaats, Feinde der Meinungsfreiheit und damit auch der Demokratie von den Schalthebeln der Macht fernzuhalten.

Extrem bestürzend ist es in der historischen Rückschau, dass die Machtergreifung der Nationalsozialisten 1933 auf vollständig legalem Weg stattfand: Das gilt für die Ernennung Hitlers zum Reichskanzler am 30. Januar 1933, für die danach erfolgende Auflösung des Reichstags und die Neuwahlen am 5. März 1933 sowie für die Verabschiedung des Ermächtigungsgesetzes am 24. März 1933. Letzteres gab der Reichsregierung die zur Errichtung einer Diktatur notwendigen Vollmachten. Jeder Beamte im Staat, der die Gesetze und Rechtsverordnungen der neuen Reichsregierung vollzog, konnte sich der Legalität seines Handelns sicher sein. Möglich wurde dieser mehr oder weniger reibungslose Abschied von der Demokratie und von den mit ihr verbundenen bürgerlichen Freiheiten auch deshalb, weil der von den radikalen Anhängern der NSDAP und der KPD in der Endphase der Weimarer Republik entfesselte öffentliche Terror die ängstliche Mitte der Gesellschaft zum Rückzug und zum Stillhalten bewegte. Zuerst starb die Möglichkeit, die eigene Meinung öffentlich sanktionsfrei zum Ausdruck zu bringen, und dann starb die Demokratie.

Die Frage, wie man die Meinungsfreiheit auch von radikalen Demokratiegegnern sichern und ihnen gleichzeitig den demokratisch legitimierten Griff zur Macht wirksam verwehren kann, ist rein intellektuell, aber auch im administrativen Vollzug bis heute ungelöst. Um eine Wiederholung von Vorgängen zu verhindern, die zum Untergang der Weimarer Republik führten, wurde in der Bundesrepublik 1950 als Inlandsgeheimdienst das Bundesamt für Verfassungsschutz gegründet, das demokratiefeindliche Bestrebungen jedweder Art im Auge behalten soll. 1952 wurde in Westdeutschland die rechtsextreme Sozialistische Reichspartei (SRP) und 1956 die Kommunistische Partei Deutschlands (KPD) verboten.

Ergebnislos wird in Deutschland seit Jahrzehnten die Frage diskutiert, ob die Bedrohung der Demokratie durch Extremisten eher vom links- oder vom rechtsradikalen Meinungsspektrum oder auch vom religiösen Radikalismus in Gestalt des politischen Islam ausgeht. Je nach politischer Grundausrichtung sind hier die Einschätzungen sehr unterschiedlich. All solchen Debatten und den mit ihnen verbundenen administrativen Maßnahmen wohnt stets die Gefahr inne, dass übermäßige Eingriffe in die Meinungsfreiheit stattfinden oder in verwandte Rechte wie die Freiheit der Berufsausübung eingegriffen wird. Deshalb war auch der Radikalenerlass von 1972 so umstritten, der die Einstellung von Verfassungsfeinden in den Öffentlichen Dienst unterbinden sollte.

Bei Eingriffen in die Meinungsfreiheit zum Schutz der Demokratie ist es sehr schwierig, zu intellektuell sauberen und operativ handhabbaren Abgrenzungen zu kommen. Greift man zu weit ins intellektuelle Vorfeld, stehen irgendwann die Werke von Karl Marx, Friedrich Nietzsche oder Carl Schmitt auf dem Index gefährlicher Schriften. Wer sie liest, würde sich dann als Verfassungsfeind verdächtig machen und dürfte vom Verfassungsschutz beobachtet werden. Zieht man den Kreis zu eng, so wird es immer schwieriger, zulässige von unzulässigen Denkfiguren abzugrenzen. Diese Widersprüche zeigen sich seit einiger Zeit bei den intellektuell hilflosen Versuchen des Bundesamts für Verfassungsschutz, die Spuren rechtsradikalen Denkens bei der AfD normativ widerspruchsfrei und operativ hinreichend eindeutig zu definieren, um die Beobachtung der AfD als potenziell verfassungsfeindlicher Organisation zu begründen. Die öffentlichen Äußerungen des Verfassungsschutzpräsidenten Thomas Haldenwang zeigen diese Unsicherheit. Sie verraten aber auch eine bedenkliche Tendenz, identische Sachverhalte auf der rechten und der linken Seite des politischen Spektrums unterschiedlich zu gewichten. So warf Haldenwang der AfD im Mai 2023 in einem Interview vor, in Zusammenhang mit dem Ukraine-Krieg russische Desinformation in Deutschland zu verbreiten. Der gleiche Vorwurf könnte natürlich auch an die Linkspartei gehen, wo Sahra Wagenknecht und ihre Anhänger in Bezug auf Russland und die Ukraine identische Desinformationen verbreiten. Diesen Schritt geht Haldenwang aber nicht. Bei Linkspartei und AfD misst der Verfassungsschutzpräsident offenbar mit zweierlei Maß.[8]

Konkret schlägt sich ein problematischer und gedanklich unscharfer Umgang mit der Meinungsfreiheit bereits in der mit Amtsautorität vorgetragenen Definition des Bundesamts für Verfassungsschutz zum Rechtsextremismus und in dessen Anwendung auf konkrete Verdachtsfälle nieder. Das Bundesamt formuliert:

»Im Rechtsextremismus entscheidet die Zugehörigkeit zu einer Ethnie, Nation oder ›Rasse‹ über den Wert eines Menschen. In einer solchen ethnisch-rassistisch definierten ›Volksgemeinschaft‹ werden die zentralen Werte der freiheitlichen demokratischen Grundordnung missachtet. Nationalismus, gruppenbezogene Menschenfeindlichkeit wie Rassismus und Antisemitismus, Geschichtsrevisionismus sowie Demokratiefeindlichkeit prägen die rechtsextremistische Agitation.«[9]

Definitionen bedürfen keiner inhaltlichen Rechtfertigung, soweit sie inhaltlich logisch und widerspruchfrei sind. Man kann sie teilen oder auch nicht. Strategisch zentral ist in der Definition des Bundesamts der Begriff vom »Wert eines Menschen«, der unabhängig von der Zugehörigkeit zu einer Ethnie, Nation oder Rasse sein soll. Dem kann man nur zustimmen. Intellektuell unzulässig ist aber die Vermischung mit der Verwendung eines ethnisch orientierten Volksbegriffs. Denn auch der Begriff des Volkes ist eine Definitionsfrage, und seine herkömmliche und bis in die Gegenwart weit überwiegende Definition ist ethnisch-kulturell. So definiert die Brockhaus-Enzyklopädie von 1974 das Volk als »eine durch gemeinsame Herkunft, Geschichte, Kultur und meist auch Sprache verbundene Gesamtheit von Menschen«. Der Begriff, so der Brockhaus weiter, »hat im Lauf der Geschichte verschiedene Wandlungen erfahren und ist nicht immer eindeutig abgrenzbar. Politisch und historisch, ist Volk im Wesentlichen gleichbedeutend mit Nation.«[10]

Volk und Staat bedeuteten historisch gesehen fast immer etwas Unterschiedliches. Staatsangehörigkeit und Volkszugehörigkeit sind also nicht notwendig identisch. So entwickelte sich die Schweiz mit ihren drei Landessprachen Deutsch, Französisch und Italienisch im 19. Jahrhundert zu einer Willensnation, die auf der Souveränität der Kantone, der Gleichheit der Bürger vor dem Recht und der Garantie der bürgerlichen Freiheiten gründet. Der österreichische Kaiser Franz-Joseph sandte am Vorabend des Ersten Weltkriegs seine Botschaft »An meine Völker« und warf schon durch diese Überschrift Deutsche, Ungarn, Kroaten, Tschechen, Polen und Italiener bewusst nicht in einen Topf. In der 1920 neu gegründeten Republik Polen unterschied man zwischen Staatsangehörigkeit und Nationalität. So war im polnischen Pass meiner Mutter, 1920 in Westpreußen geboren, neben der polnischen Staatsangehörigkeit die deutsche Nationalität vermerkt. Und im Deutschland der Gegenwart haben die beiden anerkannten Minderheiten in Deutschland, die Dänen in Schleswig-Holstein und die Sorben in Sachsen, ihren Minderheitenstatus in bewusster, politisch gewollter Anerkennung ihrer ethnisch-sprachlich-kulturellen Besonderheit.

Darum ist es abwegig, wenn der deutsche Verfassungsschutz, wie er dies zunehmend tut, den Vorwurf des Rechtsextremismus an der

Verwendung eines ethnisch-kulturellen Volksbegriffs festmachen will. Nicht ein ethnisch-kultureller Volksbegriff, nicht der Wunsch, kulturfremde Einwanderung zu beschränken, und auch nicht der Wunsch, unter Menschen gleicher Ethnie und Sprache zu leben, sind moralisch und politisch abzulehnen. Allein eine sachlich unbegründete, rassistisch motivierte Abwertung von Personen und Gruppen aufgrund ihrer ethnischen Herkunft ist als extremistisch anzusehen und selbstverständlich moralisch verdammenswert.

Diese Abgrenzung wird im Verfassungsschutzbericht 2022 systematisch unterlaufen. Stattdessen wird an zahlreichen Stellen der Eindruck erweckt, es genüge schon, an einem ethnisch-kulturellen Volksbegriff festzuhalten und kritisch gegenüber kulturfremder Einwanderung zu sein, um den Vorwurf des Rechtsextremismus zu rechtfertigen. Zur Begründung für die Einstufung der AfD als Verdachtsfall führt der Verfassungsschutz »ein ethnisch-kulturell geprägtes Volksverständnis sowie fremden- und minderheitenfeindliche und muslim- und islamfeindliche Positionen« an.[11] Es fehlen im Verfassungsschutzbericht Zitate wichtiger AfD-Funktionsträger, die das pauschal geäußerte Verdachtsmoment konkret untermauern. Und es unterbleibt auch die konkrete Abgrenzung zwischen »feindlich« und »kritisch«: Wer zum Beispiel den gesellschaftlichen Einfluss bestimmter Ausprägungen des islamischen Glaubens kritisch sieht und auf die innewohnenden Gefahren hinweist, ist weder ein Islam- noch ein Muslimfeind. Der Verfassungsschutz selber widmet ja im Verfassungsschutzbericht 2022 den islamistischen Gefahren und dem wesentlich durch den Islam geprägten auslandsbezogenen Extremismus zwei Kapitel von insgesamt 200 Seiten Länge.

Auch ist derjenige, der faktenbezogen auf die überdurchschnittliche Kriminalität und unterdurchschnittliche Bildungsleistung bestimmter Migrantengruppen hinweist und den in bestimmten Milieus herrschenden Kopftuchzwang für Frauen und Mädchen kritisiert, weder islam- noch fremdenfeindlich. Vielmehr würde dieser Vorwurf auch zahlreiche Schriftsteller in Deutschland mit islamischem Migrationshintergrund treffen, die sich in ihren Büchern islamkritisch äußern. Unscharf bleibt in der Argumentation des Verfassungsschutzes zudem die Grenze zwischen sachbezogener Kritik an der deutschen Einwanderungspolitik und an bestimmten Einwanderermilieus einerseits und Polemik sowie pauschaler Herabsetzung andererseits. Auch stellt der Verfassungsschutz offenbar nicht in Rechnung, dass scharfe politische Auseinandersetzungen generell zu einer wenig differenzierten Sprache und häufig überzogener Polemik neigen. Das ist leider nicht nur auf die AfD beschränkt.

Es bleibt der Verdacht gegen das Bundesamt für Verfassungsschutz und das inhaltlich verantwortliche Bundesinnenministerium, dass das Festhalten an einem ethnisch-kulturellen Volksbegriff und eine kritische Grundhaltung gegenüber kulturfremder Masseneinwanderung schon als solche genügen sollen, um den Vorwurf des Rechtsextremismus zu rechtfertigen. Damit würden große Teile des konservativen Flügels der deutschen Gesellschaft bis weit in die Mitte hinein pauschal in die rechtsextreme Ecke geschoben. An dieser Stelle stellt sich die Frage: Welches Verfassungsverständnis haben der Bundesverfassungsschutz und das Innenministerium? Stehen sie mit dem Versuch der Ausgrenzung großer Teile der deutschen Bevölkerung aus dem als legitim erachteten öffentlichen Diskurs wirklich noch auf dem Boden des Grundgesetzes? Und gefährden sie nicht so die freiheitlich-demokratische Grundordnung, zu deren Schutz sie doch gesetzlich aufgerufen sind?

Diese Diskussion muss politisch geführt werden, und sie muss ernst genommen werden. *Trotz aller intellektuellen Schwierigkeiten bleibt es nämlich grundsätzlich richtig, dass der Staat als Hüter der Meinungsfreiheit auftritt.* Denn seine wichtigste Aufgabe ist es, ganz im Sinne von Thomas Hobbes, den Menschen vor seinen Mitmenschen zu beschützen und das friedliche Zusammenleben aller durch die Ausübung der Staatsgewalt sicherzustellen. Dazu gehört auch die staatlich garantierte Sicherstellung eines gesetzlichen zulässigen Umfangs an freier Meinungsäußerung im privaten Kreis und im öffentlichen Raum. Die Sicherstellung einer »offenen Gesellschaft« durch einen staatlich garantierten Raum für die freie Meinungsäußerung und unbehinderten geistigen Austausch ist also eine staatliche Daueraufgabe. Sie angemessen zu bewältigen, ist alles andere als trivial.

Die konkreten Bedrohungen, um die es dabei geht, sind auch stetig in einem historischen Wandel begriffen:

Zunächst einmal gilt, dass die Staatsmacht selbst sowie die Gesetze, die sie erlässt, und die Normen, die sie damit durchsetzt, nicht aus dem Nirwana kommen oder als offenbartes normatives Wissen quasi vom Himmel fallen. *Die Ausformung der Staatsmacht ist vielmehr selber ein Produkt der Gesellschaft, deren zulässige Diskursräume sie regulieren will.*

Eine jede Gesellschaft, die kein reiner Gottesstaat ist oder als Stammesgesellschaft gewohnheitsmäßig traditionellen Mustern folgt, ist von antagonistischen Debatten geprägt. Diese ergeben sich teils aus materiellen Interessen, teils aus religiösen Perspektiven, teils aus schierem Machtstreben und teils aus der Entwicklung gegensätzlicher Geistesströmungen. Welches Spektrum von Meinungen der Staat zulässt und welchen Umfang von Meinungsfreiheit er unter seinen staatlichen Schutz stellt, ist historisch gesehen und je nach dem kulturellen Hintergrund einer Gesellschaft sehr unterschiedlich:

- In Europa sowie in den europäisch geprägten Gesellschaften des amerikanischen Kontinents und Ozeaniens hat sich seit der Aufklärung der staatlich zugelassene Raum der Meinungsfreiheit tendenziell ständig vergrößert. Das gilt seit dem Zweiten Weltkrieg auch für die parlamentarischen Demokratien Ostasiens.
- Dagegen wird vor allem in Afrika, im Nahen und Mittleren Osten, in vielen Nachfolgestaaten der Sowjetunion, in China und großen Teilen Südostasiens der Umfang der Meinungsfreiheit auch heute noch in erster Linie durch staatliche Repression beziehungsweise schiere Gewaltherrschaft eingeschränkt.

In den westlich geprägten Demokratien, deren staatliche Regulierungen formal gesehen ein historisch beispielloses Spektrum für die freie Meinungsäußerung sicherstellen, tun sich aber neue schwere Risiken für die Meinungsfreiheit auf. Diese kommen nicht vom Staat, sondern erwachsen aus antagonistischen Debatten in der Gesellschaft. Die damit verbundene Radikalisierung und zunehmende Intoleranz beschränken sich keineswegs auf deren linke und rechte Ränder, sondern erfassen auch die Mitte. Nicht der staatliche Rechtsrahmen bedroht hier die Meinungsfreiheit, sondern es sind gesellschaftliche Strömungen. Sie haben teilweise einen religiös, großenteils aber einen ideologisch gefärbten Charakter. Dieser nimmt häufig in seiner Absolutheit religionsähnliche Züge an. Jede Ideologie, die sich selbst absolut setzt und eine gewisse Zahl von zu allem entschlossenen Anhängern hinter sich versammelt, hat die Tendenz, abweichende Meinungen als unmoralisch zu denunzieren und ihre Äußerung zu unterdrücken. Dies ist bereits gefährlich, wenn es eine rein gesellschaftliche Auseinandersetzung bleibt. Es wird aber besonders gefährlich, wenn es einer solchen zur Einschränkung der Meinungsfreiheit neigenden ideologischen Richtung gelingt, sich der staatlichen Organe ganz oder teilweise zu bemächtigen.

Das kann auch auf demokratischem Weg geschehen: So war es bei der Machtergreifung der Nationalsozialisten, so war es bei der allmählichen Umgestaltung Russlands in Putins Diktatur, so ist es bei der Ausbreitung von Erdoğans Herrschaft in der Türkei. Auch der amerikanische Präsident Trump war durchaus auf dem Weg dahin, die amerikanische Demokratie in eine Autokratie nach seinem Geschmack zu verwandeln. Deshalb war es folgerichtig, dass er seine Wahlniederlage mit Betrug und Verschwörung erklärte.

Hochaktuell ist das vom Verfassungsrechtler Wolfgang Böckenförde 1964 geäußerte Diktum: »Der freiheitliche, säkularisierte Staat lebt von Voraussetzungen, die er selbst nicht garantieren kann. Das ist das große Wagnis, das er, um der Freiheit willen, eingegangen ist.«[12] Diese Voraussetzungen wurzeln in den für das Funktionieren von Demokratie unverzichtbaren Einstellungen der Bürger. Beispielhaft nenne ich einige geistige Tendenzen der Zeit, die auf die Einschränkung oder Abschaffung von Freiheit der Meinungsäußerung hinauslaufen können. So einseitig, borniert oder schlichtweg geistig beschränkt solche Tendenzen auch sein mögen, sie finden immer Fürsprecher im akademischen Raum, die unter dem Schutz ihres zumeist in den Geisteswissenschaften erworbenen Professorentitels auch das Unsäglichste in den Rang einer wissenschaftlich ernst zu nehmenden These erheben. Und stets gibt es genügend Medienvertreter, die unwissend oder borniert genug sind, um in Presse, Funk und Fernsehen oder in den Sozialen Medien lautstark ins selbe Horn zu stoßen. Unter den der Meinungsfreiheit feindseligen Denkmustern sind derzeit besonders aktuell:

Klimafetischismus

Zum Klimawandel geht die weit überwiegende wissenschaftliche Auffassung dahin, dass die seit Beginn der Industrialisierung zu beobachtende Zunahme von CO_2 in der Atmosphäre zu einem Anstieg der Durchschnittstemperatur auf der Erde führt und dass dieser Anstieg für die Lebensbedingungen auf der Erde gefährliche Auswirkungen hat. Darum ist es notwendig und gerechtfertigt, CO_2-Emissionen auf der Erde zu begrenzen und möglichst schnell zurückzuführen. Klar ist aber auch, dass der Einfluss Deutschlands oder Europas dabei schon quantitativ sehr begrenzt ist und vor allem durch das moralische und technische Vorbild für die Welt wirkt.

Als Klimafetischismus bezeichne ich eine Einstellung, die so tut, als ob das Wohl und Wehe der Welt daran hängt, in welchem Tempo Deutschland seine CO_2-Emissionen reduziert und dabei jede vernünftige Abwägung in Hinblick auf Arbeitsmarkt, Wohlstand und industrielle Wettbewerbsfähigkeit als unmoralisch und menschenfeindlich disqualifiziert. Wer gegenüber bestimmten wissenschaftlichen Ansichten skeptisch ist oder auch möchte, dass große Eingriffe in die menschliche Handlungsfreiheit angemessen abgewogen werden, hat es nicht verdient, als Klimaleugner oder Menschenfeind diskreditiert zu werden.

Klimafetischismus wird dann freiheitsfeindlich, wenn er zur Beschädigung von Sachen führt oder andere Menschen daran hindert, die ihnen gesetzlich zustehenden Rechte auszuüben. Wer Bäume vor dem Kanzleramt fällt, das Brandenburger Tor besprüht und Straßen sperrt, indem er sich an der Fahrbahn festklebt, hat keinen Respekt vor der Freiheit anderer. Er setzt die eigene Weltsicht nicht nur absolut, sondern will sie anderen mit Gewalt aufzwingen.

Verneinung der menschlichen Biologie

2010 löste ich einen Sturm der Entrüstung aus, als ich in *Deutschland schafft sich ab* auf die wissenschaftlich unbestreitbare Tatsache hinwies, dass Intelligenz wie die meisten menschlichen Eigenschaften biologisch verankert und damit überwiegend erblich ist und dass es deshalb für die kognitive Kompetenz in einer Gesellschaft nicht gleichgültig ist, wer die Kinder bekommt und wie viele. Die ganze Evolution des Lebens auf der Erde einschließlich der Entwicklung des Menschen beruht darauf, dass unterschiedliche erbliche Eigenschaften auch Unterschiede im Reproduktionserfolg mit sich bringen. Biologie ist Schicksal, das gilt für die gesamte Natur und auch für den Menschen als einen Teil derselben.

Das widerspricht einem ideologischen Gleichheitsideal, wonach jeder Mensch alle Facetten des Menschseins voll in sich tragen soll. Wo er diese nicht verwirklicht, kann diesem Ideal zufolge nur die Gesellschaft verantwortlich sein, nicht aber seine angeborenen Eigenschaften. Denkt man das zu Ende, so könnte jeder beliebige Mensch zu einem Einstein werden, mindestens aber erfolgreich ein Medizinstudium bewältigen, wenn man ihn nur ausreichend fördert. Dieses Zerrbild der Wirklichkeit beherrscht, bewusst oder unbewusst, das Denken in großen Teilen der Geisteswissenschaften, der Medien und der Politik. Es fragt sich dann nur, warum Moderatoren des Heute Journals oder Fußballspieler bei Bayern München so gut bezahlt werden, wenn doch bei ausreichendem Training jeder entsprechende Leistungen vollbringen kann.

Natürlich weiß jeder Fußballfan, dass das Gold in den Beinen der Spitzenspieler nur begrenzt antrainiert werden kann, und darum akzeptiert er neidlos die fantastischen Gehälter seiner Idole. Menschen brauchen faire Chancen, Fleiß und Anstrengungsbereitschaft können viel bewirken. Daneben aber wirken angeborene Unterschiede. Wer das nicht akzeptieren will, wittert überall Ungerechtigkeit, Unterdrückung oder gar Rassismus.

Im Genderwahn hat sich die konsequente Ablehnung der menschlichen Biologie aufs Äußerste gesteigert. Ob man weiblich, männlich, trans oder irgendwie divers ist, soll von der menschlichen Biologie völlig unabhängig sein. Konsequent plant die Bundesregierung bei der Reform des Personenstandsrechts, dass jeder selber entscheiden kann, ob er im Personalausweis sein Geschlecht als männlich oder weiblich eintragen lässt. Männern, die personenstandsrechtlich Frauen sind, darf aber gleichwohl im Hallenbad der Zugang zu den Frauenduschen verweigert werden, wenn der Bademeister dies so entscheidet. Ganz pragmatisch entscheidet dann der Augenschein über eine Zugangsberechtigung oder eben nicht.

Eine staatliche Politik, die sich hat verbieten lassen, Männer als Männer und Frauen als Frauen zu benennen, delegiert also, wenn es konkret wird, ihre originäre Aufgabe an den Bademeister. Das sind die Folgen eines auf die Spitze getriebenen Gleichheitswahns.

Wer in Literatur und Wissenschaft gleichwohl auf den biologischen Unterschied von Mann und Frau besteht, wird schnell zum Opfer einer intoleranten Hetzmeute. Die staatlichen Organe, die solchem Treiben gleichmütig zuschauen oder sich feige wegducken, leisten für die Meinungsfreiheit, die doch der Staat gewährleisten soll, einen Bärendienst. Für Thomas Thiel ist es seltsam, »dass eine Partei wie die Grünen, die aus der Sehnsucht nach ursprünglicher Natur entstanden ist«, in der Genderfrage »gesellschaftspolitisch nun das ganz entgegengesetzte Modell vertritt: totale Emanzipation vom Naturschicksal«.[13]

Rassismus-Wahn

Die Auffassung, dass über den Wert des Menschen seine ethnische Herkunft entscheidet, ist rassistisch. Der biologische Rassismus hat zu Recht jeden wissenschaftlichen und moralischen Kredit verloren. Das tut jedoch der Tatsache keinen Abbruch, dass Menschen auch durch ihre Biologie geprägt sind und dass zum Beispiel der optische Unterschied zwischen einem Nigerianer, einem Schweden und einem Koreaner augenfällig ist.

Wichtig ist es – und ein entscheidender kultureller Fortschritt –, immer das Individuum zu sehen. Dieses braucht faire Chancen und die Freiheit, sich so zu entwickeln, wie es möchte. Wenn sich dann beispielsweise erweist, dass alle Weltrekorde im Kurzstreckenlauf an Sportler fallen, deren genetische Herkunft Westafrika ist, dann ist dies kein Ausdruck von Diskriminierung gegenüber Menschen anderer Herkunft.

Wenn eine Gesellschaft wie in den USA damit konfrontiert wird, dass sich die. durchschnittlichen Erfolge im Bildungs- und Beschäftigungssystem je nach ethnischer Herkunft deutlich unterscheiden, dann muss man prüfen, wie sich die individuelle Chancengleichheit weiter verbessern lässt, dazu gehört auch der Abbau von Diskriminierung aller Art. Entscheidend ist die Stärkung der Motivation, der Leistungsfähigkeit und Leistungsbereitschaft des Individuums unabhängig von Herkunft und Hautfarbe. Der überdurchschnittliche Erfolg von Juden und Chinesen im amerikanischen Bildungs- und Beschäftigungssystem zeigt, dass auch anhaltende Diskriminierung kein Hindernis sein muss, wenn die eigene Motivation entsprechend stark ist.

Falsch ist es dagegen, für eine bestimmte ethnische Herkunft einen gesellschaftlichen Sonderbonus einzufordern. So wird die Bereitschaft des Individuums geschwächt, für sich selbst Verantwortung zu übernehmen. Bei der gegenwärtig in den USA grassierenden Critical Race Theory (CRT) ist eben das der Fall. Sie läuft darauf hinaus, dass die Schwarzen von der individuellen Verantwortung für ihre Leistungen im Bildungssystem und ihre Stellung in der Gesellschaft entlastet werden. Die Schuld daran wird pauschal der weißen Mehrheit zugesprochen. Nur durch die Tatsache seiner Geburt als Weißer, ohne irgendein besonderes Zutun, wird in der CRT ein Weißer für die gegenwärtigen Geschicke von Schwarzen verantwortlich gemacht. Unerklärt bleibt, weshalb die über lange Phasen der Vergangenheit keineswegs weniger diskriminierten Ostasiaten und Juden durch ihre Diskriminierung nicht behindert wurden. Richtig wäre es, die Aufstiegsgeschichten dieser ehemals diskriminierten Minderheiten zu untersuchen und die dort beobachteten Muster allen anzuempfehlen, unabhängig von ihrer Hautfarbe, die gegenwärtig weniger erfolgreich sind.

Es ist nicht erstaunlich, dass Versuche, die Critical Race Theory auch in Schulen zu lehren, in den USA einen regelrechten Kulturkampf ausgelöst haben und zur wachsenden Entfremdung zwischen Republikanern und Demokraten führen. Der Literaturwissenschaftler Adrian Daub, der an der Universität Stanford lehrt, rechtfertigt die CRT damit, dass das amerikanische Rechtssystem die tatsächliche Gleichstellung von Schwarzen nicht erreicht habe. Er klammert aber einige Tatsachen und die Ursachen von Leistungsunterschieden im Bildungssystem aus. So wird definitorisch unterstellt, dass die beobachteten Leistungsunterschiede Ausfluss von Ungerechtigkeit und Diskriminierung sind. Dabei kann man überall dort in den USA, wo überwiegend schwarze Lehrer vornehmlich schwarze Schüler unterrichten (und daher potenziell diskriminierende Weiße sowohl bei Lehrern als auch bei Schülern vollständig entfallen), davon ausgehen, dass gleichwohl bestehende Leistungslücken ihre Ursache nicht in rassistischer Diskriminierung haben.[14]

Die Critical Race Theory ist symptomatisch für die Inflationierung von Rassismusvorwürfen, die seit einigen Jahren zu beobachten ist. Dazu gehört die Kategorie des kulturellen Rassismus, der all jenen vorgeworfen wird, die die Ursachen bestimmter Fehlentwicklungen von Gesellschaften in Elementen der dort vorherrschenden Kultur suchen. Auch grundsätzliche Kritik an der Asylpolitik der Bundesregierung wird in Deutschland gerne mit dem Rassismusvorwurf gekontert. So erging es dem Tübinger Oberbürgermeister Boris Palmer, gegen den der Landesverband der Grünen in Baden-Württemberg im November 2021 ein Parteiausschlussverfahren anstrengte. Er hatte sich in einem Buch kritisch zur Asylpolitik geäußert, das wurde nun gegen ihn verwendet.[15] Die Oberbürgermeisterwahl in Tübingen gewann er gleichwohl im Oktober 2022 als Parteiloser haushoch gegen die Kandidaten von Grünen und SPD. Als Ende März 2023 ein bekannter, aus Gambia stammender Drogenhändler und Asylbewerber in einem Tübinger Park bei einer Messerattacke starb, kritisierte Palmer erneut die Asylpolitik der Bundesregierung, die zu solchen Zuständen geführt habe. Erneut – und ganz unsinnig – wurde der Rassismusvorwurf laut.[16] Dabei war es doch nicht Palmers Schuld, dass der mit Drogen handelnde Asylbewerber aus Gambia stammte und eine schwarze Hautfarbe hatte. Aber dieser Umstand genügte offenbar, um Palmers Kritik an der Asylpolitik mit einem erneuten Rassismusvorwurf zu kontern. Mittlerweile gibt es eine Tendenz, alle gesellschaftlichen Ausprägungen von vermuteter oder tatsächlicher Diskriminierung mit dem Rassismusvorwurf zu belegen. Das mag mobilisieren, raubt einer so angelegten »Rassismusforschung« aber gleichzeitig die wissenschaftliche Legitimation.[17]

Cancel Culture

Mit empirisch unhaltbaren, ideologisch aufgeladenen Konzepten wie der Ablehnung eines biologisch determinierten Geschlechts oder der Critical Race Theory wuchsen der Druck und auch die Versuchung, kritische Diskussionen möglichst vorausschauend zu unterbinden, um die Verbreitung und Durchsetzung der jeweiligen reinen Lehre sicherzustellen. Das führt zu einem Ersterben kritischer Dialoge. In den USA ist diese Entwicklung weiter als in Deutschland. Der *Spiegel*-Journalist René Pfister hat dazu ein alarmierendes Buch geschrieben.[18] Aber auch in Deutschland macht die Cancel Culture Fortschritte und bedroht die Meinungsfreiheit. Der amerikanische Jurist und konservative Kommentator Ben Shapiro kritisiert die verheerende Ausbreitung eines auf Fiktionen beruhenden Meinungsjournalismus: »Sie behaupten, dass ihre Meinungen die Fakten widerspiegeln, dass diejenigen, die abweichende Meinungen vertreten, unehrlich sind und dass man, um objektiv zu sein, andere Meinungen nicht anhören und auch nicht über sie berichten muss. Journalisten machen sich selbst zur Story – und wenn man Zweifel an ihnen hat, dann vertritt man die Anti-Wahrheit und den Anti-Journalismus.«[19]

Der Literaturwissenschaftler Adrian Daub, der so viel Verständnis für die Critical Race Theory aufbringt, behauptet in seinem Buch über Cancel Culture dem Sinne nach, diese gebe es eigentlich gar nicht. Sie sei überwiegend eine Einbildung konservativer Geister, die sich darüber ärgern, dass man ihnen nicht genügend zuhört.

Es gebe lediglich wenige Fälle von bloß anekdotischer Evidenz, von denen er einige anführt.[20] Der Siegener Philosoph Dieter Schönecker weist ihm dazu in einer vernichtenden Rezension einen klassischen induktiven Fehlschluss nach: Nur weil es einige Fälle von Cancel Culture gibt, bei denen die Evidenz bloß anekdotisch ist, sind damit die zahlreichen anderen Fälle, in denen wissenschaftliche Meinungen tatsächlich unterdrückt werden, noch lange nicht widerlegt. Und hier sei eben die Beweislage überwältigend.[21]

Cancel Culture kommt überwiegend von links. Aber sie macht sich, teils als Reaktion, teils aus eigenem innerem Antrieb, auch im konservativen Spektrum breit. Ein besonders schockierendes Beispiel, das in seiner Absurdität auch komisch war, gab es im März 2023 an einer Privatschule in Florida: Dort wurde die Direktorin entlassen, weil im Kunstunterricht im 6. Schuljahr Bilder aus der italienischen Renaissance gezeigt worden waren, unter anderem die Statue des *David* von Michelangelo und die *Geburt der Venus* von Botticelli. Anlass des Skandals war die Nacktheit des *David* und der *Venus*. Bei einigen Eltern gab es einen Proteststurm, und die Direktorin musste gehen.

Man ist bei diesem Beispiel erschrocken, wie weit sich ein Teil der konservativen Amerikaner von den Quellen der abendländischen Kultur entfernt hat. Cecilie Hollberg, die Direktorin des Florentiner Museums, in dem der *David* steht, konstatiert »Übertriebene Prüderie, aber auch schiere Unkenntnis, was Pornografie eigentlich bedeutet ... Dann ist da noch diese merkwürdige Wendung unserer Zeit, dass jeder randständigen Meinung Raum und oft auch Recht gegeben wird. Und schließlich fehlt immer mehr Menschen eine solide kulturelle Basis, sie wissen einfach zu wenig. ... Weltoffenheit ist wunderbar, aber dabei sollten wir nicht unsere eigene kulturelle Basis aus dem Blick verlieren. Denn das ist wirklich besorgniserregend!«[22]

Auch das ist ein Problem: Wo Unwissenheit herrscht, läuft auch die Meinungsfreiheit leer – und zwar so, dass ihre sinnvolle Ausübung gar nicht mehr möglich ist. Unwissenheit und aus ihr sprießende Zwangsvorstellungen und Vorurteile führten im ausgehenden Mittelalter zum Hexenwahn, der bis in das 18. Jahrhundert hinein für viele Tausend unschuldige Menschen den qualvollen Flammentod bedeutete.

Demokratie

Herrschaft des Gesetzes, die Gewährleistung elementarer Menschenrechte sowie die Sicherung der persönlichen Meinungsfreiheit im privaten wie im öffentlichen Raum sind für mich entscheidende Voraussetzungen eines menschenwürdigen Lebens in einer jeden Gesellschaft. Wenn eine demokratische Regierungsform diese gewährleistet, so ist dies umso besser. Wenn diese Notwendigkeiten aber in einer bestimmten Gesellschaft durch eine autoritäre Regierungsform besser gesichert werden als durch demokratische Entscheidungswege, so muss man dies akzeptieren. Es gibt ja auch viele Mischformen, und eine ideale Demokratie »an und für sich« ist bis heute nicht erfunden worden.

Für solche Mischformen ist die politische Geschichte des »Mutterlands der Demokratie«, nämlich England, exemplarisch: Der Ursprung bürgerlicher Freiheitsrechte und die damit verbundene Einschränkung königlicher Macht ist die *Magna Charta Libertatum*, eine Auflistung von Freiheitsrechten, die die englischen Barone 1215 dem durch militärische Niederlagen in Frankreich geschwächten König Johann abzwangen. Die Einhaltung dieser Rechte wurde zunächst durch ein von den Baronen gewähltes Komitee und ab 1264 durch ein von den freien Bürgern gewähltes Parlament überwacht. Die Machtkämpfe zwischen königlicher Hoheit und parlamentarischer Kontrolle hielten gleichwohl über Jahrhunderte hinweg an. Erst mit der *Glorious Revolution* von 1688/89 kam es zur dauerhaften Begrenzung königlicher Macht durch parlamentarische Mitwirkungs- und Zustimmungsrechte. Durch wiederholte Reformen wurde die Machtverteilung zwischen König und Parlament immer weiter zugunsten des Letzteren verschoben. Auch das Wahlrecht wurde nur allmählich ausgeweitet. Erst seit 1918 durften, unabhängig vom Besitz, alle männlichen Bürger über 21 Jahren sowie Frauen ab 30 Jahren wählen, ab 1928 galt dann auch für Frauen das Wahlrecht ab 21 Jahren.

Die historischen Eigenarten der staatsrechtlichen Entwicklung in Großbritannien brachten es mit sich, dass das Land bis heute über keine geschriebene Verfassung verfügt. Dennoch ist Großbritannien eine funktionierende Demokratie mit ausgeprägter Gewaltenteilung und Sicherheit des Bürgers vor staatlicher Willkür. Winston Churchill wird das Bonmot zugeschrieben, der Unterschied zwischen einer Demokratie und einer Diktatur bestehe darin, dass man, wenn es in England morgens um sieben Uhr an der Tür klingele, sicher sein könne, dass es sich um den Milchmann und nicht um die Polizei handele.

Auch die Demokratie ändert den Menschen als solchen nicht. Sie versieht ihn insbesondere nicht mit einer höheren Moral. Aber Gewaltenteilung und demokratische Kontrolle können, wenn sie funktionieren, staatliche und private Willkür wirksam einschränken. Eine Garantie dafür gibt es jedoch nicht. In der Welt gibt es zahlreiche Staaten, die zwar eine Demokratie sein mögen und auch mehr oder weniger regelmäßig Wahlen abhalten, in denen aber gleichzeitig das staatliche Handeln über weite Strecken von Willkür und Korruption gekennzeichnet ist beziehungsweise – fast noch schlimmer – in denen der Staat nicht den Willen und die Mittel hat, die Bürger gegen die Willkür staatlicher Organe und gegen private Willkür unterschiedlichster Art ausreichend zu beschützen. Das größte Risiko für das Funktionieren von Demokratie liegt in Mängeln und Schwächen der menschlichen Natur. Auch starke demokratisch kontrollierte staatliche Strukturen können diese Schwächen nicht aufheben, sie können aber ihre Auswirkungen beschränken und abmildern. An dieser Stelle führe ich insbesondere vier Risiken auf:

Opportunismus

Zu Beginn der Nazidiktatur gab es das Massenphänomen der sogenannten Märzgefallenen. Das waren alle jene in der Verwaltung, der Wissenschaft, der Wirtschaft aber auch in den Medien, die von den neuen Herrschaftsverhältnissen profitieren wollten, indem sie ab März 1933 möglichst schnell der NSDAP beitraten. So brachte es die NSDAP bis 1945 auf insgesamt sieben Millionen Mitglieder. Das waren rund 10 Prozent der Bevölkerung. Ein ähnlich hoher Prozentsatz war in der DDR beim Fall der Mauer Mitglied der SED. Solch eine opportunistische Haltung beschränkt sich nicht auf Diktaturen: Zu den Hochzeiten der SPD-Herrschaft in Bundesländern wie Hamburg, Nordrhein-Westfalen oder Hessen wurden auch durchaus Hausmeisterposten in Schulen nach Parteibuch besetzt, und in Bayern war es über Jahrzehnte hinweg recht klar, dass es für die Karriereaussichten in der staatlichen Verwaltung sehr günstig war, wenn man ein Parteibuch der CSU vorweisen konnte.

Das Hohelied des Opportunismus heißt »Wes' Brot ich es, des' Lied ich sing«. Opportunismus mischt sich oft mit Loyalität und persönlichen Treueverhältnissen. Beide sind in funktionierenden Organisationen unverzichtbar. Das macht die Unterscheidung zu opportunistischem Verhalten umso schwieriger. Man kann den Menschen nicht ins Herz schauen. Aber den allermeisten tritt man nicht zu nahe, wenn man ihnen unterstellt, dass ihre Ansichten und Einstellungen, vor allem jene Ansichten und Einstellungen, die sie öffentlich äußern, sich auch nach den Vorteilen richten, die sie sich von einer »passenden« Meinung und entsprechendem Verhalten erhoffen. Das ist keineswegs auf den politischen und gesellschaftlichen Bereich beschränkt. Auch in Unternehmen macht bei vergleichbarer Tüchtigkeit jener Mitarbeiter schneller Karriere und bekommt eher die Chance, sich bei herausfordernden Aufgaben zu bewähren, der sich besser in die große Linie der jeweiligen Unternehmensführung einfügt. Eine opportunistische Haltung soll also keineswegs pauschal verteufelt werden: Sie macht es vielfach leichter, menschliches Verhalten in Bezug auf bestimmte Ziele und bereits getroffene Entscheidungen zu koordinieren. Machtbewusste Führer setzten in gewissem Umfang immer auf das opportunistische Verhalten sowohl bei ihren Unterstützern als auch bei ihren Kritikern.

Prinzipienfestigkeit und Treue zu angestammten Überzeugungen haben sich immer wieder als eine überaus wirksame Karrierebremse erwiesen, wenn die jeweils Mächtigen einen anderen Kurs bevorzugten. Das gilt auch und gerade für die Abgeordneten in einem demokratisch gewählten Parlament. So sind zum Beispiel auch in einer größeren Bundestagsfraktion wirklich einflussreiche Positionen – sei es als Mitglied der Regierung, Mitglied der engeren Fraktionsführung oder Vorsitzender eines wichtigen Ausschusses – durchaus knapp, und die Chancen für eine solche Position sind umso besser, je loyaler (oder unkritischer) man zur jeweiligen Führung steht. Wer sich hier zu sehr mit eigenen Positionen vorwagt, mag beliebt in manchen Talkshows sein. Aber der innere Zirkel der Macht bleibt solch einem aufrechten Streiter für das aus seiner Sicht Richtige nur zu oft verschlossen. Die dadurch bedingten Spannungen und zwiespältigen Motivationen sind unaufhebbar mit dem System demokratischer Entscheidungsfindung verbunden, aber sie begünstigen eben auch den Opportunismus. Angela Merkel verstand es als Parteivorsitzende und Bundeskanzlerin meisterhaft, auf diesem Instrumentarium zu spielen. Das entleerte die Debatten und führte zu einem geistig abstumpfenden Akklamationssystem, unter dessen Folgen die Union als Partei langfristig leidet.

Das Beispiel Merkel habe ich hier nur exemplarisch herausgegriffen. Die Rolle des Opportunismus lässt sich bei der Meinungsbildung zu vielen großen (und kleinen) Fragen der Zeit illustrieren. Opportunismus soll auch keineswegs generell abqualifiziert werden, oft stellt er ein notwendiges Bindemittel dar, um überhaupt zu Entscheidungen zu kommen. Wo allerdings Opportunismus die Moral ganz oder teilweise ersetzt, kann es für die Demokratie auch gefährlich werden.

Zum Opportunismus gehört auch die bereitwillige Unterordnung der meisten Menschen unter die jeweils vorherrschende Mehrheitsmeinung. Im Jahr 1835 schrieb Alexis de Tocqueville über seine Eindrücke in Amerika: »Ich kenne kein Land, in dem im Allgemeinen weniger geistige Unabhängigkeit und weniger wahre Freiheit herrscht als in Amerika. … Die Mehrheit umspannt in Amerika das Denken mit einem erschreckenden Ring. Innerhalb dieser Grenzen ist der Schriftsteller frei, aber wehe ihm, wenn er ihn durchbricht. Zwar hat er kein Ketzergericht zu fürchten, aber er ist allen möglichen Verdrießlichkeiten und täglichen Verfolgungen ausgesetzt. … Man verweigert ihm alles, selbst den Ruhm. … seine Tadler reden laut und die

Gleichgesinnten, aber nicht Gleichtapferen schweigen und entfernen sich. Er gibt nach, versinkt wieder in Schweigen, als empfände er Gewissensbisse, weil er die Wahrheit gesagt hat.«[23]

Ersetzen wir den Begriff der »Mehrheit« durch die »Mehrheit der jeweils dominierenden Meinungsmacher«, dann haben wir eine gute Beschreibung dessen, was wir heute täglich erleben.

Ausgehend von meinen Erfahrungen nach der Veröffentlichung von *Deutschland schafft sich ab*, habe ich dem Stand der Meinungsfreiheit in Deutschland ein ganzes Buch gewidmet, das 2014 unter dem Titel *Der neue Tugendterror* erschien. Ich beobachtete die Verweigerung nicht nur von Dialog, sondern auch von der für einen Dialog notwendigen Lektüre. Es durfte eben nicht wahr sein, dass Intelligenz erblich, Kultur prägend und Herkunft wichtig ist. Das widersprach – und widerspricht – dem innersten Kern politisch korrekten Denkens. Dieser besteht darin, dass alle sozialen Ungleichheiten immer nur Ergebnis von Machtverhältnissen und Ungerechtigkeiten sein können, und dass Leistungs- und Mentalitätsunterschiede zwischen Menschen niemals biologisch begründet sein können. Das gehört heute auch im weitesten Sinn zum Kernbestand eines jeden verfestigten woken Denkens. Wokes Denken ist verinnerlichte Selbstzensur, deren Resultate man auch anderen aufzwingen will, und wenn sie sich nicht fügen, werden sie nach Möglichkeit sozial geächtet.

An dieser Stelle muss man zwischen den *Inhalten konformistischen Denkens und den sozialen Zwängen zu gesellschaftlicher Konformität* unterscheiden. Die Inhalte können sich stark wandeln. Sie waren im Nationalsozialismus anders als in der DDR und in den Fünfzigerjahren anders als heute. Aber der innere Zwang zu gesellschaftlicher Konformität, der uns so bereitwillig auf entsprechende Signale antworten lässt, ist als anthropologische Grundkonstante mehr oder weniger in allen Menschen angelegt, soweit sie sich innerlich auf eine wie immer geartete Peergroup beziehen. Diesem Zwang entkommen die meisten nicht. Sie merken ihn nicht, weil sie sich freiwillig unterwerfen, und in modernen Gesellschaften gibt es ja auch stets die Möglichkeit, einfach die Bezugsgruppe zu wechseln.

Deshalb hat jede Gesellschaft, in der es einen kommunikativen Binnenaustausch gibt, und jede soziale Bezugsgruppe innerhalb der Gesellschaft einen sozialen Mechanismus, der eine Gleichschaltung von Einstellungen und Meinungen belohnt und jene Individuen durch Entzug von Zuneigung und Anerkennung bestraft, die sich zu weit vom jeweils gültigen Meinungs-Mainstream entfernen. Dieser Mechanismus gilt universell, er kann allerdings unterschiedliche Inhalte haben: Das katholische Mädchen auf dem Land, das in den Fünfzigerjahren ein uneheliches Kind bekam, wurde genauso von Ausgrenzung bedroht wie in der Gegenwart eine moderne junge Frau, die in einem links-grünen Umfeld nicht gendert und außerdem bekennt, dass sie gegen Abtreibung ist. *Den Menschen können wir nicht ändern und die in uns genetisch angelegte Neigung zur sozialen Konformität auch nicht. Wir können sie nur in uns selbst bekämpfen und unsere Unabhängigkeit vor Urteil der Allgemeinheit individuell trainieren,*

Nachdem ich die Mechanik zur sozialen Konformität einmal durchschaut hatte, habe ich weitgehend aufgehört, mich öffentlich zu beklagen, wenn wieder einmal meine Integrität infrage gestellt wurde. Das passiert nach wie vor reichlich. Der Versuch, Analysen und Einschätzungen wie die meinen öffentlich zu beschweigen, wird aber – und das ist die Ironie – gerade durch die anhaltenden Diffamierungsversuche der berufsmäßig Empörten immer wieder unterlaufen. Es hilft nur eines: Mutig zu den eigenen Einschätzungen zu stehen, sie privat und öffentlich jederzeit zu äußern und einen eigenen Beitrag dazu zu leisten, dass sich die Wetterfahne der öffentlichen Meinung in die richtige Richtung dreht. Dann – irgendwann – kann der soziale Opportunismus auch zu den eigenen Gunsten wirken.

Machtversessenheit

Macht ist immer bedroht. Eine Position, nach der nicht auch jemand anders trachtet, ist im Allgemeinen hinsichtlich des Prestiges, des Einkommen oder der Macht wenig wert. Ein erfolgreicher Eigentümer-Unternehmer hat in einem Rechtsstaat nur die Konkurrenz und sein eigenes Missgeschick beziehungsweise Ungeschick zu befürchten. Aber ansonsten gilt, dass in jeder gesellschaftlichen Hierarchie, in der Politik, den Unternehmen, den Medien immer auch um die Macht gerungen wird. Wer seine Position nicht hinreichend absichert und vorausschauend ausbaut, kann sie auch schnell verlieren oder mangels Machtmittel nicht das erreichen, was er sich vorgenommen hat.

Der Vorteil funktionierender demokratischer Regierungsformen besteht darin, dass es verbindliche Regeln gibt, wie man an die Macht kommt, Regeln dazu, was man mit der Macht anfangen darf, und auch dazu, wie die Macht gewaltfrei auf jemand anderen übergeht. Für diejenigen, die die Macht besitzen oder in ihren Besitz gelangen wollen, ist es allerdings immer verlockend, die Regeln zu ihren Gunsten zu ändern, sie entsprechend zu interpretieren beziehungsweise sie zu umgehen oder gar zu brechen. Dieses Ringen um die Macht ist oft ein bisschen schmuddelig und schnell auch gesetzeswidrig. Demokratie kann deshalb gefährdet sein, wenn sie nicht von einem starken Rechtsstaat begleitet wird.

Häufig ist das, was Recht ist, auch Gegenstand politischer Interpretation. In den USA hat es sich als sehr wichtig erwiesen, wie sich bei aller formalen Unabhängigkeit des einzelnen Richters die politischen Mehrheitsverhältnisse im Obersten Gerichtshof gestalten. In der EU gibt es in Bezug auf die Mitgliedsländer Polen und Ungarn kontroverse Debatten darüber, ob die Unabhängigkeit der dortigen Rechtsprechung gesichert ist, und in Israel wurde seit Frühjahr 2023 das gesamte Staatswesen gelähmt durch die Versuche der Regierung, die Kompetenzen des Obersten Gerichtshofs zu beschneiden. In Russland und in der Türkei – zwei Länder, die formal den Anspruch erheben, eine Demokratie zu sein – ist die Justiz über weite Strecken zum Büttel des autoritären Herrschers geworden, sodass politische Gegner nahezu umstandslos hinter Gitter wandern und zu langjährigen Haftstrafen verurteilt werden, wenn es dem Herrscher so gefällt. Auch der nackte Mord kann hier in einem flexibel angewandten Instrumentarium durchaus eine Rolle spielen.

Eine andere Form von Machtversessenheit, die formal zulässig ist, keine Gesetze bricht, aber doch die Demokratie schwächt, ist eine Prinzipienlosigkeit, die (fast) das ganze politische Geschehen dem Machterhalt unterordnet. Ein Politiker wird dies natürlich nie zugeben, sondern stets Sachgründe oder sein Gewissen vorschieben. So geschah es, als die Bundeskanzlerin Angela Merkel im März 2011 nach der Tsunamiwelle im japanischen Fukushima plötzlich ihre Gegnerschaft zur Kernkraft entdeckte. Der dadurch eingeleitete vorgezogene deutsche Ausstieg aus der Kernenergie belastet jetzt auf Jahrzehnte hinaus den Erfolg der deutschen Klimawende und macht Deutschland zu einem europäischen Schlusslicht bei der Reduktion von CO_2-Emissionen. Der grüne Energieminister Robert Habeck trug diese Politik auch 2023, als im April die letzten drei deutsche Kernkraftwerke vom Netz gingen, weiter mit, weil er um die Glaubwürdigkeit der grünen Politik und die Unterstützung seiner Basis besorgt war. Beides ist ihm offenbar wichtiger als schnelle Erfolge bei der Reduktion von CO_2-Emissionen.

Ideologie

Bestimmte Formen politischer Verbohrtheit gleiten schnell ins Ideologische ab. Dann wird Sachpolitik missbraucht, um bestimmte ideologische Ziele zu erreichen, die nicht nur mit der Sache wenig oder gar nichts zu tun haben, sondern ihr tatsächlich erheblich schaden.

Ein Beispiel dafür sind die Versuche der untergegangenen sozialistischen Volkswirtschaften, gesamtwirtschaftliche Ziele mit einer sozialistischen Kommandowirtschaft zu erzwingen, die Innovation hemmte, Wohlstand behinderte, die Umwelt zerstörte und insgesamt den Rückstand gegenüber den westlichen Marktwirtschaften ins Unermessliche ansteigen ließen. Auch bei der aktuellen grünen Energiewende in Deutschland scheint immer wieder der Versuch zu einer neuen Form von Kommandowirtschaft auf, der sich aber die spröde Wirklichkeit nicht ohne Weiteres fügen will. Gegenwärtig ist es ungewiss, ob der riskante Kurs einer ideologisch getriebenen Klimawende nicht die deutsche industrielle Basis nachhaltig beschädigt, Wirtschaftswachstum und Wohlstand kostet und am Ende doch die Klimaziele verfehlt.

Ideologie sieht man aber auch in der Bildungspolitik, der Familienpolitik oder der Asylpolitik am Werk – dazu mehr bei den einzelnen Politikbereichen.

Korruption

Die Leistungsfähigkeit eines jeden Staatswesens – unabhängig davon, ob es sich um eine Demokratie handelt oder nicht – hängt auch davon ab, dass seine bevollmächtigten Vertreter – Richter, Polizisten, Soldaten, Beamte ebenso wie Verwaltungsangestellte – ihre Aufgaben loyal zur Führung, pflichtbewusst, gesetzestreu und unbestechlich wahrnehmen.

Die Armee des Zaren geriet im Ersten Weltkrieg auch deshalb sehr schnell ins Hintertreffen, weil korrupte Offiziere sich an jenen Mitteln bereichert hatten, die für die Ausrüstung und Versorgung ihrer Soldaten gedacht waren. Und gut 100 Jahre später spielten bei dem überraschenden Misserfolg der russischen Armee zu Beginn des Überfalls auf die Ukraine offenbar auch korruptionsbedingte Ausrüstungs- und Versorgungsmängel eine bedeutende Rolle.

Die Verbreitung oder Abwesenheit von Korruption hat viel zu tun mit jenem Verhaltenskodex, der gerne mit »Sekundärtugenden« umschrieben wird. Bezogen auf das legendäre Pflichtbewusstsein von Bundeskanzler Helmut Schmidt, hatte der junge aufmüpfige Oskar Lafontaine Anfang der Achtzigerjahre im Zusammenhang mit der Debatte um die Nachrüstung geätzt, mit Sekundärtugenden könne man auch ein Konzentrationslager führen. Das war sowohl witzig als auch grob irreführend. Ein abstraktes Pflichtbewusstsein gegenüber einer Aufgabe, dem damit verbundenen Rollenbild und den konkreten Anforderungen, die diese Rolle mit sich bringt, ist für die Leistungsfähigkeit einer jeden Organisation von entscheidender Bedeutung und steht auch allen Amtsträgern in einer Demokratie gut an. Das beginnt bei der Amtsausübung in einem Finanzamt oder Einwohnermeldeamt und reicht über den Polizisten auf der Straße bis hin zum Amtsverständnis der höchsten staatlichen Würdenträger.

Darum ist es richtig, gegen korrupte Beamte auf einer Baubehörde oder bestechliche Zollbeamte, die bei einer Rauschgiftlieferung wegschauen, strikt vorzugehen. Es gibt daneben aber auch eine moralische Korruption politischer Amtsträger, die von Opportunismus und Machtversessenheit nicht immer klar zu trennen ist und auch nicht unbedingt mit dem Gesetz in Konflikt kommt.

Diese Art von Korruption ist mit dem politischen Machtgewinn und Machterhalt auch in einer Demokratie eng verbunden – und zwar nicht nur in Wahlkampfzeiten. Die Aussicht auf Machtgewinn, Machterhalt und Machtausbau spricht nicht immer die besten menschlichen Instinkte an – selbst nicht bei demokratischen Politikern. Damit muss jede Demokratie leben, und das macht die wirksame Kontrolle der Macht selbst in funktionierenden Demokratien unabdingbar.

Zu den Risiken korruptionsähnlicher Verhältnisse zählt generell der Einfluss privaten Geldes auf die Politik. Deshalb müssen in Deutschland Parteispenden ab einer gewissen Größenordnung offengelegt werden, und darum können Parteien in Deutschland in Abhängigkeit von ihrem Wahlerfolg auch öffentliche Gelder beanspruchen. In den USA ist es praktisch unmöglich, ohne ein großes eigenes Vermögen oder reiche Spender einen Wahlkampf um ein Gouverneursamt, einen Senatorenposten oder gar um die Präsidentschaft zu führen. In diesem Sinn herrschen in den USA zumindest teilweise, was den Einfluss des Geldes auf die Politik angeht, oligarchische Verhältnisse.

In den Nachfolgestaaten der Sowjetunion entstand seit Anfang der Neunzigerjahre bei der Privatisierung eine kleine Klasse von legendär reichen Männern, die großen Einfluss auf die Politik nahmen und für die der Sammelbegriff »Oligarchen« üblich wurde. In Russland und Weißrussland wurde diese neue Oligarchenklasse unter den sich herausbildenden Diktaturen von Wladimir Putin und Alexander Lukaschenko weitgehend politisch entmachtet. In der Ukraine, Georgien und Moldawien versucht man, deren Einfluss gesetzlich einzuschränken. Dies ist ein Balanceakt, weil man es ja Menschen ab einer bestimmten Reichtumsschwelle nicht generell verbieten kann, mithilfe ihres Geldes auf die Politik Einfluss zu nehmen.[24]

Mit den vier Risikofaktoren Opportunismus, Machtversessenheit, Ideologie und Korruption sind die inneren Gefährdungen für eine funktionierende Demokratie natürlich nicht abschließend beschrieben. Diese und weitere Risikofaktoren wirken unterschiedlich, aber fortwährend in jeder real existierenden Demokratie. Der Grad ihrer Gefahr für die Funktionsweise des Systems hängt von der Verankerung des demokratischen Bewusstseins in den breiten Schichten der Bevölkerung, von der Qualität des Rechtsrahmens und der Stabilität der Institutionen ab.

Friedenssicherung

Schutz vor privater und staatlicher Gewalt im Inneren des Staatswesens und Verteidigungsbereitschaft gegen äußere Feinde sind für die Sicherheit und Lebensqualität der meisten Bürger weitaus wichtiger als die konkrete Staats- und Regierungsform. Dieser Schutz wird idealerweise durch eine wirksame Demokratie geleistet. Aber auch die Ruhe und Ordnung einer effektiven Diktatur ist für viele Bürger dann vorzugswürdig, wenn die Alternativen in Bürgerkrieg, Bandenherrschaft und dem gewaltsamen Eindringen fremder Mächte bestünden.

Im Inneren erfordert dies, dass der Staat das Gewaltmonopol hat und dieses im Rahmen von Recht und Gesetz auch wirksam durchsetzt. Im Äußeren bedeutet dies den Einsatz für eine wirksame internationale Friedensordnung, aber auch die Vorhaltung eines ausreichend starken Militärs, das der Abschreckung und notfalls auch der Verteidigung dient. Bündnisbeziehungen und der Einsatz diplomatischer Mittel treten hinzu.

Nach dem Zusammenbruch des Ostblocks und der Auflösung der Sowjetunion im Jahr 1991 hatte es in Europa für eine Reihe von Jahren so ausgesehen, als spielten Fragen militärischer Sicherheit keine Rolle mehr. Das war immer schon eine riskante und irrtümliche Einschätzung. Spätestens seit dem Überfall Russlands auf die Ukraine am 24. Februar 2022 hat dazu in der gesamten westlichen

Welt ein breites Umdenken eingesetzt. Die Rolle der NATO wurde reaktiviert. Deutschland bemüht sich, die Bundeswehr wieder in einen Zustand zu versetzen, der sie bei einem Landkrieg in Europa verteidigungsfähig macht. Nach einigem Zögern wurden die Waffenlieferungen des Westens an die Ukraine so gesteigert, dass diese die Chance auf eine erfolgreiche Selbstverteidigung hat. So steigen die moralischen, finanziellen und militärischen Kosten für Russland. Das kann in einen für Jahrzehnte eingefrorenen Konflikt wie zwischen Nord- und Südkorea münden, es kann aber auch mit dem Sturz des gegenwärtigen Machthabers in Russland enden. Leider ist auch eine militärische Niederlage der Ukraine gegenwärtig (Frühling 2024) nicht ausgeschlossen.

In jedem Fall ist deutlich geworden, dass ein naiver Pazifismus, wie er die deutsche Politik seit den Neunzigerjahren weitgehend parteiübergreifend erfasst hatte, unhistorisch ist und sehr gefährlich werden kann. Der Angriff Russlands auf die Ukraine bedeutete eine tatsächliche Zeitenwende. Wie weit sie sich auch mental durchsetzt und dauerhaft wirkt, bleibt abzuwarten. Wiederholt hat Bundeskanzler Scholz seit Frühling 2022 gezögert, die Ukraine mit bestimmten schweren Waffen wie Kampfpanzern oder Kampfflugzeugen auszustatten, und im März 2024 die Lieferung des Marschflugkörpers Taurus endgültig verweigert. Unterstützt wurde er dabei von großen Teilen der SPD, der AfD, der Linken und des neu gegründeten Bündnisses Sahra Wagenknecht. Exemplarisch war im März 2024 die illusionäre und opportunistische Forderung des Vorsitzenden der SPD-Bundestagsfraktion, Rolf Mützenich, den Krieg in der Ukraine »einzufrieren«. Für die deutsche Innen- und Außenpolitikpolitik zeichnet sich das Risiko einer neuen illusionsgeprägten »Friedensfront« ab, der sich international auch Papst Franziskus mit seiner Kapitulationsaufforderung an die Ukraine zugesellt hat.

Insbesondere die SPD scheint nach wie vor anfällig für den pazifistischen Grundirrtum, dass der eigene Friedenswille und eine Bereitschaft, auch dem zur Gewalt Willigen um nahezu jeden Preis entgegenzukommen, den Frieden sichern können. Im Vorfeld der 2024 und 2025 anstehenden Wahlen ist sie offenbar vor der Versuchung nicht gefeit, nach Wählern zu fischen, indem sie die Angst vor einem großen Krieg schürt, und die Ukraine bei Waffenlieferungen kurzhält.

Eine stabile Friedenssicherung funktioniert aber im heutigen Europa – leider ist das so – nicht anders als im Kalten Krieg: Abwehrkraft und Abwehrwille der NATO müssen so stark und glaubwürdig sein, dass auch ein aggressives Russland, das sich nach dem Imperium des Zarenreichs zurücksehnt, in Europa keine reale Expansionschance hat.

Selbstbeschränkung

Bis hierhin habe ich das normative Gerüst einer aus meiner Sicht gelungenen Gesellschaft knapp abgehandelt: Herrschaft des Gesetzes, Menschenrechte, Meinungsfreiheit, Demokratie, Friedenssicherung.

Als nächsten Punkt führe ich eine Norm an, die ein Stück weit utopisch ist: Selbstbeschränkung ist ein Ideal, das vom persönlichen Charakter kaum zu trennen ist und als Anforderung an ihn immer wieder an die Grenzen intrinsischer Moral stößt. Deshalb unterstützen funktionierende gesellschaftliche Systeme die subjektive Selbstbeschränkung durch institutionelle Faktoren: Amtszeitbegrenzungen, Zuständigkeits- und Mitwirkungsregeln, Compliance-Maßstäbe, Berichtspflichten, Kontrollvorgaben.

Überall dort, wo es persönliche Macht über Menschen oder Sachen gibt, lädt diese auch zum Missbrauch ein – und dies umso mehr, je übermächtiger eine Autorität ist und je weniger sie kontrolliert wird. Das wurde deutlich beim Missbrauchsthema in der katholischen und evangelischen Kirche, aber auch bei der sogenannten MeToo-Debatte. Gerne wünscht man sich die Ritterlichkeit traditioneller amerikanischer Kinohelden wie James Stewart oder John Wayne als allgemeinen Maßstab für menschliches Verhalten in Positionen der Macht. Aber so ist die Welt nicht, und so war sie nie. Wo die Gelegenheit Diebe macht, geht es wohl eher so zu, wie es Benjamin von Stuckrad-Barre 2023 in seinem Schlüsselroman über einen fiktiven Medienkonzern beschrieb.[25]

Der Bundeswirtschaftsminister Ludwig Erhard hatte sich seit der Währungsreform große Meriten erworben und galt als Vater des westdeutschen Wirtschaftswunders. Als Bundeskanzler agierte er von 1963 bis 1966 glücklos. Aber er hatte sichere Instinkte. Seine Maßhalteappelle angesichts einer sich überhitzenden Volkswirtschaft wurden 1965 bundesweit verlacht und waren doch in der Sache berechtigt. Wenig später bewirkte dann die erste westdeutsche Nachkriegsrezession jene Disziplinierung bei Staatsausgaben, Löhnen und Preisen, die seine Appelle nicht erreicht hatten.

Die Einhaltung des rechten Maßes ist das Salz in der Suppe einer jeden funktionierenden Gesellschaft sowie eines jeden funktionierenden Staatswesens.

Perspektiven

Bestand und Entwicklung einer demokratischen freiheitlichen Gesellschaft sind zu jeder Zeit bedroht und keineswegs selbstverständlich. Das zeigt sich in den wachsenden gesellschaftlichen Gegensätzen, die sich in vielen Gesellschaften mit eigentlich gefestigter Demokratie gegenwärtig entwickeln. Insbesondere die ungelösten Fragen rund um Migration und Asyl haben dazu geführt, dass westliche Gesellschaften derzeit eher nach rechts rücken und das Gewicht rechter Parteien bei den Wahlergebnissen zunimmt. Hier prallen kosmopolitische und nationalstaatlich geprägte kommunitaristische Einstellungen aufeinander. Als die AfD im Juni 2023 in Deutschland erstmals in Meinungsumfragen mit der SPD gleichzog, kommentierte Jasper von Altenbockum ahnungsvoll in der *FAZ*: »Geht es so weiter, ist der Klimawandel bei Weitem nicht die größte Herausforderung, die den Deutschen bevorsteht.«[26]

Umgekehrt zeigt sich, dass autoritär oder gar diktatorisch geführte Gesellschaften – sei es als postkommunistische Diktatur wie in China, als religiöse Diktatur wie im Iran, oder als neofaschistische Diktatur wie in Russland – keineswegs unbedingt scheitern müssen. Wenn und soweit sie wirtschaftliche Probleme bewältigen und soziale Spannungen unter Kontrolle halten, können sie grundsätzlich zeitlich unbegrenzt weiterexistieren.

Zwischenresümee

In Kapitel 1 habe ich deutlich gemacht, dass die Zukunft jederzeit grundsätzlich offen ist. Die Ereignisse und Entwicklungen der Vergangenheit beschneiden den Möglichkeitsraum künftiger Entwicklungen, aber dieser enthält gleichwohl stets eine nahezu unbegrenzte Zahl künftiger Entwicklungen. Ein in die Zukunft gerichteter Determinismus für einen bestimmten Entwicklungspfad geht deshalb grundsätzlich fehl. Das ist auch mein geschichtsphilosophischer Ausgangspunkt.

In Kapitel 2 habe ich den normativen Rahmen umrissen, in dem ich mich selber sehe, wenn ich gesellschaftliche Entwicklungen in Vergangenheit und Zukunft betrachte.

Auch dort, wo ich für die Zukunft alternative Entwicklungspfade skizziere, fließen immer wieder Wertungen ein. Ich werde deutlich machen, wenn ich bestimmte Entwicklungspfade für vorzugswürdig halte und warum ich das so sehe. Die Zukunft findet allerdings auch dann statt, wenn die Entwicklung zu ihr an bestimmten Weggablungen eine aus meiner Sicht unerwünschte Richtung nimmt.

Die sozialen, politischen und ökonomischen Zustände in den Staaten und Gesellschaften auf dieser Erde bewegen sich in einem breiten Spektrum, das von Singapur – einem sehr wohlhabenden Stadtstaat mit einer gebildeten Leistungsgesellschaft – bis zu Haiti – einem »Failed State« auf einer karibischen Insel mit einem katastrophalen Bildungssystem – reicht. Wer auf Haiti jung und gesund ist, keinen Hunger leidet und jemanden hat, den er liebt, kann trotz der eigentlich unerträglichen Zustände auch dort glücklich sein. Umgekehrt kann man in einer Hochhauswohnung in Singapur einsam, krank und unglücklich sein. Der Zustand einer Gesellschaft ist eben nicht alles. Überall in der Welt ist auf der individuellen Ebene Glück und Unglück, Erfolg und Misslingen möglich – wenn auch mit unterschiedlichen statistischen Wahrscheinlichkeiten.

Im Folgenden stelle ich das jeweils besprochene Thema in einen Gesamtzusammenhang und zeige die Konsequenzen alternativer Entwicklungspfade auf. Ich beginne mit der Demografie.

Kapitel 3
Bevölkerung

Die demografische Entwicklung greift umfassend in die Gesellschaft ein. Sie bestimmt nicht nur über den Altersaufbau und die ethnische Zusammensetzung. Durch unterschiedliche Geburtenraten beeinflusst sie auch die relative Größe von Religionsgemeinschaften sowie die Verteilung von Bildungsleistung und kognitiven Kompetenzen in einer Gesellschaft. Auch alle großen Umweltfragen werden vor allem von der Demografie bestimmt. *Ohne das weltweite Bevölkerungswachstum seit dem Zweiten Weltkrieg gäbe es das Problem des menschengemachten Klimawandels überhaupt nicht.* Demografie treibt die Wanderungsbewegungen auf der Welt. Die Demografie hat in Deutschland und Europa wesentlich die Schwierigkeiten der Finanzierung des Sozialstaats zu verantworten. Zudem sorgt der mit ihr zusammenhängende Migrationsdruck in ganz Europa und in Nordamerika für starke Umbrüche in den politischen Verhältnissen und kann letztlich sogar die Demokratie gefährden.

Philosophen, Politologen, Soziologen und Theoretiker jeder Provenienz mögen sich künftige Gesellschaften erträumen, das bleibt für die Zukunft zumeist folgenlos. Viel wichtiger ist für die Zukunft einer Gesellschaft die Frage, wer mit wem welche Kinder zeugt – und wie viele davon zu tüchtigen, kompetenten und gut gebildeten Erwachsenen werden. Wo das aus dem Blickwinkel einer Gesellschaft gerät, ist es um ihre Zukunft nicht gut bestellt.

Der große Erfolg von *Deutschland schafft sich ab* und die emotionale Ablehnung, die das Buch vielfach hervorrief, waren in seinen demografischen Analysen begründet. Das traf mich 2010 unvorbereitet. Ich hatte mir etwas von der Seele geschrieben, nämlich mein Leiden daran, dass etwas untergeht, was ich liebe und im Wesentlichen für gut befinde, und mein Zorn darüber, dass dies nicht das Resultat unvermeidlicher Zwänge, sondern von Indolenz, Gleichgültigkeit, Inkompetenz und Freude an der Zerstörung ist. So war jedenfalls meine damalige Sicht.

Der Zorn ist verraucht. Ich habe erkannt, dass es vergeblich ist, gegen elementare Trends der modernen Gesellschaft anzurennen. Diese elementaren Trends bewirken, dass die Deutschen wie die meisten modernen Industriegesellschaften nicht mehr willens oder in der Lage sind, für die eigene natürliche Reproduktion zu sorgen. Stattdessen soll nach dem mehrheitlichen Willen der Medien und der regierenden Politiker der Ersatz für die fehlenden eigenen Kinder und die Sicherung der eigenen Altersversorgung durch kulturfremde Masseneinwanderung erfolgen. Im Ergebnis führt die Kombination von einheimischer Geburtenarmut mit kulturfremder Masseneinwanderung zu einer grundlegend veränderten Zusammensetzung der Bevölkerung. Sie gefährdet sowohl die kulturelle Überlieferung als auch die gesellschaftliche und staatliche Identität.[1]

Die Entwicklung der Weltbevölkerung 1950 bis 2100

An dieser Stelle ist ein knapper historischer Rückblick und prognostischer Ausblick auf die Bevölkerungsentwicklung in der Welt angebracht. Ich betrachte den Zeitraum von 1950 bis 2100. Alle dabei verwendeten Zahlen entstammen der Datenbank der UN Population Division oder wurden aus ihnen berechnet. Der Datenabruf erfolgte im Oktober 2023:[2]

- Seit 1950 ist die Weltbevölkerung von knapp 2,5 Milliarden Menschen auf mittlerweile 8 Milliarden gestiegen. Nach der UNO-Prognose wird sie bis 2060 auf über 10 Milliarden steigen und sich danach allmählich stabilisieren (vgl. Tabelle 3.1, S. 74). Dabei gibt es gewaltige Verschiebungen in der Bevölkerungsstruktur nach ethnischer Zugehörigkeit und regionaler Herkunft (vgl. Tabelle 3.2).
- Noch 1950 lebten nur 9,1 Prozent der Menschen der Welt in Afrika. 2020 waren es 17,4 Prozent. Im Jahr 2100 werden nach der UNO-Prognose 38 Prozent aller Menschen in Afrika leben.
- In Europa lebten 1950 noch 22 Prozent aller Menschen, 2020 waren es 9,5 Prozent, und 2100 werden es nur noch 5,7 Prozent sein.

- Speziell in Deutschland lebten 1950 2,8 Prozent aller Menschen, 2020 nur noch 1,4 Prozent, und bis 2100 wird nach der UNO-Prognose der Anteil der in Deutschland lebenden Menschen auf 0,7 Prozent gefallen sein.
- In den Zahlen der UNO sind auch die Wirkungen von Wanderungsbewegungen enthalten. Der Anteil der Menschen mit ethnischer Herkunft aus Deutschland und Europa sinkt also noch weitaus stärker, als in den Zahlen sichtbar wird. Der sich durch Geburtenarmut und Einwanderung vollziehende Bevölkerungsaustausch wird durch die Ist-Zahlen und die Prognose mit umfasst.

Tabelle 3.1 Die Entwicklung der Weltbevölkerung von 1950 bis 2100

Bevölkerung in Mio.	**1950**	**1985**	**2020**	**2060**	**2100**
Welt	2499,3	4861,7	7841,0	10067,7	10349,3
Afrika	227,5	555,7	1360,7	2861,1	3924,4
darunter Subsahara-Afrika	177,5	430,3	1109,3	2454,3	3442,3
Asien	1379,0	2910,6	4664,3	5289,9	4674,2
Europa	549,7	707,5	746,2	676,2	586,5
darunter Deutschland	70,1	77,6	83,3	76,1	68,9
Lateinamerika	168,3	402,2	651,8	750,7	647,4
Nordamerika	162,1	261,1	374,0	428,6	448,0
Ozeanien	12,6	24,7	43,9	61,1	68,7
Länder mit					
hohem Einkommen	687,3	989,6	1244,1	1264,7	1187,8
mittlerem Einkommen	1689,0	3588,3	5869,0	7187,8	6860,0
niedrigem Einkommen	117,4	266.3	699,2	1597,4	2265,0

Tabelle 3.2 Die regionale Verteilung der Weltbevölkerung 1950 bis 2100

Bevölkerung in %	**1950**	**1985**	**2020**	**2060**	**2100**
Welt	100	100	100	100	100
Afrika	9,1	11,4	17,4	28,4	37,9
darunter Subsahara-Afrika	7,1	8,9	14,1	24,4	33,3
Asien	55,2	59,9	59,5	52,5	45,2
Europa	22,0	14,6	9,5	6,7	5,7
darunter Deutschland	2,8	1,6	1,1	0,8	0,7
Lateinamerika	6,7	8,3	8,3	7,5	6.6
Nordamerika	6,5	5,4	4,8	4,3	4,3
Ozeanien	0,5	0,5	0,6	0,6	0,7
Länder mit					
hohem Einkommen	27,4	20,4	15,9	12,6	11,5
mittlerem Einkommen	67,6	73,8	74,9	71,4	66,3
niedrigem Einkommen	4,7	5,5	8,9	15,9	21,9

Der entscheidende Antrieb für die rapide Bevölkerungszunahme, die für viele Teile der Welt einer Bevölkerungsexplosion gleichkommt, ist ein sehr erfreulicher Sachverhalt, nämlich eine dramatische Zunahme der Lebenserwartung (vgl. Tabelle 3.3, S. 76): 1950 betrug für die Weltbevölkerung die durchschnittliche Lebenserwartung bei der Geburt 46,3 Jahre, 2020 lag sie bei 72 Jahren, und für das Jahr 2100 schätzen die Prognostiker der UNO die durchschnittliche Lebenserwartung in der Welt auf 82 Jahre. Am meisten begünstigt wurden davon die sogenannten Entwicklungsländer: So stieg in Afrika die durchschnittliche Lebenserwartung von 37,6 Jahren im Jahr 1950 auf 62,2 Jahre im Jahr 2020, und 2100 soll sie bei 74,9 Jahren liegen. Maßgebend für diese Entwicklung ist die Verbreitung der Segnungen der modernen Wissenschaft und Technik über die ganze Welt. Das gilt für die Verbesserung der medizinischen Versorgung ebenso wie für die Vermehrung der Nahrungsmittelproduktion durch verbesserte Pflanzenzüchtungen und moderne Anbaumethoden.

Tabelle 3.3. Die Entwicklung der Lebenserwartung 1950 bis 2100

Lebenserwartung	**1950**	**1985**	**2020**	**2060**	**2100**
Welt	46,5	62,2	72,0	78,3	82,1
Afrika	37,6	50,1	62,2	69,7	74,9
darunter Subsahara-Afrika	37,5	48,0	60,3	68,2	73,8
Asien	42,0	62,0	73,7	80,8	85,5
Europa	62,8	71,7	77,7	85,1	90,1
darunter Deutschland	66,8	74,5	81,1	87,0	91,6
Lateinamerika	48,6	65,5	73,1	82,2	87,2
Nordamerika	68,0	74,8	77,9	85,3	90,0
Ozeanien	61,4	71,6	79,5	83,1	87,2
Länder mit					
hohem Einkommen	51,5	74,1	80,4	86,6	91,2
mittlerem Einkommen	43,5	61,2	71,3	78,4	82,6
niedrigem Einkommen	31,6	45,7	62,9	70,2	75,3

Während die Sterblichkeit sank, blieben in vielen Teilen der Welt die Geburtenzahlen zunächst hoch, und die Kombination beider Elemente führte zur Bevölkerungsexplosion:

1950 wurden auf der Welt 81,7 Millionen Menschen geboren, 2020 waren es 133,7 Millionen, und diese hohen Zahlen werden auch in Zukunft kaum sinken: Für 2060 prognostiziert die UNO 129 Millionen Geburten, und 2100 werden es noch immer 111 Millionen Geburten sein (vgl. Tabelle 3.4).

In Europa und Nordamerika sinkt die Zahl der Geburten zwar schon seit Jahrzehnten: So wurden in Europa 1950 noch 14,9 Prozent aller Menschen geboren, 2020 waren es noch 5,3 Prozent, und 2100 werden nach der UNO-Prognose nur noch 4,5 Prozent der Menschen in Europa geboren (vgl. Tabelle 3.5). Davon wird ein ständig wachsender Teil auf die Kinder von Einwanderern entfallen. Dem steht aber ein rapide steigender Anteil Afrikas gegenüber: 1950 entfielen 11,5 Prozent aller in der Welt Geborenen auf Afrika, 2020 waren es 32,1 Prozent, und 2100 werden es nach der UNO-Prognose 48,9 Prozent aller Geburten sein.

Tabelle 3.4 Die Entwicklung der Geburten von 1950 bis 2100

Geborene in Millionen	1950	1985	2020	2060	2100
Welt	81,7	127,2	133,3	129,0	110,8
Afrika	9,4	22,6	42,9	58,9	53,3
darunter Subsahara-Afrika	7,2	18,1	37,0	50,4	47,7
Asien	49,9	78,9	68,9	54,6	42,3
Europa	12,2	9.9	7,0	5,7	5,0
darunter Deutschland	1,10	0,81	0,77	0,64	0,57
Lateinamerika	6,5	11,4	9,8	7,4	5,5
Nordamerika	3,5	4,0	4,1	4,1	4,1
Ozeanien	0,3	0,5	0,7	0,7	0,7
Länder mit					
hohem Einkommen	15,2	14,2	12,3	11,0	10,2
mittlerem Einkommen	61,4	101,4	97,2	84,9	69,2
niedrigem Einkommen	4,8	11,2	23,4	32,7	31,1

Tabelle 3.5 Die Verteilung der Geburten von 1950 bis 2100

Geborene in Prozent	1950	1985	2020	2060	2100
Welt	100	100	100	100	100
Afrika	11,5	17,8	32,1	45,7	48,1
darunter Subsahara-Afrika	8,8	14,2	27,8	39.1	43,0
Asien	61,1	62,0	51,7	42,3	38,2
Europa	14,9	7,8	5,3	4,4	4,5
darunter Deutschland	1,3	0,6	0,6	0,5	0,5
Lateinamerika	8,0	9,0	7,4	5,7	5,0
Nordamerika	4,3	3,1	3,1	3,2	3,7
Ozeanien	0,4	0,4	0,5	0,5	0,6
Länder mit					
hohem Einkommen	18,6	11,2	9,2	8,5	9,2
mittlerem Einkommen	75,2	79,7	72,9	65,8	62,4
niedrigem Einkommen	5,9	8,8	17,6	25,3	28,1

Insbesondere die Entwicklung in Afrika passt nicht zur grundsätzlichen Erzählung der Bevölkerungswissenschaft vom sogenannten demografischen Übergang: Dem zufolge führen sinkende Kindersterblichkeit und steigende Lebenserwartung innerhalb weniger Jahrzehnte zu einer Anpassung des Geburtenverhaltens und zu einer deutlichen Senkung der durchschnittlichen Kinderzahl je Frau. Das war grundsätzlich richtig für Europa und Nordamerika. Es hat sich auch in den entwickelten Industrieländern Ostasiens so ereignet, mit Abstrichen ebenfalls in Lateinamerika und seit einiger Zeit desgleichen in Indien und vielen Ländern Südasiens. Es gilt aber nicht für große Teile der islamischen Welt und vor allem nicht für den weitaus größten Teil Afrikas, nämlich Subsahara-Afrika: In Afrika wurden 1950 9,4 Millionen Menschen geboren, 2020 waren es 42,9 Millionen, und 2060 sollen es nach der UNO-Prognose sogar 58,9 Millionen sein. Auch danach bleiben die Geburten in Afrika auf sehr hohem Niveau und liegen 2100 mit 53,3 Millionen Geburten jährlich immer noch weitaus höher als gegenwärtig.

Als international vergleichbaren Maßstab für die relative Fruchtbarkeit benutzt die Bevölkerungswissenschaft den Indikator der *Nettoreproduktionsrate*: Diese ist 1, wenn die durchschnittliche Kinderzahl einer Frau den Bestand einer Bevölkerung so sichert, dass sie langfristig weder wächst noch schrumpft. Tabelle 3.6, S. 79 enthält Eckwerte zur langfristigen Entwicklung der Nettoreproduktionsrate in verschiedenen Teilen der Welt:

- Für die gesamte Welt lag die Nettoreproduktionsrate 1950 bei 1,64; sie fiel bis 2020 auf 1,07. Trotz dieser Abnahme hat sich die Weltbevölkerung im gleichen Zeitraum mehr als verdreifacht, weil eine Nettoreproduktionsrate von mehr als 1 immer Bevölkerungswachstum bedeutet.
- In Deutschland aber lag die Nettoreproduktionsrate bereits 1950 bei 0,93. Sie stieg dann kurzfristig leicht an, um ab Ende der Sechzigerjahre steil abzufallen. 1985 lag sie nur noch bei 0,66, das heißt, jede Generation war um ein Drittel kleiner als die vorhergehende. Bis 2020 stieg die deutsche Nettoreproduktionsrate dann

wieder leicht auf 0,73 an. Das lag an der durchschnittlich höheren Kinderzahl der Einwanderer aus Afrika sowie dem Nahen und Mittleren Osten. Trotz der unterstellten fortgesetzten Einwanderung bleibt die deutsche Nettoreproduktionsrate in der UNO-Prognose bis 2100 deutlich unter 1.

Tabelle 3.6 Die Entwicklung der Nettoreproduktionsrate von 1950 bis 2100

Nettoreproduktionsrate	**1950**	**1985**	**2020**	**2060**	**2100**
Welt	1,64	1,47	1,07	0,97	0,88
Afrika	1,83	2,28	1,89	1,19	0,95
darunter Subsahara-Afrika	1,82	2,30	1,99	1,20	0,95
Asien	1,79	1,49	0,92	0,86	0,83
Europa	1,16	0,87	0,71	0,79	0.81
darunter Deutschland	0,93	0,66	0,73	0,77	0,78
Lateinamerika	2,05	1,63	0,87	0,83	0,82
Nordamerika	1,38	0,87	0,78	0,81	0,82
Ozeanien	1,54	1,18	1,01	0,91	0,85
Länder mit					
hohem Einkommen	1,29	0,88	0,75	0,80	0,81
mittlerem Einkommen	1,77	1,57	1,01	0,92	0,86
niedrigem Einkommen	1,69	2,22	2,05	1,22	0,95

- Bereits 2020 ist laut UNO-Statistik die Nettoreproduktionsrate auf vier von fünf Kontinenten unter 1 gefallen und wird sich laut UNO-Prognose bis 2100 auf Werte um 0,8 stabilisieren.
- Nur Afrika macht eine massive Ausnahme. Bereits 1950 war die Nettoreproduktionsrate dieses Kontinents mit 1,83 die höchste der Welt. Sie stieg gleichwohl bis 1985 noch weiter auf 2,28 an und war auch 2020 mit 1,89 immer noch höher als im Jahr 1950. Selbst im Jahr 2060 wird die afrikanische Nettoreproduktionsrate nach der UNO-Prognose mit 1,19 immer noch positiv sein und erst 2100 mit 0,97 ganz leicht unter den Bestandserhaltungswert

fallen. Aber bei dieser Prognose ist Vorsicht angebracht: Bereits in der Vergangenheit hatte die UNO die Bevölkerungsentwicklung in Afrika wiederholt unterschätzt. Man muss klar erkennen, dass die in solchen Prognosen implizierten Annahmen über die Entwicklung gesellschaftlicher Modernisierungsprozesse keine wissenschaftliche Basis haben. Es kann so kommen oder auch nicht. Und auf die Zukunft bezogen sind dem Wunschdenken in dieser Beziehung Tür und Tor geöffnet.

Die Bevölkerungsentwicklung hängt von der Zahl der Geburten und der Entwicklung der Lebenserwartung ab. Die Zahl der Geburten wird ihrerseits durch zwei Faktoren bestimmt: durch die Nettoreproduktionsrate, also die durchschnittliche Zahl der Kinder pro Frau, und durch den Altersaufbau der Bevölkerung. Je jünger eine Bevölkerung, desto höher ist der Anteil gebärfähiger Frauen in ihr, und desto höher ist die Zahl der Mädchen, die in einigen Jahren zu gebärfähigen Frauen werden. Auch bei identischer Nettoreproduktionsrate hat deshalb eine Gesellschaft umso mehr Kinder, je jünger sie im Durchschnitt ist. Als einfacher Indikator für den Altersaufbau und den Grad der Jugendlichkeit einer Bevölkerung ist das mittlere Alter oder Medianalter sehr brauchbar, also jenes Alter, bei dem die eine Hälfte der Bevölkerung jünger und die andere älter ist. Tabelle 3.7. enthält Eckwerte für das Medianalter in der Welt, für die regionalen Unterschiede und die Entwicklung von 1950 bis 2100:

- 1950 war die Weltbevölkerung mit einem mittleren Alter von 22,2 Jahren in der Summe sehr jung. Die Spannweite reichte von 18,0 Jahren in Subsahara-Afrika bis zu 33,4 Jahren im Nachkriegsdeutschland.
- Bis 2020 stieg das mittlere Alter in der Welt auf 29,7 Jahre, in Deutschland auf 45 Jahre an. Nur Afrika machte diesen Trend nicht mit. Speziell in Afrika war auch 2020 die Hälfte der Menschen jünger als 18 Jahre.
- Auch 2060 wird das mittlere Alter der afrikanischen Bevölkerung noch bei jugendlichen 25,3 Jahren liegen, und erst 2100 werden

die Afrikaner im Durchschnitt so alt sein wie die Deutschen im Jahr 1950.

- Die große Jugend der afrikanischen Bevölkerung ist verantwortlich dafür, dass die Geburten und die Bevölkerung dort bis 2100 auch dann weiter stark ansteigen, wenn die Nettoreproduktionsrate allmählich zurückgeht.

Tabelle 3.7 Die Entwicklung des mittleren Alters von 1950 bis 2100

Mittleres Alter	**1950**	**1985**	**2020**	**2060**	**2100**
Welt	22,2	22,0	29,7	37,6	42,3
Afrika	18,1	16,4	18,6	26,2	35,1
darunter Subsahara-Afrika	18,0	16,1	17,5	25,3	34,5
Asien	20,5	20,7	30,8	42,3	46,9
Europa	27,8	32,5	41,7	48,0	49,6
darunter Deutschland	33,4	35,9	45,0	48,7	49,8
Lateinamerika	18,3	19,7	29,9	43,2	49,2
Nordamerika	29,0	30,3	37,7	45,0	47,4
Ozeanien	26,4	26,4	31,9	39,8	44,3
Länder mit					
hohem Einkommen	27,5	31,0	40,4	47,4	49,0
mittlerem Einkommen	20,7	20,5	29,4	39,3	44,0
niedrigem Einkommen	17,7	16,2	17,4	25,4	34,8

Für 2100 nimmt die UNO-Prognose an, dass sich die Nettoreproduktionsraten in der Welt weitgehend angeglichen haben und auch die Unterschiede in der Sterblichkeit stark verringert haben werden. Das mittlere Alter der Menschen in Europa wird dann bei knapp 50, in Afrika bei 35 Jahren liegen.

Die langfristige UNO-Prognose ist tatsächlich eine Trendfortschreibung, die sich aus Annahmen zu Nettoreproduktionsraten, Lebenserwartung und den Auswirkungen von Wanderungsbewegungen ergibt. Sie ist in diesem Sinne nicht wissenschaftlich fundiert. Vielmehr repräsentiert sie insbesondere in Bezug auf Afrika in erster

Linie einen Hoffnungswert, nämlich dass sich das für die entwickelte Welt typische Muster des demografischen Übergangs mit starker zeitlicher Verzögerung auch in Subsahara-Afrika durchsetzt. Die Ist-Entwicklung liefert dafür bisher keine Belege: 2020 war die Nettoreproduktionsrate in Afrika mit 1,89 sogar höher als 1950, wo sie 1,83 betrug. Vereinfacht ausgedrückt bedeutet dies, dass sich die Bevölkerung in Afrika nach wie vor mit jeder Generation verdoppelt und dass ein Trendbruch nicht abzusehen ist.

Da der afrikanische Kontinent weiterhin in seiner Gesamtheit nicht in der Lage ist, seiner stark wachsenden Bevölkerung die Perspektive eines modernen Lebensstandards zu bieten, bedeutet dies, dass der hohe Einwanderungsdruck nach Europa weiterhin stark anwachsen wird.

Bevölkerungsvorausberechnung für Deutschland

Das Statistische Bundesamt erstellt regelmäßig Bevölkerungsvorausberechnungen für Deutschland. In der 15. koordinierten Vorausberechnung für Deutschland,[3] die bis 2070 reicht, werden die Ist-Daten bis 2021 zugrunde gelegt und für die drei zentralen Faktoren Geburtenhäufigkeit, Lebenserwartung und Wanderungssaldo jeweils unterschiedliche Varianten durchgerechnet und miteinander kombiniert:

- Für die Geburtenhäufigkeit wurde eine zusammengefasste Geburtenziffer (Kinder pro Frau von 1,44 (niedrig), 1,55 (moderat) und 1,67 (hoch) durchgerechnet
- Für die Lebenserwartung wurde, jeweils getrennt für Männer und Frauen, ein geringer, moderater und starker Anstieg durchgerechnet.
- Für den Wanderungssaldo 2022 bis 2070 wurde ein jährlicher durchschnittlicher Saldo von 183 000 (niedrig), 293 000 (mittel) und 402 000 (hoch) durchgerechnet.

Für 2070 gibt die 15. koordinierte Bevölkerungsvorausschätzung eine Bandbreite zwischen 70 und 95 Millionen Einwohnern an. Aus meiner Sicht ist die wahrscheinlichste Entwicklung eine Kombination von niedriger Geburtenziffer und hohem Wanderungssaldo. Die Begründungen dafür ergeben sich aus dem nachfolgenden Text. Dies könnte bedeuten, dass die Gesamtbevölkerung in Deutschland bis 2070 auf circa 90 Millionen steigt. Zur Entwicklung der Sterblichkeit habe ich keine eigene qualifizierte Einschätzung. Nach den Modellrechnungen des Statistischen Bundesamtes hat die Sterblichkeit auf die Entwicklung der Bevölkerungszahl bis 2070 den geringsten Einfluss, während der Wanderungssaldo den höchsten Einfluss hat.

Entwicklung der Bevölkerungszahl
Ab 2022 Ergebnisse der 15. koordinierten Bevölkerungsvorausberechnung
Millionen Personen

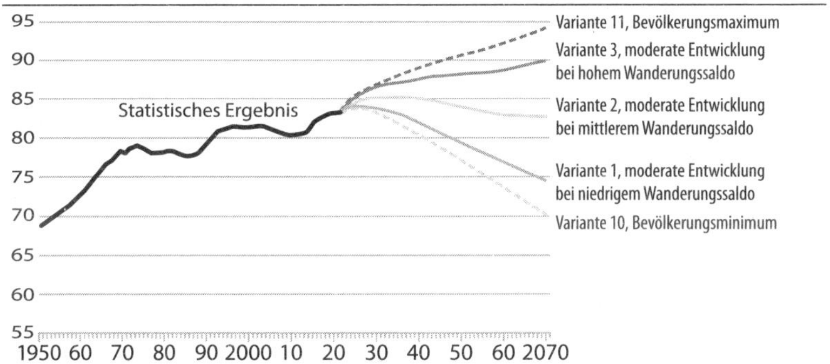

Quelle: Statistisches Bundesamt (Destatis), 2022

Bestimmungsgrößen der Reproduktion

Solange Menschen wie alle Lebewesen sterblich sind und durch ihren Sexualtrieb zur Fortpflanzung gelenkt werden, ist für alle menschlichen Gesellschaften – gleichgültig ob sie als Familien, Stämme, Völker oder Nationen zusammenleben – der Ersatz der Gestorbenen durch den eigenen biologischen Nachwuchs die natürliche Ordnung der

Dinge. Sie entspricht zugleich einem elementaren Nachhaltigkeitsbegriff. Historisch gesehen, litt die Menschheit auch niemals an Geburtenmangel. Ihr Übermaß war manchmal vielmehr eher das Problem. Dass man emotional am biologischen Überleben der eigenen Gruppe hängt, ist ein elementares Grundgefühl einer jeden Gesellschaft. Rational begründbar ist dies nicht. Es handelt sich dabei um einen gesunden Instinkt, der allerdings durch Übertreibung und Radikalisierung gefährlich werden kann. In der Regel ergab sich das Wachsen oder Schrumpfen einer Bevölkerung spontan aus der Kindersterblichkeit, der Lebenserwartung der Erwachsenen und dem Einfluss einschneidender Einzelereignisse wie Kriege, Hungersnöte oder Epidemien.

Die industrielle Revolution änderte diese Rahmenbedingungen, und in der modernen Industriegesellschaft wurden seit Anfang des 19. Jahrhunderts allmählich Heiratsverhalten, Familienplanung und Geburtenkontrolle zu den zentralen Einflussgrößen der Bevölkerungsentwicklung. Dieser Prozess beschleunigte sich durch soziologische Entwicklungen wie die Emanzipation der Frau, durch moderne Methoden der Geburtenkontrolle und in den letzten Jahrzehnten auch durch ein fortschreitendes Verblassen traditioneller Familienbilder und Lebenskonzepte. In allen modernen Industriegesellschaften bleibt ein wachsender Prozentsatz der Frauen dauerhaft kinderlos (in Deutschland gegenwärtig 20 Prozent), und die Kinderzahl schwankt zwischen 1,1 und 1,6 Kindern pro Frau. Im Verhältnis zur Bestandserhaltung verbleibt so – ohne Berücksichtigung von Einwanderung – eine Geburtenlücke von 30 bis 40 Prozent. Dieser Befund gilt für alle Industriegesellschaften in Europa, Nordamerika und Ostasien. Auch die ehemaligen Ostblockstaaten sind davon voll erfasst. Ansatzpunkte für eine Abhilfe haben sich nicht ergeben. Staatliche Hilfen für eine bessere Vereinbarkeit von Beruf und Familie werden gern angenommen, aber sie haben in keinem Land zu einem nachhaltigen Anstieg der Geburtenrate geführt.

Anhaltend hoch bleiben die Geburtenraten in den meisten islamischen Ländern und in den Ländern Subsahara-Afrikas. Teilweise sind beide Merkmale auch deckungsgleich. Innerhalb westlicher Gesellschaften haben nur noch einige religiöse Gruppen wie die orthodoxen Juden, die Mormonen oder Evangelikalen anhaltend hohe Geburtenraten. Auch ist in allen Industriestaaten die Zahl der Kinder umso niedriger, je höher der Bildungsgrad der Eltern ist.

Die strukturelle Geburtenlücke hat sich seit einem halben Jahrhundert aufgebaut. Sie entwickelte sich seit den Sechzigerjahren des vergangenen Jahrhunderts zunächst in den westlichen Industriegesellschaften Europas und Nordamerikas, dehnte sich sodann auf die industriell erfolgreichen Länder Ostasiens aus und erfasste nach dem Zusammenbruch des Ostblocks auch alle ehemaligen Ostblockstaaten mit Ausnahme der islamisch geprägten ehemaligen Teilrepubliken der Sowjetunion.

Die strukturelle Geburtenlücke untergräbt die demografische Nachhaltigkeit aller Industriestaaten. Für einen demografischen Ausgleich durch Einwanderung stehen für Europa grundsätzlich nur die Länder des Nahen und Mittleren Ostens und Afrikas zur Verfügung. Masseneinwanderung aus diesen Regionen wirft für die europäischen Zielländer aber schwierige und zudem kontroverse Fragen der ethnischen und kulturellen Identität auf. Die damit verbundenen Risiken erscheinen vielen als ein zu hoher Preis für die bloß formale quantitative Sicherung eines bestimmten Arbeitskräftepotenzials. Darum dreht sich der Kulturkampf der Gegenwart.

Ich bin mittlerweile zu der Überzeugung gekommen, dass die Individualisierung der Industriegesellschaften (zu denen auch der weitgehende Verlust transzendentaler Bezüge gehört), insbesondere aber die veränderte gesellschaftliche Rolle der Frauen, eine demografische Geburtenlücke von 20 bis 50 Prozent zu einer dauerhaften Begleiterscheinung unserer Gesellschafts- und Wirtschaftsordnung macht. *Ein fortgesetzter Ausgleich dieser Lücke durch kulturfremde Einwanderung würde in wenigen Generationen die gesamte Gesellschaft bis zur Unkenntlichkeit verändern.* Dieser Prozess hat bereits eingesetzt und ist punktuell weit gediehen. Er betrifft gleichermaßen das optische Erscheinungsbild des durchschnittlichen Einwohners wie auch seine kulturellen Prägungen. Beeinflussen lässt sich die weitere Entwicklung nur, indem man kulturfremde Einwanderung qualitativ intensiv steuert und quantitativ stark begrenzt.

Das wird in den geburtenarmen Industriegesellschaften Ostasiens bereits gegenwärtig weitgehend so gehandhabt: Sie haben trotz ihrer Geburtenarmut entweder keine nennenswerte Einwanderung (Japan, Südkorea, China), oder sie wählen ihre Einwanderer strikt nach Qualifikation und unter dem Aspekt der kulturellen Ähnlichkeit aus (Singapur). Sie werden damit zwar auf lange Sicht demografisch unvermeidlich schrumpfen, haben aber die Chance, ihre kulturelle und ethnische Identität zu bewahren.

In den westlichen Industriestaaten fehlt für eine solche Politik eine grundsätzliche Übereinstimmung in der Gesellschaft, und damit fehlen auch Mut und Entschlusskraft für entsprechende Entscheidungen. Das zeigt seit vielen Jahren der Verlauf der Debatten um Asyl und Migration. Was künftige Debattenverläufe und entsprechende Entscheidungen angeht, bin ich derzeit nicht sehr optimistisch. Aber zu einer halbwegs zuverlässigen Prognose künftiger Entscheidungen sehe ich mich auch nicht in der Lage. Insofern bleibt für mich die Zukunft offen.

Über den größten Teil der Menschheitsgeschichte wurde die Bevölkerungsentwicklung regional und global durch die materiellen Rahmenbedingungen begrenzt: Nachwuchs wurde stets reichlich geboren, aber nur ein geringer Teil überlebte das Säuglings- und frühe Kindesalter, und auch die Lebenserwartung der meisten Erwachsenen war eher kurz. Mit den materiellen Möglichkeiten, vor allem durch die Fortschritte bei Ackerbau und Viehzucht, wuchs auch die Zahl der Menschen. Es entstanden komplexere soziale Organisationen, die durch Befriedung und Arbeitsteilung weiteres Bevölkerungswachstum ermöglichten. Kriege, Missernten und Seuchen führten aber auch immer wieder zu starken Einbrüchen bei der Bevölkerungsentwicklung. Global bestand bis weit in das 18. Jahrhundert hinein die durch den britischen Ökonomen Robert Malthus beschriebene Gesetzmäßigkeit, dass die durch materielle Verbesserungen ausgelöste Bevölkerungsvermehrung die Existenzmöglichkeiten für die Masse der Bevölkerung immer wieder in die Nähe des Existenzminimums führte. Man sprach von der malthusianischen Falle. Diese wurde erst durch die Fortschritte in Wissenschaft und Technik seit dem

18. Jahrhundert und die durch sie ausgelöste industrielle Revolution überwunden.

Beginnend in Europa, führte dies zu einem starken Bevölkerungswachstum. Mit einer zeitlichen Verzögerung von einigen Jahrzehnten bewirkten in Europa und Nordamerika die sinkende Kindersterblichkeit, die steigende Lebenserwartung der Erwachsenen und ein allgemein zunehmender Lebensstandard ein Absinken der Kinderzahlen pro Frau. So wurden die Gesellschaften durchschnittlich älter und weniger kinderreich. Dieser Prozess wird durch komplexe soziologische Änderungen in der Gesellschaft ausgelöst und begleitet. Man bezeichnet ihn als *demografischen Übergang*.

Mit zeitlicher Verzögerung führten die Fortschritte der Medizin und die Verbesserung der landwirtschaftlichen Erträge auch in der übrigen Welt zu einem starken Anstieg der Bevölkerung. Weil aber diese schnellen, von außen in die Gesellschaften hineingetragenen Veränderungen auf traditionelle Kulturen und soziale Gewohnheiten stießen, die weitgehend nicht europäisch geprägt waren, trat der durch den demografischen Übergang bewirkte Geburtenrückgang außerhalb Europas und Nordamerikas zeitlich sehr verzögert ein, fiel nicht so stark aus und hat in vielen traditionell geprägten Gesellschaften, insbesondere in großen Teilen des islamischen Kulturkreises und im überwiegenden Teil von Subsahara-Afrika, bis heute nicht stattgefunden.

Eine Folge ist die sogenannte Bevölkerungsexplosion: Um 1800 lebten rund eine Milliarde Menschen auf der Erde, 1900 waren es 1,65 und 1950 2,5 Milliarden. Im November 2022 wurde die Zahl von 8 Milliarden überschritten, und 2060 werden es mehr als 10 Milliarden sein. Der Schwerpunkt der Bevölkerungsentwicklung hat sich nach Asien und vorwiegend nach Afrika verschoben: 2020 wurden auf der Welt rund 133 Millionen Kinder geboren, davon 42,9 Millionen in Afrika, 7,0 Millionen in Europa und 770 000 in Deutschland.

Ermöglicht wurde das starke Wachstum der Weltbevölkerung durch die Industrialisierung – und diese wiederum durch den stark gestiegenen Energieverbrauch. Es ist völlig natürlich, dass die meisten Menschen möglichst gute Lebensverhältnisse anstreben. Dabei ist der in den westlichen Industriestaaten erreichte Lebensstandard das allgemeine Vorbild in der Welt. Und insofern ist es unvermeidlich, dass mit der Angleichung des Wohlstands auch überall der Energieverbrauch pro Kopf auf westliches Niveau steigt.

Für die Industrialisierung der Welt und die damit verbundene allgemeine Anhebung des Lebensstandards sorgten seit dem 18. Jahrhundert weitgehend bis heute fossile Energiequellen – also Kohle, Erdöl, Gas –, teilweise ergänzt durch Kernenergie. Erneuerbare Energiequellen jenseits der Wasserkraft treten erst seit wenigen Jahrzehnten hinzu. Aber sie gelten als das Mittel der Wahl, um die CO_2-Emissionen auf der Welt möglichst schnell zurückzuführen. Denn der CO_2-Gehalt der Luft gilt als ursächlich für den Anstieg der durchschnittlichen Temperaturen auf der Welt gegenüber der vorindustriellen Zeit. Dieser wird in den unterschiedlichen Erscheinungsformen des »Klimawandels« als für die Zukunft der Menschheit sehr bedrohlich angesehen.

Was hat das mit der Bevölkerungsentwicklung zu tun? Stellen wir uns in einem Gedankenexperiment vor, es sei der Menschheit um das Jahr 1950 gelungen, durch allgemeine Maßnahmen zur Geburtenkontrolle die Zahl der Menschen auf die damals erreichte Bevölkerungszahl von 2,5 Milliarden Menschen zu beschränken. *Dann könnten auf der ganzen Welt die Pro-Kopf-Emissionen an CO_2 so hoch sein wie heute in Deutschland, ohne dass es ein Problem mit einem menschengemachten Klimawandel gäbe!*

Die Erkenntnis daraus: Nicht die durch die westliche Kultur angestoßene Industrialisierung und der damit verbundene Energieverbrauch pro Kopf sind das eigentliche Problem für das Weltklima, sondern die Verdreifachung der Weltbevölkerung in nur 70 Jahren, also einem Menschenalter, und die Belastung der Erde durch die schiere Zahl der auf ihr lebenden Menschen. Erst durch die absolute Zahl der Menschen wird ihr Energieverbrauch pro Kopf und die damit verbundene CO_2-Emission zu einem Risiko für das Weltklima.

Der demografische Übergang bewirkte in Europa und Nordamerika, beginnend im 19. Jahrhundert und von Land zu Land leicht unterschiedlich, dass die durchschnittliche Zahl der Kinder pro Frau bis

Anfang der Sechzigerjahre auf zwei bis drei sank (dabei sollte man im Auge behalten, dass Nachhaltigkeit im Sinne eines demografischen Gleichgewichts bei 2,1 Kindern pro Frau erreicht ist).

Geburten

Die veränderte gesellschaftliche Rolle der Frau und vereinfachte Methoden der Geburtenkontrolle führten dazu, dass in der westlichen Welt seit Mitte der Sechzigerjahre bis heute die Zahl der Geburten unter das Bestandserhaltungsniveau sank (Pillenknick). Diese Tendenz ergriff mit Zeitverzögerung auch China und andere Länder Ostasiens sowie seit dem Fall der Mauer und dem Zerfall der Sowjetunion die Staaten des ehemaligen Ostblocks, soweit sie nicht islamisch geprägt sind. In den Ländern des Westens und Ostasiens führt also mittlerweile die durch die niedrigen Geburtenraten geprägte »natürliche« Bevölkerungstendenz dazu, dass jede Generation um ein Drittel kleiner ist als die vorhergehende, mit entsprechenden Folgen für Zusammensetzung, Alterung und Gesamtzahl der Bevölkerung.

2022 kamen in Deutschland 738 819 Kinder zur Welt. Bei 574 254 Kindern war die Staatsangehörigkeit der Mütter deutsch, bei 181 565 Kindern war sie nicht deutsch. Tabelle 3.8, S. 90 gibt einen Überblick über die Verteilung der Geburten nach Bundesländern. In den Stadtstaaten und generell in den industriellen Ballungsgebieten liegt der Anteil ausländischer Geburten über dem bundesdeutschen Durchschnitt. In den ostdeutschen Bundesländern liegt er darunter. Bezogen auf den Migrationshintergrund, also auf die Herkunft der Eltern unabhängig von der Staatsangehörigkeit, liegt der Anteil der Geburten nicht deutscher Herkunft erheblich höher. Bei der Bevölkerung unter 15 Jahren liegt der Anteil mit Migrationshintergrund bei 41,5 Prozent (vgl. Tabelle 3.10, S. 91). Bei den Geburten dürfte dieser Anteil bei etwa 45 Prozent liegen.

Tabelle 3.8 Lebendgeborene nach der Staatsangehörigkeit der Mutter 2022[4]

	Insgesamt	**deutsch**	**nicht deutsch**
Deutschland	**738810**	**547254**	**191565**
		Anteil in Prozent	
Deutschland		74,1	25,9
Bremen	6720	58,8	41,2
Berlin	35729	62,9	37,1
Hessen	57360	68,2	31,8
Hamburg	19054	69,9	30,1
Baden-Württemberg	104549	71,9	28,1
Nordrhein-Westfalen	164496	72,7	27,3
Saarland	7814	73,6	26.4
Bayern	124897	73,9	26,1
Rheinland-Pfalz	36731	75,0	25,0
Niedersachsen	71289	78,5	21,5
Schleswig-Holstein	23953	80,5	19,5
Sachsen-Anhalt	14505	82,7	17,3
Thüringen	14131	83,0	17,0
Brandenburg	17439	84,7	15,3
Sachsen	29331	85,1	14,9
Mecklenburg-Vorpommern	10820	86,5	13,5

2022 betrug in Deutschland die zusammengefasste Geburtenziffer je Frau 1,46 und sank damit auf den niedrigsten Stand seit 2013. Für Frauen mit deutscher Staatsangehörigkeit lag die zusammengefasste Geburtenziffer bei 1,36. Bei Frauen mit ausländischer Staatsangehörigkeit sank sie leicht auf 1,86 und lag damit etwa auf dem Niveau des Jahres 2014.[5] Die Geburtenziffer von Frauen mit ausländischer Staatsangehörigkeit liegt seit Jahrzehnten um 30 bis 40 Prozent über dem deutschen Niveau. Dies wirkt zusammen mit der fortgesetzten Einwanderung stabilisierend auf die Geburtenzahlen in Deutschland – natürlich um den Preis starker ethnischer Verschiebungen in der Zusammensetzung der Bevölkerung. Entsprechend übersteigt der Anteil ausländischer Geburten weit den Anteil von Ausländern an der Bevölkerung (vgl. Tabelle 3.9). Aber auch von den »deutschen« Geburten entfällt ein mit den Jahren wachsender Anteil auf Mütter mit Migrationshintergrund.

Tabelle 3.9 Lebendgeburten nach der Staatsangehörigkeit der Mutter 1990 bis 2022[6]

Jahr	insgesamt	deutsch		nicht deutsch	
			in %		in %
1993	905 675	675 346	74,5	230 325	25,4
2003	766 999	582 381	75,9	184 618	24,0
2013	677 947	562 263	82,9	115 684	17,1
2022	738 819	547 754	74,1	181 565	25,9

Die seit einem halben Jahrhundert anhaltend niedrige Fruchtbarkeit in Deutschland entspricht der Entwicklung in der gesamten westlichen Welt. In Italien, Spanien und Portugal liegt die zusammengefasste Geburtenziffer sogar nur bei nur 1,2 Kindern.[7] Und auch in den nordeuropäischen Staaten sank die Geburtenziffer 2022 stark ab. Im »ältesten Land der Welt«, in Japan, liegt die durchschnittliche Geburtenzahl ebenfalls bei 1,2 Kindern. Aber die Menschen werden im Durchschnitt vier Jahre älter als in Deutschland, und traditionell gibt es in Japan kaum Einwanderung.[8]

Immer wieder gibt es Versuche, hohe oder niedrige Geburtenraten mit einer bestimmten Gesellschafts- oder Familienpolitik zu erklären. Das ist sehr komplex. In Tabelle 3.10, S. 92, wird die Entwicklung der Geburtenziffer von 1990 bis 2023 für ausgewählte Länder dargestellt.

Tabelle 3.10 Entwicklung der Geburtenziffern für ausgewählte Länder 1990 bis 2023[9]

	1990	2000	2010	2020	2023
Deutschland	1,44	1,38	1,39	1,52	1,36
Frankreich	1,78	1,88	2,02	1,79	1,79
Italien	1,33	1,25	1,45	1,26	1,30
Schweden	2,12	1,54	1,98	1,67	1,67
Ungarn	1,86	1,32	1,25	1,57	1,58
Polen	2,05	1,36	1,41	1,45	1,47
Großbritannien	1,83	1,64	1,92	1,56	1,57
USA	2,07	2,05	1,93	1,64	1,66
Russland	1,90	1,22	1,60	1,49	1,52
Ukraine	1,85	1,11	1,44	1,22	1,28
Japan	1,52	1,37	1,39	1,29	1,31
Taiwan	1,77	1,46	0,91	1,10	1,15
China	2,51	1,63	1,69	1,28	1,19
Israel	3,18	2,95	3,00	3,03	2,92
Palästina	6,78	5,44	4,38	3,57	3,36

Die Zahlen in Tabelle 3.10 zeigen: Es gibt offenbar keinen klaren Zusammenhang zwischen der Sozial- und Familienpolitik einerseits und der durchschnittlichen Kinderzahl pro Frau andererseits:

- Für *Deutschland* ist der in den letzten Jahren beobachtete leichte Anstieg aus der stark steigenden Zahl der Mütter mit Migrationshintergrund zu erklären. Das ist hauptsächlich der Reflex des seit 2015 zu beobachtenden Zustroms von Asylbewerbern.
- In *Frankreich* gibt es im Vergleich zu Deutschland traditionell mehr Familien mit drei und mehr Kindern. Auch verlagert sich die Geburtenstruktur mehr und mehr auf Migranten mit muslimischem Glaubenshintergrund. Der Anteil der ethnischen Franzosen an den Geburten sinkt.
- *Italien* hat im Vergleich zu Deutschland und Frankreich einen geringeren Anteil von Bevölkerung mit Migrationshintergrund.

Insofern schlägt die niedrige Geburtenzahl der einheimischen Bevölkerung statistisch stärker durch.

- *Schweden* ist, was die Gleichberechtigung der Geschlechter, Kinderbetreuung und sozialstaatliches Leistungsniveau angeht, generell besonders »fortschrittlich«. Zudem tragen auch in Schweden die muslimischen Migranten weit überdurchschnittlich zur Geburtenzahl bei. Beide Faktoren bedeuten, dass die schwedische Geburtenziffer zwischen dem deutschen und dem französischen Niveau liegt.
- *Ungarn* und *Polen* erfuhren seit 1990 wie alle Staaten des ehemaligen Ostblocks zunächst einen steilen Rückgang der Geburtenziffer. Die Fidesz-Regierung in Ungarn und die PiS-Regierung in Polen versuchten, den Trend durch eine ausgeprägte Sozialpolitik zugunsten von Familien zu drehen. Das ist ihnen in Ansätzen gelungen. Bei der Einordnung der jüngsten Geburtenziffern für 2023 von 1,58 in Ungarn und 1,47 in Polen muss man den niedrigen Ausländeranteil in Rechnung stellen.
- Der hohe Ausländeranteil spielt auch bei der Einordnung der Geburtenziffer in *Großbritannien* eine Rolle. Die Geburtenziffer lag zuletzt leicht über der deutschen. Dabei ist Großbritannien alles andere als ein perfekter Sozialstaat.
- In den *USA* ist die Geburtenziffer in den letzten Jahren von ihrem traditionell recht hohen Niveau gesunken und liegt jetzt zwischen Frankreich und Deutschland. Das ist bemerkenswert, weil ein vergleichbar ausgebauter Sozialstaat fehlt. Traditionell ist die Geburtenrate je nach ethnischer Herkunft recht unterschiedlich, bei den Schwarzen und der Bevölkerung mit lateinamerikanischer Herkunft liegt sie über dem Durchschnitt der Weißen und der Ostasiaten. Entsprechend verschiebt sich allmählich die ethnische Zusammensetzung der Bevölkerung.
- In *Russland* und der *Ukraine* verlief die Geburtenentwicklung seit dem Zusammenbruch des Ostblocks weitgehend parallel. Beide gehören zu den geburtenärmsten Ländern in Europa. Das leicht höhere Niveau in Russland erklärt sich aus dem Einfluss der muslimischen und asiatischen Bevölkerungsanteile.

- Ebenfalls recht uniform ist die Entwicklung der Geburtenziffern in Ostasien: 2023 war die Geburtenziffer für *Japan* 1,31, für *Taiwan* 1,15 und für *China* 1,19. Sie liegt damit auf dem Niveau der einheimischen Bevölkerung in Europa. Nennenswerte Einwanderung gibt es in diesen Ländern nicht, und damit gibt es auch keine Mütter mit Migrationshintergrund.
- Bemerkenswert ist die Entwicklung der Geburtenziffer in *Israel*: Durchgehend bekommen die Frauen im Durchschnitt drei Kinder. Das ist insbesondere auf den großen Kinderreichtum der orthodoxen Juden zurückzuführen. Aber auch die überdurchschnittliche Kinderzahl der arabischen Israelis spielt eine Rolle. Die demografisch bedingte Verschiebung des Kräfteverhältnisses zwischen säkularen und orthodoxen Juden droht mittlerweile das gesellschaftliche Gleichgewicht Israels zu gefährden und den Charakter von Staat und Gesellschaft grundlegend zu verändern. Das israelische Beispiel sollte darum ein Warnzeichen für Europa sein. In Israel ist die hohe Geburtenrate allerdings auch notwendig, um den demografischen Wettbewerb mit den Palästinensern zu bestehen.
- Im *Westjordanland* und im *Gazastreifen* hatten die Frauen nämlich 1990 durchschnittlich knapp sieben Kinder, und auch 2023 lag die Geburtenziffer noch bei 3,36. So erklärt sich das explosive Wachstum der palästinensischen Bevölkerung, das offenbar als demografische Waffe in der Auseinandersetzung mit Israel dient.

Die Geburtenentwicklung in Israel und den palästinensischen Gebieten ist sicherlich ohne den tiefgreifenden Einfluss des Nahostkonflikts nicht erklärbar. Sie zeigt, dass es keine ehernen Gesetze gibt, die über die Entwicklung der menschlichen Fruchtbarkeit bestimmen. Ansonsten aber ist die ausgeprägte Uniformität der Geburtenziffern in den entwickelten Ländern der Welt bemerkenswert. Die allgemeine Wohlstandsentwicklung und die Emanzipation der Frauen scheinen hier gesetzmäßig zusammenzuwirken. Maßnahmen der Sozial-, Familien- und Bildungspolitik, die steuernden Einfluss auf die Geburtenhäufigkeit nehmen sollen, scheinen nur von begrenzter Tauglichkeit.

Zurück zu Deutschland: Die Geburtenrate in einer Gesellschaft ist nicht uniform, sondern unterscheidet sich je nach Bildung und ethnischer Herkunft, wie zuletzt für Deutschland die Ergebnisse des Mikrozensus 2022 gezeigt haben:[10]

- Rund 20 Prozent der Frauen bleiben kinderlos, in Westdeutschland etwas mehr als in Ostdeutschland, und in den Stadtstaaten mehr als in den Flächenländern.
- In Deutschland aufgewachsene Frauen sind mit 22 Prozent viel häufiger kinderlos als Zuwanderinnen mit 12 Prozent.
- Frauen mit akademischem Abschluss sind häufiger kinderlos, bei den Geburtsjahrgängen 1973 bis 1977 durchschnittlich zu 23 Prozent.
- Der Bildungsstand bestimmt über die durchschnittliche Kinderzahl: Bei in Deutschland aufgewachsenen Frauen der Jahrgänge 1973 bis 1977 betrug die durchschnittliche Kinderzahl bei hoher Bildung 1,5 Kinder und bei niedriger Bildung 2,0 Kinder. Bei Zuwanderinnen mit niedrigem Bildungsstand (das betrifft 40 Prozent dieser Gruppe) betrug die durchschnittliche Kinderzahl 2,4 Kinder.

Insgesamt werden also die demografischen Schrumpfungsprozesse in den westlichen Gesellschaften stark überlagert von Veränderungen in der Geburtenstruktur. Diese können sich zu eigenständigen gesellschaftlichen und sozialen Problemen entwickeln.

Auf allen westlichen Gesellschaften lastet zudem ein Einwanderungsdruck von Gesellschaften außerhalb Europas (beziehungsweise in Nordamerika aus Süd- und Mittelamerika), der zu Spannungen führt und auch die überdurchschnittlichen Wahlerfolge rechter Parteien befördert hat. Brennpunktartig schlägt sich dies in der sogenannten Asyldebatte nieder.

Wichtig und gleichzeitig banal, aber doch oft vernachlässigt, ist die Erkenntnis, dass die Vergangenheit vergangen ist. Die Beeinflussung der Zukunft, wenn auch nicht in jede wünschbare Richtung, kann aber hier und heute beginnen. Vergangene Erfahrungen können wir nutzen, um daraus zu lernen. Aber niemals wird es möglich sein, die Vergangenheit wegzuradieren. Das ist besonders augenfällig bei der Demografie: Die Menschen, die in den vergangenen Jahrzehnten in Deutschland nicht geboren wurden, können wir uns nicht herbeiwünschen. Und jene Menschen, die in den vergangenen Jahrzehnten als Einwanderer zu uns kamen, sind mitsamt ihren Kindern und Kindeskindern da und können für eine gedachte deutsche Zukunft nicht ausgeblendet werden.

In Bezug auf die künftigen Geburtenzahlen in Deutschland, in Europa und in der Welt stellt sich die Frage, was wir eigentlich wollen, wer hier legitimerweise etwas wollen darf und wie man das Gewollte auch durchsetzen kann. Die Kombination dieser drei Fragen beschreibt die Komplexität des Problems und die Unmöglichkeit, zu Antworten mit generellem Gültigkeitsanspruch zu kommen:

- Orthodoxe Juden in New York oder Jerusalem bevorzugen frühe Heirat, lehnen Empfängnisverhütung und Abtreibung ab und haben häufig zwölf Kinder.
- Auch in vielen traditionellen Gesellschaften des islamischen Kulturkreises bleibt die Kinderzahl hoch.
- Dagegen bleiben unter den gebildeten Frauen westlicher Länder und Ostasiens 20 bis 30 Prozent kinderlos, und ansonsten dominieren Kleinfamilien mit ein bis zwei Kindern. Das führt zu sinkenden Geburtenzahlen für Ostasien und die westliche Welt, die durchschnittlich um 30 bis 40 Prozent unter dem Bestandserhaltungsniveau liegen.

Das weltweite Wirken solch gegenläufiger Trends hat in der Summe zum beschriebenen starken Wachstum der Weltbevölkerung geführt, hat aber auch die regionalen und ethnischen Gewichte in der Bevölkerungsverteilung stark verschoben, und dies bleibt ein anhaltender Prozess. Versuche, die Geburtenrate in der konkreten historischen Situation einer Gesellschaft durch politische Maßnahmen in eine erwünschte Richtung zu drängen, waren in der Weltgeschichte kaum je von Erfolg gekrönt. Wirtschaftliche Entwicklungen und soziologische Veränderungen wirken unwillkürlich, auch ohne konkrete politische Planung, auf die Geburtenrate ein. Der säkulare Geburtenrückgang im westlichen Abendland und später auch in Ostasien ergab sich spontan aus der Entwicklung der Wirtschaft, des Bildungssystems und der zunehmenden Erwerbstätigkeit der Frauen.

Ebenso spontan fand dort eine starke Vermehrung der Bevölkerung statt, wo die sinkende Sterblichkeit und die Verbesserung der medizinischen Versorgung auf traditionelle Gesellschaften stieß oder wo der Einfluss der Religion die Rolle der Frauen in Richtung frühe Heirat und hohe Kinderzahl lenkte.

Eine gewisse historische Ausnahme, was den »Erfolg« von Geburtenpolitik anging, war die brutale chinesische Ein-Kind-Politik seit den Siebzigerjahren des vergangenen Jahrhunderts. Diese Politik wurde überholt durch die soziologischen Auswirkungen der Wirtschaftsreformen im kommunistischen China und der damit einhergehenden Verbesserung des Lebensstandards. Mittlerweile ist die durchschnittliche Kinderzahl in China, genau wie im westlichen Abendland und im übrigen Ostasien, unter das Bestandserhaltungsniveau gesunken, und die chinesische Politik ermutigt – allerdings weitgehend vergeblich – zum zweiten und dritten Kind.

Insgesamt waren Bemühungen verschiedener europäischer und ostasiatischer Länder zur nachhaltigen Anhebung einer unter das Bestanderhaltungsniveau gefallenen Geburtenrate wenig erfolgreich. Der Anteil kinderloser Frauen stieg, vor allem in den gebildeten Schichten, das Heiratsalter nahm zu und ebenso das Alter bei der ersten Geburt. Soziologische Änderungen bewirkten auch generell eine Abnahme der Familienorientierung. Allerdings gab und gibt es große gruppenbezogene Unterschiede, die auch innerhalb der Nationalstaaten beträchtliche Verschiebungen der Bevölkerungsstruktur mit sich bringen.

Sterblichkeit

In Zeiten hoher Kindersterblichkeit, fehlender moderner Medizin und eines allgemeinen Nahrungsmittelmangels – also während des größten Teils der Menschheitsgeschichte – wurde die Bevölkerungsentwicklung nicht durch die Geburtenzahl, sondern durch die Überlebensrate der Neugeborenen und die Lebenserwartung der Erwachsenen bestimmt.

Als mit dem Beginn der Industrialisierung die Kindersterblichkeit nachhaltig sank und die Lebenserwartung der Erwachsenen stieg, passte sich die Zahl der pro Frau durchschnittlich geborenen Kinder mit einer Verzögerung von einigen Jahrzehnten, in der die Bevölkerungszahlen stark stiegen, an die gesunkene Sterblichkeit an. Das ist der schon erwähnte demografische Übergang. Eine Besonderheit Afrikas und der islamisch geprägten Teile des westlichen Asiens liegt darin, dass dort der demografische Übergang sich entweder stark verzögerte, sich sehr langsam vollzog oder bis heute ganz ausfiel. Deshalb gehören Subsahara-Afrika und einige Länder des westlichen Asiens bis heute zu den Regionen mit dem weltweit stärksten Bevölkerungswachstum.

Altersaufbau

Im Modellfall einer durchschnittlichen Lebenserwartung von 80 Jahren und einer Bevölkerung, die weder schrumpft noch wächst, sind rund 19 Prozent einer idealtypischen Bevölkerung 15 Jahre und jünger und ebenfalls 19 Prozent der Bevölkerung älter als 65 Jahre.

Demgegenüber waren in Deutschland 2022 aufgrund der anhaltenden Geburtenarmut nur 14,3 Prozent der Bevölkerung 15 Jahre und jünger, aber 21,4 Prozent älter als 65 Jahre. Bei der Bevölkerung ohne Migrationshintergrund waren sogar nur 11,7 Prozent 15 Jahre und jünger, dagegen 25,7 Prozent älter als 65 Jahre Tabelle 3.11, S. 100).

Zum Vergleich: In Subsahara-Afrika sind 40 Prozent der Bevölkerung 15 Jahre und jünger, dagegen nur 4 Prozent älter als 60 Jahre.

Bei der Bewertung solcher Unterschiede im Altersaufbau können vorschnelle Urteile in die Irre führen:

- Die hohe Lebenserwartung in Deutschland ist Ausdruck eines ökonomischen und sozialpolitischen Erfolgsmodells, das den Menschen im Durchschnitt ein langes Leben sichert. Die niedrige Zahl junger Menschen kann man unter dem Aspekt künftiger Umweltbelastungen auch als positiv werten. Hinsichtlich der Finanzierbarkeit der Alterssicherung in Deutschland und des künftigen Wohlstandsniveaus wirft die schiefe Altersverteilung Fragen auf. Die damit verbundenen finanziellen Fragen können aber grundsätzlich durch einen angemessen frühen Eintritt ins Erwerbsleben, einen späteren Beginn des Rentenalters sowie die Regulierung des Rentenniveaus gelöst werden.
- Die hohe Jugendlichkeit der Bevölkerung in Subsahara-Afrika kann positiv für das allgemeine Lebensgefühl der dortigen Gesellschaften sein. Sie ist aber auch Spiegelbild der im Vergleich zu Deutschland niedrigen Lebenserwartung. Was Wohlstand und Arbeitsplätze angeht, hat sie einen explosiven Charakter, insbesondere wenn man sie mit dem im Vergleich zu Deutschland und Europa sehr niedrigen Bildungsniveau kontrastiert.

Migration

Die Vertreibung von 13 Millionen Deutschen aus Ostdeutschland und Osteuropa nach dem Zweiten Weltkrieg war auch eine große, zwangsweise erlittene Einwanderungswelle für die Besatzungszonen in Restdeutschland. Sie brachte Not und große Spannungen mit sich. Aber die gemeinsame Geschichte, Sprache, Kultur und der 1948 einsetzende wirtschaftliche Aufschwung überbrückten bald diese Unterschiede. Vom Ende des Zweiten Weltkriegs bis Anfang der Sechzigerjahre waren beide deutschen Staaten ethnisch homogen und ausschließlich von Deutschen besiedelt. Bis zum Fall der Mauer gab es in der ehemaligen DDR keine größere Einwanderung, und in der westdeutschen Bundesrepublik setzte in Form des Gastarbeiterzuzugs Einwanderung in großem Stil erst Mitte der Sechzigerjahre ein.

Dies spiegelt sich in der Altersverteilung der Migranten und ihrem sehr unterschiedlichen Gewicht in den verschiedenen Altersgruppen (vgl. Tabelle 3.11): Bei der Bevölkerung über 65 Jahren haben nur 14,2 Prozent einen Migrationshintergrund, bei der Bevölkerung unter 15 Jahren sind es bereits 41,5 Prozent, und bei den Jahrgangskohorten dazwischen ist der Migrantenanteil umso höher, je jünger die Kohorte ist. Bei den Geburten und den Grundschülern hat in vielen Ballungsräumen der Migrationsanteil bereits 50 Prozent überschritten. Bei fortgesetzter Einwanderung und anhaltenden Unterschieden in der Geburtenhäufigkeit wird der Herkunftsanteil der Migranten auch künftig zeitlich unbegrenzt weiter steigen.

Tabelle 3.11 Bevölkerung in Deutschland 2022 nach Migrationshintergrund und Altersgruppen[11]

		ohne Migrationshintergrund		**mit Migrationshintergrund**	
	in 1000	**in 1000**	**in %**	**in 1000**	**in %**
unter 15 Jahre	11891	6954	58,5	4937	41,5
15 bis unter 25 Jahre	8404	5284	62,9	3120	37,1
25 bis unter 35 Jahre	10530	6785	64,4	3745	35,6
35 bis unter 45 Jahre	10674	6820	63,9	3827	36,1
45 bis unter 55 Jahre	10970	7690	70,1	3280	29,9
55 bis unter 65 Jahre	12886	10501	81,5	2385	18,5
65 Jahre und mehr	17776	15245	85,8	2531	14,2
Insgesamt	83153	59278	71,3	23875	28,7

Der Vergleich der Altersstruktur der Bevölkerung in Deutschland mit und ohne Migrationshintergrund zeigt, dass Einwanderung einen erheblichen Einfluss auf den Altersaufbau hat. Wollte man jedoch die Lücke zu einer bestandserhaltenden Geburtenzahl dauerhaft durch Einwanderung füllen, so müssten in Deutschland langfristig jedes Jahr 400 000 bis 500 000 Menschen in möglichst jugendlichem Alter einwandern. Das Wachstum der Weltbevölkerung gibt dies auf absehbare Zeit zwar ohne Weiteres her, und aufgrund seines Wohlstandsniveaus und des ausgebauten Sozialstaats ist Deutschland für Einwanderer aus ärmeren Teilen der Welt auch sehr attraktiv. Aus wirtschaftsnahen Kreisen und aus der Politik hört man immer wieder, Deutschland brauche Einwanderung, um seinen Wohlstand für die Zukunft zu sichern.

Mit diesem Argument setze ich mich in Kapitel 6 im Abschnitt »Wohlstand« näher auseinander. Ich zeige dort, dass dieses Argument – zurückhaltend ausgedrückt – nicht unbedingt trägt. Entscheidend für den Wohlstand einer Bevölkerung sind nämlich allein die durchschnittliche Arbeitsproduktivität und die Zahl der pro Kopf der Bevölkerung geleisteten Arbeitsstunden. Hinsichtlich des Wohlstands pro Kopf wirkt Einwanderung nämlich nur unter sehr strikten Bedingungen, die keineswegs einfach zu erreichen sind, unterstützend. Umgekehrt kann Masseneinwanderung von kulturfremden und bildungsfernen Gruppen auch dauerhaft den erreichten und erreichbaren Wohlstand gefährden.

Richtig ist nur, dass eine Volkswirtschaft dann mehr absolute Wachstumsräume hat, wenn die Bevölkerung im erwerbsfähigen Alter durch Einwanderung steigt. Richtig ist aber auch, dass der eigentliche Wohlstand sich nicht am absoluten Sozialprodukt, sondern am *Sozialprodukt pro Kopf* bemisst. Dieses hängt aber nicht von der zahlenmäßigen Größe einer Bevölkerung, sondern allein von ihrer Produktivität ab. Sonst müsste ja zum Beispiel das jugendliche Nigeria wegen seiner großen und stark wachsenden Bevölkerung weitaus reicher sein als das alternde Deutschland. Das Gegenteil ist aber der Fall. Entscheidend für den Wohlstand ist nämlich neben dem Umfang der durchschnittlich geleisteten Arbeitsstunden die Produktivität der Arbeitskräfte und nicht ihre Zahl.

Tabelle 3.12 Ausländische Bevölkerung nach Herkunft 2014 bis 2022[12]

Ausländische Bevölkerung in 1000	2014	2021	2022	Veränderung zu	
				2014	2021
Insgesamt	8153,0	11 817,8	13 383,9	+5230,9	1566,1
Europa, darunter	6394,9	8099,6	9322,1	+2927,2	1222,5
Türkei	1527,1	1458,4	1487,1	-40,0	+28,7
Ukraine	127,9	155,3	1164,2	+1036,3	+1008,9
Amerika	245,7	306,1	328,2	+60,4	+22,1
Afrika, darunter	363,7	650,7	710,2	+346,5	+49,5
Marokko	67,9	85,8	95,1	+27,2	+9,3
Tunesien	28,3	42,1	48,3	+20,0	+6,2
Eritrea	25,8	78,7	82,0	+56,2	+3,3
Somalia	16,5	51,5	55,5	+39,0	+4,0
Asien, darunter	1075,0	2620,8	2880,0	+1805,0	+259,2
Iran	63,1	129,1	143,6	+80,5	+14,5
Irak	88,7	276,9	284,6	+195,9	+7,7
Syrien	118,2	867,6	923,8	+805,6	+56,2
Afghanistan	75,4	309,8	377,2	+301,8	+67,4
Pakistan	46,6	78,4	84,2	+37,6	+5,8

In der Abgrenzung der deutschen Statistik spricht man dann von »Migrationshintergrund«, wenn der Betroffene selber oder mindestens ein Elternteil im Ausland geboren ist. Strukturdaten zum Migrationshintergrund werden vor allem im regelmäßig stattfindenden Mikrozensus erhoben. Dagegen wird bei Primärstatistiken wie der Geburtenstatistik oder dem Ausländerzentralregister lediglich nach der Staatsangehörigkeit unterschieden. Diejenigen, die eine mehrfache Staatsbürgerschaft haben, darunter die deutsche, werden dabei statistisch als Deutsche ausgewiesen. Deshalb ist in der deutschen Statistik die »Bevölkerung mit Migrationshintergrund« deutlich größer als die »ausländische Bevölkerung«. Trotz der seit 2000 stufenweise eingeführten Erleichterungen beim Erwerb der deutschen Staatsbürgerschaft dauert es einige Zeit, bis ein nach Deutschland eingewanderter Ausländer statistisch als Deutscher ausgewiesen wird.

Deshalb gibt die amtliche Statistik der ausländischen Bevölkerung nach Herkunft einen recht zuverlässigen Überblick über Zahl und Herkunft der Migranten seit 2014 (vgl. Tabelle 3.12, S. 102).

Tabelle 3.13 Ausländische Bevölkerung 2022 nach Herkunft, Durchschnittsalter und durchschnittlicher Aufenthaltsdauer[13]

	Durchschnitts-	
	Alter	**Aufenthaltsdauer**
insgesamt	37,5	14,3
Europa, darunter	40,2	16,8
Türkei	47,3	31,1
Ukraine	33,2	2,3
Amerika	40,4	13,0
Afrika, darunter	30,7	9,0
Marokko	38,0	13,8
Tunesien	34,9	10,3
Eritrea	25,3	6,9
Somalia	22,5	6,2
Asien, darunter	30,3	7,9
Iran	36,2	8,3
Irak	27,4	7,4
Syrien	25.7	5,7
Afghanistan	30,8	8,4
Pakistan	32,6	8,4

Insgesamt ist die Zahl der Ausländer in Deutschland in den acht Jahren von 2014 bis 2022 um 5,2 Millionen gestiegen. 1,04 Millionen kamen aus der Ukraine, rund 1,9 Millionen aus dem übrigen Europa. Aus Afrika und Asien kamen 2,15 Millionen, zum allergrößten Teil als Asylbewerber vor allem aus Syrien, Irak und Afghanistan. Die in Deutschland lebenden Ausländer aus Afrika und Asien sind durchschnittlich seit acht bis neun Jahren hier und 30 Jahre alt. Sie kamen also durchweg im Alter von Anfang 20 beziehungsweise – im Fall von Eritrea und Somalia – mit 16 bis 17 Jahren (vgl. Tabelle 3.13).

Ursachen und Antriebsquellen von Migration

Im Folgenden unterscheide ich drei Ursachen für Migrationsprozesse:

- gezielte Einwanderungspolitik des aufnehmenden Staates,
- spontane wohlstandsmotivierte Wanderungsbewegungen aus ärmeren Ländern und Regionen in solche mit höherem Wohlstandsniveau,
- Flucht vor Kriegshandlungen und vor Verfolgung aus politischen Gründen.

In der Praxis des gelebten Migrantenlebens lassen sich diese Kategorien nicht immer klar voneinander trennen. Wenn zum Beispiel ein mit dem Assad-Regime verfeindeter syrischer Arzt oder Informatiker während des syrischen Bürgerkriegs mit seiner Familie nach Deutschland kam, dann

- passte dies gut ins Profil der deutschen Bemühungen um den Zuzug von Fachkräften,
- erhöhte die Einkommenschancen und den Lebensstandard der einwandernden syrischen Familie
- und entsprach der deutschen Asylpolitik gegenüber politisch Verfolgten.

Einwanderungspolitik

Gezielte Einwanderungspolitik war die Anwerbung von Gastarbeitern in der Bundesrepublik in den Sechzigerjahren des vergangenen Jahrhunderts. Diese Politik wird auch heute in Ländern wie Singapur, Australien, Neuseeland oder Kanada erfolgreich betrieben. Grundvoraussetzung einer erfolgreichen gezielten Einwanderungspolitik ist eine wirksame Kontrolle über die Staatsgrenzen: Nur dort, wo der Staat die Fähigkeit, den Willen und die Mittel zur Zurückweisung unerwünschter Einwanderer hat, gibt es die Möglichkeit, die erwünschten Einwanderer gezielt ins Land zu lassen. Gezielte Einwanderungspolitik kann das Wohlstandspotenzial eines Landes deutlich erhöhen, wenn es gelingt, die erwünschten Qualifikationen und Fachkräfte anzuziehen.

Zu einer gezielten Einwanderungspolitik gehört aber auch ihr Gegenteil, nämlich das wirksame Unterbinden unerwünschter Einwanderung durch die betroffenen Länder.

So haben zum Beispiel Japan und Südkorea seit langer Zeit Geburtenraten, die ähnlich niedrig sind wie in vielen Ländern Europas. Gleichzeitig haben ihre Bürger – auch im Vergleich mit anderen westlichen Ländern – eine besonders hohe Lebenserwartung. Diesen Spannungsbogen bewältigen sie bislang ohne wesentliche Zuwanderung. Den Kosten der überdurchschnittlichen Altenlast stehen in diesen Ländern der Nutzen niedriger Kriminalität und die Vorteile kultureller und ethnischer Homogenität gegenüber.

Wohlstandswanderung

In der gesamten Menschheitsgeschichte wurde Migration zumeist durch den Wunsch nach Verbesserung der Lebensverhältnisse ausgelöst. So besiedelte der Mensch, ausgehend von Afrika, allmählich die ganze Erde. Dies konnte sich überall dort friedlich vollziehen, wo die Migranten sich in bislang unbesiedeltem Land ausbreiteten. Trafen sie auf frühere Bewohner, so wurde die Migration überwiegend kriegerisch. Migration, Landnahme, Krieg und Eroberung bis hin zum Völkermord gingen in der Menschheitsgeschichte gleitend ineinander über. Größere Migration in bereits besiedelte Gebiete vollzog sich nur in Ausnahmefällen friedlich.[14]

Als nicht beherrschbar wahrgenommene Migrationsprozesse sprechen auch heutzutage bei der Mehrzahl der Menschen tief verwurzelte Instinkte des Misstrauens gegen das Fremde an und können zu aggressiven Reaktionen führen. Hier liegt der tiefere Grund dafür, dass in den letzten drei Jahrzehnten die Zunahme einer als kulturfremd empfundenen Masseneinwanderung in zahlreichen Ländern

Europas zum Aufstieg überwiegend rechts stehender Parteien führte. In den USA trugen ungelöste Einwanderungsfragen dazu bei, dass die Republikanische Partei mehr und mehr nach rechts wanderte. In Deutschland führte die Einwanderungswelle der Jahre 2015/16 aus dem Nahen und Mittleren Osten und aus Afrika dazu, dass sich die AfD als rechte Protestpartei dauerhaft etablieren konnte.

Flucht und Asyl

Von 2014 bis 2022 wurden in Deutschland 2 556 520 Erstanträge auf Asyl registriert.[15] Die Gesamtschutzquote – also die Anzahl der Asylanerkennungen, der Flüchtlingsanerkennungen, der Gewährungen von subsidiärem Schutz und der Feststellungen eines Abschiebungsverbotes – schwankt von Jahr zu Jahr, sie lag 2022 bei 56,2 Prozent.[16] Tatsächlich dürfen unabhängig von Ausgang der Verfahren die meisten Asylbewerber bleiben. Der Umfang der freiwilligen Rückkehrer ist niedrig, und die jährlichen Abschiebungen lagen in den letzten Jahren nur bei 15 000 bis 20 000. Trotz wiederholter starker Ankündigungen der Politik, »endlich in großem Stil abzuschieben« (so Bundeskanzler Scholz im Oktober 2023) ist die Praxis der Abschiebungen in einem bürokratischen Hindernislauf erstarrt, der Polizei und Verwaltung extrem frustriert und über weite Strecken den Staat der Lächerlichkeit preisgibt.[17]

Die meisten Asylanträge kommen aus Ländern Afrikas und des Nahen und Mittleren Ostens. Laut Ausländerzentralregister ist die Zahl der Ausländer mit Herkunft Afrika und Asien von 2014 bis 2022 um 2,15 Millionen gestiegen (vgl. Tabelle 3.12, S. 102). 2022 hatten 81,5 Prozent der Antragsteller eine islamische Religionszugehörigkeit, 8 Prozent waren Christen.[18] Die asylbedingte Zuwanderung hat in den letzten Jahren einen permanenten Charakter angenommen. Kriege und Bürgerkriege führen insbesondere in Afrika und im westlichen Asien immer wieder zu Fluchtbewegungen. Zwar finden die meisten Geflüchteten Aufnahme in benachbarten Ländern,[19] ein Teil macht sich aber auch auf den Weg nach Europa.

Kriegsflüchtlinge, politisch Verfolgte und sogenannte Wirtschaftsflüchtlinge sind dabei nicht immer klar voneinander zu trennen. Erreichen die Geflüchteten beziehungsweise die illegalen Einwanderer die Grenzen der Europäischen Union, so ermöglicht ihnen in den meisten Fällen der Ausdruck des Asylwunsches die Einreise und – ist diese erst einmal erfolgt – auch den zeitlich unbegrenzten Aufenthalt. Erreichen sie einen legalen Aufenthaltsstatus, so kommen nach einiger Zeit oftmals die Möglichkeit zur Arbeitsaufnahme und zum Nachzug von Familienangehörigen dazu. Innerhalb der Europäischen Union ist der Aufenthalt in Deutschland und Österreich wegen des Niveaus der Sozialleistungen und der allgemeinen Unterstützung besonders attraktiv.

Formal gesehen, müssen Anträge auf Asyl im Land der ersten Einreise in die EU gestellt werden, und dort besteht bis zu einer allgemeinen Aufenthaltsbewilligung generell auch die Pflicht zum Aufenthalt. Tatsächlich aber wird die Weiterreise in der EU nicht unterbunden, sondern bei Aufnahmeländern wie Italien oder Griechenland implizit mehr oder weniger auch gefördert. In dem seit 1985 bestehenden und stufenweise erweiterten Schengenraum der EU gibt es im Regelfall keine Einreisebeschränkungen und Grenzkontrollen für die Eingereisten. Alle Versuche, einvernehmliche Verteilungsmechanismen für die eingereisten Flüchtlinge und Asylbewerber zu entwickeln und durchzusetzen, sind gescheitert. Ebenso haben sich die Versuche zur Rückführung abgelehnter Asylbewerber in ihre Heimatländer im Großen und Ganzen als Misserfolg erwiesen. Die betroffenen Staaten – im Herbst 2023 zuletzt Tunesien, Marokko und Nigeria – verweigern sich wirksamen Rückführungsabkommen. Straffällig Gewordene möchten sie sowieso nicht zurückhaben, und abgelehnte Asylbewerber ohne Ausweispapiere nehmen sie auch nicht zurück. Den anhaltenden Bemühungen, mehr und besser funktionierende Rückführungsabkommen zu erreichen, kann man realistischerweise aus der Perspektive des Herbstes 2023 keine günstige Prognose ausstellen.

Solange sich die deutsche und europäische Asyl- und Einwanderungspolitik nicht zu einer systematischen Sicherung der Grenzen gegen unerwünschte Einwanderung, verbunden mit eine konsequenten Zurückweisung unerwünschter Personen vor Gewährung der Einreise, entschließen kann, und solange die einmal vollzogene Einreise in der überwiegenden Mehrzahl der Fälle letztlich zu einem dauerhaften Aufenthalt führt, *so lange setzt die deutsche und europäische Politik quasi Prämien auf illegale Einwanderung und einen Missbrauch des Asylrechts aus*. So lange aber wird sich auch der weitere ungeregelte und tendenziell unerwünscht hohe Zustrom aus Afrika und den Ländern des Nahen und Mittleren Ostens nicht wirksam regulieren lassen. Gezielte Einwanderungspolitik wird so weitgehend unmöglich. Reinhard Müller führt die Offenheit der deutschen Grenzen auf einen Mangel an Selbstachtung zurück: Der Grenzzaun »markiert eine Linie, die jedes Land der Welt kennt und schützt, insbesondere jedes Einwanderungsland. Egal ist das nur Staaten, in denen ohnehin niemand bleibt«.[20]

Die Chancen, dass sich in der deutschen und europäischen Integrations- und Asylpolitik grundlegend etwas ändert, sind sehr klein, denn die informelle Koalition der Befürworter, Profiteure, Menschenrechtler und Gutmenschen ist übermächtig. Dazu zählen:

- die Regierungen der Herkunftsländer,
- die Migranten selber,
- die Schleuser,
- Arbeitgeber, die an billigen Arbeitskräften interessiert sind,
- internationale Organisationen,
- NGOs, die in der Fluchthilfe tätig sind,
- Linke und liberale politische Kräfte in den Aufnahmeländern,
- das System des nationalen und internationalen Rechts, so wie es sich in den letzten sechzig Jahren entwickelt hat.

Eindeutig gegen den ungesteuerten und unbegrenzten Zuzug ist seit Jahrzehnten »nur« die stabile überwältigende Mehrheit der einheimischen Bevölkerung in allen europäischen Aufnahmeländern. Aber diese Mehrheit ist zum größten Teil damit beschäftigt, ihr tägliches Leben zu leben, und wacht immer nur in aktuellen Krisensituationen kurzfristig politisch auf. Allerdings haben die Folgen und politischen

Begleiterscheinungen des anhaltenden Migrationsdrucks zum Erstarken einwanderungskritischer politischer Kräfte geführt und eine grundlegende Umgestaltung der Parteienlandschaft in Europa in die Wege geleitet.

Bevölkerungspolitik: Wo stehen wir?

Der Ist-Zustand der demografischen Entwicklung in Deutschland sowie der Familien-, Geburten-, Bevölkerungs- und Einwanderungspolitik lässt sich wie folgt zusammenfassen:

- Die Zahl der Geburten liegt in Deutschland seit Jahrzehnten stabil weit unter dem Bestandserhaltungsniveau. Jede neue Generation ist etwa ein Drittel kleiner als die Generation ihrer Eltern. Diese Entwicklung ist jetzt 60 Jahre, also zwei Generationen alt. Bei Anhalten dieses Trends wird die deutschstämmige Bevölkerung in weiteren drei Generationen, also bis 2115, auf zehn Prozent ihrer Ausgangsniveaus von 1965 schrumpfen. Das ist eine sichere statistische Erwartung, und zwei Fünftel dieses Weges haben wir bereits hinter uns gebracht.
- Die Geburtenhäufigkeit verteilt sich ungleichmäßig je nach Bildungshintergrund und Schichtzugehörigkeit. Durch den Geburtentrend wird Deutschland weniger intellektuell und bildungsferner. Das zeigt sich mittlerweile deutlich in der Bildungsleistung der Schüler in Deutschland.
- Ein systematisches Gegensteuern findet in der deutschen Familienpolitik nicht statt. Diese beschränkt sich im Wesentlichen auf die Sicherung des Lebensstandards von Familien mit Kindern durch entsprechende Sozialtransfers. Ferner wird durch gesetzliche Regeln zur Elternzeit, durch das Angebot von Kita-Plätzen und durch Ganztagsschulen die Vereinbarkeit von Beruf und Familie gefördert.
- Eine systematische Einwanderungspolitik fehlt nahezu vollständig. Einwanderung vollzieht sich weitgehend wildwüchsig, vor allem ge-

trieben durch die Attraktivität des deutschen Sozialstaats und die in Deutschland betriebene Politik beim Asyl- und Aufenthaltsrecht.

- Auch unter Außerachtlassung von Sonderfaktoren wie dem Zuzug von Flüchtlingen aufgrund des Ukraine-Kriegs stabilisiert sich der jährliche Zuzug auf rund 400 000 im Jahr, wobei Menschen mit islamischer Religionszugehörigkeit aus Afrika und dem westlichen Asien überwiegen.
- In der Summe schrumpft der Anteil ethnischer Deutscher unter der in Deutschland lebenden Bevölkerung sehr schnell. Bei Anhalten dieses Trends werden DNA-Untersuchungen um das Jahr 2100 zeigen, dass die Mehrheit der Menschen in Deutschland größtenteils von Einwanderern der letzten 150 Jahre abstammt.[21]

In der Mehrzahl der westlichen Länder Europas findet zeitgleich eine ähnliche Entwicklung statt. Weder in der Politik noch in der Gesellschaft trifft der so beschriebene Trend auf nachhaltigen Widerstand. Bislang gibt es allenfalls gelegentliche Aufwallungen. Die nachhaltigste Wirkung besteht bislang im Erfolg rechter Parteien. Es ist aber unklar, ob dies die politische Willensbildung nachhaltig beeinflussen wird.

Integration

Vor dem Hintergrund dieser Entwicklung ist Integration zu einem umfassenden Zauberwort geworden. Es ist ja auch historisch gesehen immer wieder faszinierend zu studieren, was sich entwickelt, wenn sich Völkerschaften und Einwanderer unterschiedlicher Herkunftsgebiete und mit unterschiedlicher Herkunftskultur in einer bestimmten Region, einem bestimmten Staat oder einer bestimmten Gesellschaft mehr oder weniger konfliktreich überlagern, sich vermischen, abstoßen, nebeneinanderher leben, voneinander lernen – und wie bisweilen aus dem dabei entstehenden Amalgam etwas gänzlich Neues entsteht.

Einen Automatismus und klare Muster gibt es dabei nicht: Vermischung und Assimilation der Einwanderer an die aufnehmende Gesellschaft erfolgen allerdings grundsätzlich umso leichter, je ähnlicher sich Einwanderer und aufnehmende Gesellschaft sind.

Über weite Strecken hat es aber auch immer wieder ein friedliches Zusammenleben unterschiedlicher Gruppen bei weitgehender kultureller und gesellschaftlicher Trennung gegeben. Dabei spielen sowohl kulturelle als auch ethnische Faktoren eine Rolle:

- So ist zum Beispiel in Ostasien aber auch in Nordamerika zu beobachten, dass sich chinesische Einwanderer wirtschaftlich, am Arbeitsmarkt und im Bildungssystem sehr gut integrieren, aber gleichwohl die Tendenz haben, in ihren sozialen Beziehungen sowie in den Siedlungsstrukturen über Generationen hinweg unter sich zu bleiben.
- Dagegen hatten deutsche Einwanderer in den USA schon vor dem Ersten Weltkrieg eine besonders hohe Integrationsbereitschaft und passten ihre Sprache und Alltagskultur schnell an das neue Umfeld an.
- Schwarze in den USA blieben dagegen besonders lange unter sich. Das lag aber nicht nur an der Vorgeschichte der Sklaverei und an einer bis in die Sechzigerjahre des vergangenen Jahrhunderts anhaltenden rassistischen Ausgrenzung, sondern an entsprechenden Neigungen, wie sich auch heute noch im Heiratsverhalten und den örtlichen Siedlungsmustern zeigt.
- Besondere Konfliktfelder entstehen, wenn unterschiedliche Einwanderungsgruppen je nach ethnischer, kultureller und religiöser Herkunft systematische und hartnäckige Unterschiede bei Integrationskomponenten wie der Bildungsleistung oder dem Erfolg am Arbeitsmarkt zeigen. Das erweckt schnell Vorbehalte bei der aufnehmenden Bevölkerung und Ressentiments bei den Gruppen mit niedriger Integrationsleistung, die in Aggression und gegenseitiger Schuldzuweisung münden können. Solche mangelhafte Integration geht häufig mit überdurchschnittlicher Kriminalität einher.
- Integration und Assimilation fallen dort leichter, wo sich Einwanderer auf viele Gruppen mit unterschiedlichen Ethnien, unterschiedlichen Sprachen und unterschiedlicher Kultur verteilen. In

einem solchen Umfeld ist es attraktiver, Sprache und Kultur der aufnehmenden Gesellschaft als gemeinsame integrierende Elemente in der neuen Heimat anzunehmen. Die Gefahr von »Parallelgesellschaften« ist andererseits dort besonders groß, wo kulturfremde religiös und ethnisch homogene Einwanderergruppen in größeren Zahlen zusammenleben, ohne im Arbeitsmarkt und im Bildungssystem gut integriert zu sein.

– Bei der in vielerlei Hinsicht fehlerhaft verlaufenen jüngsten deutschen Migrationsgeschichte seit der Welle der Fluchtmigration 2015/16 ist immerhin positiv zu bemerken, dass die Heterogenität der Herkünfte auch verfestigte Strukturen aufbricht. So berichtet der Oberbürgermeister von Essen, Thomas Kufen (CDU), davon, dass die etablierten türkisch-libanesischen Clans und Großfamilien jetzt durch die seit 2015 zugewanderten Syrer unter Druck kommen. Der Integrationsindikator Arbeitsmarktbeteiligung ist allerdings auch bei dieser Gruppe eher ungünstig. Lediglich ein Drittel der nach Essen zugewanderten Syrer hat im Lauf von acht Jahren auf dem Arbeitsmarkt Fuß gefasst.[22] Das passt zu der in Deutschland insgesamt beobachteten Entwicklung.

Tabelle 3.14 Ausgewählte Integrationsindikatoren in Prozent[23]

	2005	2014	2019
Anteil der 18- bis 24-Jährigen ohne Schulabschluss			
ohne Migrationshintergrund	4,0	4,2	3,6
mit Migrationshintergrund	10,6	9,5	13,5
Anteil der Erwerbslosen in der Erwerbsbevölkerung zwischen 15 und 64 Jahren			
ohne Migrationshintergrund	9,3	4,4	2,5
mit Migrationshintergrund	17,9	8,1	5,7
Anteil der armutsgefährdeten Erwerbstätigen			
ohne Migrationshintergrund	6,0	6,2	6,1
mit Migrationshintergrund	13,5	13,8	14,5

Wichtige Indikatoren für eine gelungene Integration von Migranten sind die Bildungsabschlüsse, die Teilnahme am Erwerbsleben oder der Grad der Arbeitslosigkeit und die Gefährdung durch Armut. In allen drei Punkten gibt es deutliche Unterschiede zwischen der Bevölkerung mit und ohne Migrationshintergrund (vgl. Tabelle 3.14, S. 112). Allerdings sind die Unterschiede innerhalb der beiden Gruppen noch weitaus größer: Auch die Bevölkerung mit Migrationshintergrund profitierte seit 2005 von der deutlichen Verbesserung des Arbeitsmarkts. Gleichwohl blieb ihre Arbeitslosenquote durchweg doppelt so hoch wie bei der Bevölkerung ohne Migrationshintergrund. 13,5 Prozent der jungen Erwachsenen mit Migrationshintergrund hatten 2019 keinen Schulabschluss, gegenüber 3,6 Prozent bei ihren Altersgenossen ohne Migrationshintergrund.

Bildung

Schaut man auf die berufliche Qualifikation, so fallen die großen Unterschiede je nach Herkunft der Migranten auf (vgl. Tabelle 3.15, S. 114): 9 Prozent der Bevölkerung ohne Migrationshintergrund haben keinen berufsqualifizierenden Abschluss. Bei der Bevölkerung mit Migrationshintergrund sind es 34 Prozent. Von den Migranten aus Afrika und Asien haben dagegen 40 bis 50 Prozent keinerlei Abschluss. Bei den akademischen Abschlüssen sind die Unterschiede wesentlich kleiner.

Die verschiedenen regelmäßigen Tests der Bildungsleistung an Schulen in Deutschland zeigen seit anderthalb Jahrzehnten einen generellen Rückgang, der sich offenbar weiter beschleunigt (vgl. dazu Kapitel 6, Abschnitt »Bildung«). Diese Entwicklung wird auch durch den steigenden Anteil von Schülern mit Migrationshintergrund Afrika sowie Naher und Mittlerer Osten beeinflusst. Diese Kinder schneiden bei den Tests besonders schwach ab. Bei Viertklässlern bestand 2021 in der ersten Generation ein Leistungsrückstand von fast anderthalb Jahren.[24] Der Leistungsrückstand hält über die erste und zweite Generation hinaus an, auch wenn er sich über die Generationenfolge allmählich reduziert. Eine wichtige Komponente zur Erklärung des Leistungsrückstände sind mangelhafte Kenntnisse der deutschen Sprache, die es erschweren, dem Unterrichtsverlauf zu folgen und angemessen mitzuarbeiten.[25]

Tabelle 3.15: Bevölkerung nach Migrationsstatus, Herkunftsregion und höchstem berufsqualifizierenden Abschluss 2019 in Prozent[26]

	ohne Abschluss	nicht akademischer Abschluss	akademischer Abschluss
ohne Migrationshintergrund	9	67	24
mit Migrationshintergrund	34	43	22
Nordafrika	45	23	27
Sonstiges Afrika	51	29	21
Naher und Mittlerer Osten	39	42	20
Sonstiges Asien	44	18	38

Arbeitsmarktbeteiligung

Bei der Bevölkerung mit Migrationshintergrund ist die Erwerbsbeteiligung etwas geringer und die Erwerbslosigkeit deutlich höher als bei der Bevölkerung ohne Migrationshintergrund – und dies, obwohl Letztere im Durchschnitt deutlich älter ist.

Tabelle 3.16 Erwerbsbeteiligung nach Migrationshintergrund 2022[27]

	ohne Migrationshintergrund	mit Migrationshintergrund
insgesamt	100	100
Erwerbspersonen	53,7	50,1
Erwerbslose	1,2	2,7
Nichterwerbspersonen	46,3	50,1

Unterschiede in der Erwerbsbeteiligung und der beruflichen Qualifikation wirken sich auch auf die materielle Lebenslage aus (vgl. Tabelle 3.17). Die Bevölkerung ohne Migrationshintergrund ist sehr alterslastig, entsprechend leben 30 Prozent überwiegend von ihrer Rente, Pension oder ihrem Vermögen. Nur 5 Prozent leben von Sozialeinkommen, 11 Prozent werden von ihren Angehörigen unterstützt.

Tabelle 3.17 Bevölkerung im Alter ab 15 Jahren nach Migrationsstatus, Herkunftsregion und überwiegendem Lebensunterhalt 2019 in Prozent[28]

	überwiegender Lebensunterhalt				
	Erwerbstätigkeit	**Rente, Pension, Vermögen**	**Unterstützungsleistungen**		
			insgesamt	**Sozialeinkommen**	**Angehörige**
ohne Migrationshintergrund	54	30	16	5	11
mit Migrationshintergrund	55	13	32	13	19
Nordafrika	49	8	44	17	27
Sonstiges Afrika	53	3	44	26	18
Naher und Mittlerer Osten	50	7	43	26	17
Sonstiges Asien	51	5	44	17	27

Die durchschnittlich wesentlich jüngere erwachsene Bevölkerung mit Migrationshintergrund lebt dagegen zu rund einem Drittel von Sozialeinkommen oder der Unterstützung ihrer Angehörigen, bei den Migranten aus Afrika und Asien sind es sogar 43 bis 44 Prozent. Die hohe Abhängigkeit von Unterstützungen korrespondiert mit dem hohen Anteil von Menschen ohne berufsqualifizierenden Abschluss (vgl. Tabelle 3.15, S. 114).

Auch die Armutsgefährdungsquote ist bei Migranten mit Herkunft aus Afrika und dem Nahen und Mittleren Osten besonders hoch und liegt über alle Altersgruppen hinweg bei 40 bis 50 Prozent (vgl. Tabelle 3.18). Kulturelle Fremdheit und Bildungsmängel behindern die Beteiligung am Arbeitsmarkt und erhöhen damit offenbar die Armutsgefährdung.[29]

Tabelle 3.18 Armutsgefährdungsquote nach Migrationsstatus und Herkunftsregion 2019 in Prozent

	Insgesamt	**unter 18-jährige**	**über 64-jährige**
ohne Migrationshintergrund	11,7	12,0	13,2
mit Migrationshintergrund	17,8	33,8	33,5
Nordafrika	41,7	44,1	42,7
Sonstiges Afrika	46,1	49,8	39,6
Naher und Mittlerer Osten	43,4	53,5	54,5
Sonstiges Asien	39,3	44,1	39,6

Die deutlich niedrigere Arbeitsmarktbeteiligung bestimmter ausländischer Gruppen kommt auch in der Arbeitslosenstatistik zum Ausdruck: Ausländer von außerhalb der EU stellten Ende 2022 knapp 10 Prozent der Bevölkerung in Deutschland (8,3 von 84,3 Millionen), aber auf sie entfielen im Oktober 2023 knapp 30 Prozent aller Arbeitslosen (vgl. Tabelle 3.19), obwohl diese Altersgruppe im Durchschnitt viel jünger ist und nur einen geringen Anteil von Menschen im Rentenalter hat. Auf die Gruppe der sogenannten Fluchtmigranten ohne Ukraine (also die Asylbewerber) entfielen knapp 10 Prozent der Arbeitslosen.

Tabelle 3.19 Arbeitslose nach Herkunft im Oktober 2023[30]

	Arbeitslose	
	Insgesamt	**Fluchtmigration**
Insgesamt	2607116	247131
Ausländer ohne EU	770828	247131
davon: Asylherkunftsländer [1)]	275164	199510
davon: Afghanistan	52669	39652
Eritrea	7.253	5.782
Irak	34508	21698
Iran, Islamische Republik	15145	8615
Nigeria	5298	2269
Pakistan	6771	2010
Somalia	6063	4608
Syrien, Arabische Republik	147457	114876
Sonstige Drittstaatsangehörige [1)]	495664	47621
darunter: Westbalkan[1)]	57410	8955
Osteuropa[1)]	220062	4488

Bei den seit 2013 nach Deutschland zugezogenen Fluchtmigranten beziehungsweise Schutzsuchenden zeigt eine nach Zuzugsjahren gestaffelte Untersuchung, dass ihre Arbeitsmarktbeteiligung mit der Dauer des Aufenthalts deutlich steigt, während ihre Transferabhängigkeit sinkt. Nach 7 Jahren Aufenthalt waren 56 Prozent der erwerbsfähigen Männer erwerbstätig, 9 Prozent waren in Ausbildung, Sprachkursen oder Elternzeit, 35 % waren ohne Beschäftigung. 45 Prozent der Geflüchteten lebten auch nach mehr als sechs Jahren Aufenthaltsdauer überwiegend von Sozialtransfers.[31]

Transferabhängigkeit

In Deutschland lebten unter den Menschen ab 15 Jahren 2022 37,9 Millionen Menschen überwiegend von eigener Erwerbstätigkeit und 18,2 Millionen von Renten und Pensionen, darunter 1,1 Millionen von der Grundsicherung im Alter, also von sozialen Unterstützungsleistungen. 8,4 Millionen wurden von Angehörigen unterstützt. 3,4 Millionen Menschen lebten überwiegend von Arbeitslosengeld II/Sozialgeld, bekannt als Hartz IV, seit dem 1. Januar 2023 Bürgergeld genannt.[32]

Asylbewerber bekommen zunächst Leistungen nach dem Asylbewerberleistungsgesetz. 2021 fielen für 399 000 Empfänger Bruttoausgaben von 6,2 Milliarden Euro an.[33] Ist der Aufenthaltsstatus gesichert, werden die Asylbewerber bei Fehlen anderer Einkommen in die sogenannte Grundsicherung aufgenommen, bis Ende 2022 war dies das Arbeitslosengeld II beziehungsweise das Sozialgeld. Seit Anfang 2023 heißt die Grundsicherung Bürgergeld. 2022 bezogen in Deutschland 4,7 Prozent der Deutschen und 18,6 Prozent der Personen ohne deutsche Staatsangehörigkeit Leistungen nach dem SGB II, also Grundsicherung für Arbeitslose beziehungsweise Bürgergeld.[34]

In Deutschland werden Migranten und Asylbewerber durch das System der Sozialtransfers großzügig unterstützt (Bürgergeld, Kosten der Unterkunft, Krankenversicherung). Anreize für eigene Anstrengungen zur Eingliederung in den Arbeitsmarkt sind dagegen unzureichend ausgeprägt. Durch falsche Anreize verbleiben auch viele erwerbsfähige Migranten, die in den letzten Jahren nach Deutschland einwanderten, unnötig lange in den Transfersystemen. Dies behindert sowohl das Erlernen der deutschen Sprache als auch die wirtschaftliche und gesellschaftliche Integration, dazu Beispiele aus den Erfahrungen auf kommunaler Ebene:

- In Berlin durften im Juni 2023 99,4 Prozent aller Asylbewerber mit einer Aufenthaltsgestattung und 88 Prozent aller Asylbewerber mit einer Duldung grundsätzlich einer Erwerbstätigkeit nachgehen. Aber von den Asylbewerbern mit Aufenthaltsgestattung, die weniger als vier Jahre im Land waren, waren nur 10 Prozent in einer Beschäftigung oder Ausbildung, und bei den Geduldeten waren es nur 8 Prozent.[35]

- Werner Henning, seit 33 Jahren Landrat im Landkreis Eichsfeld/Thüringen, berichtete im Herbst 2023, dass von den 290 erwerbsfähigen Asylbewerbern und Geduldeten in seinem Landkreis nur 22 Prozent sozialversicherungspflichtig beschäftigt sind. Von den 1100 Ukrainern in seinem Landkreis seien 534 erwerbsfähig, aber nur 3 Prozent gingen einer sozialversicherungspflichtigen Beschäftigung nach. Hier spielt die äußerst komfortable Absicherung durch das Bürgergeld eine wesentliche Rolle.
- Oberbürgermeister Richard Arnold von Schwäbisch Gmünd wies im Herbst 2023 darauf hin, dass in seiner Gemeinde eine vierköpfige Familie aus der Ukraine monatlich 2837 Euro Bürgergeld bekommt.[36] Das macht die Aufnahme einer sozialversicherungspflichtigen Beschäftigung unattraktiv, und entsprechend niedrig ist bundesweit die Integration der ukrainischen Flüchtlinge in den Arbeitsmarkt. In Deutschland gehen nur rund 15 Prozent der geflüchteten Ukrainer einer Erwerbstätigkeit nach. Im Durchschnitt der EU sind es rund 35 Prozent und in Polen knapp 50 Prozent.[37]

Kriminalität

Die Kriminalität in Deutschland ist durch gegenläufige Trends bestimmt. Einerseits sorgen die lange anhaltende Geburtenarmut und die damit verbundene Alterung der Gesellschaft für einen strukturellen langfristigen Rückgang der Kriminalität in Deutschland. Denn Kriminalität, insbesondere in ihren gewalttätigen Formen, ist traditionell in allen Gesellschaften vor allem eine Angelegenheit der jüngeren Männer zwischen 15 und 40 Jahren. In deutschen Gefängnissen ist schon seit Jahrzehnten der Anteil von Männern mit muslimischem Glaubenshintergrund und der Herkunft aus dem Balkan, der Türkei, dem Nahen und Mittleren Osten weitaus höher als ihr Bevölkerungsanteil.

Auch die altersbereinigte Kriminalität ist bei Männern mit muslimischem Glaubenshintergrund und der Herkunft aus Afrika und dem Nahen und Mittleren Osten weitaus höher als bei Männern aus anderen Herkunftsgebieten oder bei Männern ohne Migrationshintergrund. Dies gilt auch für die Zuwanderer seit 2015. Ihre große Zahl führte zu einem deutlichen Anstieg der Fallzahlen für alle Formen von Gewaltkriminalität: Mord Totschlag, Raub und Vergewaltigung.

Tabelle 3.20 enthält Daten aus der Polizeilichen Kriminalstatistik (PKS) für das Jahr 2023.[38] In den amtlichen Zahlen wird nach Deutschen und Ausländern differenziert, außerdem wird die Gruppe der Zuwanderer seit 2015 getrennt ausgewiesen. Leider gibt es keine Statistik, die auf den Migrationshintergrund abstellt. Denn gerade in der Gewaltkriminalität entfällt unter den als »deutsch« ausgewiesenen Tätern ein großer Teil auf Täter mit migrantischem Hintergrund, aber deutscher Staatsbürgerschaft. An der Gesamtkriminalität ohne ausländerrechtliche Verstöße hatten Ausländer 2023 einen Anteil von 34,4 Prozent, auf Zuwanderer entfiel dabei ein Anteil von 8,9 Prozent. Bei der Gewaltkriminalität hatten Ausländer einen Anteil von 41,5 Prozent, auf Zuwanderer entfiel ein Anteil von 13,5 Prozent. Der Anteil der Ausländer und unter ihnen der Zuwanderer an der Gewaltkriminalität in Deutschland übersteigt also weit den ausländischen Bevölkerungsanteil, der bei 16,4 Prozent liegt. Entsprechende Sorgen in der Bevölkerung werden demnach durch die amtliche Statistik gestützt: Von den 2798 Tatverdächtigen bei Mord und Totschlag waren 2023 in Deutschland 43,8 Prozent Ausländer und 14,2 Prozent Zuwanderer. Die weit überdurchschnittliche Gewaltkriminalität von Migranten, Ausländern und Zuwanderern ist teilweise auf deren gewöhnlich deutlich jüngeres Lebensalter zurückzuführen und teilweise Ausdruck von Integrationsmängeln.

Tabelle 3.20: Tatverdächtige 2023 nach ausgewählten Straftaten

	Anzahl	**%**
Straftaten insgesamt ohne ausländerrechtliche Verstöße		
Insgesamt	2017552	100
Deutsche	1322571	65,6
Ausländer	694981	34,4
darunter Zuwanderer	178581	8,9
Gewaltkriminalität		
Insgesamt	190605	100
Deutsche	111517	58,5
Ausländer	79088	41,5
Darunter Zuwanderer	25732	13,5
Mord und Totschlag		
Insgesamt	2789	100
Deutsche	1568	56,2
Ausländer	1221	43,8
darunter Zuwanderer	395	14,2
Vergewaltigung, sexuelle Nötigung		
Insgesamt	10295	100
Deutsche	6461	62,8
Ausländer	3834	37,2
Darunter Zuwanderer	1193	10,8
Raubdelikte		
Insgesamt	32337	100
Deutsche	17324	53,6
Ausländer	15018	46,4
Darunter Zuwanderer	5544	17,1
Gefährliche und schwere Körperverletzung		
Insgesamt	153475	100
Deutsche	90250	58,8
Ausländer	63225	41,2
darunter Zuwanderer	20375	13,3

Jahrelang wurde der hohe Anteil von Ausländern und Zuwanderern an der Gewaltkriminalität in Deutschland tabuisiert und sowohl von der Politik als auch von den Leitmedien heruntergespielt. Wer diese Fakten zum Thema machte, lief Gefahr, als Fremdenfeind und Rassist abgestempelt zu werden. Erst bei der öffentlichen Vorstellung der Zahlen für 2023 im März 2024 durch die Bundesinnenministerin Nancy Faeser entstand eine mediale Aufregung, die den Eindruck erweckte, als handele es sich um ein ganz neuartiges Phänomen. Das war wohl der Nervosität darüber geschuldet, wie sich die in der Tat alarmierenden Zahlen auf das Wahlverhalten der Bürger bei den 2024 anstehenden Wahlen auswirken könnten.

Ein besonderes, lange Zeit unterschätztes und auch aus politischen Gründen gerne verdrängtes Thema ist die Clankriminalität unter migrantischen Großfamilien, angesiedelt im muslimischen Milieu, vorwiegend mit Herkunft östliche Türkei und Naher Osten. Hier treffen die Prägungen durch den Glaubenshintergrund und durch ein vorwiegend auf verwandtschaftliche Bindungen gerichtetes Gesellschaftsbild zusammen. Dazu passt die Beschränkung der Frauen auf traditionelle Rollen, die zu großen Kinderzahlen führt und bewirkt, dass solch ein Familienclan in Deutschland schnell 1000 Personen umfasst.

Der aus dem Libanon stammende Islamwissenschaftler, Politologe und Sozialarbeiter Ralph Ghadban hat sich jahrzehntelang in seiner praktischen Arbeit mit den Ursachen und Ursprüngen der Clankriminalität befasst. Das grundsätzliche Problem sieht er wie folgt: »Es geht darum, in unserer offenen und toleranten Gesellschaft, die aus autonomen, mündigen Individuen besteht, Millionen Menschen aus dem islamischen Kulturkreis zu integrieren, die sich in erster Linie als Gruppen verstehen und in Großfamilien eingebunden sind. Die islamische Parallelgesellschaft und die kriminellen Clans bedrohen unsere freiheitlich demokratische Rechtsordnung.« Er beklagt ein gesellschaftliches Vakuum, das wir der Multikulti-Ideologie verdanken. Sie stellt aus seiner Sicht »die größte Bedrohung unserer Rechtsordnung dar und untergräbt systematisch unser Wertesystem«.[39] Bei der systematischen Bekämpfung der Clankriminalität wirken Polizei und

Justiz über weite Strecken überfordert, auch weil sie den großen inneren Zusammenhalt der Clans und ihre Abschottung in einer Parallelgesellschaft lange Zeit unterschätzt haben.[40]

Die grundsätzlichen Probleme mit der Kriminalität insbesondere muslimischer junger Männer werden in gewissen Zeitabständen schlaglichtartig beleuchtet durch die Berichterstattung über gewalttätige Zusammenrottungen in öffentlichen Schwimmbädern[41] beziehungsweise durch die wiederkehrenden Gewalttätigkeiten und Übergriffe gegen Rettungsdienste, Polizei und Feuerwehr in der Silvesternacht. Der Bezirksbürgermeister von Berlin-Neukölln, Martin Hikel (SPD), diagnostizierte anlässlich der Krawalle an Silvester 2022 »eine krasse Ablehnung des Staates« und sagte über die Gewalttäter: »Die meisten haben wohl einen deutschen Pass. Die Mehrzahl … lebt nicht in der ersten Generation hier, sondern in der zweiten, dritten, vierten. Gerade bei denen, deren Familien schon so lange hier sind, würde ich nicht von einem Integrationsproblem sprechen, sondern fragen, was ist schiefgelaufen, dass diese Leute den Staat ablehnen und diese Ablehnung so zum Ausdruck bringen? Wir müssen uns fragen: Was haben wir versäumt, was können wir besser machen, etwa in der Schule? Aber auch: wie können wir als Staat unsere Glaubwürdigkeit behalten und gegenüber diesen Leuten ein Stoppsignal setzen?«[42]

Man tritt dem Bezirksbürgermeister von Berlin-Neukölln nicht zu nahe, wenn man diese ehrliche Äußerung als Ausdruck staatlicher Hilflosigkeit interpretiert. Dies ist ja nicht auf Deutschland beschränkt. Schweden – in Sachen naiver Einwanderungs- und Integrationspolitik ein geistiger und zeitlicher Vorläufer in Europa – wurde im Sommer 2023 der Gewaltkriminalität muslimischer Clans, vorwiegend begangen von Kindern und Jugendlichen mit Migrationshintergrund, fast nicht mehr Herr und plant jetzt die Wiedereinrichtung der schon abgeschafften Jugendgefängnisse.[43]

In Deutschland wird Ursachenforschung über die Gründe verfehlter Integration von den Verantwortlichen überwiegend abgelehnt. Wer die Probleme benennt, läuft Gefahr, aus linker und grüner Ecke zum Nazi gestempelt zu werden.[44] So ziehen es die meisten Politiker vor, die Probleme zu beschweigen. Die Islamwissenschaftlerin Susanne Schröter wirft der Politik Feigheit vor: »Wenn der Rassismusbegriff ins Unendliche ausgedehnt wird und die Mehrheit der Bevölkerung als rechts und rassistisch verunglimpft wird, dann wird das scharfe Schwert des Rassismusvorwurfs stumpf. Wenn alles Rassismus ist, dann ist letztlich nichts mehr Rassismus.«[45]

Die Arche, eine gemeinnützige Organisation, betreut in ganz Deutschland mehr als 30 Einrichtungen mit bis zu 7000 Kindern und Jugendlichen aus sozial schwachen Familien, 60 bis 70 Prozent sind arabischer Herkunft. Hier zeichnet sich seit Jahren eine islamistische Radikalisierung ab. Besonders deutlich traten die Integrationsprobleme muslimischer Kinder und Jugendlicher nach dem Hamas-Angriff vom 7. Oktober 2023 hervor, so der Pressesprecher der Arche, Wolfgang Büscher. Er warnt: »Wenn wir jetzt nicht eingreifen und Geld in die Hand nehmen, dann werden wir in unserem Land riesige Probleme bekommen.«[46] Aber das Geld in Deutschland wird bereits verbraucht für die Aufnahme immer neuer Wellen von muslimischen Einwanderern, die den Resonanzboden für radikale islamistische Einstellungen weiter verstärken.

Religion

In demografischer und bevölkerungspolitischer Hinsicht spielt Religion unter drei Aspekten eine besondere Rolle:

- Historisch gesehen waren religiöse Gegensätze zwischen größeren Bevölkerungsgruppen für viele gesellschaftliche Konflikte verantwortlich und führten oft auch zu Gewalt und Kriegen bis hin zum Völkermord. Das gilt für die Religionskriege in Europa im 16. und 17. Jahrhundert. Aber es trifft auch auf die Auseinandersetzungen zwischen Islam und Christentum sowie die unterschiedlichen Erscheinungsformen des Antisemitismus zu. Es hat sich des Weiteren für die verschiedenen Erscheinungsformen des politischen Islam bewahrheitet, zu denen die Herrschaft der Mullahs im Iran und die Herrschaft der Taliban in Afghanistan gehört. Es gilt aber auch für die Gegensätze zwischen Hindus und Moslems auf dem indischen Subkontinent.

- In Europa hat sich in den letzten Jahrzehnten mit der Masseneinwanderung aus dem Nahen und Mittleren Osten und aus Afrika auch der politische Islam ausgebreitet. In den postreligiösen Gesellschaften Europas bringen Ausprägungen eines konservativen Islam ein breites gesellschaftliches Spannungsfeld mit sich, zumal die mangelhafte Integration vieler konservativer Muslime in die westliche Kultur und den Arbeitsmarkt Hand in Hand geht mit der Ausprägung ihrer Religiosität.
- An den Muslimen in Europa zeigt sich zudem ein Merkmal, das viele religiös besonders Gläubige miteinander teilen. Sie haben mehr Kinder als Menschen mit schwach ausgeprägter Religiosität und mehr Kinder als die säkular eingestellten Bürger in den modernen Gesellschaften der Gegenwart. Das scheint ein stabiler Zusammenhang zu sein, der in der Religiosität selber begründet ist. So zeichnet sich unter der jüdischen Bevölkerung Israels ab, dass die kinderreichen orthodoxen Juden bald die Mehrheit haben werden, mit entsprechenden Folgen für die Ausrichtung der gesamten Gesellschaft. In vielen europäischen Ländern mit großen islamischen Minderheiten führt deren überdurchschnittlicher Geburtenreichtum dazu, dass in mehr und mehr Stadtvierteln und ganzen Regionen Muslime zumindest unter den Kindern und Jugendlichen zur Mehrheit werden.

Zum Zusammenhang zwischen Religiosität und Kinderzahl hat der kanadische Politikwissenschaftler Eric Kaufmann ein profundes Buch geschrieben: Er zeigt unter anderem am Beispiel der Mormonen, der evangelikalen Christen in den USA, verschiedener Sekten dort, der orthodoxen Juden und islamistischer Bewegungen, dass religiöser Fundamentalismus und besonderer Kinderreichtum Hand in Hand gehen. Bei gegebener Sterblichkeit haben die religiösen Fundamentalisten so einen Evolutionsvorteil, der ihr relatives Gewicht in der weltweiten Geburtenentwicklung fortlaufend verstärkt.[47]

Das damit absehbare Kippen überkommener demografischer Strukturen und Mehrheitsverhältnisse bedeutet für die betroffenen Länder des Westens nicht nur eine demografische, sondern auch eine kulturelle Revolution mit noch unabsehbaren Folgen. Dabei ist das Religionsthema mit dem Thema der regionalen Herkunft untrennbar vermischt: Ethnische, religiöse und kulturelle Fremdheit gehen bei den Einwanderungsgruppen aus dem Nahen und Mittleren Osten und aus Afrika eine spannungsgeladene Mischung ein, die für die aufnehmenden Länder eine besondere Herausforderung ist.

2018 fasste ich in meinem Buch *Feindliche Übernahme* nach einer intensiven und vollständigen Lektüre des Korans meinen Eindruck wie folgt zusammen: »Wer den Korantext wörtlich nimmt, ihn auswendig lernt, ihn häufig hört oder rezitiert, wird unweigerlich angesteckt vom Geist dieses Textes und von der darin bekundeten Mentalität ... Jeder Versuch, die Botschaft des Korans als tolerant und friedliebend zu interpretieren, ist zwar zu begrüßen, doch solche Versuche sind stets ein interpretierender Bergauf-Kampf gegen den unmittelbaren Sinngehalt der klaren Kernaussagen der koranischen Offenbarung.«[48] Zu dieser Einschätzung stehe ich nach den Erfahrungen der jüngsten Zeit (Herbst 2023) mehr denn je. Natürlich begrüße ich die vielfältigen Bemühungen in der islamischen Welt, mithilfe einer kritischen Theologie zu einer liberalen Auffassung vom Islam zu gelangen und damit einen ähnlichen Weg zu gehen wie die jüdische und die christliche Religion.[49]

Tatsächlich aber dominieren in weiten Teilen der islamischen Welt und auch unter den Muslimen in Europa Ausprägungen des politischen Islam beziehungsweise des Islamismus, die auf einen Vorrang religiöser Regeln auch für die politische Gestaltung einer Gesellschaft hinauslaufen. Aus dem islamischen Kulturkreis stammende Publizisten und Wissenschaftler wie Bassam Tibi, Necla Kelek, Hamed Abdel Samad, Seyran Ates, Ahmad Mansour, Muhamad Khorchide. Hakim Ourghi oder Ralph Ghadban warnen in Deutschland seit Jahren unablässig. Auch ich habe in meinem Buch *Feindliche Übernahme* solche Warnungen ausgesprochen. Zuletzt haben der Migrationswissenschaftler Ruud Koopmans und die Islamwissenschaftlerin Susanne Schröter vor den Fehlentwicklungen des politischen Islam gewarnt.[50] Der 1956 im irakischen Basra geborene Schriftsteller Najem Wali, der jetzt in Berlin lebt, weist darauf hin, dass muslimische Staaten alle dasselbe Feindbild haben, nämlich die Meinungsfreiheit. Das zeige sich in der endlosen Kette der Fatwas, Attentate und Morde, und der Raum für Meinungsfreiheit schrumpfe weiter: »Tabubrechende Werke, die sich kritisch mit Religion oder Despoten auseinandersetzen und bis vor zwei Jahrzehnten gedruckt werden konnten, würden heute kaum noch eine Plattform finden.«[51]

In der deutschen Politik wurde diese freiheitsfeindliche Seite der islamischen Religion jahrzehntelang weitgehend verdrängt. Bis in die jüngste Zeit hinein hielten die Verantwortlichen in der Bundesregierung verbohrt daran fest, auf der Ebene der sogenannten Islamkonferenz vor allem einen Dialog mit den Verbänden des organisierten Islam in Deutschland zu führen und sie quasi zu den Hauptansprechpartnern der Politik in Deutschland zu machen. Diese Verbände vertreten aber konservative Richtungen des Islam, sie sind überwiegend islamistisch orientiert und haben auch nur einen kleinen Teil der Muslime in Deutschland in ihren Reihen organisiert.

Möglicherweise hat aber der illusionsgeprägte deutsche und europäische Silberblick auf den Islam einen entscheidenden Stoß erhalten, als nach dem Terrorangriff der Hamas auf Israel am 7. Oktober 2023 überall in Europa massive und teilweise gewalttätige sowie antisemitische Demonstrationen zur Unterstützung der Palästinenser im Kampf gegen Israel stattfanden. Seit diesem Tag entdeckt man in Deutschland, dass der heimische Antisemitismus massive Verstärkung durch die Migranten aus der arabischen Welt bekommt, und Berthold Kohler kritisiert in der *FAZ*, dass »ein viel zu großer Teil von ihnen« sich nicht integriert. »Sie leben in ihren Parallelgesellschaften und in der Mythologie ihrer Herkunftsländer, in denen Israel der Teufel ist.«[52] Dabei sind auch in Bezug auf den Palästinakonflikt nationale, ethnische und religiöse Komponenten kaum noch zu trennen. Die Unterstützung für die Sache der Palästinenser verschmilzt weltweit teilweise mit antisemitischen Einstellungen, postkolonialer Ideologie und Zweifeln am Existenzrecht Israels.[53]

Berna Pekesen berichtet aus ihren Erfahrungen aus dem Unterricht von türkisch-muslimischen Studenten an einer Universität im Ruhrgebiet, dass »nationalistische, antisemitische und islamistische Vorstellungen so tief verankert sind, dass Versuche, sie zu korrigieren, meist nicht von Erfolg gekrönt sind. [...] Gegen die ideologisch-politische Vorkonditionierung der Elternhäuser und der wirkmächtigen türkischen Medien ist mit Bildung und wissenschaftlichen Erkenntnissen nicht beizukommen.«[54]

Ich finde es gut, wenn meine Einschätzungen aus dem Jahr 2010 über die Risiken islamischer Einwanderung jetzt weitere Verbreitung finden, aber ich habe Zweifel, ob Deutschland mehrheitlich zum Umdenken bereit ist. 2010 beendete ich *Deutschland schafft sich ab* mit zwei Alternativszenarien. Beim pessimistischen Szenario wächst durch fortgesetzte Einwanderung und unterschiedliche Geburtenraten der verschiedenen Bevölkerungsgruppen im Verlauf von 100 Jahren eine muslimische Bevölkerungsmehrheit heran, und der Islam wird zur dominierenden geistigen und religiösen Strömung. Dieses Szenario sollte Politik und Öffentlichkeit wachrütteln und die Gegenkräfte wecken, die eine solche Entwicklung verhindern würden.

Vierzehn Jahre später erleben wir zwar eine intensivierte öffentliche Debatte, aber gleichzeitig eine anhaltend hohe Einwanderung aus der islamischen Welt, deren Niveau meine damaligen Prognosen weit übersteigt. Die daraus erwachsenden Probleme dominieren mehr und mehr den öffentlichen Diskursraum, aber sie sind eben auch real, was Kriminalität, die sinkende Bildungsleistung in den Schulen und die Ausbreitung von Antisemitismus angeht. Der Gründer des bundesweit tätigen Kinderhilfswerks Arche, Pastor Bernd Siggelkow, beklagte im Januar 2024, »dass man so viele Leute ins Land lässt, sich aber nicht um sie kümmert. [...] In den letzten zehn Jahren kamen die ganzen muslimischen Hassprediger, die angefangen haben, die Jugendlichen durch Videoclips aufzuhetzen. Die haben sie richtig radikalisiert. [...] Die Hassprediger gehen sehr geschickt vor: ›Warum geht es euch so schlecht‹, fragen sie die Jugendlichen und geben die Antwort direkt vor: weil ihr ausgegrenzt werdet. Den deutschen Medien trauen die Jugendlichen gar nicht erst.« Die Kinder wüchsen von

Anfang an mit einem tief sitzenden Israel-Hass auf, und es sei schockierend, dass das Thema in den Schulen nicht aufgearbeitet werde. »Ich habe große Sorge, dass das Land in den nächsten Jahren voll vor die Wand fährt. Ich glaube, wenn es morgen Neuwahlen gäbe, läge die AfD bei 30 Prozent.«[55]

Wie soll auch ein Schulsystem, das bereits daran scheitert, den Kindern Lesen und Schreiben beizubringen, im Bereich der staatsbürgerlichen Bildung und Erziehung erfolgreich sein? Der im Ruhrgebiet tätige Lehrer Ulrich Schnakenberg hält antisemitische Schüleräußerungen für »ein Symptom einer bestenfalls oberflächlichen Integration, die einhergeht mit mangelnden Deutschkenntnissen, fehlendem Wissen, Bildungsferne, exzessivem Medienkonsum, zum Teil nicht vorhandenen schulischen Vorläuferkompetenzen, fehlenden sozialen Kontakten außerhalb der eigenen Familie sowie Ausgrenzung und Selbstausgrenzung.« Er bezweifelt, dass das Bildungssystem überhaupt noch helfen kann, »wenn ein nicht unerheblicher Teil dieser Jugendlichen in physischen und mentalen Parallelwelten lebt.«[56]

Viele europäische Länder haben ähnliche Schwierigkeiten, Frankreich und Schweden stechen dabei besonders ins Auge. Nicht nur weil die Probleme dort besonders groß sind, sondern auch weil sie symbolisch für das Scheitern zweier Hoffnungen stehen:

- In Frankreich scheiterte die Hoffnung, die Anziehungskraft der eigenen Sprache und Kultur könne groß genug sein, um quasi auf natürlichem Weg Integration und Assimilation der eingewanderten Muslime zu bewirken.
- In Schweden scheiterte die Hoffnung, der fürsorgliche, üppig umverteilende Sozialstaat könne durch gute materielle Versorgung und Schutz vor allen Lebensrisiken die Muslime sozusagen über die Geldbörse integrieren.

Eine tragische historische Ironie hat das Versagen bei der kulturellen Integration der Muslime für Deutschland. Überall unter den Muslimen in Europa grassiert ein kruder Antisemitismus, und Deutschland ist hier keine Ausnahme. Bedingt durch die moralische Last der deutschen Verantwortung für den Holocaust hat aber die Ablehnung von Antisemitismus jeder Art in Deutschland eine besondere Bedeutung. Deutsche Politiker habe aus dieser Motivation heraus wiederholt die Sicherheit Israels zum Teil der deutschen Staatsräson erklärt. Dieses Sicherheitsversprechen ist in doppelter Weise brüchig:

- Weltweit tritt nur eine Minderheit von Staaten, in erster Linie die USA gefolgt von Deutschland, bedingungslos für die äußere Sicherheit Israels ein. Die USA agieren militärisch entsprechend. Deutschland hat hier nur wenige Hebel in der Hand. Selbst in der Europäischen Union steht Deutschland mit seiner Priorität für die Sicherheit Israels eher isoliert da. Im Zweifelsfall droht hier die deutsche Staatsräson leerzulaufen.
- In Deutschland selber haben Politik und Gesellschaft der rapiden Ausbreitung des muslimischen Antisemitismus nur wenig entgegenzusetzen. Das zeigte sich im Herbst 2023 bei der Vielzahl der teils gewalttätigen und zahlreich besuchten Demonstrationen gegen das militärische Vorgehen Israels im Gazastreifen.

Nicht nur in Deutschland, in ganz Europa kann man in diesem Fall sehen, wie Quantität in Qualität umschlägt: Muslimische Einwanderer und ihre Nachfahren sind überall in großer Anzahl vertreten. Durch ihre Jugend, die Größe ihrer Familien und die ungebremste Zuwanderung von außen nimmt ihr demografisches Gesicht ständig und rapide zu. Für Juden ist es dagegen unmöglich geworden, sich in zahlreichen Stadtvierteln Berlins öffentlich mit einer Kippa zu zeigen. Auf jeden Juden in Deutschland kommen fünfzig Muslime, und das Zahlenverhältnis verschiebt sich ständig weiter zugunsten Letzterer.

In der täglichen antisemitischen Propaganda aus der islamischen Welt ist es mittlerweile zur Standardformulierung geworden, dass Israel an den Palästinensern im Gazastreifen einen »Genozid« verübe. Diese Gleichsetzung von Bombenopfern mit dem Holocaust ist nicht nur krass antisemitisch. Sie verkennt auch Ursache und Wirkung. Die Palästinenser im Gazastreifen haben zugelassen, dass sie von der Hamas geführt werden. Das ist ihre Schuld – genauso wie es die Schuld der Deutschen war, dass sie 1933 die Nazis an die Macht ließen und zwölf Jahre lang ihrer Führung folgten. Der Gründer der Muslimbruderschaft und geistige Vater der islamistischen Hamas, Hassan al-Banna, war übrigens ein glühender Antisemit und verehrte Adolf Hitler.

Robert Habecks mutige, auf YouTube verbreitete Rede, mit der er im November 2023 den Judenhass vieler Muslime ansprach,[57] war tatsächlich ein Dokument der Hilflosigkeit, denn er beklagte etwas, dessen Existenz Grüne und Linke jahrzehntelang geleugnet haben, zu dem sie in der Gegenwart nichts tun können (denn vorhandene Einstellungen lassen sich nicht von außen ändern) und für das sie für die Zukunft keine Vorsorge treffen wollen – denn das würde bedeuten, dass man gezielt die Einwanderung von Muslimen beschränken müsste.

Herkunft

Natürlich spielt es für die Akzeptanz von Einwanderung und für die Leichtigkeit von Integration eine immense Rolle, ob jemand aus einem ähnlichen Kulturkreis kommt. Wichtig ist auch, ob er aufgrund seiner ethnischen Herkunft bereits optisch in Deutschland und anderen europäischen Aufnahmeländern gut integriert ist. Die Hoffnung, dass sich Integration im Lauf der Generationen quasi zwangsläufig einstellt, hat sich zumindest bei einem großen Teil der Migranten muslimischen Glaubens nicht erfüllt. Der Lehrer Muhammed Mertek beobachtet an seiner Gesamtschule in Hamm bei den deutsch-türkischen Schülern der vierten Generation »eine Identitätsbildung, die nicht mit dem Deutschtum in Einklang gebracht werden kann und auf einer Antihaltung gegenüber der fremden deutschen Kultur basiert. [...] Denn türkische Kinder leben meist in einer sozialen Blase, in der die Herkunftsidentität maximale Wertschätzung findet.«[58] Dazu passt die Beobachtung meiner Frau Ursula Sarrazin aus ihrer langjährigen Tätigkeit als Grundschullehrerin in fünf Städten und drei Bundesländern, dass seitens der muslimischen Eltern schon bei den Grundschulkindern die soziale Mischung mit Deutschen nicht erwünscht war. Private Kontakte der Kinder wurden entsprechend gelenkt.

Die in Kapitel 3 im Abschnitt »Die Entwicklung der Weltbevölkerung« besprochene 15. koordinierte Bevölkerungsvorausschätzung des Statistischen Bundesamtes geht in ihren mittleren Varianten davon aus, dass die Bevölkerung in Deutschland 2070 mit 83 bis 90 Millionen etwa auf dem heutigen Niveau liegt, abhängig von der Höhe der Zuwanderung. Die laufende demografische Erneuerung der Bevölkerung findet aus der Kombination beider Elemente – Geburten und Zuwanderung – statt. Der Anteil der ethnischen Deutschen daran wird laufend sinken, weil sie ja nicht zuwandern und weil die Zahl der Geburten ethnischer Deutscher bei unveränderter Geburtenziffer fortlaufend sinkt. 1965 gab es 1,3 Millionen Geburten ethnischer Deutscher, gegenwärtig sind es etwa 500 000, und um das Jahr 2070 werden auf die Bevölkerung mit ethnischer deutscher Herkunft noch ca. 200 000 Geburten entfallen.[59] *80 Prozent der laufenden Erneuerung der Bevölkerung – sei es durch Zuwanderung, sei es durch Geburten – finden dann durch Zuwanderer und durch die Geburten der Bevölkerung mit Migrationshintergrund statt.* Auch in den nachfolgenden Jahrzehnten wird der Anteil ethnischer Deutscher an der Bevölkerung in Deutschland immer kleiner werden und irgendwann einen infinitesimalen Charakter haben. Das muss nicht unbedingt den Untergang Deutschlands als Staat und Gesellschaft bedeuten. Aber ein solchermaßen verwandeltes Land wird ethnisch, kulturell und vom Augenschein her nicht mehr viel mit dem früheren Deutschland zu tun haben.

Diese bei unveränderter Einwanderung für Deutschland absehbare Entwicklung ist Teil eines säkularen Trends, der seit einiger Zeit mehr oder weniger alle ehemals »weißen« Länder in Europa, Nordamerika und Ozeanien erfasst. Der kanadische Politikwissenschaftler Eric Kaufmann hat dieser Entwicklung ein ganzes Buch gewidmet, das den bezeichnenden Titel *Whiteshift* trägt. Die relative Geburtenarmut in den Ländern mit überwiegend weißer Bevölkerung und ihr Entwicklungsvorsprung, der sich im Wohlstandsgefälle zeigt, führen zu weltweiten Wanderungsbewegungen, die die Zielländer des weißen Nordens ethnisch und kulturell heterogener machen. Dieser Prozess bringt vielfältige Spannungen mit sich und führt dazu, dass die europäisch-stämmigen »Weißen« in ihren Heimatländern demografisch unter Druck geraten.[60] Die Konfrontation Europas mit einer stark wachsenden Minderheit muslimischen Glaubens aus Afrika und dem Nahen und Mittleren Osten, die irgendwann zur Mehrheit werden kann, ist eines dieser Spannungselemente.

Das Thema der ethnischen Herkunft hat in den letzten Jahrzehnten eine besondere Tabuisierung erfahren. Diese Tabuisierung steht im Widerspruch dazu, dass vielen Menschen und ganzen Bevölkerungsgruppen ihre ethnische und damit verbunden ihre kulturelle Identität sehr wichtig ist:

- Ein prominentes Beispiel sind die Juden, die sich – auch soweit sie in Europa lebten und leben – immer auch durch ihre biologische Herkunft definiert haben. Jude ist nach dieser Lesart, wer eine jüdische Mutter hat. Der Wunsch nach Bewahrung der jüdischen Identität führte in Europa zur Entstehung des Zionismus und zu den Bestrebungen, in Palästina einen jüdischen Staat zu gründen. Das sind die historischen Wurzeln des Staates Israel.
- Auch Sinti und Roma, die in ganz Europa, vor allem aber in den Ländern des Balkans, als Minderheiten leben, definieren sich nicht nur kulturell, sondern auch ethnisch.
- Unter den schwarzen Bürgern der USA gibt es starke Bestrebungen, sich nicht nur ethnisch, sondern auch kulturell in Abgrenzung von der weißen Mehrheitsgesellschaft zu definieren.

Seit einiger Zeit nehmen – insbesondere in den weißen Bevölkerungsteilen multiethnischer Gesellschaften – die Bestrebungen zu, die Existenz ethnischer Unterschiede und auch der mit ihnen verbundenen kulturellen Unterschiede möglichst zu tabuisieren. Typische Unterschiede sollen nicht mehr benannt werden und nicht zum Thema gemacht werden – weder in politischen Äußerungen noch in kulturellen Darbietungen noch in Karikaturen und Witzen: Der Mexikaner darf nicht mehr mit Sombrero, der Chinese nicht mehr mit Zopf abgebildet werden, und die zeichnerische Darstellung typischer Stereotype wie einer ausgeprägten Nase bei Juden oder wulstiger Lippen bei Schwarzen ist sowieso tabu. Richtig ist daran, dass man generell immer erst das menschliche Individuum sehen muss. Richtig ist aber auch, dass mit dem Individuum stets auch seine ethnische und kulturelle Herkunft untrennbar verbunden ist und dass man auch dem Individuum nicht gerecht werden kann, wenn man diese tabuisiert oder künstlich ignoriert.

Solche Tabuisierungen haben sich gesellschaftlich und politisch immer mehr verbreitet. Mittlerweile gilt es in manchen Kreisen schon als Fauxpas, wenn man jemanden mit signifikant außereuropäischem Aussehen nach seiner Herkunft oder der Herkunft seiner Vorfahren fragt. So werden menschliches Interesse und natürliche Neugierde mit ideologisch bestimmten falschen Zuschreibungen versehen und auf diese Weise tabuisiert. Immer hemmungsloser und ausufernder wird der Rassismusvorwurf eingesetzt. Als ich für die migrantische Bevölkerung in Europa den Zusammenhang zwischen islamischer Religion, schlechter Bildungsleistung und mangelhafter Integration analysierte, wurde mir »kultureller Rassismus« vorgeworfen. Die türkischstämmige Journalistin Güner Balci, heute Integrationsbeauftragte im Berliner Bezirk Neukölln, wird von radikalen Antifa-Gruppen als »Erfolgsrassistin« geschmäht und steht unter Polizeischutz. Als besonders schwerwiegendes Fehlverhalten gilt in diesen Kreisen, dass sie mich im Jahr 2011 nach dem Erscheinen von *Deutschland schafft sich ab* einige Male interviewte. Auch der sozialdemokratische Bezirksbürgermeister von Neukölln, Martin Hikel, der sie berief, wird als Rassist beschimpft und bedroht.

Bei solchen Verirrungen treffen sich jene Ideologen, die alle gruppenbezogenen Unterschiede zwischen Menschen prinzipiell leugnen, mit den marxistisch geprägten Feinden einer marktwirtschaftlichen, auf Privateigentum und individueller Leistung gegründeten Gesellschaftsordnung. An dieser Stelle verliert sich die Rassismusdebatte ins Fantastische und Unseriöse.

Die Geschlechterfrage

Jedes menschliche Leben beginnt durch die Vereinigung einer weiblichen Eizelle mit einer männlichen Samenzelle. Dies gilt auch dann, wenn der Zeugungsakt als künstliche Befruchtung in einer Petrischale stattfindet. Alle Menschen haben einen biologischen Vater und eine biologische Mutter. Über 99 Prozent der Menschen werden mit einem biologisch eindeutigen Geschlecht geboren.

Männer und Frauen treffen sich ebenso wie die winzige Minderheit jener Menschen, die ohne eindeutiges Geschlecht auf die Welt kommen, in ihrem Menschsein. Sie weisen aber auch – übergreifend über alle Ethnien und Kulturen – in ihrer Biologie, ihrer optischen Erscheinung, ihren Interessen und Begabungen geschlechtstypische Unterschiede auf.[61]

In der sogenannten Genderdebatte ist insbesondere in den Gesellschaften des westlich-abendländischen Kulturkreises über die Identität von Männern und Frauen und darüber, ob diese nicht überwiegend sozial vermittelt ist, ein heftiger ideologischer Kampf entbrannt. Dessen Frontlinien und Diskussionsgegenstände werden an dieser Stelle nicht weiter behandelt.

Demografisch ist dieser Kampf insofern relevant, als Gesellschaften, Kulturen und Religionsgemeinschaften mit einem eher traditionellen Frauenbild tendenziell mehr Kinder haben. Insofern die Frauen bestimmter Gesellschaften oder auch bestimmter sozialer Gruppen in diesen Gesellschaften nachhaltig und deutlich weniger Kinder haben als andere soziale Gruppen oder Gesellschaften, bremsen sie sich in Bezug auf den Anteil ihrer Nachfahren in der künftigen Bevölkerungsentwicklung genetisch selber aus. Die emanzipierte Frau, die weitgehend auf Kinder verzichtet, macht sich durch diesen Verzicht stets erneut zum genetischen Auslaufmodell, und jene Frauen, die überdurchschnittlich viele Kinder gebären, vererben ihr Eigenschaftsprofil auch an ihre Töchter und damit an die künftigen Mütter.

Demografische Scheidewege der Vergangenheit, eine kontrafaktische Betrachtung

In diesem Kapitel habe ich sehr kompakt die unterschiedlichen Faktoren dargestellt, die auf die demografische Entwicklung einwirken. Sie wirken teils synchron, teils gegenläufig, teils voneinander unabhängig. Das Zusammenwirken dieser Faktoren bestimmt über unsere demografische, ethnische und kulturelle Zukunft. Ihre Vielfalt und ihr disparater Charakter machen aber zuverlässige demografische Zukunftsprognosen, rein logisch gesehen, praktisch unmöglich.

Soweit doch halbwegs zuverlässige Prognosen möglich sind, beruht dies auf einer spezifischen Systemträgheit, die sich aus der relativen Langlebigkeit des Menschen ergibt: Ist er einmal geboren, so verbleibt er durchschnittlich 70 bis 80 Jahre auf dieser Erde. Die dynamischen Elemente der Bevölkerungsentwicklung für ein bestimmtes Land oder eine bestimmte Region ergeben sich vor allem aus Migrationsbewegungen und aus dem Geburtenverhalten, weniger aus der Entwicklung der Lebenserwartung.

Bereits mehrmals hatte ich betont, dass wir mit Veränderungen immer nur in der Gegenwart ansetzen können. Aber aus der Vergangenheit können wir lernen: Demografie wirkt zwar langfristig, aber zu jeder Zeit wäre auch der Einstieg in radikal andere Entwicklungspfade möglich gewesen, wenn man bestimmte gesellschaftliche und politische Entscheidungen anders getroffen hätte.

Eine andere Familienpolitik

Berühmt ist Konrad Adenauers Ausspruch anlässlich der Rentenreform 1957: »Kinder bekommen die Leute immer.« Er trat damit Befürchtungen entgegen, dass die Kopplung des Rentenniveaus an die allgemeine Wohlstandsentwicklung die Anreize zur Familiengründung beschädigen könnten, weil zur Absicherung im Alter eigene Kinder nicht mehr notwendig waren. In der Sache behielt Adenauer nicht recht: Viele Leute bekommen gar keine Kinder mehr, und ein großer Teil hat nur ein oder zwei Kinder. Daraus ergibt sich die bekannte Lücke von einem Drittel zu einer bestandsneutralen Geburtenrate.

Versetzt man sich in die damalige Situation, so muss man für Adenauers Einschätzung Verständnis haben: Ein traditionelles Familienbild herrschte damals in der Gesellschaft vor. Die Deutschen heirateten früh und zuverlässig. Die sogenannte sexuelle Befreiung ließ noch ein Jahrzehnt auf sich warten, und dass es einmal eine demografisch relevante Geburtenlücke geben könnte, schien unvorstellbar. 1964, sieben Jahre nach der großen Rentenreform, erreichte die Geburtenzahl in Deutschland mit 1,357 Millionen ihren Nachkriegshöhepunkt, und in 98 Prozent der Fälle waren die Mütter deutsch.

Dann erfolgte unvermittelt in wenigen Jahren der steile Abfall. Bis 1974 halbierte sich die Geburtenzahl der Mütter mit deutscher Staatsangehörigkeit im Westen Deutschlands und hat sich davon bis heute nicht erholt. 2022 gab es in Deutschland insgesamt 739 000 Geburten, davon 547 000 von Müttern deutscher Staatsangehörigkeit.[62] Bei ca. 450 000 Geburten waren die Mütter ethnische Deutsche, nur noch ein Drittel der Zahl von 1964.

Familienpolitik unter bevölkerungspolitischen Aspekten ist im Nachkriegsdeutschland bis heute tabuisiert. Ein politisches Zeitfenster, wo sie hätte ansetzen können, sehe ich seit den Siebzigerjahren bis heute nicht. Im Gegenteil, die langfristigen Probleme, die sich aus der anhaltenden Geburtenarmut für die deutsche Wirtschaft, für den Standort Deutschland und für die Finanzierung der Alterssicherung ergeben konnten, wurden jahrzehntelang aus der öffentlichen Debatte weitgehend verdrängt. Diese Verdrängung war auf dem linken und linksliberalen Spektrum der Gesellschaft besonders intensiv. Dort zog man es vor, sich über Multikulti und Vielfalt zu freuen, und überließ es der bürgerlichen Mitte und den Konservativen, immer wieder darauf hinzuweisen, dass Deutschland kein Einwanderungsland sei. Diese Position wurde dann seit 1998, mit der Regierungsübernahme der rot-grünen Koalition, zügig begraben und in der Regierungszeit von Bundeskanzlerin Merkel auch von der CDU/CSU offiziell aufgegeben.

Heute besteht in der politischen Debatte bei allen Parteien, mit Ausnahme der AfD, nicht nur Einigkeit darüber, dass Deutschland ein Einwanderungsland sein soll, sondern es wird auch massiv der Eindruck erweckt, dass Deutschland nur durch Einwanderung seinen Wohlstand sichern könne. Gerade jene politischen Kräfte, die in den Siebziger- und Achtzigerjahren eine politische Debatte über die Risiken des Geburtenrückgangs massiv behinderten und mit moralischen Argumenten ins Illegitime abdrängen wollten, stehen heute an der Spitze jener, die Unheil für den Standort Deutschland und den deutschen Wohlstand prognostizieren, wenn es nicht zu einer massiven Einwanderung von Arbeitskräften kommt.

Die familienpolitische Debatte ist nicht von der Emanzipation und der Rolle der Frauen und von ihrer Integration in den Arbeitsmarkt zu trennen. Beim Nachdenken über Wohlstand, Beschäftigung, Arbeitsmarkt und die langfristige demografische Zukunft des deutschen Volkes geht regelmäßig unter, dass die Frauen biologisch bedingt für alle diese Fragen in einer doppelten Rolle antreten:

- Durch ihre Teilnahme am Arbeitsmarkt und ihre Rolle im Beschäftigungssystem leisten sie einen Beitrag für das gegenwärtige Sozialprodukt und den damit verbundenen materiellen Wohlstand.
- Durch das Gebären von Kindern sind sie die biologische Quelle künftiger Arbeitskräfte und aller von ihnen erbrachten produktiven Leistungen. Sieht man den Volkswohlstand über die Zeit hinweg, so kann man durchaus argumentieren, dass eine Frau und Mutter durch die Geburt und die Aufzucht einer Reihe tüchtiger Nachkommen weitaus mehr für den allgemeinen Wohlstand tun kann, als sie es durch einen eigenen Beitrag im Beschäftigungssystem, soweit dieser ganz oder teilweise durch Verzicht auf Nachwuchs erkauft wird, jemals tun könnte.
- Gleichzeitig ermöglicht eine für die Belange der Gesellschaft und der Volkswirtschaft ausreichende Geburtenzahl einen entsprechenden Verzicht auf kulturfremde Einwanderung und die damit verbundenen Spannungen, Risiken und Herausforderungen.

Selbstverständlich möchte niemand, auch ich als Autor nicht, die Zukunft der Gesellschaft auf Rückschritten bei der Emanzipation der Frauen aufbauen. Tatsache ist jedoch, dass es für die menschliche Mutterschaft ein von der Natur vorgesehenes und in der weiblichen Biologie verankertes optimales Zeitfenster gibt, das von Anfang zwanzig bis Mitte dreißig reicht. Eine richtige Gestaltung der gesellschaftlichen Rahmenbedingungen müsste die Frauen ermutigen, dieses Zeitfenster bei ihrer Familienplanung auch anzunehmen, ohne ihre Emanzipation und die erwünschte Teilnahme am Arbeitsmarkt im Übermaß zu behindern. Diese Ermutigung müsste natürlich die potenziellen Väter einschließen.

Das ist komplex und herausfordernd und lässt sich nicht ohne innere Widersprüche verwirklichen:

- Notwendig sind wesentlich kürzere Ausbildungszeiten. Auch eine akademische Ausbildung sollte im Regelfall vor dem 25sten Lebensjahr beendet sein. Bei guter Begabung und einer unverzögert durchlaufenen Schullaufbahn ist dies regelmäßig ohne Weiteres möglich und bei allen qualifizierten Berufsabschlüssen im dualen System ebenfalls.
- Die staatliche Familienpolitik sollte gerade qualifizierte Frauen zu einer frühen Familienphase ermutigen und ihnen durch entsprechende Unterstützung mit Krippen, Kindertagesstätten und Ganztagsschulen die Vereinbarkeit von Familie und Beruf erleichtern. Das geht am besten in einem gesellschaftlichen Klima, das stabile Paarbeziehungen stützt und fördert. So gelingt es auch am besten, die Väter in die Pflicht zu nehmen. »Alleinerziehende« sollen von jedem gesellschaftlichen Makel verschont bleiben. Aber für das Wohl der Kinder und die Gesellschaft insgesamt ist es vorzugswürdig, wenn möglichst viele Männer in der Familie »an Bord« bleiben und ihrer Verantwortung als Väter nachkommen.
- Was den Erfolg einer solchen Neuausrichtung angeht, bin ich nicht sehr optimistisch. Die langjährige Kinderlosigkeit junger Frauen und das immer spätere Alter der Erstgeburt ist in den

meisten modernen Industriegesellschaften – auch in Ostasien und in China – in den letzten Jahrzehnten zu einer dominierenden kulturellen Gewohnheit geworden. Sie ist auch durch vielfältige Anreize staatlicher Politik nicht leicht zu brechen. So nehmen die Geburtenziffern in Nordamerika, Europa, Russland, China, Japan oder Südkorea einen recht uniformen Verlauf: Jede Generation ist zwanzig bis vierzig Prozent kleiner als die vorhergehende.

- Anders sieht dies in traditionellen Gesellschaften und bei sehr religiösen Gruppen aus: Je traditioneller das Familienbild und die Rolle der Frau als Ehefrau und Mutter gestaltet sind, umso höher ist in einer sozialen oder religiösen Gruppe, aber auch bei ganzen Völkern, Staaten und Gesellschaften, die durchschnittliche Kinderzahl. Das hat gewaltigen Einfluss auf die Verschiebung der demografischen Gewichte innerhalb von Gesellschaften, aber auch zwischen Völkern und Nationen und ganzen Kontinenten.

Insgesamt sehe ich im Verlauf der deutschen Geschichte in den letzten sechzig Jahren keine sachlichen und politischen Zeitfenster für eine grundlegend andere Familien- und Bevölkerungspolitik, die gewissermaßen mutwillig verpasst worden wären. Die gigantische Blindheit der deutschen Gesellschaft gegenüber den langfristigen Folgen des Geburtenrückgangs hat viele Mahner und Warner immer wieder zur Verzweiflung gebracht, aber sie war wohl historisch unvermeidlich. Auf individueller und gesellschaftlicher Ebene gibt es immer wieder Irrtümer, die man »ausleben« muss, ehe man in der Lage ist, sich ihrer zu entledigen. Dazu gehört auch das Missverständnis, ein kinder- und familienfeindliches Verständnis von der Emanzipation der Frau sei gesellschaftlich wichtiger als die Sicherung einer tragbaren Generationenfolge ohne kulturfremde Masseneinwanderung.

Wie Gerald Wagner schreibt, darf es der Gesellschaft eigentlich »nicht egal sein, dass junge Menschen sich immer weniger in den Dienst ihrer biologischen Reproduktion stellen wollen. Oder dass sie sagen, Kinder sind selbstverständlich wichtig, aber kriegen sollen sie doch bitte die anderen. Aber wer wären diese anderen?«[63]

Eine andere Gastarbeiterpolitik

Ende der Fünfziger-, Anfang der Sechzigerjahre gab es in Westdeutschland ein historisches Zeitfenster, in dem man über die künftige Arbeitskräfteeinwanderung grundsätzlich ganz anders hätte entscheiden können. Die westdeutsche Wirtschaft boomte, trotz des anhaltenden Zustroms von Flüchtlingen aus der DDR waren Arbeitskräfte insbesondere im gewerblichen Bereich knapp. Damals hätte man entscheiden können, dass die weitere Expansion der westdeutschen Industrie, sofern sie im Inland durch die Knappheit an Arbeitskräften begrenzt wurde, auch die Errichtung von Produktionsstätten im Ausland hätte umfassen müssen. Das wäre ein früher Einstieg in die Globalisierung gewesen, wie sie durch die USA damals schon in großem Stil vollzogen wurde. Stattdessen kamen Gastarbeiter, und sie gingen zum großen Teil in Wirtschaftszweige wie den Steinkohlenbergbau, die Bekleidungsindustrie oder andere Konsumgüterindustrien, deren deutsche Standorte schon seit Mitte der Sechzigerjahre an Wettbewerbsfähigkeit einbüßten und unter großen internationalen Druck gerieten.

Hätte sich die westdeutsche Bundesrepublik damals so wie das in mehrfacher Hinsicht vergleichbare Japan dazu entschieden, auf größere Arbeitskräfteeinwanderung zu verzichten und stattdessen die Globalisierung der deutschen Industrieproduktion voranzutreiben, so wären die deutsche Wirtschaft und Gesellschaft auf einen grundlegend anderen Pfad geraten: Das deutsche Sozialprodukt wäre absolut gesehen zwar langsamer, pro Kopf betrachtet aber eher stärker gewachsen, und viele Folgelasten aus der durch die Gastarbeiter ausgelösten frühen Masseneinwanderung wären Deutschland erspart geblieben.

Viel wäre bereits gewonnen gewesen, wenn man die Anwerbung von Gastarbeitern auf europäische Herkunftsländer beschränkt hätte. Wie sich heute zeigt, konzentrieren sich negative Spätfolgen des Gastarbeiterzuzugs sowohl bei der Belastung der Sozialsysteme als auch bei kulturellen und religiösen Spannungsfaktoren überwiegend auf den Gastarbeiterzuzug aus muslimischen Ländern außerhalb Europas.

Natürlich wäre es Anfang der Sechzigerjahre auch dann, wenn man Gastarbeiter ins Land holen wollte, ohne Weiteres möglich gewesen, den massenhaften Zuzug auf europäische Länder zu beschränken – und dabei bevorzugt auf jene Länder, die damals zur Europäischen Wirtschaftsgemeinschaft (EWG) gehörten beziehungsweise heute zur Europäischen Union (EU) gehören. Mit den wirtschaftlichen Aufholprozessen in Italien, Spanien, Portugal und Griechenland – heute allesamt Mitglieder der EU – ging auch ein großer Teil der aus diesen Ländern stammenden, in Deutschland tätigen Gastarbeiter mitsamt ihren Familien wieder in die Heimatländer zurück.

Gastarbeiter aus der Türkei und Marokko blieben dagegen größtenteils in Deutschland und holten ihre Familien nach. So wuchs die zahlenmäßige Stärke dieser Zuwanderungsgruppen und ihrer Nachkommen auch nach dem 1973 erlassenen Gastarbeiter-Anwerbestopp weiter an. Auch in der zweiten, dritten und vierten Generation der Nachfahren dieser Gastarbeitergruppen gibt es bei einem Teil anhaltende Integrationsprobleme, die sich in der niedrigen Beteiligung am Arbeitsmarkt, dem hohen Grad der Abhängigkeit von Sozialtransfers und der überdurchschnittlichen Kriminalität zeigen.

Ein großer Teil der türkischen Mitbürger in Deutschland hat weiterhin die türkische Staatsbürgerschaft. Unter dieser Gruppe, die in Deutschland 1,5 Millionen ausmacht, ist die Anhängerschaft für das autoritäre Regime des türkischen Staatspräsidenten Erdoğan und seiner AKP besonders ausgeprägt. Bei den türkischen Parlaments- und Präsidentschaftswahlen im Mai 2023 stimmten bei einer Wahlbeteiligung von 51 Prozent 67 Prozent der wahlberechtigten Türken in Deutschland für Erdoğan. Das zeigt, wie weit diese Gruppe auch zwei Generationen nach der großen Gastarbeiterzuzugswelle von westlicher Kultur und westlichen demokratischen Werten entfernt ist und wie sehr sie sich in Deutschland in einer Parallelgesellschaft eingerichtet haben. Von Dankbarkeit für die Möglichkeiten, die sie in Deutschland bekommen haben, ist in diesem Stimmverhalten wenig zu spüren. Das Wahlverhalten zeigt: Es sind seit den Sechzigerjahren sozusagen die »falschen Türken« nach Deutschland gekommen, und sie haben ihre Einstellungen offenbar an ihre Kinder und Enkel weitervererbt. Bei den Triumphzügen in deutschen Städten nach der gewonnenen Wahl zeigte sich an den Kopftüchern der Frauen, dass der größte Teil der Erdoğan-Anhänger in Deutschland dem konservativen Islam zuzurechnen ist.

Die stimmberechtigten Türken in den USA und Kanada haben dagegen in derselben Wahl zu 80 Prozent für den Oppositionskandidaten Kemal Kiliçdaroğlu gestimmt.[64] Hier zeigt sich der Einfluss der von diesen Ländern betriebenen selektiven Einwanderungspolitik auf das mentale Profil der Einwanderer.

Eine andere Europapolitik

Das Ziel der Europäischen Union ist die wirtschaftliche und politische Integration ihrer Mitgliedsländer in einen Binnenmarkt mit einheitlichen Wettbewerbsregeln und vollständiger Freizügigkeit von Kapital, Unternehmen und allen Menschen, die EU-Bürger sind oder in der EU ein Aufenthaltsrecht haben.

Ein Teil dieses Integrationskonzepts ist der sogenannte Schengen-Raum. Mitglieder, die daran teilnehmen, verzichten grundsätzlich auf Grenzkontrollen. Auch Einwanderer mit Aufenthaltsrecht können sich darin frei bewegen. Dieser Schengen-Raum ohne Grenzkontrollen, der unter den sechs ursprünglichen EWG-Mitgliedern 1985 begann, hätte von Anfang an der Ergänzung durch ein gemeinsames Aufenthaltsrecht, eine gemeinsame Einwanderungspolitik, einen gemeinsamen wirksamen Grenzschutz und ein gemeinsames identisch praktiziertes Asylrecht bedurft. Ferner hätte von vornherein eine wirksame Einwanderungskontrolle an den Grenzen des Schengen-Raums mit entsprechender Zurückweisung illegaler oder unerwünschter Einwanderer erfolgen müssen. Das ist nicht geschehen.

Bei zwei strategischen Elementen der europäischen Einigungspolitik wurde das Pferd gleichsam von hinten aufgezäumt:

- Die gemeinsame Währung wurde ins Leben gerufen, ohne dass es eine gemeinsame Finanzpolitik gab.

- Der Schengen-Raum wurde eingerichtet, ohne dass es einen integrierten wirksamen Grenzschutz und ein gemeinsames Einwanderungs-, Aufenthalts- und Asylrecht gab.

In beiden Fällen hoffte man, durch eine Politik der vollendeten Tatsachen den notwendigen Integrationsdruck im Nachhinein zu schaffen. Bislang ist das in beiden Fällen nicht oder nicht ausreichend gelungen. So ist es kein Wunder, dass heute – vier Jahrzehnte nach Gründung des Schengen-Raums und gut zwei Jahrzehnte nach der Einführung des Euro – die größten Risiken für die künftige Stabilität und den Bestand der EU bei den Themen Einwanderung und Währung liegen.

Natürlich gab es in beiden Fällen eine Wahl – nämlich den Verzicht auf den riskanten Versuch, elementare Kausalitäten und Zusammenhänge auf den Kopf zu stellen, indem man den dritten und vierten Schritt vor dem ersten tat. Europäische Integration hätte sich dann wahrscheinlich langsamer vollzogen, aber sie wäre solider gewesen. Die Mitgliedstaaten der EU hätten dann so lange die Hoheit über ihre Grenzen behalten, bis ein ausreichend mit Macht und Kompetenzen ausgestatteter europäischer Innenminister und ein europäischer Grenzschutz eine integrierte europäische Einwanderungs- und Asylpolitik hätten bewältigen können.

Eine andere Einwanderungspolitik

Ohne die Zuwanderung aus der islamischen Welt, die in den Sechzigerjahren mit dem Zuzug der türkischen und marokkanischen Gastarbeiter begann, hätte das heutige Deutschland zwar acht bis zehn Millionen Einwohner weniger, es hätte aber deutlich weniger bildungsferne Milieus, weniger kulturelle, ethnische und religiöse Spannungen, eine überdurchschnittliche Entlastung bei Sozialausgaben und bei der Kriminalität, und der Wohlstand pro Kopf der Bevölkerung wäre auch höher (vgl. dazu Kapitel 6, Abschnitt »Gegenwart und Zukunft im staatlichen Handeln«). Die Zuwanderung aus der islamischen Welt ist in ethnischer und regionaler Hinsicht überwiegend, wenn nicht gar vollständig, mit der Zuwanderung aus dem Nahen und Mittleren Osten und aus Afrika identisch.

Diese Zuwanderung war zu keiner Zeit historisch zwingend, und sie wurde auch zu keiner Zeit in Deutschland grundsätzlich und seriös diskutiert. Natürlich flammte immer wieder die Debatte auf, dass hinsichtlich der Qualifikationsprofile aus diesen Regionen überwiegend die »falsche Art« von Einwanderern nach Deutschland kommt, und es gab immer wieder Forderungen, genauso wie Kanada oder Australien Einwanderung gezielt nach Qualifikation zu steuern. Das erfordert jedoch den Willen und die Fähigkeit, jenen Einwanderern, die den Qualifikationsanforderungen nicht entsprechen, die Einreise wirksam zu verwehren. Dazu ist man seit Jahrzehnten mehrheitlich weder willens noch in der Lage. Politik und Medien tendieren vielmehr mehrheitlich zu einem politischen Verdammungsurteil über alle jene Stimmen in der öffentlichen Debatte, die eine wirksame Grenz- und Einwanderungskontrolle als Voraussetzung für eine selektive, qualifikationsorientierte Einwanderungspolitik fordern.

Eine andere Asylpolitik

Der Ursprung des Rechts auf Asyl liegt in dem Bestreben, Menschen, die aus politischen, religiösen oder rassischen Gründen verfolgt werden und deshalb aus ihrem Heimatstaat fliehen, im Aufnahmeland einen Schutzstatus zu gewähren. In Deutschland spielt das Asylrecht aufgrund der grauenhaften Verbrechen, die während der nationalsozialistischen Herrschaft im deutschen Namen begangen wurden, eine besondere Rolle. Ein Recht auf Asyl ergibt sich aus Artikel 14 der Allgemeinen Erklärung der Menschenrechte und aus der Europäischen Menschenrechtskonvention. Auch der durch die Genfer Flüchtlingskonvention gewährte Schutz für Flüchtlinge umfasst ein zeitlich befristetes Aufenthaltsrecht, das vom Recht auf politisches Asyl nicht immer klar zu trennen ist.

Praktisch gesehen gehen unterschiedliche Schutzgründe aufgrund unterschiedlicher Rechtsquellen vielfältig ineinander über. Zudem fällt es schwer, das Recht auf politisches Asyl und das Recht auf Schutz als Flüchtling ausreichend klar voneinander zu trennen. Es fällt auch nicht leicht, Flüchtlinge, die in ihren Herkunftsländern an Leib und Leben bedroht sind und deshalb geflohen sind, von sogenannten Wirtschaftsflüchtlingen zu trennen, die sich auf der Suche nach einem besseren Leben zur Auswanderung entschieden haben und den Asylantrag instrumentalisieren, um ein Recht auf Einreise und Aufenthalt zu erhalten.

Im Ergebnis ist heute das Asylrecht in Europa zu einem Vehikel der Masseneinwanderung vor allem aus Afrika und dem Nahen und Mittleren Osten geworden. Wer es, woher auch immer, in ein Land der EU geschafft hat und das Zauberwort »Asyl« ausspricht, erhält zunächst ein vorläufiges Aufenthaltsrecht und kann letztlich zumeist – egal, wie das Verfahren um seinen Aufenthaltsstatus ausgeht – in der EU bleiben. Innerhalb des Schengen-Raums zieht es die meisten auf diese Art Eingereisten nach Deutschland, Österreich oder in die Schweiz, wo die Sozialleistungen besonders hoch sind und der Arbeitsmarkt die besten Chancen bietet. Selbst in jenen Fällen, in denen ein Schutzstatus abgelehnt wird, gelingt die Abschiebung ins Herkunftsland vorwiegend nicht. Der Migrationsforscher Ruud Koopmans spricht in diesem Zusammenhang von der »Asyllotterie«.[65]

Die politischen, rechtlichen und wissenschaftlichen Debatten, wie hier Abhilfe geschaffen werden könne, drehen sich seit Jahren im Kreis. Sie scheitern, weil man sich über die Rangordnung konkurrierender Ziele nicht einigen kann und Konsequenzen bei entsprechenden Maßnahmen scheut. Koopmans kritisiert die Tabus der deutschen Migrationsdebatte: »Es ist paradox: Man darf mit bestimmten Medien nicht reden, obwohl die Medien, mit denen man dann eigentlich reden soll, nicht mit einem reden wollen. So entsteht eine Negativspirale, womit Vorurteile bestätigt werden.«[66]

Es fällt jedoch seit 2023 auf, dass allmählich der wirksame Schutz der Grenzen vor unerwünschter beziehungsweise illegaler Einwanderung in der politischen Willensbildung und in den Medien an Bedeutung gewinnt. Der Oberbürgermeister von Dortmund, Thomas Westphal (SPD), fragte im November 2023: »Was ist die Perspektive? Was ist der Plan?« Er forderte ein »grundsätzliches Umdenken« und einen besseren Schutz der europäischen Außengrenzen.[67] Im Wesentlichen geht es dabei aber bislang vor allem um Fragen der Verteilung von Asylbewerbern auf die EU-Mitgliedstaaten, um Verkürzung der Asylverfahren, Senkung materieller Anreize und Erleichterung von Abschiebungen. Die zentrale Frage wird dagegen bis jetzt (Frühjahr 2024) politisch kaum adressiert und bleibt folglich auch ungelöst: Wie lässt sich ein unerwünschter Zustrom von Einwanderern weitestgehend verhindern, und was muss dazu auf europäischer oder nationaler Ebene geschehen?

Im Jahr 2016 hatte ich dazu ein Reformkonzept mit folgenden Elementen vorgeschlagen[68]:

- Asylbewerber kommen an den Grenzen des Schengen-Raums vor der Einreise in Transitzentren. Wer diese verlässt, um illegal einzureisen, hat seinen Asylanspruch verloren.
- Es gibt ein einstufiges Asylverfahren, das zügig durchgeführt wird und bei dem eine Berufung nicht möglich ist.
- Wer abgelehnt wird, darf auch nicht einreisen. Er wird bei der Rückkehr ins Herkunftsland unterstützt.
- Wer sich der Rückkehr zu entziehen sucht, wird abgeschoben. Die Rückkehr in das Herkunftsland erfolgt notfalls unter militärischem Schutz auch gegen den Willen des Herkunftslandes.
- Herkunftsländer, die kooperieren, werden mit den Mitteln der Entwicklungspolitik und der Handelspolitik besonders unterstützt.
- Die Ansiedlung von Flüchtlingen wird in regionaler Nähe zu den Fluchtgebieten mit europäischen Mitteln großzügig unterstützt. Um die kulturelle Integration und gegebenenfalls auch die Rückkehr in die Heimat zu erleichtern, ist es nämlich zweckmäßig, dass sie möglichst in der Nähe ihrer Heimat verbleiben.

Zur Verwirklichung eines solchen Konzepts muss der EU-Grenzschutz sowohl in physischer als auch in personeller Hinsicht entsprechend ausgebaut sein. Ein Konzept mit ähnlichen Eckwerten wie den oben dargestellten halte ich für den einzigen Weg, künftige Masseneinwanderung aus Afrika und dem Nahen und Mittleren Osten einigermaßen zu begrenzen und zu steuern. Wenn so eine Begrenzung von Einwanderungsströmen grundsätzlich wirksam erfolgt, ist dies eine gute Grundlage für eine gezielte Einwanderungspolitik, mit der man vor allem jene Einwanderer ins Land lässt, die man aufgrund ihres kulturellen Anpassungswillens und ihrer Qualifikationsprofile auch tatsächlich bei uns haben will.

Allerdings ist nicht absehbar, ob und wann sich in Europa eine mehrheitsfähige politische und gesellschaftliche Bereitschaft entwickelt, den oben vorgeschlagenen Weg wirklich konsequent zu gehen. Die Alternative – das grundsätzliche »Weiter so« – bedeutet, dass sich Deutschland – und Europa, soweit es diesen Weg mitgeht – unablässig weiter von seinen ethnischen und kulturellen Wurzeln entfernt. Und es ist durchaus unklar, was das so entstehende neue demografische und kulturelle Amalgam bedeutet. Das Deutschland und das Europa, das wir kennen, sind dann jedenfalls untergegangen.

Die am 20. Dezember 2023 erfolgte Einigung des Europäischen Rats und des Europäischen Parlaments auf eine Asylreform bedeutet immerhin einen winzigen Schritt in die richtige Richtung. Die wichtigsten Punkte sind:[69]

- Für Asylbewerber aus Drittstaaten mit einer Anerkennungsquote von weniger als 20 Prozent soll ein vereinfachtes Verfahren an der EU-Außengrenze vor der Einreise zum Einsatz kommen. Unbegleitete Minderjährige aus diesen Staaten dürfen allerdings weiterhin einreisen. Für die Asylbewerber, die an der Grenze aufgehalten werden, sollen Aufnahmekapazitäten von 30 000 Plätzen in Transiträumen geschaffen werden. Bei Asylbewerbern aus sogenannten sicheren Drittstaaten kann der Asylantrag ohne weitere Begründung abgelehnt werden.
- Das Dublin-Verfahren wird modifiziert. Grundsätzlich muss der Asylantrag im Mitgliedstaat der ersten Einreise gestellt werden. Bei bestimmten Kriterien der Bindung des Asylbewerbers an ein anderes Land (Familienangehörige, frühere Ausbildung dort) kann auch ein anderer Mitgliedstaat zuständig werden.

- Staaten, die sich an der Übernahme von Asylbewerbern nicht angemessen beteiligen, sollen eine finanziellen Beitrag leisten.
- An den Außengrenzen soll es verstärkte Personenkontrollen geben.
- Es soll eine Migrationsdatenbank Eurodac mit biometrischen Daten aufgebaut werden.
- Mitgliedstaaten, die von einer Migrationskrise betroffen sind, sollen besonders unterstützt werden.

Diese Asylreform wird in keiner Weise ausreichen, um den massenhaften Zustrom wirksam zu bremsen. Sie ist trotzdem zu begrüßen, weil sie Elemente schafft, die als Ausgangspunkt für wirksamere Maßnahmen dienen können.

Perspektiven

Für die demografische Zukunft sehe ich folgende Trends.

- Wenn man Großkatastrophen wie einen weltweiten Nuklearkrieg, unbekannte Seuchen mit Massenvernichtungscharakter oder den Einschlag eines Meteoriten ausschließt, kann man davon ausgehen, dass sich aufgrund des allgemeinen medizinischen und zivilisatorischen Fortschritts die durchschnittliche Lebenserwartung in der Welt weiter erhöht und allmählich überall das in Ostasien und Europa bereits realisierte Niveau erreicht wird.
- Die Bemühungen, die Geburtenzahl in Ostasien und den westlichen Industriestaaten wieder auf ein bestanderhaltendes Niveau von 2,1 Kindern pro Frau zu heben, werden nicht von Erfolg gekrönt sein, solange sich nicht in der Soziologie dieser Gesellschaften Grundlegendes ändert. Aber überall wird sich das relative Gewicht der Geburten hin zu religiösen Gruppen und zu bildungsfernen Schichten, teilweise auch zu Gruppen mit einem bestimmten Migrationshintergrund verschieben. Die Auswirkungen solcher Strukturverschiebungen können gravierend sein, werden sich aber von Gesellschaft zu Gesellschaft unterschiedlich darstellen.

- Auch in Afrika und im islamisch geprägten Nahen und Mittleren Osten wird der demografische Übergang mit einer zeitlichen Verzögerung von einigen Jahrzehnten eintreten. Bis dahin werden sich aber die demografischen Gewichte in der Welt stark in diese Regionen verschoben haben.
- Der Umgang von Deutschland und Europa mit künftiger Einwanderung bleibt offen. Es wird immer wieder Versuche geben, diese zu begrenzen. Es wird aber immer eine Einwanderung übrig bleiben, die einem Drittel bis der Hälfte der Geburten in Europa entspricht. So wird sich das ethnische und kulturelle Antlitz der Bevölkerung in Europa in den kommenden 30 bis 60 Jahren radikal ändern.
- Dieser Prozess wird mit sehr großen Spannungen verbunden sein und kann durchaus die Stabilität demokratischer Institutionen gefährden. Die Bewältigung der Veränderungen wird leichter fallen, wenn die Zuwanderung über eine große Breite sprachlicher, kultureller und ethnischer Hintergründe verteilt ist. So wird die Entstehung kompakter, möglicherweise feindseliger Minderheiten erschwert, und für die Sprache und Kultur des aufnehmenden Landes wird die Integrationsleistung erleichtert.
- Speziell Deutschland wird aufgrund der demografischen Veränderungen nicht in der Lage sein, seine Spitzenstellung in Lebensstandard, Wissenschaft und Forschung zu halten. Es wird auf den europäischen Durchschnitt absinken und Glück haben, wenn es nicht schlimmer kommt.
- Entscheidend wird sein, dass man auch bei derart ungünstigen Trends an der marktwirtschaftlichen Ordnung festhält sowie durch intelligente Regulierung Leistung anregt und privaten Unternehmergeist ermöglicht. Dazu gehören immer eine solide Finanzpolitik und international wettbewerbsfähige Steuern und Abgaben.
- Insgesamt werden das intellektuelle Niveau und der allgemeine Tüchtigkeitsgrad in Deutschland eher sinken. Für die Leistungseliten muss das kein Nachteil sein. In einem insgesamt weniger leistungsfähigen und leistungsbereiten Umfeld wird ihr Erfolg umso heller strahlen.

– Dazu ist aber eine Voraussetzung, dass ein allgemein sinkendes intellektuelles Niveau und eine Verflachung der Bildung der Eliten in Politik und Gesellschaft nicht zu einer Herrschaft der Dummheit und des Mittelmaßes führt, welche die Leistungsfähigen im Übermaß behindert beziehungsweise in die Abwanderung drängt. Dann hätte sich Deutschland wirklich abgeschafft.

Das Zusammenwirken der beschriebenen unterschiedlichen Faktoren bedeutet, dass eine verlässliche demografische Zukunftsprognose weder für Deutschland noch für Europa möglich ist. Ich unterscheide vier denkbare Szenarien, die gleichzeitig für den Graubereich zahlreicher Zwischenstufen stehen:

Die beste Lösung
Ich hätte es bevorzugt, in einem kinderreichen jugendlichen Deutschland zu leben, das sich durch seine Jugend stets erneuert, und in dem vor allem die Klugen, Fleißigen und Anstrengungsbereiten Kinder bekommen. Zuwanderung von tüchtigen und fleißigen Menschen, die sich in die deutsche und europäische Leitkultur einfügen, wäre mir in diesem Rahmen stets willkommen gewesen.

Tatsächlich hat sich Deutschland in den letzten 60 Jahren in demografischer Hinsicht anders entwickelt, und eine Umkehr in den Verhaltensweisen ist nicht absehbar.

Die zweitbeste Lösung
Wenn aber der relativen Kinderarmut nicht beizukommen ist, weil mehr und mehr Menschen Lebensziele außerhalb der Familie wichtiger sind, so wäre dies aus meiner Sicht zwar schade. Aber wenn ein Deutschland durch stetige demografische Schrumpfung irgendwann die Bevölkerungsgröße von Dänemark oder Schweden hätte, so wäre dies auch keine Tragik. Vor 1100 Jahren, zur Zeit von Heinrich I. oder Otto dem Großen, gab es ja schließlich auf dem heutigen deutschen Staatsgebiet auch nur circa 4 Millionen Menschen, und auf diese Größe würde die deutsche Bevölkerung bei unveränderter Geburtenrate in den nächsten 150 Jahren schrumpfen. Dann wäre in Deutschland auch wieder genü-

gend Platz für Wölfe und anderes Getier. Die Natur in Deutschland könnte sich wunderbar von den Zumutungen einer forcierten Industrialisierung und eines starken Bevölkerungswachstums erholen und über weite Strecken bald wieder so aussehen wie Germanien zur Zeit des Tacitus. Kulturell und ethnisch aber könnten die dann lebenden Menschen in der Tradition ihrer Vorfahren leben, so wie Italiener, Franzosen, Engländer auch in der Tradition ihrer Vorfahren leben.

Voraussetzung dieser zweitbesten Lösung wäre es gewesen, kulturfremde Masseneinwanderung zu verhindern, und generell Einwanderung auf ein Niveau zu begrenzen, das mit der ethnischen und kulturellen Identität kompatibel ist. In einer EU mit Freizügigkeit und Niederlassungsfreiheit würde die Zuwanderung überwiegend aus europäischen Ländern erfolgen.

Wie beschrieben, ist die tatsächliche Entwicklung anders verlaufen. Ein Einschwenken auf den Pfad der zweitbesten Lösung würde ab sofort eine sowohl selektive als auch restriktive Einwanderungspolitik erfordern. Dazu wäre es notwendig, für die Europäische Union eine Analogie des australischen Modells der Abschottung gegen unerwünschte Einwanderung einzuführen. Das könnte wie folgt aussehen:

- Die EU unterstützt in Zusammenarbeit mit der UNO Flüchtlingszentren außerhalb Europas, grundsätzlich möglichst nah an den Herkunftsgebieten der Flüchtlinge.
- Aus diesen Zentren werden nach Maßgabe politischer Entscheidungen in begrenztem Umfang Kontingentflüchtlinge aufgenommen.
- Asylbewerber müssen einen Antrag auf Asyl grundsätzlich vor der Einreise einreichen und dessen Bearbeitung außerhalb der EU-Grenze abwarten. Wer ohne Einreisegenehmigung mit dem Flugzeug einreist, wird zunächst in Transitzentren festgehalten.
- Die Asylverfahren werden zeitlich stark verkürzt und einstufig gestaltet.
- Die europäischen Außengrenzen, die im Wesentlichen Seegrenzen sind, werden durch die Marine überwacht. Boote und Schiffe mit illegalen Einwanderern werden ausnahmslos an den Aus-

gangspunkt ihrer Seereise verbracht, gegebenenfalls auch ohne Einwilligung des Herkunftsstaates.

- Zusätzlich zu einem solchen grundsätzlichen Ansatz zur Begrenzung unerwünschter Einwanderung, der einheitlich für den gesamten Schengen-Raum gelten muss, werden in Deutschland Pullfaktoren im Sozial- und Unterhaltsrecht beseitigt. Außerdem werden Abschiebungen beschleunigt, und in den Fällen, in denen die Herkunft grundsätzlich zuverlässig festgestellt ist, werden sie auch gegen den Willen des Herkunftslandes umgesetzt, notfalls unter militärischem Schutz.

Unionsrechtlich wird eine solche Reform nicht möglich sein ohne eine Revision der Genfer Flüchtlingskonvention und der Europäischen Menschenrechtskonvention, äußerstenfalls auch durch ihre Kündigung. Nur durch eine sehr klare europäische und nationale Gesetzgebung kann man auch die teilweise ausufernde Rechtsprechung der Verwaltungsgerichte und des Europäischen Gerichtshofs für Menschenrechte in geordnete Bahnen lenken.

Das in der EU im Dezember 2023 nach langem Ringen verabschiedete Maßnahmenpaket zu einer besseren Abarbeitung von Asylanträgen und restriktiveren Einreiseregeln für Asylbewerber greift zu kurz, um die Zahlen wirklich dauerhaft und nennenswert absenken zu können. Das Gleiche gilt für die politischen Bemühungen in Deutschland, durch Absenkung des materiellen Versorgungsniveaus für Asylbewerber Pullfaktoren zu begrenzen sowie die Abschiebung Ausreisepflichtiger zu beschleunigen. Solche Bemühungen sind richtig, aber ohne gleichzeitige wirksame Beschränkung des weiteren Zustroms von Asylbewerbern und illegalen Einwanderern erreichen sie nicht das angestrebte Ziel.

Die drittbeste Lösung

Wenn man schon die absolute Zahl der jährlich nach Deutschland und Europa strömenden Einwanderer aus Afrika und dem Nahen und Mittleren Osten nicht dauerhaft gegen null führen kann, dann sollte man zumindest dafür Sorge tragen, dass sich die Einwanderung auf möglichst viele Sprachen, Ethnien, Kulturkreise und religiöse Hintergründe verteilt. So wirkt man der Entstehung kompakter Gruppen entgegen und verbessert die Voraussetzungen dafür, dass europäische Sprachen, europäische Einstellungen und europäische Kulturen zumindest teilweise bei der Integration der verschiedenen Migrantengruppen einen prägenden Einfluss ausüben.

So würde sich zwar Deutschland und Europa im Lauf der Jahrzehnte kulturell und ethnisch erheblich verändern, ein kultureller Abbruch könnte aber auf diese Art möglicherweise verhindert oder abgemildert werden.

Die wahrscheinlichste Lösung

Es ist aus der Sicht des Jahres 2023 sehr wahrscheinlich, dass die verschiedenen Bemühungen, den Umfang der Einwanderung aus Afrika und dem Nahen und Mittleren Osten zu steuern und zu begrenzen, in den kommenden Jahren und Jahrzehnten immer nur zeitlich begrenzte Teilerfolge bringen werden. Maßgebend dafür ist eine fehlende politische und gesellschaftliche Einigkeit sowohl die Zielsetzung als auch die Maßnahmen betreffend, sodass die Einwanderungspolitik in immer neue Blockadesituationen gerät.

So könnte es dann geschehen, dass die Europäer im Verlauf weniger Generationen zur Minderheit auf dem eigenen Kontinent werden, während Menschen mit ethnischen Wurzeln in Afrika oder dem Nahen und Mittleren Osten allmählich zur demografischen Mehrheit werden. Dies wird sich von unten nach oben vollziehen: zuerst bei den Geburten, dann bei der Jugend, schließlich bei der mittleren Generation. Bei den Rentnern und Greisen wird sich eine weiße Mehrheit am längsten halten. Und bis die Mehrheit der stimmberechtigten Bürger, die in Deutschland im Rentenalter oder kurz davor ist, dies gemerkt und verinnerlicht hat, wird es für eine Umkehr zu spät sein. Bei den Schülern in Deutschland wird eine deutschstämmige Mehrheit schon in wenigen Jahrzehnten verschwunden sein. Was wir jetzt nur in Stadtbezirken oder bestimmten Vierteln beobachten, wie etwa in Berlin-Neukölln, im Dortmunder Norden und Essen-Kray, kann in den nächsten drei Jahrzehnten zum »Vorbild« in ganz Deutschland werden.

Das würde ich nicht wollen. Aber aufhalten lässt sich dieser Prozess nur durch eine schnell einsetzende wirksame Steuerung und Begrenzung von Einwanderung, auch um den Preis einer nachhaltigen Schrumpfung der Bevölkerung. Dafür sehe ich noch keine handlungsfähigen gesellschaftlichen und politischen Mehrheiten.

Allerdings hätte ich ein starkes Argument zugunsten restriktiver Einwanderungspolitik für alle Grünen und alle engagierten Umweltschützer: Wer nach Deutschland und Europa einwandert, hat nach kurzer Zeit denselben ökologischen Fußabdruck wie die Deutschen und andere Europäer. Da wäre es doch ökologisch gesehen besser, Afrikaner in Afrika und Afghanen in Afghanistan zu belassen, dort ist nämlich ihr ökologischer Fußabdruck wesentlich niedriger. In Deutschland und Europa würde die durch die Geburtenarmut bewirkte demografische Schrumpfung selbst dann mit gigantischen Umweltentlastungen einhergehen, wenn sich am ökologischen Fußabdruck des einzelnen Europäers nichts ändert. Die Afrikaner und die Bewohner des Nahen und Mittleren Ostens könnten dann ihren eigenen Weg in die Zukunft suchen, so wie dies auch Chinesen und Inder tun. Aus ökologischer Sicht wäre es ja immerhin denkbar und auch geboten, dass sie ihr Bevölkerungswachstum auf den Umfang jener erneuerbaren Energien abstimmen, die sie in ihren eigenen Ländern gewinnen können.

Die strukturelle Unfähigkeit der deutschen Politik, sich dem Migrationsproblem seriös und mit entschlossener Tatkraft zu widmen, bedroht mittlerweile in Deutschland mehr als jedes andere Versäumnis die Legitimationsgrundlagen der Politik als solche: Im Dezember 2023 trauten nach einer Umfrage des Meinungsforschungsinstituts YouGov 69 Prozent der Bundesregierung nicht zu, Lösungen für die Herausforderungen rund um das Thema Migration zu finden.[70]

Kapitel 4
Wissenschaft und Technik

Der gesamte zivilisatorische Aufstieg der Menschheit ist seit der Nutzung des Feuers und der Erfindung einfacher Werkzeuge aus Stein von Fortschritten bei technischen Erfindungen geprägt. Dieser Fortschritt vollzog sich zunächst langsam, er beschleunigte sich mit dem Übergang zum Ackerbau vor circa 10 000 Jahren und der Erfindung der Schrift vor etwa 5000 Jahren.

Sehr langsam entwickelte sich die genaue Naturbeobachtung als Grundlage der modernen Naturwissenschaft. Das war die Voraussetzung für die wissenschaftlich-technische Revolution, die vor 300 Jahren zunächst in England ins Zeitalter der Industrialisierung mündete, die sich dann schnell auf dem europäischen Kontinent und nach Nordamerika ausbreitete. Sie hat heute weite Teile der Welt erfasst.

Selbst vor traditionellen Gesellschaften und rückständigen Regionen, die keine eigenständige industrielle Entwicklung haben, machen die Auswirkungen moderner Erfindungen nicht halt: Überall fahren Autos, überall steigt durch die Segnungen der modernen Medizin die Lebenserwartung, und überall führt die dadurch ermöglichte Bevölkerungsexplosion zu neuen Spannungen, oft auch zu Kriegen und zu neuartigen Umweltbelastungen.

In isolierten Gesellschaften war es früher möglich, dass technische Erkenntnisse und die damit verbundenen zivilisatorischen Errungenschaften auch mal wieder verloren gingen. Insofern war der wissenschaftlich-technische Fortschritt keine Einbahnstraße in die Zukunft. Durch die Globalisierung und den unauflöslich gewordenen kommunikativen Zusammenhang der gesamten Welt sind der Verlust und der »Untergang« einmal gewonnener wissenschaftlich-technischer Erkenntnisse heute und für die gesamte Zukunft der Menschheit praktisch unmöglich geworden.

Was wir als Menschheit an naturwissenschaftlichen Erkenntnissen und darauf basierenden technischen Fertigkeiten gewonnen haben, wird so lange bleiben und allgemein zugänglich sein, wie die Menschheit noch existiert. Individuen und einzelne Staaten oder Gesellschaften mögen sich in Oasen des Nichtwissens oder wissenschaftsferner Vorurteile zurückziehen, für die Menschheit als Ganzes ist dies grundsätzlich unmöglich geworden. Gleichzeitig sorgt der Wettbewerb von Individuen, Staaten, Kulturen und Gesellschaften dafür, dass vorhandenes technisches Wissen immer von irgendjemandem genutzt und auch weiter ausgebaut wird.

Wie die Fortschritte der Biochemie, der Gentechnik, der Materialwissenschaften, der Kommunikationstechnik und der IT bis hin zu künstlicher Intelligenz zeigen, gibt es beim künftigen weiteren Gewinn von naturwissenschaftlicher Erkenntnis und darauf aufbauenden technischen Fertigkeiten offenbar keine natürliche, allgemein bestimmbare Grenze.

Religion, Philosophie, generell die Geisteswissenschaften und auch die Politikwissenschaft können darauf nur noch reagieren, und ihre Entwicklung in den letzten zweihundert Jahren kann man als eine solche Reaktion betrachten: Sie treiben nicht mehr, sie werden getrieben. Auch die lächerlichsten Denkfiguren und blutigsten Aufstände gegen die naturwissenschaftlich geprägte Ratio sind jedoch zu kurzatmig, um sich gegen das fortwährende Anfluten des wissenschaftlich-technischen Erkenntnisgewinns behaupten zu können: Was ist der Fortschritt der Genderstudies gegen die Fortschritte der Gentechnik? Und was bedeutet der jeweils jüngste Aufguss einer marxistisch geprägten Kapitalismuskritik gegen rapide Fortschritte bei der Automatisierung von Produktionsprozessen?

Nahezu alle Probleme, die die Menschheit derzeit und auf absehbare Zeit beschäftigen, ebenso wie die meisten Lösungen, die sich dazu anbieten, sind von der gegenwärtigen und weiteren wissenschaftlich-technischen Entwicklung nicht zu trennen. Dabei entstehen große Reibungsflächen, die intensiven Streit und auch Gewalt zur Folge haben können. Im Inneren von Staaten und Gesellschaften kann dies Unruhen und Unordnung mit sich bringen und nach außen zu kriegerischen Auseinandersetzungen führen:

- Auch der moderne Mensch ist in seinen angeborenen Fähigkeiten, seinen Emotionen und immanenten Zielen ein Produkt der Evolution. Seine genetisch bestimmten Dispositionen ändern sich nur sehr langsam, wenn überhaupt.
- Das kulturelle Umfeld, das er sich schafft und in dem er gesellschaftlich geformt wird, ist geprägt von Traditionen und Gewohnheiten. Diese können von Gesellschaft zu Gesellschaft, aber auch nach Ethnie, Religion, Schicht und Klasse sehr unterschiedlich sein. Die dadurch bedingten Einstellungen und Haltungen haben oft eine hartnäckige Stabilität. Sie können sich aber allemal wesentlich schneller ändern als die genetisch bestimmten Dispositionen des Menschen.
- Unterschiedlich, je nach Kultur und den damit verbundenen Traditionen, entwickeln sich der rechtliche Rahmen und die Institutionen einer Gesellschaft. Sie sind geprägt von der die Gesellschaft tragenden Kultur, aber sie prägen auch diese.
- So entstehen ein gesellschaftliches Klima und ein institutioneller Rahmen, die dem naturwissenschaftlichen Erkenntnisgewinn und der Entwicklung neuer technischer Fertigkeiten sowie neuer technologischer Lösungen mal mehr und mal weniger förderlich sind.
- Entsprechend teilen sich die Kulturkreise, Gesellschaften und Staaten in solche auf, die naturwissenschaftlich und technologisch führen und innovativ an der Spitze stehen, und in solche, die wissenschaftlich und technisch rückständig bleiben beziehungsweise vor allem die Konsumenten und Nutznießer des anderswo realisierten technischen Fortschritts sind.

Ohnehin kriechen die Wirkungen von Wissenschaft und Technik in den letzten Winkel der Erde – in ganz unterschiedlichen Formen wie

- Aspirin-Tabletten,
- dramatisch sinkender Kindersterblichkeit und als Folge explosiv wachsender Bevölkerung,
- betagten Landrovern auf staubigen Wüstenpisten,
- einfachen Smartphones, die den Zahlungsverkehr revolutionieren,

- genverändertem Saatgut, das die Erträge erhöht und stabilisiert,
- Umweltbelastungen von Luft und Wasser,
- den Folgen des menschengemachten Klimawandels.

Der ständige Fortschritt in Wissenschaft und Technik revolutioniert immer wieder neu den menschlichen Ausblick auf die Welt. Er zieht der Religion und den Geisteswissenschaften, letztlich allen Sinnvermittlern, stets von Neuem den Boden unter den Füßen weg und zwingt ihnen, ob sie dies wollen oder nicht, zu großen Teilen die Agenda auf. Das reicht von der Entschlüsselung des menschlichen Erbguts bis hin zur Entwicklung künstlicher Intelligenz.

Wo bleibt die ganze Umweltbewegung, wo der Hype um die Folgen der Erwärmung der Erdatmosphäre, wenn es zum Beispiel in absehbarer Zeit gelingt, die Risiken der Kernenergie einzudämmen und etwa durch Kernfusion der Menschheit grundsätzlich unbegrenzte, preisgünstige Energie zur Verfügung zu stellen?

Aktuell sorgt die explosive Entwicklung von künstlicher Intelligenz für Aufregung. Durch die sekundenschnelle Einbeziehung des gesamten menschlichen Wissens bei der Beantwortung beliebiger Fragen – und das in umgangssprachlichen Formaten – entsteht der Eindruck einer übermenschlichen Leistungsfähigkeit. Das ändert aber nichts daran, dass Systeme der künstlichen Intelligenz als softwarebasierte Lösungen weder zu Gefühlen in der Lage sind, noch einen eigenen Willen oder ein Bewusstsein ihrer selbst haben.[1] Selbst wenn sie mit entsprechend programmierten Vorgaben auf immer mehr Gebieten die menschliche Leistungsfähigkeit weit überflügeln, werden sie damit noch nicht menschenähnlich oder in irgendeiner Form im biologischen Sinn »lebendig«. Fehlender Wille und mangelndes Bewusstsein machen es auch unmöglich, dass Systeme der KI den Menschen »beherrschen«. Dazu müsste KI in biologische Systeme »eingebaut« werden.[2]

Der deutsche KI-Pionier Jürgen Schmidhuber weist darauf hin, dass KI die Verbreitung sowohl richtiger als auch falscher Informationen erleichtere. Das sei aber beim Buchdruck, beim Telegrafen oder beim Internet nicht anders gewesen. »Informationstechnisches

Wettrüsten konkurrierender Akteure gibt es seit Jahrtausenden.«[3] Unter den Forschern, die jetzt vor den Gefahren der KI warnen, gebe es auch solche, die die Gelegenheit nutzten, um Aufmerksamkeit zu suchen.

Die Gesellschaft kann scheitern oder sich die Gesetzlichkeiten der modernen Wissenschaft und Technik intelligent zunutze machen. Deren noch unbekannte künftige Fortschritte werden weiterhin die gesellschaftliche und politische Entwicklung bestimmen. Vor diesem Hintergrund muss auch die menschliche Suche nach Lebenssinn stets erneut erfolgen. Die Sinnsuche und Sinnvermittlung bleibt die fortwährende Aufgabe der Geisteswissenschaften. Den Rahmen und die Tagesordnung der Zukunft setzen aber nicht sie, sondern die künftigen, heute noch nicht absehbaren Fortschritte in Wissenschaft und Technik.

Perspektiven

Seit dem Beginn der modernen Naturwissenschaft hat sich der Fortschritt von Wissenschaft und Technik immer wieder in neue, noch unbekannte Richtungen entwickelt. Da der Prozess der wissenschaftlich-technischen Wissenserweiterung mittlerweile weltweit stattfindet, ist es unmöglich geworden, ihn administrativ zu zügeln oder gar durch Ge- und Verbote in irgendeiner Weise zu lenken. Das funktioniert allenfalls lokal und zeitlich begrenzt, und solche Versuche scheitern zumeist spätestens dann, wenn außerhalb der eigenen Zuständigkeitsgrenzen Fortschritte erzielt werden, durch die man sich bedroht fühlt oder die man als attraktiv empfindet.

Die zulässigen Anwendungen technischer Entwicklungen werden immer wieder neu durch staatliche Instanzen auf nationaler oder übernationaler Ebene reguliert werden. Aber Inhalt und Umfang solcher Regulierungen ändern sich – gegebenenfalls mit einigem Zeitverzug – stets dann, wenn es neue Erkenntnisgewinne und technische Fertigkeiten gibt. Der Wettlauf von Regulierungen mit neuen naturwissenschaftlichen und technischen Erkenntnissen wird die Art des menschlichen Zusammenlebens und die Zukunft der Menschheit unvermeidlich bestimmen. In welche Richtung das geht, ist im Vorhinein kaum zu erahnen. Kein Tatort-Film kommt heute ohne Handy-Ortung und Analyse von DNA-Spuren aus, vor dreißig Jahren war beides unbekannt.

Die Frage ist, wie Deutschland dabei mithält. Sehr viele Innovationen – zum Beispiel der MP3-Player, der 3-D-Druck, die Grundlagen der KI –, die von deutschen Wissenschaftlern und Ingenieuren ausgingen, wurden schließlich woanders zur Marktreife gebracht. Den deutschen Unternehmen, aber auch der Forschungsförderung scheint es hier an Durchhaltevermögen zu fehlen. Auch die Gründung von Start-up-Unternehmen und deren Finanzierung fällt beispielsweise in den USA offenbar leichter.[4] Deshalb macht sich Rafael Laguna de la Vera, Gründungsdirektor der Bundesagentur für Sprunginnovationen, Sorgen um den Innovationsstandort Deutschland: »Vielleicht haben wir die ganze Entwicklung rund um die KI schon verpasst. Auch das ist ein Wettrennen um Chips. Die Firmen und Regionen werden schon in ›Chip rich‹ und ›Chip poor‹ unterteilt. Wer ›Chip rich‹ ist, gewinnt auch das KI-Rennen. Das sieht für uns nicht so gut aus.« Aber er erkennt auch Chancen für den Standort Deutschland, denn es fehlen politische Risiken wie in China oder den USA: »Wir haben tolle Forschung und tolle Unternehmen. Wir müssen jetzt nur aufpassen, dass wir auch eine neue Gründerzeit anbrechen lassen. Von der letzten, die 1871 begann, leben wir heute noch. Aber so langsam wird es Zeit, wieder neue Industrien aufzubauen.«[5]

Die größten Ungewissheiten schafft die weitere Entwicklung von Wissenschaft und Technik für die Zukunft der Arbeit. Technischer Fortschritt ist seinem Wesen nach arbeitssparend. So haben landwirtschaftliche Maschinen im Verlauf eines Jahrhunderts in ungeheurem Maß Arbeitskräfte freigesetzt, und künstliche Intelligenz könnte künftig auch zahlreiche Arbeiten von Buchhaltern, Wirtschaftsprüfern, Steuerberatern und Journalisten übernehmen.[6] Gleichwohl sind auch immer neue Aufgabenfelder rund um den Bereich menschlicher Dienstleistungen entstanden. Nirgendwo in der globalisierten Welt ist es bis heute zu einem anhaltenden Rückgang der Nachfrage nach bezahlter Arbeit gekommen. Eher war es umgekehrt: Da die physischen Güter des täglichen Bedarfs und seit einigen Jahrzehnten auch die elektronischen Dienstleistungen relativ gesehen immer günstiger werden, und da gleichzeitig der Sozialstaat eine materielle Mindestsicherung zur Verfügung stellt, sinkt in der gesamten westlichen Welt die Neigung zur Teilnahme am Erwerbsleben, was sich auch in kürzeren Arbeitszeiten niederschlägt.

Kapitel 5
Die Umwelt

In diesem Kapitel stelle ich eingangs einige knappe, grundsätzliche Überlegungen an, die auch das Verhältnis von Mensch und Umwelt betreffen. Sodann gehe ich auf die Aussagen des 1988 bei der UNO eingerichteten *Intergovernmental Panel on Climate Change (IPCC)* ein und erörtere auf dieser Grundlage verschiedene Aspekte der deutschen Energiewende.

Maß und Mitte

In der Chemie, der Biologie, der Medizin, der Ökonomie, der Organisation von Staat und Gesellschaft, bei den Ingredienzien eines gelingenden menschlichen Lebens und bei einem wohlschmeckenden Gericht geht es immer wieder um Mengenverhältnisse und richtige Proportionen. Die Frage des Maßes und der Relationen ist auch grundlegend für jede ökologische Betrachtung.

Die Bedeutung von Maßverhältnissen zeigt sich schon beim menschlichen Schönheitsempfinden:

- Am Parthenon-Tempel auf der Akropolis in Athen ist nicht die Dicke oder Höhe der Säulen, nicht die Neigung des Dachs für den ästhetischen Eindruck entscheidend. Es sind die Proportionen, in denen alle Einzelelemente zueinander stehen.
- Genauso ist es mit der Schönheit des menschlichen Körpers. Seine Proportionen bestimmen über unser ästhetisches Empfinden, deshalb berührt uns der Anblick der *Venus von Milo* oder von Michelangelos *David*. Übereinstimmend wird nicht jede beliebige Kombination von Körpermaßen als gleichermaßen schön empfunden. Es kommt immer auf die richtige Einbettung in die Gesamtverhältnisse an.

- Nur wer die Gültigkeit von Maßstäben leugnet, kann zum Beispiel behaupten, dass Fettleibigkeit für den ästhetischen Eindruck keine Rolle spielt. Und für den, der die Gültigkeit von Maßstäben leugnet, gibt es natürlich auch keine schlechte Architektur.

Auch das menschliche Wohlbefinden und die individuelle Gesundheit hängen von den richtigen Proportionen ab:

- Schlafzeit und Wachzeit,
- Ruhe und Bewegung,
- Anforderung und Entspannung,
- Geistige und körperliche Aktivität,
- Nahrungsaufnahme und Kalorienbedarf,
- Geselligkeit und Rückzug

können ohne Beeinträchtigung des menschlichen Wohlbefindens in ihren Größenverhältnissen nicht beliebig ausgetauscht werden. Jedes Individuum hat hier sein eigenes Optimum. Dieses ändert sich selbstverständlich mit dem Lebensalter und ist auch geprägt von der Gesellschaft, in der man lebt, und der sozialen Schicht, der man angehört. Es ist aber ohne Beeinträchtigung von Gesundheit und Wohlbefinden nicht beliebig manipulierbar.

Die Bedeutung des Maßes ist auch entscheidend für alle Umweltbelastungen. In erster Linie gilt: Erst die Menge macht das Gift zum Gift:

- Der gegenwärtig in allen Umweltdebatten am häufigsten genannte »Schadstoff« Kohlenstoffdioxyd (CO_2) ist nicht einmal ein Gift. Pflanzen benötigen CO_2 für ihre Photosynthese und nehmen dieses aus der Luft. Mehr CO_2 in der Luft wirkt deshalb für viele Pflanzen wie ein »Düngemittel« und regt ihr Wachstum an. Gleichzeitig wird der seit Beginn der Industrialisierung steigende CO_2-Anteil in der Luft maßgeblich verantwortlich gemacht für die Tendenz zur Erwärmung der Erdatmosphäre und damit für den Klimawandel.

- Arsen kommt in Spurenelementen überall in der Natur und auch im menschlichen Körper vor. Erst die eingesetzte Menge macht das auf Arsen gestützte Rattengift zum Rattengift, und erst die Menge von Arsen im angebotenen Glas Wein macht die Giftmischerin zu der des Mordes schuldigen Verbrecherin.
- Morphium ist zur Behandlung starker Schmerzen unverzichtbar. Als Rauschgift hat es mit allen seinen verwandten Formen ein ungeheures Suchtpotenzial und zerstört das soziale Leben von vielen Millionen Menschen.
- Alkohol wird für viele medizinische Zwecke eingesetzt. Als Genussmittel sind seine Wirkungen stark mengenabhängig. Sehr geringe Mengen Rotwein, regelmäßig genossen, können das Risiko von Herz- und Kreislauferkrankungen verringern. Wer täglich eine halbe Flasche trinkt, riskiert mindestens einen Leberschaden, und sein Körper altert schneller. Wer alkoholabhängig wird, riskiert seine Persönlichkeit und zerstört die Möglichkeit, ein nützliches Mitglied der Gesellschaft zu sein.

Als universale Wahrheit darf also gelten: Erst die Dosierung macht das Gift zum Gift. Neunundneunzig Prozent aller Umweltdebatten sind deshalb folgerichtig Debatten um zulässige und unschädliche Dosierungen. Irreale Grenzwerte, die von der Gefährdungslage her nicht sachgerecht sind, können hohe gesellschaftliche, ökonomische und fiskalische Kosten verursachen, ohne dass sie einen nennenswerten umweltpolitischen Nutzen stiften.

Der Präsident des Bundesinstituts für Risikobewertung, der Veterinärmediziner und Mikrobiologe Andreas Hensel, führt als Beispiel für eine verfehlte öffentliche Einschätzung das Pflanzenschutzmittel Glyphosat an, das in der Landwirtschaft unerlässlich ist und dessen krebserregende Wirkung bis heute nicht nachgewiesen wurde. Er bedauert, dass die Argumente der wissenschaftlichen Bewertung oft nicht angenommen werden. So gibt es zwischen Produkten des Ökolandbaus und des konventionellen Landbaus keine messbaren Unterschiede in den chemisch-analytischen Qualitäten. Die niedrigere Produktivität des Ökolandbaus wirft aber bei wachsender Weltbevölkerung die Frage auf, wie man alle Menschen satt bekommen soll. Auch gegen den Einsatz von Gentechnik im Landbau gibt es keine wissenschaftlich begründeten Argumente.[1]

Mensch und Umwelt

Die Frage des Maßes und der Mengenverhältnisse gilt auch für die Tierwelt und die Rolle des Menschen auf der Erde:

- Raubtiere sind elementarer Teil einer jeden Fauna. Das Gleichgewicht zwischen Jäger und Beute bestimmt sich immer wieder neu an den konkreten Verhältnissen. Es folgt aber keiner vorbestimmten Harmonie und keiner höheren Wahrheit. Es gibt auch Grundwidersprüche, die man nicht ohne Weiteres überbrücken kann. So sorgten in den Wäldern Germaniens Wolf, Bär und Luchs als Teil der Natur dafür, dass der Bestand an Weidetieren und Nagern nicht ins Unermessliche wuchs. Mit der wachsenden Besiedlungsdichte in Mitteleuropa und dem Vordringen von Landwirtschaft und Weidewirtschaft wurde der Wolf, der auch Schafe und Rinder riss, zu einem von den Menschen bekämpften Störenfried. Heute fordert eine neue grüne Romantik das »friedliche Zusammenleben von Wolf und Weidetier« (so wörtlich die Koalitionsvereinbarung 2021 der rot-grün-gelben Koalition auf Bundesebene), und es ist ein politischer Streit darüber entstanden, wie viele Schafe von Wölfen gerissen werden dürfen, ohne dass der Wolfsbestand vom Menschen bejagt wird.
- Bei den nomadischen Hirtenvölkern in den Steppen und Savannen Zentralasiens und Ostafrikas war der Bestand der Weidetiere stets Quelle des Wohlstands und gleichzeitig sein Indikator. Geriet aber das Mengenverhältnis von Tierbestand und Weidefläche aus dem Gleichgewicht, etwa im Zusammenhang mit einer Phase ungewöhnlicher Trockenheit oder mit generellen Änderungen des Klimas, so konnte die so bewirkte Überweidung die Grasnarbe zerstören, Weideland vernichten und zur Ausbreitung der Wüste führen.

Daraus konnten sich Kriege zwischen nomadischen Völkern und auch Konflikte mit sesshaften Bauern ergeben, die ihr Ackerland vor den Nomaden mit ihren Weidetieren schützen wollten. So erklären sich die seit Jahrtausenden wiederholten blutigen Stammeskriege in Ostafrika sowie die regelmäßig wiederholten Konflikte der nomadischen Völker Zentralasiens mit dem chinesischen Kaiserreich. Diese Zusammenhänge gelten grundsätzlich auch heute noch.
- Durch Jagd und Landwirtschaft hatte der Mensch schon früh maßgeblichen Einfluss auf die natürliche Umwelt, auch wenn die Bevölkerungszahl vor 5000 Jahren mit fünf bis sieben Millionen weltweit allenfalls ein Promille der heutigen Weltbevölkerung betrug. Bereits in der Antike wurden die küstennahen Gebirge des Mittelmeerraums für den Schiffbau, den Hausbau und für Feuerholz weitgehend entwaldet. Mit der wachsenden Zahl der Menschen intensivierte sich die Nutzung der Erde mit entsprechenden Umweltfolgen.

Wohlstand, Bevölkerung und der Verbrauch fossiler Energie

Dieser sich über Tausende von Jahren hinziehende Prozess erfuhr eine ungeheure Beschleunigung durch die vor 300 Jahren einsetzende Industrialisierung. Die Nutzung fossiler Energie ermöglichte die Steigerung des Energieverbrauchs pro Kopf. Das war der Treiber für den Anstieg der landwirtschaftlichen Erträge und der gewerblichen Produktion und indirekt – über sinkende Sterblichkeit und steigenden Lebensstandard – auch für die Zunahme der Bevölkerung. Diese Bevölkerungszunahme mündete in die schon beschriebene weltweite Bevölkerungsexplosion, und natürlich möchte die wachsende Weltbevölkerung in allen Teilen der Welt zum Lebensstandard des Westens aufschließen. Das funktioniert nicht ohne einen entsprechenden Anstieg der Energieverbrauchs pro Kopf.

Hier haben die Umweltprobleme der Gegenwart einschließlich der für den Klimawandel befürchteten Folgen ihren Ausgangspunkt.

Zentral ist dabei die oben erläuterte Erkenntnis, dass Umweltprobleme im Kern immer eine Frage des Ausmaßes und der Proportionen sind: Die Verbreitung des sogenannten westlichen Lebensstils über die ganze Welt wäre überhaupt kein Problem, wenn die Weltbevölkerung wie noch im Jahr 1950 bei rund 2,5 Milliarden Menschen läge, wenn also die ganze Welt in den letzten siebzig Jahren dem demografischen Beispiel Deutschlands gefolgt wäre.

Auch der gegenwärtige Pro-Kopf-Verbrauch der Industriestaaten an fossilen Energien wäre für eine Welt mit 2,5 Milliarden Menschen ohne akute Gefahr für das Weltklima darstellbar. Das eigentliche Problem besteht also

- darin, dass wir auf eine Welt mit 10 Milliarden Menschen zusteuern und
- darin, dass ein den Industriestaaten ähnlicher Wohlstand für diese Menschen nur mit einem ähnlich hohen Energieverbrauch pro Kopf zu realisieren ist.

Der Handlungsdruck für eine schnelle Umstellung auf nichtfossile Energiequellen entsteht deshalb vor allem aus der Bevölkerungsexplosion außerhalb Europas und Nordamerikas und nicht so sehr aus dem »westlichen« Lebensstil als solchem.

Der weltweit beste und garantiert wirkende menschliche Beitrag zum Umweltschutz wäre deshalb, wenn sich die ganze Welt die geringe Geburtenzahl Europas, Nordamerikas und Ostasiens zum Vorbild nehmen würde. In ein bis anderthalb Jahrhunderten wäre dann die Weltbevölkerung erneut auf die 2,5 Milliarden Menschen des Jahres 1950 geschrumpft, und diese könnten allesamt ohne Umweltschäden einen »westlichen« Wohlstand mit entsprechendem Energieverbrauch genießen. Es ist aufschlussreich, aber auch bestürzend, dass die Rolle der erreichten Bevölkerungszahl und des weiteren Bevölkerungswachstums bei Überlegungen zur Nachhaltigkeit und zur Sicherung des sogenannten Naturkapitals weitgehend ausgeklammert wird, so als ob bevölkerungspolitische Fragen eine gesellschaftliche Tabuzone berührten.[2]

Fossile Energiequellen sind auf der Welt noch reichlich vorhanden. Die ungenutzten Möglichkeiten des Ausbaus der Atomkraft treten hinzu. Die Reserven der Wasserkraft sind heute schon weitgehend ausgenutzt. Weltweit hochwillkommen sind die Möglichkeiten, die weitere Fortschritte bei der Windenergie und der Solarenergie bieten. Die Entwicklungsstrategie großer Länder wie China und Indien, die sich im Aufholprozess zum Wohlstandsniveau westlicher Industriestaaten befinden, läuft darauf hinaus, übergangsweise alle Quellen zur Steigerung der Energieproduktion zu nutzen. Auch Wind und Sonne werden so weit wie möglich genutzt, aber man verlässt sich nicht allein darauf. Deshalb geht auch der weitere Zubau von Kohlekraftwerken in China und Indien unbeirrt weiter. Nimmt man die Gefahr einer Bedrohung des Weltklimas durch den weiteren Anstieg des CO_2-Gehalts der Luft ernst, so kann die Lösung nur darin bestehen, möglichst schnell das gesamte weltweite Energieangebot auf Sonne, Wind und Kernenergie umzustellen. Selbst wenn dies zügig gelingt, werden allerdings fossile Energiequellen noch für viele Jahrzehnte eine wesentliche Rolle spielen. Bei den Lösungsansätzen liegt die Betonung auf »weltweit«. Recht unbedeutend wird es dabei sein, was Deutschland und Europa tatsächlich tun oder gern tun möchten.

Treibhausgase und Klimawandel

In der Zusammenfassung des sechsten Sachstandsberichts, die im Frühjahr 2023 erschien, stellt der IPCC fest, dass menschliche Aktivitäten, die einen Ausstoß von Klimagasen bewirken, bislang zu einem Anstieg der weltweiten Durchschnittstemperatur von 1,1 Grad geführt hätten (Vergleich 2011–20 zu 1850–1900). Durch den menschengemachten Klimawandel würden bereits heute Wetter- und Klimaextreme rund um den Globus vergrößert, mit negativen Folgen für die Sicherheit von Nahrung, Wasser und menschlicher Gesundheit.[3] Für den Fall, dass die Treibhausgasemissionen nicht unverzüglich in nur wenigen Jahrzehnten auf null zurückgeführt werden, sondern sich im bisherigen Trend weiterentwickeln, wird ein Anstieg der durchschnittlichen Oberflächentemperatur um vier bis fünf Grad mit katastrophalen Folgen für die Lebensbedingungen der Menschen auf der Erde vorausgesagt.[4]

In der Summe wählt der IPCC starke Worte: Die kumulierte wissenschaftliche Evidenz sei eindeutig. Der Klimawandel sei eine Bedrohung für das menschliche Wohlergehen und die Gesundheit des Planeten. Bei einem weiteren Aufschub einer vorbeugenden globalen Aktion würde ein kurzes und sich schnell schließendes Fenster der Gelegenheit verpasst, um eine lebbare und nachhaltige Zukunft für alle zu sichern.[5]

Unabhängig von der Relevanz und Wirklichkeit der vom IPCC beschriebenen Gefahren ist die dogmenhistorische Tradition aufschlussreich, in der das Krisenszenario des Klimawandels steht:[6]

- 1948 veröffentlichte der amerikanische Ökologe William Vogt sein Buch *Road to Survival,* in dem er das Bevölkerungswachstum zum Zentralproblem der Menschheit erklärte. Dabei bezog er sich besonders auf das Bevölkerungswachstum außerhalb Europas und Nordamerikas, das durch die Eingriffe der Kolonialherrschaft ermöglicht worden sei. In dieser Tradition stand auch das 1968 erschienene Buch des Bakteriologen Paul Ehrlich *Die Bevölkerungsbombe.* Als Ausweg forderte er starke staatliche Eingriffe für eine strikte Kontrolle des Bevölkerungs- und Wirtschaftswachstums.
- 1973 erschien der Bericht des Club of Rome *Die Grenzen des Wachstums.* An die Stelle der Sorge um eine Bevölkerungsexplosion trat jetzt die Prognose einer Menschheitsbedrohung durch knapp und teuer werdende Rohstoffe. Erneut drohte alsbald der Untergang der Menschheit, wenn man nicht umgehend auf Wachstum verzichtete und zu einer ressourcensparenden Produktionsweise überging. Die Prognosen des Club of Rome wurden durch die Wirklichkeit widerlegt: Rohstoffknappheit ist nicht absehbar, schon gar nicht bei Kohle, Öl und Gas.
- An die Stelle der befürchteten Rohstoffknappheit trat zwei Jahrzehnte später die Sorge um einen menschheitsbedrohenden Klimawandel aufgrund der Emission von Treibhausgasen, insbeson-

dere durch fossile Brennstoffe. Radikale Klimaschützer fordern den Verzicht auf Wachstum und eine neue Frugalität. Sie verbinden sich dabei mit der klassischen Kapitalismuskritik. Mit dem Ende fossiler Energie ruft zum Beispiel die *taz*-Journalistin Ulrike Hermann auch gleich das Ende des Kapitalismus aus und möchte eine neue klimagerechte Kommandowirtschaft einführen, die Frugalität und Mangel zwangsweise gleichmäßig verteilt.[7]

In allen drei Fällen haben weiße Wissenschaftler aus dem reichen industrialisierten Norden einen problematischen Punkt – die ungezügelte Bevölkerungsentwicklung, den Verbrauch an Rohstoffen, die Emission von Treibhausgasen – zum Dreh- und Angelpunkt ihrer Weltsicht gemacht und erklären der Menschheit, dass sie unverzüglich dem Untergang entgegengeht, wenn sie nicht das erkannte (oder behauptete) Übel radikal bekämpft und dabei die üblichen menschlichen Prioritäten auf den Kopf stellt.

In den beiden ersten Fällen hat die Welt das Votum der Wissenschaftler weitgehend ignoriert und den Dingen einfach ihren Lauf gelassen. Und siehe da: Bis auf Subsahara-Afrika und einige Länder des Nahen und Mittleren Ostens sinken mittlerweile überall auf der Welt die Geburtenraten. Nicht die Geburtenschwemme, sondern die Vergreisung wird zur neuen Gefahr. Auch vor der Verknappung natürlicher Rohstoffe hat niemand mehr Angst.

Das nimmt der Sorge um den Klimawandel selbstverständlich nicht ihre Berechtigung. Dass aber viele Menschen vor dem Hintergrund dieser Erfahrungen zur beschworenen Klimakatastrophe in einer gewissen skeptischen Distanz stehen, wird auf diese Weise verständlich. Die unter Zuarbeit zahlreicher Experten erarbeiteten IPCC-Berichte lassen sich angesichts der ungeheuer komplexen Materie aus fachlicher Sicht nur schwer kritisieren – schon gar nicht aus der Sicht eines in Klimafragen nicht vorgebildeten Ökonomen wie mir, der im Wesentlichen nur seine Fähigkeit zu logischem Denken und zu statistischer Analyse einbringen kann.[8] Ich unterlasse eine solche Kritik, weil sie aus meinem Mund weder belastbar noch ausreichend begründet wäre. Aber aus der Feder zahlreicher »Klimaskeptiker« habe ich genügend Kritisches gelesen, um mir gegenüber der Gültigkeit der IPCC-Prognosen eine gewisse »reservatio mentalis« zu bewahren.

Für meine weitere Argumentation unterstelle ich, dass der IPCC den Kenntnisstand der Klimawissenschaft sachlich und seriös bündelt, fortlaufend aktualisiert und zu Recht betont, dass der Anstieg der Treibhausgasemission vor allem menschengemacht ist.

Für eine ausgewogene kausale Analyse müsste aber der menschliche Einfluss auf die Entwicklung von Treibhausgasen aufgespalten werden auf die Wirkung der Vermehrung des Pro-Kopf-Verbrauchs an Energie und die Wirkung der Vermehrung der Bevölkerung. *Das wird sorgfältig vermieden.* Der IPCC-Bericht klammert den Einfluss der Bevölkerungsvermehrung auf den Anstieg der Treibhausgase vollständig aus sowie auch, dass der überwiegende Teil der Katastrophen, die vor allem die Menschen im Globalen Süden immer wieder heimsuchen, weitaus eher auf die Bevölkerungsvermehrung als auf die Folgen des Klimawandels zurückzuführen ist.

Außerdem war und ist der Anstieg des menschlichen Energieverbrauchs, der die Zunahme der Treibhausgasemissionen bewirkte, eine zentrale Voraussetzung für den gewaltigen Anstieg des menschlichen Lebensstandards, die erheblich bessere Ernährung und die stark gestiegene Lebenserwartung. Trotz der Auswirkungen der Industrialisierung auf den Klimawandel ist die Menschheit mit Industrialisierung und Klimawandel heute weitaus besser dran, als sie es ohne beide jemals gewesen wäre. Das gilt für die Zahl der Menschen auf der Erde, für ihre Gesundheit und Lebenserwartung und für ihren Lebensstandard.

Das 1,5-Grad-Ziel

Der weitaus größte Teil der Treibhausgasemissionen entfällt auf CO_2. Der sechste IPCC-Report drückte im März 2023 die Hoffnung aus, es könne doch noch gelingen, den weltweiten CO_2-Ausstoß ab sofort steil abzusenken und bis 2050 auf null zu reduzieren. Diese Reduktion nennt der Bericht als Voraussetzung, um das 1,5-Grad-Ziel bis

2100 zu erreichen.[9] Bei dem 2-Grad-Ziel muss die gleiche Absenkung bis 2070 erreicht sein. Beide Ziele sind gänzlich irreal.

Im Vergleich zu dieser Forderung desillusioniert der Ausblick auf die tatsächliche Entwicklung des CO_2-Ausstoßes in der Welt. Trotz der international abgestimmten ehrgeizigen Klimaziele ist der weltweite CO_2-Ausstoß von 2010 bis 2021 um 10,8 Prozent gestiegen. Moderaten Absenkungen in den westlichen Industriestaaten stehen starke Zunahmen in China, Indien und zahlreichen industriellen Schwellenländern gegenüber: So war von 2010 bis 2021 die Zunahme des CO_2-Ausstoßes in China zwanzigmal so groß wie der zeitgleiche Rückgang in Deutschland. Tabelle 5.1 fasst einige Eckwerte der weltweiten CO_2-Entwicklung seit 2010 zusammen.[10]

Tabelle 5.1 Vergleichsdaten zum weltweiten CO_2-Ausstoß

	In Millionen Tonnen				
	2010	**2021**	**Veränderung**	**In %**	**Ausstoß pro Kopf in Tonnen**
Welt	34158	37857	+3699	+10,8	4,8
China	9294	12466	+3225	+34,7	8,7
USA	5571	4752	-819	-14,7	14,2
EU 27	3423	2775	-648	-18,9	6,3
Deutschland	*818*	*666*	*-152*	*-18,6*	*8,1*
Indien	1741	2649	+908	+52,1	1,9
Russland	1733	1942	+209	+12,1	13,5
Japan	1226	1085	-141	-11,5	8,6
Indonesien	437	603	+166	+38,0	2,2
Kanada	565	564	-1	-0,0	14,9
Türkei	311	450	+139	+44,7	5,3
Welt ohne G7 und EU 27	23373	28681	+5308	+22,7	
G7 und EU 27	10785	9176	-1609	-14,9	

Wir sehen eine augenfällige Spaltung:

- Bei den etablierten westlichen Industriestaaten (G7 und EU27) sank der CO_2-Ausstoß seit 2010 um 14,9 Prozent. Das ist zwar weit von den IPCC-Forderungen entfernt, geht aber immerhin in die richtige Richtung. Mit einer Absenkung von 18,6 Prozent lag Deutschland im Durchschnitt der EU auf Platz 27. Es ist also kein besonderer Musterschüler. In den USA und Japan sank der Verbrauch ebenfalls, aber etwas schwächer.
- Im Rest der Welt stieg der CO_2-Ausstoß im gleichen Zeitraum um 22,7 Prozent.
- In Russland betrug der Anstieg 12,2 Prozent.
- Besonders stark war der Anstieg bei drei Ländern, die gerade eine nachholende Industrialisierung durchlaufen: Türkei + 44,7 Prozent, Indonesien + 38,0 Prozent und Indien + 52,7 Prozent.
- Eine Ausnahmerolle spielt China. Dort ist der Pro-Kopf-Ausstoß an CO_2 mit 8,7 Tonnen bereits höher als in Deutschland. Gleichwohl stieg der Ausstoß seit 2010 um 34,7 Prozent.

Ein Drittel der weltweiten CO_2-Emissionen entfällt mittlerweile auf China, auf Deutschland entfallen noch 1,76 Prozent.

Es ist überhaupt nicht absehbar, dass Länder wie China, Indien, Indonesien oder die Türkei ihre weitere Industrialisierung und das damit erhoffte Aufschließen zum westlichen Lebensstandard aufgeben, um Klimaziele zu erreichen. Selbst wenn diese Länder eine plötzliche volkswirtschaftliche Vollbremsung machen sollten, würde das nicht bedeuten, dass ihre CO_2-Emissionen sofort stark sinken, statt weiter stark zu steigen.

Daraus folgt: Die vom IPCC erhobene Forderung nach einer starken und sofortigen Reduktion der CO_2-Emissionen wird *mit absoluter Sicherheit* für das 1,5-Grad-Ziel und auch für das 2-Grad-Ziel vollständig verfehlt werden. Angesichts der weltweiten Mengen-Relationen und der herausragenden Rolle Chinas ist es für die weltweite CO_2-Bilanz aber auch vollständig gleichgültig, was Deutschland tut oder lässt.

Was bedeutet eine Zielverfehlung?

Falls die Vorausberechnungen der IPCC-Experten für die Klimawirkung des CO_2-Ausstoßes richtig sind, wird sich die Welt bis 2100 wohl eher auf eine Zunahme der durchschnittlichen Temperatur von deutlich mehr als zwei Grad einstellen müssen.

In diesem Zusammenhang ist es hilfreich, sich vor Augen zu führen, dass es sich bei den IPCC-Projektionen um Modellrechnungen mit komplizierten und für die meisten (darunter auch mich) kaum transparenten Annahmen handelt. So wird es zu einem Hoffnungswert, dass prognostische Irrtümer nicht ausgeschlossen werden. Es gibt eine an Sicherheit grenzende Wahrscheinlichkeit, dass die vom IPCC geforderten Reduktionsziele weltweit keinesfalls erreicht werden können – jedenfalls nicht ab sofort und nicht mit einer Null-Emission im Jahr 2050.

Das bedeutet, dass man umso stärker in Schutzmaßnahmen investieren muss: höhere Seedeiche, mehr Stauseen und Rückhaltebecken an hochwassergefährdeten Flussläufen, bessere Gebäudeisolierung und mehr Klimatisierung.

An der Verfehlung der IPCC-Reduktionsziele würde sich aber selbst dann nichts ändern, wenn es gelänge, den deutschen CO_2-Ausstoß in wenigen Jahren oder auch in zwei Jahrzehnten auf null zu reduzieren. Der wichtigste Beitrag, den Deutschland und die gesamte westliche Welt leisten kann, besteht in der Entwicklung und im Angebot preislich konkurrenzfähiger technischer Lösungen zur massenhaften Erzeugung von Energie aus Wind und Sonne – und zwar so, dass Energie auch in ausreichendem Umfang gespeichert und zuverlässig transportiert werden kann. Das jederzeit nutzbare Energieangebot muss in seinem Umfang von der Tageszeit und der Jahreszeit ausreichend unabhängig und auch preislich international wettbewerbsfähig sein. Das Zauberwort für eine nachhaltige Energiewirtschaft, die allein auf der Versorgung mit erneuerbarer Energie basiert, ist der sogenannte grüne Wasserstoff. Die Idee dahinter: Überschussstrom aus Wind und Sonne, der nicht unmittelbar verbraucht werden kann, wird dazu benutzt, durch Elektrolyse aus Wasser Wasserstoff zu gewinnen, der beliebig weit transportiert und gespeichert werden kann.

Welche Kosten sind vernünftig für ein irreales Ziel?

Es macht für Akteure wie Deutschland sachlich und politisch keinen Sinn, zur Erreichung eines unmöglichen Ziels Maßnahmen zu ergreifen, deren Folgeschäden – etwa für die Wettbewerbsfähigkeit der deutschen Industrie – sicher absehbar sind, während gleichzeitig ebenso sicher ist, dass diese Maßnahmen die vom IPCC für weltweit nötig gehaltene Absenkung des CO_2-Ausstoßes unter keinen Umständen ermöglichen werden.

Die deutsche Energiewende

Im Augenblick ist die Hoffnung auf einen schnellen Übergang zur grünen Wasserstoffwirtschaft im Wesentlichen eine ungedeckte Wette auf die Zukunft.

Die Politik der gegenwärtigen Bundesregierung rund um die Energiewende basiert aber auf der Hoffnung, dass diese Wette auf die Zukunft in der kurzen Zeit von sechs bis zehn Jahren positiv ausgehen möge. Nur so könnte man in Deutschland schon ab 2030 auf Öl, Kohle und Gas weitgehend verzichten, ohne Energieengpässe zu riskieren oder die deutsche Industrie in unlösbare Kostenprobleme zu stürzen.

Die damit verbundenen technisch-wissenschaftlichen Probleme und die praktischen Fragen des tatsächlichen Vollzugs müssten also allesamt in dieser kurzen Frist gelöst werden. Das ist bisher nicht einmal in Umrissen erkennbar. An dieser Stelle droht die deutsche Umwelt- und Energiepolitik gegenwärtig ins Utopische und Wahnhafte zu kippen.[11]

Nur rund ein Viertel des deutschen Primärenergieverbrauchs entfällt gegenwärtig auf die Bereitstellung von Strom. Der gegenwärtige Verbrauch von rund 600 Terawattstunden (TWh) wird sich in etwa verdoppeln, wenn der Verkehrsbereich auf Elektromobilität umgestellt wird und gleichzeitig energieintensive Produktionen von Kohle und Erdgas auf grünen Wasserstoff umgestellt werden. Dieser muss ja zunächst mit hohen Umwandlungsverlusten durch Elektrolyse aus Stromquellen mit erneuerbarer Energie gewonnen werden.

Für die Produktion ausreichender Mengen an grünem Wasserstoff wird die in Deutschland bereitgestellte erneuerbare Energie – sei es als Solarstrom, sei es als Windstrom einschließlich Offshore-Anlagen – nach 2030 auch dann nicht annähernd reichen, wenn die ehrgeizigen Ausbauziele für Wind- und Solarenergie bis 2030 auch tatsächlich verwirklicht werden.

Klar ist also lediglich, dass sich der Stromverbrauch in Deutschland im Zuge der Energie- und Klimawende in etwa verdoppeln wird. Klar ist aber auch, dass nach dem leichtsinnig herbeigeführten Fortfall der Kernkraft[12] auch die Kohleverstromung spätestens ab 2038 zur Abdeckung dieses Bedarfs nicht mehr zur Verfügung stehen wird. Gleichwohl muss auch dann für windstille Zeiten und Dunkelpausen eine konventionelle Kraftwerkskapazität vorgehalten werden, deren potenzielle Leistung der Leistung der Solarpaneele und Windräder, für die sie gegebenenfalls einspringen muss, mehr oder weniger 1:1 entspricht. Die Kosten für diese Vorhaltung gehen in die Gesamtkosten der umweltfreundlichen Stromversorgung ein. Es reicht nicht aus, dass der Strom aus erneuerbaren Energien grundsätzlich preislich wettbewerbsfähig ist. Dieses Ziel ist heute bereits erreicht. Vielmehr zählen zu den Kosten der erneuerbaren Energien auch die Kosten für die Vorhaltung jener Kraftwerkskapazitäten, die bei Windstille und fehlendem Sonnenschein einspringen müssen. Bereits 2022 war in Deutschland die installierte Gesamtleistung aller Kraftwerke mit 238 Gigawatt (GW) dreimal so hoch wie die höchste Gesamtnachfrage zu einem bestimmten Zeitpunkt, welche bei 80 GW lag.[13] Dunkelpausen und Windflauten begrenzen auch den möglichen Gesamtanteil erneuerbarer Energien an der Stromproduktion, unabhängig von deren Ausbaugrad, so lange, bis es möglich ist, Überschussstrom in großem Umfang zu speichern.

Darauf richten sich die Hoffnungen, die man in eine künftige Wasserstoffwirtschaft setzt. Allerdings sind die Umwandlungsverluste bei

Wasserstoffgewinnung durch Elektrolyse mit nachfolgender Speicherung sehr hoch, und bestehende Gasnetze sind auch nicht ohne Weiteres für die Aufnahme und den Transport von Wasserstoff geeignet. Wasserstoff bedarf bei Lagerung und Transport eines höheren Drucks, und so wird zumindest für die Versorgung ausgewählter Industriekunden der Bau eines eigenen Wasserstoffpipelinenetzes notwendig sein.[14] Zum Umfang der Umwandlungsverluste schreibt der Kraftwerksingenieur Frank Hennig: »Vom nicht kostenlosen emissionsfreien Strom über Elektrolyse, Verdichtung, eventueller Mechanisierung und folgender Rückverstromung über eine Gasturbine bleiben weniger als 30 Prozent übrig.«[15]

Bedeutung preisgünstiger, zuverlässiger Energie für den Industriestandort Deutschland

Die deutschen Verfechter der Energiewende – mit Bundeswirtschaftsminister Habeck an der Spitze – halten trotz bislang fehlender Speichermöglichkeiten an der Hoffnung und Überzeugung fest, dass spätestens ab 2030 genügend Strom aus erneuerbaren Quellen zu konkurrenzfähigen Preisen zur Verfügung stehen werde.

Für den Industriebedarf bedeutet »konkurrenzfähig« einen Preis von vier bis sechs Cent je Kilowattstunde (kWh). Im Herbst 2023 ging die politische Absicht von Bundeswirtschaftsminister Habeck, unterstützt von der deutschen Industrie und den großen Industriegewerkschaften, dahin, solch einen konkurrenzfähigen Industriestrompreis für eine Übergangszeit durch staatliche Subventionen zu sichern. Die Anlaufkosten der Energiewende sollten für einen Zeitraum von sechs bis acht Jahren quasi untertunnelt werden – in der Hoffnung, dass Strom aus erneuerbaren Quellen nach 2030 ausreichend günstig produziert werden kann.[16]

Die saarländische Ministerpräsidentin Anke Rehlinger brachte im Mai 2023 das Kernproblem auf den Punkt: »Energie ist die Zukunftsfrage für Europa und Deutschland. Ganz besonders für Regionen mit produzierendem, energieintensivem Gewerbe wie Deutschlands Süden und Südwesten. Es geht um drei Dinge. Erstens genug Energie, zweitens Energie, die künftig erneuerbar ist und drittens Energie, die bezahlbar ist.« Der letzte Punkt treibt sie besonders um: »Wir müssen jetzt richtig Gas geben, wenn es um den Ausbau erneuerbarer Energien geht. Allerdings haben wir im Saarland keine Nordsee, die uns mit günstiger Windenergie hilft. Deshalb müssen wir europaweit Zugänge zu erneuerbaren Energien schaffen. Wir brauchen nicht nur ein deutsches Wasserstofftransportnetz, sondern ein europäisches Ziel ist es, unsere Industrie zu erhalten.«[17]

Ingenieure und Ökonomen, die nicht dem Wunschdenken verfallen sind, bezweifeln, dass in der neuen Energiewelt die Hoffnung auf preisgünstigen deutschen Strom realistisch ist. Die Ökonomen Axel Ockenfels und Achim Wambach formulieren dazu recht trocken: »Seit mehr als 20 Jahren verbindet sich mit der Energiewende die Hoffnung, sie würde zu sinkenden Strompreisen und Wettbewerbsvorteilen führen. Heute hat Deutschland jedoch mit die höchsten Strompreise der Welt.« Und sie nennen auch den Grund: »Jede Kilowattstunde Solar- und Windstrom kann zwar zu sehr geringen variablen Kosten Strom aus Gas- und Kohlekraftwerken ersetzen, aber das Problem der kostengünstigen Energiespeicherung für Zeiten, in denen der Wind nicht weht und die Sonne nicht scheint, bleibt ungelöst. Solange es keine deutlichen Innovationssprünge bei Speicher- und anderen Technologien gibt, ist Klimaschutz nicht zum Nulltarif zu haben.« Sie äußern die Befürchtung, dass »hohe Belastungen der Industrie« zur Verlagerung energieintensiver Produktionen in andere Länder Anlass geben, »die weniger ambitionierte Ziele verfolgen«.[18] Dem Weltklima wäre mit solchen Verlagerungen nicht geholfen, aber ambitionierte und nicht ausreichend unterlegte Klimaziele hätten dann gleichwohl den Bestand der deutschen Industrie gefährdet. Wegen dieses Risikos spricht sich Hubertus Bardt vom Institut der Deutschen Wirtschaft (IW) für einen subventionierten Industriestrompreis aus. Für Abwarten sei die Situation viel zu riskant. »Klarheit über das Preisniveau der Zukunft haben wir erst dann, wenn es für viele Industrieunternehmen zu spät ist.« Die in Deutschland stillgelegte Aluminiumproduktion sei ein warnendes Beispiel.[19]

Angesichts des Risikos für die Wettbewerbsfähigkeit der Industrie hätte es für einen staatlich subventionierten Industriestrompreis, wie ihn Wirtschaftsminister Habeck im Sommer 2023 vorschlug, gute Argumente gegeben. Aber natürlich war er ordnungspolitisch nicht sauber, und ein natürliches Ende dieser Subvention wäre auch nicht absehbar gewesen. So einigte sich die Ampel-Koalition im November 2023 auf eine Absenkung der Stromsteuer für das produzierende Gewerbe und auf eine fünfjährige Aussetzung der Belastung mit CO_2-Abgaben aus dem EU-Emissionshandel.[20] Sehr fraglich ist für mich, ob damit energieintensive Produktionen in Deutschland so lange wettbewerbsfähig bleiben, bis die angestrebte Energiewende entweder erfolgreich ist oder bis sich ihr Scheitern erwiesen hat. Gerade im letzteren Fall braucht Deutschland den Fortbestand einer wettbewerbsfähigen Industrie.[21]

Perspektiven

Der Generaldirektor der Internationalen Atomenergiebehörde (IAEA), Rafael Grossi, äußerte im Dezember 2023 auf der Weltklimakonferenz in Dubai die Einschätzung, dass die international gesetzten Klimaziele »ganz klar« nur mithilfe der Kernkraft erreicht werden können. Es sei weltweit nachgewiesen, dass mit jedem abgeschalteten Kernkraftwerk die CO_2-Emissionen stiegen. Er hält aufgrund der internationalen Unfallstatistik Kernenergie »für die sicherste Energie, die es gibt, wenn man die Emotionen weglässt«. Auch das Lagerproblem für den Abfall sei in Ländern wie Frankreich, Schweden und Finnland gelöst worden.[22]

Deutschland kann sich seine energiepolitischen Eigenwilligkeiten auch deshalb leisten, weil es trotz Verzichts auf die Kernenergie ein Teil des europäischen Strommarkts bleibt. So können die Deckungslücken des heimischen Bedarfs, die die ideologisch motivierte Energiewende deutscher Prägung fraglos für viele Jahre bis weit in die Dreißigerjahre hinein produzieren wird, eben durch Atomstrom aus Frankreich, Flüssiggas aus den USA und Kohlestrom aus

Polen geschlossen werden. Nach dem Aus für die deutschen Kernkraftwerke konstatierte Ad Louter, der Geschäftsführer des niederländisch-britisch-deutschen Unternehmens Urenco, das ein Drittel aller Kernkraftwerke der Welt mit Uran versorgt: »Ich denke, dass Deutschland jetzt doch ein Problem hat in der Stromversorgung.« Als er diese Äußerung im Juni 2023 tat, wurde das aktuelle deutsche Stromdefizit gerade mit Atomstrom aus Frankreich und Schweden ausgeglichen.[23]

Die gegenwärtig praktizierte deutsche Version der Energiewende ist in zwei Punkten grundsätzlich fehlerhaft:

- Sie erweckt den Eindruck, dass das Tempo des deutschen Verzichts auf den Einsatz fossiler Energiequellen irgendeinen messbaren Einfluss auf die Entwicklung des Weltklimas haben könnte.
- Sie räumt der Zielsetzung, möglichst schnell auf fossile Energiequellen zu verzichten, auch kurzfristig eine absolute Priorität ein und verdrängt die Risiken dieses forcierten Kurses für den Industriestandort Deutschland sowie für Wohlstand und Arbeitsplätze.

Darüber hinaus ist die deutsche Version der Energiewende heuchlerisch, denn aus ideologischen Gründen werden zwei Faktoren ausgeklammert, die eine wesentliche Entlastung bringen können: Es handelt sich um den denkbaren Beitrag der Kernkraft und um die CO_2-Abscheidung bei fossiler Energieproduktion. Fritz Vahrenholt weist darauf hin, dass durch CO_2-Abscheidung bei den bestehenden Braunkohlekraftwerken mit einem Zwanzigstel der Kosten fünfmal so viel CO_2 eingespart werden kann wie durch den Einsatz von Wärmepumpen in Kombination mit dem Strom aus Braunkohle.[24] Die Ausklammerung solcher Aspekte passt zur ideologischen Gesamtausrichtung der von Robert Habeck im Sinne einer Kommandowirtschaft betriebenen Energiewende.[25] Bei der CO_2-Abscheidung hat immerhin im Winter 2023/24 ein Umdenken eingesetzt. Mittlerweile hält Robert Habeck die CCS-Technologie für eine »notwendige Ergänzung in der Klimapolitik« und will sie »bei solchen Emissionen in der Industrie, die nur sehr schwer oder gar nicht vermeidbar sind« zum Einsatz bringen.[26]

In der Konzeption der Bundesregierung zur Klimawende kommt die gebotene Abwägung zu kurz. Exemplarisch kam dies zum Ausdruck im Streit um das Gebäudeenergieeinsparungsgesetz (GEG), der das Frühjahr 2023 beherrschte: Zielführend wäre es gewesen, den künftig geplanten Anstieg der CO_2-Steuer deutlich zu verschärfen und diese Zeitachse klar zu kommunizieren. So hätte die elektrische Wärmepumpe auch ohne besondere staatliche Förderung schnell ausreichende Rentabilität erreicht.[27] Ein Verbot des Einbaus von Öl- und Gasheizungen wäre dann allenfalls ergänzend notwendig gewesen und hätte ohne großen Schaden für die fossile Heizenergie auch erst zu einem späteren Zeitpunkt (etwa 2030 statt 2024) wirksam werden müssen. Zielführend wäre es außerdem gewesen, vor gesetzlichen Bestimmungen über das Verbot von fossilen Heizungen zunächst einmal bundesweit den Ausbau der Fernwärme mit konkreten Zeitfenstern zu planen. Wo nämlich ein Fernwärmeanschluss in absehbarer Zukunft zu erwarten ist, macht die zwangsweise Umstellung einer fossilen Heizung auf eine Wärmepumpe ökologisch keinen Sinn und ist in finanzieller Hinsicht Geldverschwendung.[28]

Notwendig und sinnvoll sind langfristige Ziele mit definierten Übergangszeiten. Diese Ziele müssen so gesetzt sein, dass die Menschen sie aus eigener Initiative ansteuern, weil sie Ihnen Vorteile bringen:

- Wenn der Betrieb einer Wärmepumpe grundsätzlich wirtschaftlicher als der Betrieb einer fossilen Heizung ist, so werden Vermieter und Eigenheimbesitzer ganz organisch im Rahmen des anfallenden Ersatzbedarfs automatisch auf die neue Technik umstellen.
- Wenn das Elektroauto seine Nachteile bei der Reichweite verloren hat, wenn die Ladeinfrastruktur funktioniert und die Stromkosten mit dem aktuellen Benzinpreis konkurrieren können, werden Millionen Autobesitzer im Rahmen des Ersatzbedarfs ganz ohne staatliche Nachhilfe zur E-Mobilität übergehen.

Wenn sich solche Übergänge gleitend einfach deshalb vollziehen, weil sie einzelwirtschaftlich vorteilhaft geworden sind, kann sich der Staat eine Menge Dirigismus sparen, und jede Hektik ist dann fehl am Platz. Gegenwärtig ist die deutsche Klimapolitik zu stark auf Gebote und Verbote fixiert. Im Vergleich dazu ist das langfristige Ordnungsdenken unterentwickelt.

Entsprechend stiefmütterlich wird in der deutschen Klimapolitik die Steuerung durch die Bepreisung von CO_2 behandelt. Statt die Steuerungsmöglichkeiten dieses Instrumentes beherzt zu nutzen, stand in der politischen Diskussion des Jahres 2022 eher die Sorge im Vordergrund, die Mieter könnten dadurch im Übermaß belastet werden.[29] Dabei ist die Zielsetzung der CO_2-Steuer bislang nicht sehr ehrgeizig: Bei Heizöl zum Beispiel betrug die Abgabe 2021 8 Cent pro Liter, 2024 beträgt sie 11,7 Cent und 2025 soll sie bei 17,4 Cent pro Liter liegen.[30] Angesichts eines Heizölpreises von rund einem Euro pro Liter (Mai 2023) dürfte die Lenkungswirkung auf den Endverbraucher überschaubar sein. Müsste der Betreiber einer Ölheizung dagegen mit einer baldigen CO_2-Abgabe von 50 Cent oder einem Euro rechnen, würde sich der Wechsel zu einer nichtfossilen Heizungsart wesentlich schneller vollziehen.

Der Physiker und Energieexperte André Thess beschreibt sehr klar, was konsequente CO_2-Besteuerung bewirken kann: »Die CO_2-gerechte Verteuerung von Gas, Öl, Kohle und Kalk würde eine verzweigte Wirkungskette nach sich ziehen. Jedes Produkt und jede Dienstleistung erführe einen Preissprung, dessen Höhe exakt seiner CO_2-Bilanz entspräche. Einerseits würde dies […] weltweit einen Wohlstandsrückgang erzeugen. Andererseits hätte ein CO_2-gerechter Preisanstieg einen Befreiungsschlag zur Folge: Moralaposteln würde der Boden für ihre Entsagungspredigten entzogen.«[31] Aber schon in den USA wäre es politisch unmöglich, Benzin für das Auto umweltgerecht zu besteuern, und weltweit würde die Einführung einer adäquaten CO_2-Besteuerung in Entwicklungs- und Schwellenländern, die sich auf preisgünstige fossile Energien stützten, zu erheblichen Wohlstandsverlusten führen; etwaige Ausgleichszahlungen aus Industrieländern müssten ganz irreale Größenordnungen haben. »Ohne internationalen Finanzausgleich hätten Menschen in Entwicklungs- und Schwellenländern die Hauptlast des Transformationsprozesses zu tragen.«[32] Die Idee einer weltweit einheitlichen problemadäquaten CO_2-Besteuerung bleibt deshalb irreal.

Als ziemlich sicher kann aus meiner Sicht gelten, dass es in den nächsten Jahrzehnten zu den vom IPCC geforderten massiven Reduktionen von Treibhausgasen *nicht* kommen wird. Wenn überhaupt, wird der Prozess wesentlich länger dauern. Es ist bisher auch nicht gelungen, unter der Bevölkerung weltweit jene Alarmstimmung zu verbreiten, die der IPCC und führende Politiker sich wünschen.[33]

Die Welt bewegt sich deshalb in Richtung eines gigantischen Wirklichkeitstests: Wenn die angesagte Katastrophe ausfällt oder stark abgemildert ist, gibt es eine Riesenblamage für die internationale Gemeinde der Klimaforscher. Wenn die Klimaforscher aber recht behalten, geht die Menschheit harten Zeiten entgegen. Ich wünsche mir das Erstere.

Das wohl unwahrscheinlichste Ereignis wird sein, dass die Staaten und Politiker der Welt plötzlich in sich gehen und die radikale Reduktion von Treibhausgasen an die Spitze ihrer Agenda setzen sowie diese Reduktion – beginnend sofort – auch tatsächlich umsetzen.

Kapitel 6
Die Rolle des Staates

In diesem Kapitel fasse ich nicht nur mit einiger Kühnheit jene Themen zusammen, die mich seit meinem ersten Semester Volkswirtschaft beruflich und fachlich in stets wechselnder Perspektive beschäftigt haben. Ich ordne sie gleichzeitig perspektivisch in die künftige deutsche Entwicklung so ein, wie ich sie voraussehe. Dabei geht es niemals um Prognosen, sondern um perspektivische Bandbreiten. Und je nachdem, wie sich die unterschiedlichen Elemente tatsächlich in der Zukunft kombinieren, kann dies ganz unterschiedliche »Zukünfte« bedeuten.

Der Ordnungsrahmen

Unter »Staat« verstehe ich die Summe all jener Institutionen, die Regeln setzen, die für das Verhalten der Menschen verbindlich sind und grundsätzlich damit betraut sind, diese durchzusetzen. Ferner verstehe ich darunter die Summe aller Institutionen, die Leistungen zuteilen, die aus öffentlichen Abgaben finanziert werden. Der Staat setzt durch seine Regeln die Grenzen, innerhalb derer sich Individuen, Unternehmen und wie immer organisierte Gruppen bewegen müssen, wenn sie nicht mit dem Gesetz in Konflikt kommen wollen. Die Spannweite ist extrem groß: Dazu gehört im Iran die Kopftuchpflicht für Frauen im öffentlichen Raum, genauso wie in Deutschland die Gurtpflicht für PKW-Insassen im öffentlichen Straßenverkehr. In vielen Bundesstaaten der USA dürfen Bürger offen sichtbar Schusswaffen mit sich führen, in Deutschland ist der private Besitz von Schusswaffen grundsätzlich verboten.

Die unterschiedlichen Regeln des Zusammenlebens prägen die Kultur einer Gesellschaft. Aber sie sind auch Ausdruck dieser Kultur. In traditionellen Gesellschaften müssen viele Normen und Sitten gar nicht in den Kodex staatlicher Regulierungen aufgenommen werden. Sie prägen sowieso die Verhaltensweisen in der Gesellschaft ganz ohne oder auch gegen staatliche Normen. Das gilt vor allem für die Gebote religiöser Gemeinschaften: So bestimmt im hinduistisch geprägten Indien, trotz eines in britischer Tradition liberal geprägten Gesetzesrahmens, die jeweilige mit der Geburt erworbene Kastenzugehörigkeit stark über das Heiratsverhalten, die Berufswahl und die lebenslange soziale Stellung der Menschen.

Zur Tradition der europäischen Aufklärung gehört es, die Autonomie und die Entfaltungsmöglichkeiten des Individuums unter den Schutz der staatlichen Gesetze zu stellen. Das umschließt den Schutz des Privateigentums und die Möglichkeit zu freier wirtschaftlicher Betätigung im Rahmen der geltenden Gesetze. Dieses Ordnungsmodell war eine Grundlage für den beispiellosen wirtschaftlichen und wissenschaftlichen Erfolg der westlichen Industriestaaten. Ihre dadurch bewirkte Dominanz bildet sich erst seit wenigen Jahrzehnten zurück.

Dagegen war die Phase autoritärer Staatswirtschaften, die mit der Gründung der Sowjetunion 1918 begann und mit ihrer Auflösung am 21. Dezember 1991 weitgehend endete, ein beispielloser Misserfolg, nicht nur für die Freiheit und Sicherheit, sondern auch für das Wohlergehen der Bürger sozialistischer Staaten. Soweit heute noch autoritäre Regierungsformen, wie gegenwärtig in China, Vietnam und der Russischen Föderation, erfolgreich sind, gründen sie auf einer Kombination von autoritärer staatlicher Herrschaft mit freier wirtschaftlicher Betätigung im Rahmen einer Marktwirtschaft.

Ausmaß und Qualität von staatlicher Regulierung sind in demokratisch geprägten Regierungssystemen nicht automatisch besser oder schlechter als in autoritären Systemen oder in Diktaturen. Es kommt vielmehr auf die Qualität der Regulierung und ihrer Umsetzung an: Wo es qualifizierte Verwaltungen und eine funktionierende Elitenauswahl gibt, sind die Regulierungsqualität wie auch das Umsetzungstempo und die Konsistenz von Entscheidungen generell besser. Das gilt unabhängig vom politischen System.

So profitiert auf europäischer Ebene die Qualität von EU-Verordnungen durchaus davon, dass das Auswahlverfahren für Beamte der

EU-Kommission traditionell recht strikt und deren Bezahlung für qualifizierte Bewerber attraktiv ist. Das ist auch deshalb wichtig, weil ein immer größerer Teil des Wirtschafts- und Ordnungsrechts nicht mehr auf nationaler Ebene entsteht, sondern in Brüssel geschaffen wird. Das gilt für Marktordnung und Wettbewerb, für das Umweltrecht einschließlich des Klimaschutzes, für den Datenschutz, für das Medienrecht, die Bankenaufsicht und Kapitalmarktregulierung und so weiter. Die ungeheuren Schwierigkeiten im praktischen Vollzug des Brexits haben der europäischen Öffentlichkeit gezeigt, dass es fast unmöglich geworden ist, die Europäische Union ohne beträchtliche Schäden für die eigene Volkswirtschaft zu verlassen. Der immer größere europäische Einfluss wirft aber auch immer schärfer die Legitimations- und Akzeptanzfrage auf der nationalstaatlichen Ebene auf. Das allgemein in Europa zu beobachtende Erstarken der Parteien am linken und rechten Rand hat auch hier seinen Ursprung.

Der Vorteil von Demokratien besteht vor allem darin, dass unblutige Machtwechsel leichter möglich sind und dass fehlende oder geringere Zensur den gesellschaftlichen Diskurs erleichtert. Die Ziele des Staates und der Gesellschaft können in Demokratien leichter miteinander abgeglichen und entsprechend ausgerichtet beziehungsweise revidiert werden. Es gibt jedoch kein zuverlässiges und im Sinne einer Gebrauchsanweisung hinreichend eindeutiges Konzept, mit dem man eine genügend breite Legitimationsbasis eines politischen Systems oder einer bestimmten Staats- und Regierungsform quasi technokratisch »sicherstellen« kann. Die damit verbundenen Fragen gehen über den Fokus dieses Buches weit hinaus. So ist gegenwärtig (Frühjahr 2024) erkennbar, dass die Stabilität des politischen Systems in Deutschland durch die Entstehung neuer Parteien links und rechts von der Mitte getestet wird. Ob sich daraus gefährliche Entwicklungen ergeben können, ist noch nicht absehbar. Das hängt auch davon ab, wie seriös, intelligent, selbstlos und objektiv sich politische Parteien und politische Entscheidungsträger den Problemen stellen und sie tatsächlich zu lösen versuchen.

Was das Römische Reich zu seinen besten Zeiten stark machte und auch das gegenwärtige China nach meinem Eindruck stark macht, ist die Fähigkeit des Systems, ausreichend intelligente und tüchtige Kader an die Spitze zu bringen und sie dort mit jenen Machtmitteln zu versehen, die sie tatsächlich brauchen, um etwas zu bewirken. Das ist eine etwas skizzenhafte Bemerkung. Sie hat aber sehr viel zu tun mit intellektueller Qualifikation und geistiger Kompetenz sowohl bei den Führern als auch bei den Geführten. Sehr viel ist eine Frage des Zufalls, der in Kapitel 1 besprochenen historischen Kontingenz. Sehr viel hat aber auch zu tun mit der kognitiven Kompetenz der politischen Führer sowie jener Personalkörper, die über deren Auswahl bestimmen, sei es das Kollektiv der Wähler, seien es Parteitage oder Parlamente.

Reizvoll wäre in mancherlei Hinsicht ein System, in dem die geistige Mindestausstattung eines individuellen Kopfes, verbunden mit einer Mindestbildung, über das Wahlrecht und die Mitwirkungsmöglichkeiten in der politischen Willensbildung entscheiden würde. Allerdings sind hier auch die Manipulationsmöglichkeiten erheblich, so dass ich diese Frage offenlasse. Aber natürlich fallen Wahlentscheidungen umso besser aus, je informierter und intelligenter sowohl die Wähler als auch die Kandidaten und die schlussendlich Gewählten sind. Auch das macht die Frage des Bildungsniveaus beziehungsweise der kognitiven Kompetenz einer Bevölkerung so relevant.

Vor diesem Hintergrund ist es aufschlussreich, dass nur 47 Prozent der Bevölkerung wissen, dass wir in Deutschland in einer repräsentativen Demokratie leben. Und nur 42 Prozent wissen, dass die Zweitstimme für die Mandatsverteilung maßgebend ist. Vor diesem Hintergrund konstatiert der Meinungsforscher Thomas Petersen vom Allensbach-Institut: »Es werden über die Medien Diskussionen geführt, die an der Mehrheit der Bevölkerung vorbeilaufen. Es werden Konzepte entwickelt in der Annahme, dass sie auf Zustimmung stoßen, die aber von den meisten gar nicht erst verstanden werden und dort, wo sie verständlich sind, mit großer Mehrheit abgelehnt werden.« Deshalb »darf man sich nicht wundern, wenn sich ein Gefühl der Wehrlosigkeit breitmacht und einige sich mangels Alternativen der AfD zuwenden.«[1]

Perspektiven

Mehr als alles andere entscheidet die Frage, wer die politische Macht hat und wie er sie ausübt, langfristig über Wohl und Wehe eines Staatswesens und seiner Bürger. Starke Institutionen und gute Gesetze, die der Initiative der Bürger ausreichend Freiraum gewähren, sie aber auch vor Unfug und Willkür schützen, sind das gewonnene historische Ergebnis vergangener guter Politik. So wird auch die Gesellschaft geprägt. Dieser Prozess kann aber grundsätzlich stets auch in die gegenteilige Richtung laufen. Nichts ist gesichert, es muss immer wieder neu erworben werden. Das ist das größte Risiko, das über jeder Gesellschaft und dem von ihr geschaffenen Staatswesen hängt.

Wenn sich die Zusammensetzung einer Bevölkerung durch Sterbefälle, Geburten und Einwanderung ändert und damit bestimmte kulturelle Einstellungen untergehen oder neue Einstellungen entstehen, können eine Gesellschaft und der Staat, den sie trägt, in der Substanz von innen bedroht werden. Die griechisch-römische Antike war der kulturelle Stützpfeiler des Römischen Reichs. Sie ging mit dem Übergang zum Christentum als Staatsreligion in wenigen Jahrzehnten unter. Die germanische Völkerwanderung fügte dann der inneren Zerstörung des Reichs die äußere hinzu.

Etwas wohlfeil und häufig nicht sehr tiefgehend ist eine generelle Bürokratiekritik, die aus vielen politischen Ecken immer wieder angestimmt wird, wenngleich sie grundsätzlich zumeist berechtigt ist:

- Wir brauchen eine intelligente, sparsame, flexible und prinzipienstarke Regulierung über die verschiedensten Politikfelder und Lebensbereiche, immer am Puls der Zeit, der aktuellen gesellschaftlichen Bedürfnisse und auf der Höhe der wissenschaftlichen und technischen Entwicklung.
- Wir brauchen dazu eine intelligente Gesetzgebung und Regulierung im weitesten Sinne. Dies erfordert eine qualifizierte, sachorientierte und unbestechliche Beamtenschaft sowie gewählte Volksvertreter in den gesetzgebenden Körperschaften mit der

richtigen Mischung von Gestaltungswillen, Sachorientierung und Bescheidenheit.

- Wo diese Voraussetzungen nicht gegeben sind, kommt es zu schlechten Gesetzen, die zudem schlecht durchgesetzt werden. Das führt dann entweder zu Korruption, zu bürokratischem Wildwuchs oder zu einer Mischung von beidem.
- Gute, richtig verstandene und eingesetzte Bürokratie ist sowohl bei der Gesetzgebung als auch bei der Durchführung nicht das Problem, sondern die Lösung.[2]
- Allerdings lässt sich die Qualität einer Regulierung weder an der Zahl der Gesetze noch an dem Umfang der Handbücher ablesen. Entscheidend sind vielmehr: Transparenz, Anreize für private Initiative und strikte Erfolgskontrolle.

Über die allgemeinen Prinzipien hinaus gilt aber die Logik des jeweiligen Sachbereichs. Dabei muss man – etwa beim Baurecht, beim Umweltrecht oder beim Medizinrecht – tief in die Details einsteigen und dennoch transparent und prinzipientreu bleiben. Deshalb ist es grundsätzlich nicht sehr zielführend, über Bürokratie oder Bürokratieabbau »an und für sich« zu reden. Alle Felder von staatlichen Regulierungen jedweder Art müssen fortlaufend auf regulatorischen Wildwuchs beziehungsweise Fehlentwicklungen überprüft werden. Das gilt sowohl für die Regulierung selber als auch für ihre Umsetzung. Grundsätzlich gilt dabei: Die richtigen Prinzipien zugrunde legen, intelligent regulieren, weniger ist mehr.

Eine grundsätzlich verdienstvolle Institution ist der 2005 auf Bundesebene eingerichtete Nationale Normenkontrollrat. In seinem jüngsten Bericht vom November 2023 kritisierte er, dass sich die durch Bundesrecht veranlassten Bürokratiekosten allein der Wirtschaft auf jährlich 65 Milliarden Euro belaufen. Im Jahr 2023 haben sich die Bürokratiekosten von Unternehmen, Behörden und Bevölkerung erneut um 9,3 Milliarden Euro erhöht. Entlastung könnte eine umfassende Digitalisierung der Verwaltungsabläufe bringen. Diese kommt aber viel zu langsam voran. Die Notwendigkeit dazu wird durch die wachsenden Personalengpässe der öffentlichen Verwaltung noch erhöht. Die Gesetze müssen praxis- und digitalisierungstauglicher werden, und sie müssen ohne Hast und mit Sorgfalt entstehen.[3]

Bildung

Die Übergänge zwischen Bildungsleistung, kognitiver Kompetenz und Intelligenz sind fließend. Weltweit besteht ein klarer und eindeutig erwiesener Zusammenhang zwischen dem Wohlstandsniveau einer Nation und der durchschnittlichen Bildungsleistung ihrer Bevölkerung.[4] Ebenso klar erwiesen ist der Zusammenhang zwischen dem Wohlstandsniveau einer Nation und dem durchschnittlich gemessenen Intelligenzquotienten der Bevölkerung (IQ).[5] Das ist auch nicht weiter verwunderlich, denn die individuellen Ergebnisse bei Tests der Bildungsleistung wie PISA und bei Intelligenztests korrelieren extrem hoch miteinander.[6] *Der Einfluss von durchschnittlicher kognitiver Kompetenz und Intelligenz der Bevölkerung auf das Wohlstandsniveau ist nicht marginal, es handelt sich vielmehr um eine zentrale Einflussgröße.*

Die kognitive Kompetenz eines Menschen wird bestimmt durch seine angeborenen geistigen Gaben und durch die Qualität seiner Bildung und Erziehung. Die in einer Bevölkerung durchschnittlich vorhandenen angeborenen geistigen Gaben ergeben sich indirekt aus der Zusammensetzung der Bevölkerung und der unterschiedlichen Geburtenhäufigkeit je nach Herkunft und sozialer Schichtung. Darauf hat staatliche Politik allenfalls einen indirekten Einfluss, und die dabei anwendbaren Instrumente zur Steuerung sind durchweg gesellschaftspolitisch extrem kontrovers.

Anders steht es mit der Qualität von Bildung, Ausbildung und Erziehung. Hier können Staat und Gesellschaft vieles tun, aber auch sehr viel falsch machen. Für Deutschland bestürzend ist der seit längerer Zeit beobachtete Verfall der durchschnittlichen Bildungsleistung der Schüler. Das gilt sowohl für die Leistungen der Grundschüler am Ende des vierten Schuljahrs als auch für die der 15-jährigen Schüler am Ende der Sekundarstufe 1. Deutschland fällt nicht nur im Rahmen der OECD ab. Besonders dramatisch ist die Leistungslücke im Verhältnis zu den Staaten in Fernost wie Japan, China, Taiwan, Singapur, Vietnam, Südkorea.

Vergleichende Tests der Bildungsleistung

International vergleichende Studien: IGLU und PISA
Die internationale vergleichende IGLU- Studie untersucht – erstmals für 2001 und zuletzt für 2021 – die Lesekompetenz von Kindern in der 4. Grundschulklasse. In Deutschland konnten 2021 25,4 Prozent der Kinder kaum oder nur stockend lesen, 6,5 Prozentpunkte mehr als noch 2016.[7] Das erschwert den Lernerfolg dieser Kinder für die restliche Schullaufbahn und in der Berufsausbildung sehr. Der Trend bei der Lesekompetenz der Grundschüler in Deutschland zeigt seit 2006 abwärts.[8] Nur 8,3 Prozent der Grundschüler zeigen eine sehr hohe Lesekompetenz. Im internationalen Vergleich liegt Deutschland international im mittleren Bereich und ist deutlich besser als beispielsweise die Türkei oder Belgien. Aber an die Leistungen der Grundschüler in Russland, England, Finnland oder Polen reicht Deutschland nicht heran. Ganz an der Spitze liegen Hongkong und Singapur.[9]

Seit zwanzig Jahren untersucht die OECD mit dem sogenannten PISA-Test regelmäßig die kognitiven Kompetenzen von 15 Jahre alten Schülern und normiert die Ergebnisse nach einem international vergleichbaren Standard. Im Mittelpunkt stehen dabei die Kompetenzen im Lesen, in Mathematik und in den Naturwissenschaften. Die dabei angewandte Methodik führt immer wieder zu Diskussionen, zumal PISA-Ergebnisse eine hohe Korrelation zu den Ergebnissen von Intelligenztests ausweisen. Das ist nicht weiter verwunderlich, da Intelligenz eine maßgebliche Bestimmungsgröße des Lernerfolgs ist. In die tatsächliche Schulleistung fließen aber auch andere Faktoren, wie die Qualität des Unterrichts, das soziale Umfeld, der Familienhintergrund, der Migrationshintergrund und persönliche Eigenschaften wie Fleiß und Ausdauer ein.

Bei aller Fragwürdigkeit haben normierte Tests, wie sie bei IGLU, PISA, TIMMS (einer anderen international vergleichenden Studie der Bildungsleistung) oder bei dem amerikanischen SAT-Test verwendet werden, eine große Aussagekraft. *Die kognitiven Kompetenzen, wie sie in solchen Tests gemessen werden, erklären zu einem großen Teil das Wohlstandsniveau von Gesellschaften und Nationen.* Bis auf einige wenige Länder, die von Rohstoffvorkommen besonders begünstigt sind, besteht weltweit ein unmittelbarer und stabiler Zusammenhang zwischen dem Wohlstandsniveau beziehungsweise dem wirtschaftlichen Wachstum einerseits und den kognitiven Kompetenzen in einer Gesellschaft, wie sie durch Schulleistungstests gemessen werden, andererseits.[10]

Mit der Veröffentlichung der ersten PISA-Studien erfuhr Deutschland den sog. PISA-Schock, weil es sich entgegen der Selbsteinschätzung seiner Eliten nicht im oberen Bereich der getesteten Länder, sondern nur im Mittelfeld der OECD befand. Insgesamt ist seit dem ersten PISA-Test im Jahr 2000 die durchschnittliche Bildungsleistung der getesteten Schüler gesunken. Diese sinkende Tendenz ist in Deutschland seit dem Jahr 2012 besonders ausgeprägt (vgl. Tabelle 6.1, S. 194). Aber auch für die gesamte OECD dokumentierte PISA 2022 einen deutlichen Rückgang der durchschnittlichen Bildungsleistung.[11] Das mag einerseits an den Auswirkungen der Covid-Pandemie liegen, es fügt sich andererseits ein in den seit 2012 generell zu beobachtenden Trend.

Bei den Erstellern der Studie in der OECD ist man über diese OECD-weit erkennbare negative Tendenz offenbar beunruhigt. Der OECD-Generalsekretär, Angel Gurria, wies in seinem Vorwort zu PISA 2018 darauf hin, dass in den vier getesteten chinesischen Provinzen – Beijing, Shanghai, Jiangsu and Zhejiang – mit zusammen 180 Millionen Einwohnern die 10 Prozent schlechtesten Schüler besser lasen als der durchschnittliche Schüler in den OECD-Ländern. Im Durchschnitt waren die getesteten Schüler der untersuchten vier chinesischen Provinzen so gut wie die besten 10 Prozent in den OECD-Ländern.[12] Was kognitive Kompetenzen angeht, wird die westliche Welt im Vergleich mit Ostasien zunehmend deklassiert. Diese Tendenz hat sich bei PISA 2022 fortgesetzt. Das sind keine guten Perspektiven für den künftigen

Wettbewerb mit dem aufsteigenden China in Wirtschaft und Wissenschaft.

Tabelle 6.1 Die Entwicklung der Bildungsleistung 2000 bis 2018[13]

PISA-Studien		**Entwicklung der durchschnittlichen Punktwerte**							
		2000	**2003**	**2006**	**2009**	**2012**	**2015**	**2018**	**2022**
Deutschland	Lesen	484	491	495	497	508	509	498	475
	Mathematik		503	504	513	514	506	500	480
	Naturwissenschaften			516	520	524	509	503	492
OECD	Lesen	500	497	495	499	501	497	493	472
	Mathematik		499	497	499	496	491	494	476
	Naturwissenschaften			494	498	498	491	489	485

Tabelle 6.2 enthält die durchschnittlichen Punktwerte für einige ausgewählte Länder aus PISA 2022. Die Länder mit besonders guten Ergebnissen sind entweder ethnisch und kulturell sehr homogen (etwa Japan, Korea, Estland), oder sie haben, falls sie Einwanderungsländer sind, eine extrem selektive Einwanderungspolitik (wie Singapur, Kanada). Bei allen Tests der kognitiven Kompetenzen zeigt sich weltweit ein Leistungsgefälle von Norden nach Süden, das bereits in Europa deutlich wird und zum Beispiel auch innerhalb von Italien oder Spanien sichtbar ist. Es gilt auch im Verhältnis von Nord- und Südamerika und von Ost- und Südasien. Besonders niedrige Werte der kognitiven Kompetenz werden in Teilen Südamerikas, in Teilen des Nahen und Mittleren Ostens und Südasiens und in Subsahara Afrika gemessen.[14]

Tabelle 6.2 Bildungsleistung im internationalen Vergleich bei PISA 2022[15]

	Durchschnittlicher Punktwert der Bildungsleistung		
	Lesefähigkeit	**Mathematik**	**Naturwissenschaften**
Singapur	543	575	561
Japan	516	536	547
Korea	515	527	528
Taiwan	515	547	537
Estland	511	526	530
Kanada	507	497	515
USA	504	465	499
Finnland	490	484	511
Polen	489	489	499
Schweden	487	482	494
Großbritannien	484	489	599
Italien	482	471	477
Deutschland	*480*	*475*	*492*
OECD	*476*	*472*	*485*
Frankreich	474	474	487
Türkei	446	453	476
Griechenland	438	430	441
Ukraine	428	441	450
Vereinigte Arabische Emirate	417	431	432

In jedem Bildungssystem sind zwei Gruppen von Schülern von besonderem Interesse:

- Die Spitzengruppe, die jene umfasst, die zu anspruchsvollen akademischen Leistungen, zum Beispiel in Mathematik und Ingenieurwissenschaften, befähigt sind – das sind Schüler mit einem Punktwert ab circa 625.
- Die besonders leistungsschwachen Schüler, deren Lese- und Rechenfähigkeiten für einen qualifizierten Ausbildungsberuf, zum Beispiel im Handwerk, nicht ausreichen – das sind Schüler mit

einem Punktwert unter ca. 400. Ihre Leistungen sind im Vergleich zur letzten Pisa-Studie 2018 deutlich gesunken.

Die erste Gruppe liefert das Gerüst für eine moderne Gesellschaft, deren Wohlstand im Wesentlichen auf Wissen beruht. Die zweite Gruppe ist ein Indikator für künftige soziale Probleme in der Gesellschaft und für den voraussichtlichen Bedarf an gesellschaftlicher Unterstützung.

Für ausgewählte Länder habe ich die Prozentsätze für Schüler mit besonders hoher und besonders niedriger kognitiver Kompetenz in Tabelle 6.4 zusammengestellt. Bezogen auf die Kompetenzen in Mathematik befinden sich

- in der besonders leistungsstarken Gruppe 40,6 Prozent der Schüler in Singapur, 23,0 Prozent der Schüler in Japan, 8,5 Prozent der Schüler in Deutschland, und 5,5 Prozent der Schüler in der Türkei,
- in der besonders leistungsschwachen Gruppe sind 8,1 Prozent der Schüler in Singapur, 11,9 Prozent der Schüler in Japan, 29,6 Prozent der Schüler in Deutschland und 38,6 Prozent der Schüler in der Türkei.

Fraglos ist also das heutige Deutschland für die Wissensgesellschaft von morgen deutlich besser gerüstet als die heutige Türkei, aber es wird deklassiert vom chinesisch geprägten Singapur. Generell schneiden die Länder Ostasiens (China, Taiwan, Japan, Südkorea) weitaus besser ab als die Länder Europas und Nordamerikas, und sie haben auch in der Corona-Pandemie nicht deren Leistungsrückgang erfahren. Ein Land wie die Türkei holt übrigens auf. Die Leistungsniveaus von Deutschland oder Frankreich liegen ebenso wie der OECD-Durchschnitt mittlerweile deutlich näher am türkischen als am ostasiatischen Niveau.

Tabelle 6.4 Leistungsverteilung im internationalen Vergleich bei PISA 2022[16]

	Prozentsatz von Schülern mit besonders niedriger und hoher Leistung (Stufe 1 und darunter beziehungsweise Stufen 5 und 6)					
	Lesen		**Mathematik**		**Naturwissenschaften**	
	niedrig	**hoch**	**niedrig**	**hoch**	**niedrig**	**hoch**
Singapur	11,2	22,7	8,1	40,6	7,9	24,5
Japan	13,8	12,4	11,9	23,0	8,0	18,0
Korea	14,6	13,3	15,2	22,9	13,7	15,7
Taiwan	15,8	14,0	14,6	31,7	12,1	17,8
Estland	13,8	10,6	14,9	13,1	10,1	11,6
Kanada	18,1	13,6	21,5	12,4	15,3	11,9
Finnland	21,5	8,7	24,8	8,5	18,0	12,7
Polen	22,3	8,8	23,0	9,4	18,6	8.0
Schweden	24,1	10,2	27,2	9,9	19,0	8,3
USA	20,1	14,1	33,9	7,3	18,6	9,1
Großbritannien	19,1	11,1	24,4	11,3	17,4	9,7
Italien	21,4	5,0	29,6	6,9	23,9	4,3
Deutschland	*25,5*	*8,1*	*29,6*	*8,6*	*22,9*	*9,7*
Frankreich	26,9	7,0	28,8	8,3	23,9	7,8
OECD	*26,2*	*7,2*	*31,1*	*8.7*	*24,4*	*7,5*
Türkei	29,3	1,8	38,6	5,5	24,7	3,9
Griechenland	37,6	2,0	35,8	3,7	31,7	1,5
Ukraine	40,9	1,5	42,5	3,3	31,1	2,1
Vereinigte Arabische Emirate	48,0	5,0	48,9	5,3	45,0	4,1

Die Resultate der PISA-Tests zeigen ebenso wie andere vergleichende Untersuchungen der kognitiven Kompetenz große Unterschiede je nach Land und Herkunftsregion, die sich auch über Jahrzehnte nur langsam ändern. Migranten bringen ihre kognitiven Kompetenzen in ihre neue Heimat mit, und ihre Bildungsleistung wird über Generationen hinweg, wenn auch mit abnehmender Intensität, von ihrer Herkunftskultur geprägt. Die Herkunftsstruktur der Zuwanderung beeinflusst das Niveau der kognitiven Kompetenz im Einwanderungsland. Für Deutschland und die meisten europäischen Länder ist der Einfluss negativ.[17] Das mag eine Erklärung für den dramatischen Rückgang der PISA-Ergebnisse in Deutschland, Frankreich und vielen anderen europäischen Ländern sein.

Einwanderer unterscheiden sich je nach Herkunft nicht nur systematisch im Niveau ihrer kognitiven Kompetenzen, sondern offenbar auch systematisch im Willen und der Fähigkeit, die Kompetenzlücken zum durchschnittlichen Niveau des Einwanderungslandes im Laufe einiger Jahrzehnte oder Generationen zu überwinden. So hat sich in den USA in wenigen Jahrzehnten als stabiles Muster ergeben, dass die Einwanderer aus Ostasien – sei es aus China, Vietnam, Japan, Korea – im Bildungsniveau, im Einkommen, in der Lebenserwartung und beruflichen Stellung den Durchschnitt der weißen Bevölkerung klar hinter sich lassen. Umgekehrt ist der Rückstand der Schwarzen in den USA gegenüber dem Bevölkerungsdurchschnitt anhaltend groß. Das gilt auch für die in Schulleistungstests gemessene kognitive Kompetenz.

Der in den PISA-Tests beobachtete Leistungsunterschied zwischen Schülern mit und ohne Migrationshintergrund ist je nach Herkunftsregion sehr unterschiedlich:

- Schüler mit Migrationshintergrund Ostasien weisen allenfalls einen geringen Rückstand auf, der sich bereits in der zweiten Generation zumeist in einen Vorsprung verwandelt.
- Auch Schüler mit Migrationshintergrund Russland, Ukraine, Weißrussland holen Rückstände schnell auf.
- Hartnäckiger sind die Leistungsunterschiede bei Schülern mit Migrationshintergrund Südosteuropa und Türkei.
- Noch größer sind die Leistungsabstände bei Schülern mit Migrationshintergrund Afrika und westliches Asien.

Die OECD führt in der Kommentierung der PISA-Testergebnisse die beobachteten Rückstände von Migranten überwiegend auf soziale Benachteiligung zurück. Diese gibt es auch. Aber die Herkunft und die Auswahl der Einwanderer spielen auch eine wichtige Rolle.

Die Zahlen der OECD zu den nationalen PISA-Ergebnissen zeigen in großer Klarheit, dass Länder mit selektiver Einwanderungspolitik – wie Singapur, Kanada, Australien, Neuseeland, die Vereinigten Arabischen Emirate oder Katar – durch ihre Einwanderer einen Gewinn an kognitiver Kompetenz, zumindest aber keine Kompetenzverluste erfahren. Das Gegenteil ist bei all jenen Ländern in Westeuropa der Fall, die in größerem Umfang Einwanderer aus dem westlichen Asien und aus Afrika ins Land gelassen haben.[18] Unter dem Aspekt der kognitiven Kompetenz und der künftigen Entwicklung in einem Land ist es also keineswegs gleichgültig, welche Herkunftsgruppen in welchen Zahlen zuwandern.

National vergleichender IQB-Bildungstrend

Für Deutschland führt das Institut für Qualitätsentwicklung im Bildungswesen (IQB), das an der Berliner Humboldt-Universität angesiedelt ist, seit 2004 im Auftrag der Kultusministerkonferenz bundesweite Tests der Bildungsleistung durch.[19] Diese Tests sind methodisch vergleichbar zu PISA- oder TIMMS-Tests aufgebaut und werden auch vergleichbar normiert. Sie ermöglichen einen Vergleich von Bundesländern und Schularten und beziehen auch die Grundschulen mit ein. In der Summe ergibt sich aus diesen sehr tiefgehend und differenziert durchgeführten Studien für Deutsch und Mathematik (4. Jahrgangsstufe) sowie für Deutsch, Englisch, Mathematik und Naturwissenschaften (9. Jahrgangsstufe) der stabile Trend eines absinkenden Leistungsniveaus, der nahezu alle Kompetenzbereiche umfasst. Gleichzeitig zeigen sich große Unterschiede zwischen den Bundesländern, wobei Bayern und Sachsen an der Spitze, Nordrhein-Westfalen, Berlin und Bremen am Ende der Rangskala stehen. Vom generell negativen Trend bleibt aber kein Bundesland verschont.

Dabei spielt auch das Kompetenzgefälle zwischen Schülern mit und ohne Migrationshintergrund eine wesentliche Rolle. Das beobachtete Kompetenzgefälle der Schüler mit Migrationshintergrund ist sehr unterschiedlich. Bei Schülern mit Migrationshintergrund Osteuropa ist sowohl der Kompetenzunterschied niedriger als auch der Aufholeffekt der 2. Zuwanderergeneration deutlich ausgeprägter als bei Schülern vom Balkan, aus der Türkei oder aus arabischen Ländern.[20]

In den deutschen Schulen hat sich der Anteil der Kinder mit Migrationshintergrund von 2011 bis 2021 in der 4. Jahrgangsstufe signifikant um 14 Prozentpunkte erhöht und belief sich 2021 bundesweit auf durchschnittlich 48 Prozent. In sieben Bundesländern wurden Anteile von über 50 Prozent erreicht.[21]

Bei Viertklässlern ist der Leistungstrend in Deutsch und Mathematik über den Untersuchungszeitraum 2011 bis 2021 negativ, das heißt, die durchschnittlichen Leistungen verschlechterten sich. In Hamburg stagnierten die Leistungen.

- Beim Lesen sank der bundesweit durchschnittlich erreichte Punktwert von 500 im Jahr 2011 auf 462 im Jahr 2021. 19 Prozent der Schüler erreichten nicht den Mindeststandard, das heißt, sie konnten auch im vierten Schuljahr noch nicht richtig lesen. Die Ergebnisse streuen stark über die Bundesländer. Deutlich besser als der Durchschnitt sind insbesondere Bayern und Sachsen. Das Schlusslicht bilden Bremen, Berlin und Nordrhein-Westfalen. Hier konnten 25 bis 35 Prozent der Schüler im vierten Schuljahr noch nicht richtig lesen. Dabei ist dies ein Lernziel, das üblicherweise am Ende der ersten Klasse erreicht wird.
- Auch in Mathematik fielen bundesweit die Mittelwerte der Kompetenzen stark ab, von einem Punktwert von 500 in 2011 auf einen Punktwert von 465. 22 Prozent der Schüler erreichten in Mathematik nicht den Mindeststandard. Auch hier waren Bayern und Sachsen am besten, Bremen, Berlin und Nordrhein-Westfalen am schlechtesten. In Berlin und Bremen beherrschte im vierten Schuljahr gut ein Drittel der Schüler nicht die Basisfähigkeiten im Rechnen.[22]

Ungünstige Entwicklungen bei der sozioökonomischen Zusammensetzung der Schülerstruktur spielen bei dieser Entwicklung eine Rolle. Aber sie reichen allein nicht aus, um den Leistungsrückgang zu erklären.[23] Allerdings übt der Migrationshintergrund einen nennenswerten Einfluss aus. Zwar sanken auch die Leistungen der Schüler ohne Zuwanderungshintergrund[24] von 2011 bis 2021 deutlich ab, aber die Leistungen der Schüler mit Migrationshintergrund fielen von einem niedrigeren Niveau aus noch deutlich stärker, sodass sich der Abstand vergrößerte.[25]

Tabelle 6.5 Mittelwerte der erreichten Kompetenzen am Ende der 4. Jahrgangsstufe nach Zuwanderungshintergrund

Zuwanderungshintergrund	**2011**	**2016**	**2021**
Lesen	*500*	*493*	*471*
ohne	514	512	497
1. Generation	457	426	394
2. Generation	461	465	438
Mathematik	*500*	*483*	*462*
ohne	515	502	487
1. Generation	460	431	400
2. Generation	461	459	434

Die Leistungen in Mathematik und Naturwissenschaften am Ende der 9. Jahrgangsstufe hat das IQB für die Jahre 2012 und 2018 untersucht:

- Der bundesweite Mittelwert blieb in Mathematik weitgehend unverändert. Leichte Verbesserungen gab es in Baden-Württemberg, Bayern und Nordrhein-Westfalen, in Berlin blieb der Mittelwert unverändert, in allen übrigen Ländern gab es im Lauf dieser sechs Jahre Verschlechterungen. An der Leistungsspitze lagen Bayern und Sachsen. Die Schlusslichter bildeten Mecklenburg-Vorpommern, Saarland, Berlin und Bremen.[26]
- In den leistungsstarken Ländern hatten auch die Gymnasien ein weitaus höheres Niveau. Die schulinternen Leistungsunterschiede zwischen guten und schlechten Schülern waren dort geringer. Beide Gruppen leisteten mehr als in anderen Ländern. Die beiden

schlechtesten Länder im Gymnasialvergleich – Berlin und Bremen – hatten sowohl die größten Leistungsunterschiede als auch niedrige Spitzenleistungen.[27]

- Ordnet man die Schüler nach der sozialen Herkunft und vergleicht auf dieser Grundlage ihre Leistungen in den unterschiedlichen Bundesländern, dann kommt man zu dem erstaunlichen Ergebnis, dass in Ländern wie Bayern und Sachsen sowohl die Kinder der unteren als auch der oberen sozialen Schichten weitaus besser gefördert werden. Die unteren sozialen Schichten haben in Bayern und Sachsen zum Beispiel im Fach Mathematik im 9. Schuljahr einen Lernvorsprung von anderthalb Schuljahren gegenüber Berlin oder Bremen. Bei den oberen sozialen Schichten beträgt der Lernvorsprung etwa ein Jahr.[28]
- Schüler mit Zuwanderungshintergrund hatten 2017 in der 2. Generation einen Leistungsrückstand von circa einem Jahr, in der 2. Generation einen Leistungsrückstand von circa 6 Monaten.[29]

Die sprachlichen Kompetenzen am Ende der 9. Jahrgangsstufe hat das IQB für die Jahre 2009, 2015 und 2022 untersucht:

- Die Ergebnisse im Fach Deutsch wiesen bereits zwischen 2009 und 2015 eine ungünstige Entwicklung auf. Dieser Trend hat sich zwischen den Jahren 2015 und 2022 deutlich verstärkt. Der allgemeine Rückgang entsprach dem Lernfortschritt von mehr als einem Jahr.[30]
- Extrem waren die Unterschiede zwischen den Ländern. Sachsen und Bayern lagen klar an der Spitze, am Ende der Leistungsskala waren Berlin und Bremen. Der Rückstand von Bremen gegenüber Sachsen entsprach 2022 dem Lernfortschritt von drei (!) Schuljahren. Zudem wiesen die Länder mit schlechten Leistungen eine besonders große Streuung auf. Hier wurde nicht nur das Niveau verfehlt, sondern auch der Chancengleichheit ein schlechter Dienst erwiesen.[31]
- Kein Land konnte sich aus dem allgemeinen Negativtrend abkoppeln. Am geringsten war der Leistungsrückgang in Baden-Würt-

temberg und Bayern, am stärksten in Brandenburg, Nordrhein-Westfalen, Berlin und Bremen.[32]

- Im Fach Englisch stiegen die mittleren Kompetenzwerte von 2009 bis 2022 deutlich an. Dies gilt bei jeweils unterschiedlichem Niveau ausnahmslos für alle Länder.[33] Eine Erklärung könnte sein, dass die Schüler in ihrer alltäglichen Umgebung dank Internet und Smartphone immer stärker mit Englisch konfrontiert sind, so dass dieser Lerneffekt nur begrenzt mit dem schulischen Unterricht zu tun hat.
- Knapp die Hälfte der Schüler der 9. Jahrgangsstufe hat einen Zuwanderungshintergrund.[34] Dieser Anteil ist seit 2009 um rund 16 Prozentpunkte angestiegen. Für die Interpretation ist zu berücksichtigen, dass alle Schüler, bei denen beide Eltern in Deutschland geboren sind, der Kategorie »ohne Zuwanderungshintergrund« zugeschlagen werden. Sind also die Eltern zum Beispiel zwei junge Türken oder Araber, die beide in Deutschland geboren wurden, so wird ihr Kind als Schüler für die Zwecke der IQB-Untersuchung in der Kategorie »ohne Zuwanderungshintergrund« geführt.
- Die sprachlichen Kompetenzen im Fach Deutsch sind von 2009 bis 2022 auch für die Schüler »ohne Zuwanderungshintergrund« in einem Umfang gesunken, der etwa dem Lernfortschritt eines Schuljahrs entspricht. Gleichzeitig hat sich der Abstand zu den Schülern mit Zuwanderungshintergrund vergrößert. In der ersten Generation entsprach der Unterschied fünf Schuljahren, in der zweiten Generation immer noch gut zwei Schuljahren.[35]
- Bei den sprachlichen Kompetenzen der Zugewanderten hatten Bayern, Sachsen und Baden-Württemberg die besten Erfolge, während die Resultate in Berlin, Bremen und Thüringen besonders katastrophal waren.[36] Eine insgesamt leistungsabgewandte Orientierung des Bildungssystem beschränkt offenbar nicht nur die Entfaltungsmöglichkeiten der Leistungsstarken, sondern verhindert auch, dass die weniger Leistungsstarken ihre Möglichkeiten ausschöpfen.

Die obigen Ausführungen fassen die umfangreichen und differenzierten Untersuchungen des IQB aus den bisher veröffentlichen Berichten über die Entwicklung der Schülerleistungen sehr kompakt zusammen. Ich habe mich bei der Wiedergabe um Ausgewogenheit und Fairness bemüht. Klar zu erkennen ist, ähnlich wie bei den IGLU- und PISA-Studien, ein besorgniserregender Trend des Rückgangs der Bildungsleistung in Deutschland, der sich offenbar immer weiter beschleunigt. Das hat teilweise mit der Veränderung der Zusammensetzung der Schülerschaft durch Migration zu tun. Aber soweit diese Kinder und Jugendlichen bereits bei uns leben oder in Deutschland geboren sind, hilft das auch nicht weiter. Man muss ihre Leistungspotenziale in ihrem eigenen Interesse und in dem der deutschen Gesellschaft bestmöglich entfalten. Unabhängig davon dürfen die Erkenntnisse im Bildungsbereich bei der künftigen Ausgestaltung der Asyl- und Einwanderungspolitik nicht unberücksichtigt bleiben.

Auch das 2023 veröffentlichte MINT-Nachwuchsbarometer[37] zeigt, dass Viertklässler immer schlechter in Mathematik sind. Das setzt sich später als Hemmnis für den Erfolg in MINT-Studiengängen fort. Zwar haben 2012 38 Prozent der Erstsemester ein MINT-Studium gewählt, aber 49 Prozent der MINT-Studenten wechselten in den kommenden Monaten das Studienfach oder brachen ihr Studium ab. Dabei spielen unzureichende schulische Kompetenzen insbesondere in Mathematik eine Rolle, und zwar gerade das Fehlen jener Basiskompetenzen, die bereits in der Sekundarstufe I hätten erworben werden sollen.[38] Rund ein Drittel der jährlichen Abschlüsse von Bachelor- und Masterstudenten entfallen auf Mint-Fächer.[39] Das Institut der Deutschen Wirtschaft rechnet für die Zukunft mit zurückgehenden Zahlen an MINT-Absolventen. Als Ursachen benennt es einerseits die demografische Entwicklung, andererseits die sinkenden Kompetenzen in Mathematik.[40]

Einflussfaktoren auf die kognitive Kompetenz

Als Nebenwirkung der durch Einwanderung bewirkten demografischen Verschiebungen errechnet der Bildungsforscher Heiner Rindermann für die langfristige Zukunft eine fühlbare Abnahme der kognitiven Fähigkeiten in Europa und belegt dies mit umfangreichem, empirischem Material.[41] Damit wird das Schließen der bereits heute bestehenden Kompetenzlücken gegenüber Ostasien zu einem unerreichbaren Ziel. Für Deutschland habe ich die schleichenden Trends, die dahinführen, in *Deutschland schafft sich ab* ausführlich analysiert. Die Fehler, die die deutsche Politik diesbezüglich seit vielen Jahrzehnten gemacht hat, sind durch die Entwicklung seit 2015 noch einmal verschärft worden und werden jetzt beschleunigt wirksam.

Es zeigt sich klar, dass der negative Trend in Deutschland auch durch die Herkunftsstruktur seiner Migranten bestimmt wurde. In Berlin, Bremen und anderen Bundesländern wird der hohe Anteil von Kindern mit Migrationshintergrund sogar als Rechtfertigung für schlechte Bildungsleistungen explizit herangezogen. Dabei zeigt die internationale Evidenz eindeutig, dass es keineswegs der Migrationshintergrund oder der ethnische Hintergrund als solcher ist, der sich negativ auf die Bildungsleistung auswirkt, sondern der spezifische ethnische, kulturelle und religiöse Hintergrund der jeweiligen Gruppen. So fallen die vietnamesischen Migranten in Ost- und Westdeutschland seit Jahrzehnten gleichermaßen dadurch auf, dass ihre Kinder in den Schulen überdurchschnittlich gut abschneiden. In jenen klassischen Einwanderungsländern, die die Herkunft ihrer Migranten wirksam steuern wie Australien, Neuseeland, Kanada oder Singapur, liegt die kognitive Kompetenz der Migranten sogar über dem Durchschnitt der eigenen Bevölkerung. In den USA wiederum gibt es seit vielen Jahrzehnten eine klare Stufung der Bildungsleistung je nach ethnischer Zuordnung[42]

Pragmatisch gesehen lassen sich drei Einflussfaktoren auf die kognitive Kompetenz der Bevölkerung in Deutschland unterscheiden:

a) die genetisch bestimmten Talente und Fähigkeiten der in Deutschland geborenen Menschen,
b) Niveau und Verteilung der kognitiven Kompetenzen der Einwanderer nach Deutschland,
c) die Qualität des Bildungssystems über alle Erziehungsstufen, Schulformen und Formen der beruflichen Bildung bis hin zur akademischen Ausbildung.

Unter allen drei Aspekten haben sich die Einflüsse in Deutschland nicht positiv gestaltet:

Zu a): Die Struktur und Verteilung der Geburten in Deutschland ist mit dem Bildungsniveau und dem beruflichen Status der Eltern negativ korreliert. Im Durchschnitt gilt: Je klüger die Eltern sind, und je höher ihr beruflicher Status ist, umso weniger Kinder haben sie. Dieser Trend ist anhaltend und übt langfristig einen Einfluss auf Niveau und Verteilung der Begabungspotenziale in der Gesellschaft aus. Überdies sinkt mit dem Geburtenrückgang die Zahl begabter junger Menschen auch in absoluten Zahlen. Zugespitzt ausgedrückt, aber gleichwohl leider wahr: Durch die sinkende Zahl der Geburten und die relativen Verschiebungen der spezifischen Gewichte zwischen den sozialen Schichten wird die deutsche Bevölkerung nicht nur fortlaufend kleiner, sondern auf längere Sicht auch durchschnittlich kognitiv weniger kompetent.

Zu b): Nach dem Zweiten Weltkrieg gab es in das Deutschland des heutigen Gebietsstands eine erhebliche Einwanderung von Flüchtlingen und Vertriebenen aus den ehemaligen deutschen Ostgebieten sowie von Volksdeutschen aus Ländern des Balkans und aus der Sowjetunion. Diese Zuwanderer waren aber den ansässigen Deutschen kulturell und ethnisch sehr ähnlich, so dass es keine nennenswerten Assimilationsprobleme gab und auch die Arbeitsmarktintegration gut funktionierte.

Seit den frühen Sechzigerjahren dominierte bis 1973 der Zuzug von Gastarbeitern aus Südeuropa, der Türkei und Marokko. Nach dem 1973 erlassenen Gastarbeiteranwerbestopp fand unter diesen Gruppen der Familiennachzug vermehrt statt. Insbesondere die Gastarbeiter aus der Türkei, Marokko und Jugoslawien blieben weitgehend in Deutschland. Bei den in Schulleistungstests gemessenen kognitiven Kompetenzen zeigten diese Gruppen einen relativen Rückstand, der sich auch in späteren Generationen nur allmählich abbaute und teilweise bis in die Gegenwart anhält.

Ab den Achtzigerjahren herrschten unter den neu zuziehenden Migranten neben einem anhaltenden Familiennachzug Asylbewerber, aus Kriegsgründen Geflüchtete und Wirtschaftsflüchtlinge vor. In verschiedenen Wellen von unterschiedlicher Stärke hält diese Zuzugsbewegung bis heute an. Die Zusammensetzung ist sehr heterogen. Insbesondere die Migranten aus dem Iran und aus Vietnam haben ein recht hohes durchschnittlichen Bildungsniveau, das zeigt sich auch bei den kognitiven Kompetenzen. Beim Gros der Migranten aus Afrika und aus dem Nahen und Mittleren Osten liegen allerdings die gemessenen kognitiven Kompetenzen auch nach dem Abschluss des Gastarbeiterzuzugs unter dem deutschen durchschnittlichen Niveau. Dabei spielen auch der Grad der Schulbildung und die erworbenen beruflichen Kompetenzen eine Rolle.

Zu c): Die Qualität des deutsche Bildungssystems hat seit Anfang der Siebzigerjahre allmählich mehr und mehr nachgelassen, und dieser Verfall schreitet fort. Das lag auch an einer wachsenden ideologischen Ausrichtung der Bildungspolitik, bei der Gleichheitsziele die Leistungsorientierung zurückdrängten. Der Leistungsrückgang zeigt sich insbesondere beim altersgerechten Erwerb der Grundfertigkeiten in Sprache, Mathematik und Naturwissenschaften. Auch der Anteil der Spitzenleistungen nimmt ab. Die Zahl derer, die das Schulsystem ohne ausreichende Grundbildung oder gar ohne Schulabschluss verlassen, nimmt zu. Gleichzeitig streben mittlere Begabungen statt in die berufliche Bildung mehr und mehr an die Hochschulen. Dort scheuen sie aber die harten naturwissenschaftlichen Fächer. Der Mangel an Absolventen der Mathematik, Informatik, Ingenieurwissenschaften, Physik und Chemie verschärft sich. Die traditionelle Spitzenstellung der deutschen Hochschulbildung wird dadurch gefährdet, und der Standort Deutschland wird sowohl für Produktion als auch für Forschung und Entwicklung tendenziell unattraktiver.

Perspektiven

In Deutschland haben sich in den letzten Jahrzehnten folgende Trends fatal miteinander verknüpft:

- wachsender Anteil von Alleinerziehenden und bildungsfernen Eltern mit der Folge einer sinkenden Unterstützung durch das Elternhaus,
- relative Zunahme von Kindern aus bildungsfernen Elternhäusern und aus kulturfremden Milieus,
- Einbrüche bei Qualität und Engagement der Lehrerschaft,
- Absenkung des Anforderungsniveaus in Lehrplänen und Unterricht,
- fehlendes Problembewusstsein in der Politik, Abstieg des Bildungsthemas in der Hierarchie politischer Aufgaben,
- Gesamtgesellschaftliche Gleichgültigkeit auch in den Medien.

Seit Jahren wird das Ergebnis des jeweils neuesten Bildungstests routiniert bejammert und danach geschieht nichts. Dabei besteht nur eine geringe Aussicht, dass sich an der Geburtenrate in Deutschland oder der sozioökonomischen Zusammensetzung der Geburten in den nächsten Jahren und Jahrzehnten etwas ändern könnte. Insbesondere sind auch keine realistisch zu bedienenden gesellschaftlichen und politischen Hebel erkennbar, wie man in dieser Hinsicht das eingeübte Verhalten der jungen Menschen und potenziellen Eltern künftiger Kinder nachhaltig beeinflussen könnte. *Der demografische Trend, dass Deutschland kleiner und kognitiv weniger kompetent wird, wird also über Jahrzehnte hinweg bestehen bleiben und in seinen Auswirkungen umso schwerwiegender sein, je länger er anhält.*

Eine grundlegend veränderte Einwanderungspolitik könnte allerdings den Trend zu einem weiteren Absinken der durchschnittlichen kognitiven Kompetenz abbremsen und vielleicht sogar umkehren. Dazu müsste künftige Einwanderung auf qualifizierte Gruppen mit überdurchschnittlicher kognitiver Kompetenz konzentriert werden. Länder wie Australien, Neuseeland, Singapur und Kanada können hier als Vorbild dienen. Voraussetzung dafür ist eine wirksame Kontrolle und quantitative Begrenzung der massenhaften Zuwanderung von Asylbewerbern, Flüchtlingen und Wirtschaftsmigranten. An dieser Stelle entscheidet die Ausrichtung der Asyl- und Zuwanderungspolitik über unseren künftigen Wohlstand mit. Gegenwärtig (Frühjahr 2024) kann man nur abwarten, wie sich in dieser Hinsicht der wachsende politische und gesellschaftliche Druck in Deutschland und europaweit entladen wird.

Der dritte Ansatzpunkt sind Verbesserungen im deutschen Bildungssystem. Hier bin ich etwas optimistischer, denn die seit vielen Jahren nicht abreißenden schlechten Nachrichten über das Abschneiden deutscher Schüler in vergleichenden Tests der Bildungsleistung haben doch allgemein einen Boden für mehr Reformwilligkeit, mehr Leistungsorientierung und mehr Realismus bereitet. Der Begabungsforscher Christian Fischer stellt fest: »Potenziale bestmöglich zu entfalten wird ohne Leistungsmotivation und ohne Anstrengungsbereitschaft kaum möglich sein.«[43] Viel wäre schon gewonnen, wenn man sich in Ländern wie Bremen, Berlin oder Nordrhein-Westfalen stärker an der Bildungspraxis in Bayern oder Sachsen ausrichten würde. Das bedeutet allerdings einen grundlegenden Mentalitätswechsel in der Gesellschaft und unter den politisch Verantwortlichen. Dieser kann nicht befohlen werden, und es bedarf dazu entsprechend motivierter und engagierter Politiker, Schulräte und Lehrer sowie einer großen, langfristig orientierten politischen Energie. Für einen solchen Mentalitätswechsel und seine praktische Umsetzung bedarf es keiner groß angelegten Bildungsforschung. Alles Wesentliche ist seit vielen Jahrzehnten bekannt.

Meine Frau Ursula Sarrazin war von 1973 bis 2011 als Grundschullehrerin in drei Bundesländern und fünf Städten tätig. Sie wurde dabei mit sehr unterschiedlichen sozialen Milieus konfrontiert und unterrichtete auch viele Kinder mit Migrationshintergrund. Insgesamt brachte sie rund 300 Kindern des ersten und zweiten Schuljahrs Lesen, Schreiben und Rechnen bei. Es gab bei ihr in Köln, Königswinter, Bonn, Mainz oder Berlin kein Kind, das am Ende des ersten Schuljahrs nicht lesen konnte. Bemerkenswerterweise gab es unter den von ihr unterrichteten Kindern auch nie einen Legastheniker. Sie führte die Buchstaben systematisch nacheinander ein und ist bis heute der Auffassung, dass bei 26 Buchstaben, die stufenweise im Lauf eines 52 Wochen währenden Schuljahrs eingeführt werden, auch ein weniger begabtes Kind bei der Versetzung ins zweite Schuljahr lesen kann. Das hat sie wie zahllose Kollegen im Lauf der Jahrzehnte auch praktisch bewiesen. Pädagogische Moden machte sie allerdings nicht mit, und es wurde bei ihr systematisch geübt. Mit Erstaunen nahm sie in Berlin zur Kenntnis, dass hier bei vielen Lehrern das Üben offenbar verpönt war. Entsprechend waren (und sind) ja auch die Leistungen im Berliner Schulsystem.

Ursula Sarrazin hob über vierzig Jahre die alten Schulbücher in Deutsch und Mathematik auf. Sie sah an ihnen, wie im Lauf der Jahrzehnte die Anforderungen an die Schüler sowie der Umfang und das Niveau der Übungsaufgaben zurückgingen, wie der Anteil bunter Bilder wuchs und der Textanteil sank. An dem Inhalt und der Aufmachung der Schulbücher konnte man den bildungspolitischen Trend beobachten, dass durch Senkung des Niveaus offenbar mehr Gleichheit hergestellt werden sollte. Das führte allerdings für das gesamte Bildungssystem zum Gegenteil: Je mehr das durchschnittliche Niveau sank, umso mehr stieg auch die Ungleichheit in den Leistungen der Schüler.

Bei der Vermittlung und dem Erwerb der in der Grundschule zu erlernenden Fähigkeiten müssen digitale Medien nicht schädlich sein, wenn sie klug eingesetzt werden. Sie sind aber für den Lernerfolg weder eine notwendige noch eine hinreichende Bedingung. Die digitale Ausstattung der Schulen hat folglich mit ihrer Leistungsfähigkeit nichts zu tun. Schulen müssen natürlich sauber und die sanitären Anlagen in gutem Zustand sein. Ob die Schulgebäude älter oder neuer sind, spielt aber für den Lernerfolg grundsätzlich keine Rolle. Auch die Klassengröße ist innerhalb gewisser Grenzen nicht entscheidend. Viel wichtiger als die Zahl der Schüler ist die Qualität des Unterrichts.

Für den Lernerfolg der Schüler ab dem ersten Schuljahr ist auch die Qualität der vorschulischen Erziehung wichtig. Den Erfahrungen der Grundschullehrerin Ursula Sarrazin zufolge muss ein Kind für die Schulreife folgende Voraussetzungen erfüllen:

- sich einfügen können,
- Deutsch können,
- einen altersgemäßen Wortschatz haben,
- einen Stift halten können,
- mit der Schere arbeiten können,
- sich für 20 bis 30 Minuten konzentrieren können.

Speziell in Berlin fällt auf, dass die Betreuung in den Kindergärten diese doch recht simplen Ziele häufig nicht erreicht. Das Versagen vieler Elternhäuser tritt hinzu.

Die in den letzten Jahrzehnten eingetretenen Fehlentwicklungen im deutschen Bildungssystem hatten in der Summe eine destruktive Wirkung:

- Durch den Englischunterricht in der Grundschule gab es weniger Zeit für Lesen, Rechtschreibung und Schönschreiben.
- Die »vereinfachte Ausgangsschrift« führte zu einer Zerstörung des Schriftbilds.
- »Schreiben nach Gehör« zerstörte die korrekte Rechtschreibung.
- Das »Repräsentieren« von Inhalten ging auf Kosten der Fertigkeiten im Lesen.
- Der Fortfall der Grundschulempfehlung für die weiterführende Schule kaschierte und beförderte den Niveauverfall und beschädigte die Autorität der Lehrer.

Für eine bildungspolitische Umkehr wäre es nötig, so die langjährige Grundschullehrerin Birgit Westphal, »genügend Übungszeit einzuräumen, Leistung wieder stärker einzufordern, weniger auf Digitalität zu setzen als auf eigenes Tun und Lernen sowie zurück zur wichtigen Grundschulempfehlung zu kommen, um der Lehrerschaft wieder die gebührende pädagogische Fachkompetenz zuzusprechen.«[44]

Auch die durch eine falsche Bildungspolitik vielfach in Verfall geratenen pädagogischen Kapazitäten der Lehrerschaft müssen wieder-aufgebaut werden. Wie groß der Bedarf ist, zeigt der beispiellose Erfolg der Lehrerin Caroline von St. Ange, die über Instagram Lernhilfen und Unterstützung bei Hausaufgaben anbietet. Wer etwas schlecht könne, sei meist nur früh gescheitert und habe dann aufgegeben. In der Schule musste sie erleben, dass sie im Kollegium wegen ihrer phänomenalen Erfolge bei der Stoffvermittlung gemobbt wurde.[45] Das bequeme Ausweichen vor dem Lernen und der Leistung hat sich eben nicht nur in der ideologisierten Bildungspolitik, sondern zum Teil auch bei der Lehrerschaft über Jahrzehnte tief eingefressen. Deshalb wird es sicherlich noch viele Jahre dauern, bis meine nachfolgenden Vorschläge für eine Reform der Bildungspolitik Chancen auf Umsetzung haben:

- Bundesweit werden Vorschulklassen zur Sprachförderung eingerichtet. Deren Besuch ist für all jene Kinder verbindlich, die im Alter von fünf Jahren keine altersangemessene Kompetenz beim Sprechen und Sprachverständnis in Deutsch haben.[46]
- Für alle Fächer werden anforderungsgerechte Schulbücher eingeführt, die Lehrern, Schülern und Eltern eine hinreichende Rückmeldung über die Leistungsanforderungen in jedem Schulquartal geben. Das Erreichen dieser Ziele ist von Lehrkräften verbindlich anzustreben und wird von Schulleitungen und Schulaufsicht fortlaufend kontrolliert.
- Jedes Jahr werden alle Schüler in Deutschland in jedem Jahrgang schulformübergreifend auf ihre erworbenen Kompetenzen in Sprache, Mathematik und Naturwissenschaften getestet.
- Dieser Ergebnisse werden jedes Jahr für jede Schule und jede Jahrgangsstufe veröffentlicht – selbstverständlich so anonymisiert, dass keine individuellen Rückschlüsse möglich sind.
- Die Schüler und ihre Erziehungsberechtigten erhalten jeweils eine Rückmeldung über den individuellen Leistungsstand.
- Schulen mit einer sozioökonomisch schwierigen Schülerpopulation erhalten besondere Unterstützung, aber sie unterliegen denselben Maßstäben.

- Die von den Schülern erreichten Leistungen fließen in die dienstliche Beurteilung der Lehrkräfte und Schulleitungen mit einer geeigneten Gewichtung ein.
- Die Zulassung zu weiterführenden Schulen, die Abiturnoten und die Zulassung zu Hochschulen werden zu einem überwiegenden Teil an den erreichten Testergebnissen ausgerichtet.
- Die individuelle Förderung von Schülern wird darauf abgestellt, dass möglichst viele unter ihnen jene Mindeststandards erreichen, die zu einer Berufsausbildung im dualen System nötig sind.
- Die Ausbildung und Fortbildung der Lehrer wird konsequent auf eine so beschriebene Leistungsorientierung umgestellt.
- Die Aufteilung der Schüler auf Schularten und Leistungsgruppen erfolgt so, dass auch die schwachen Schüler durch entsprechende Betreuung die Mindeststandards erreichen, während die leistungsstarken Schüler ausreichend Anreize zur Ausschöpfung ihres Potenzials haben. Auf Inklusion »um jeden Preis« wird im Schulalltag verzichtet.

Über die Kombination dieser Ansatzpunkte sollte es gelingen, die Ausbildungsfähigkeit auch der schulisch schwächeren Jugendlichen deutlich zu steigern. Bei der Bevölkerung von 20 bis unter 35 Jahren hatten 2021 17,8 Prozent keine abgeschlossene Berufsausbildung. Unter den Deutschen lag dieser Anteil bei 11,7 Prozent, bei den Ausländern bei 37,7 Prozent, unter den Zugewanderten aus Krisen- und Kriegsgebieten sogar bei 64 Prozent. In den allgemeinbildenden Schulen ist neben der besseren Vermittlung der für eine berufliche Bildung unerlässlichen Basisqualifikationen ein stärkerer Fokus auf Berufsorientierung geboten.[47] Die Bedeutung einer abgeschlossenen Berufsausbildung zeigt sich im Risiko der Arbeitslosigkeit: »Die Arbeitslosigkeit unter Personen ohne Berufsausbildung lag 2022 bei knapp 20 Prozent, bei Personen mit abgeschlossener Berufsausbildung bei 2,8 Prozent.«[48]

Durch die oben beschriebene Umstellung wird das Bildungssystem als solches nicht teurer. Es bedarf auch keiner größeren Zahl an Lehrern. Schon in der Vergangenheit war die Bildungsleistung von

Indikatoren wie der Klassengröße und dem Größenverhältnis zwischen der Zahl der Lehrer und der Schüler weitgehend unabhängig. In den Fünfzigerjahren wurden in beengten Nachkriegsverhältnissen mit Klassengrößen von 40 und 50 Kindern weitaus bessere Bildungsleistungen als heute erreicht.[49] Entscheidend ist vielmehr neben der Begabung und Sozialisation der Schüler die Qualität der Lehrer und ihres Unterrichts. Dabei muss die Schiefertafel dem Tablet nicht unterlegen sein.

Der unmittelbare Einstieg in ein Hochschulstudium sollten den wirklich dazu Begabten vorbehalten bleiben. Für den großen Bereich mittlerer Begabungen sollte dagegen der Erwerb eines berufsqualifizierenden Abschlusses im dualen System oder einer vergleichbaren beruflichen Bildung die Voraussetzung für die Aufnahme eines Hochschulstudiums sein.

Geld und Währung

Geld erleichtert in seinen drei Funktionen als Recheneinheit, Transaktionsmedium und Mittel der Aufbewahrung von Werten den wirtschaftlichen Austausch und die Kapitalbildung beziehungsweise macht sie überhaupt erst möglich. In Form geprägter Münzen aus Edelmetall tauchte Geld Ende des 7. Jahrhunderts v. Chr. erstmals in Lydien im westlichen Kleinasien und bei den griechischen Stadtstaaten auf.

Damit Geld werthaltig ist, muss es grundsätzlich knapp sein. Deshalb bestanden Münzen aus Edelmetall, und darum halten heute noch viele Notenbanken im Rahmen ihrer Devisenreserven auch große Goldbestände, die im Bedarfsfall jederzeit liquide sind. Historisch entwickelte sich die moderne Geldwirtschaft gemeinsam mit dem Bankensystem: Wo renommierte Banken die jederzeitige Einlösung eines von ihnen ausgegebenen Schuldscheins, einer »Banknote«, in Edelmetall, also Gold oder Silber, versprachen, war eine Banknote genauso fungibel wie Gold oder Silber, aber bequemer zu handhaben. Entscheidend war dabei das Vertrauen in die Zahlungsfähigkeit der jeweiligen Bank. So entstand das moderne Papiergeld. Dieselbe Funktion erfüllt aber auch ein Guthaben bei einer Bank, aus dem jederzeit unbare Zahlungen geleistet werden können. Wiederholte Papiergeldkrisen, Bankenzusammenbrüche, Vermögensvernichtung und Zeiten hoher Inflation zeigen allerdings, dass die Versuchungen zum Missbrauch des Papiergelds stets groß waren.

Im 18. und 19. Jahrhundert bildeten sich staatliche Notenbanken heraus, die die Geldversorgung sicherstellten. Diese vollzieht sich üblicherweise so, dass Geschäftsbanken gegen entsprechende Sicherheiten ein Guthaben bei der Zentralbank erhalten. So kommen sie an Zentralbankgeld, mit dem sie arbeiten können und ihrerseits Ausleihungen vornehmen können.

Bei einer ausreichenden Unabhängigkeit der Notenbank und einer verantwortungsbewussten Steuerung der Geldversorgung durch diese bleibt das Geld einerseits stets so knapp, dass es seinen Wert behält und eine größere anhaltende Inflation nicht möglich ist. Dazu gibt es verschiedene Instrumente, insbesondere die Zinspolitik. Andererseits ist die Geldversorgung so flexibel, dass die Wirtschaft auch im Wachstum ausreichend Liquidität hat und Kreditaufnahmen für wirtschaftliche Zwecke zu tragbaren Konditionen möglich sind. Das ist stets ein Balanceakt und die eigentliche Kunst der Geldpolitik.

Immer wieder gab es Finanzkatastrophen und spektakuläre Fehlentwicklungen. In Deutschland hat die große Inflation nach dem verlorenen Ersten Weltkrieg das kollektive Gedächtnis stark geprägt, ebenso die Entwertung der Reichsmark nach dem Zweiten Weltkrieg und der währungspolitische Neubeginn im Mai 1948 in Westdeutschland mit der Deutschen Mark.

Mit dem Währungssystem von Bretton-Woods hatte es 1944 durch die USA und Großbritannien den Versuch einer geldpolitischen Neuordnung der Weltwirtschaft gegeben, wobei der Dollar eine zentrale Funktion hatte. Es zeigte sich aber, dass unterschiedliche Geldpolitiken und unterschiedliche nationale Mentalitäten zu einem allmählichen Auseinanderdriften der Währungsräume führten. Es gab mehr und mehr Spannungen im System stabiler Wechselkurse. Die Währungen von Ländern mit Exportüberschüssen und niedriger Inflation hatten eine Tendenz zur Aufwertung, das galt vor allem für die Deutsche Mark, den Schweizer Franken und den japanischen Yen. Andere werteten ab, darunter auch das britische Pfund, die italienische Lira und der französische Franc. Die gegenläufigen Auf- und Abwertungstendenzen bewirkten seit Anfang der Siebzigerjahre wachsende Spannungen in der 1957 gegründeten Europäischen Wirtschaftsgemeinschaft, der heutigen EU.

Das war der Ausgangspunkt der mit dem Maastricht-Vertrag 1992 vereinbarten Europäischen Währungsunion (EWU). Diese führte zur Gründung der Europäischen Zentralbank (EZB) und am 1. Januar 2002 zur Ablösung der nationalen Währungen der Mitgliedsländer durch den Euro.

Die Europäische Währungsunion stieß vor allem in Deutschland auf starke Widerstände. Die Hoffnung, dass sich im europäischen Zentralbankrat mehrheitlich eine »deutsche« Stabilitätskultur durchsetzen würde, erfüllte sich nicht. Bei der internationalen Finanzkrise, die 2007 ausbrach und bis 2010 andauerte, kam es, um den Euro zu retten, im Mai 2010 erstmals zu europäischen Finanzhilfen für einige Mitglieder des Euroraums, deren Staatsanleihen unter Kursdruck geraten waren. Gleichzeitig beschloss die EZB, die Kurse der Anleihen dieser Länder durch ein Ankaufprogramm zu unterstützen. Beides verstieß gegen Geist und Buchstaben des Maastricht-Vertrags, aber das bekümmerte keinen mehr, auch nicht die deutsche Bundesregierung. Bundesbankpräsident Axel Weber trat folgerichtig im Februar 2011 von seinem Amt zurück.

Die EZB engagiert sich mittlerweile umfangreich in Käufen von Staatsanleihen ihrer Mitgliedstaaten. Gleichzeitig nehmen die Versuche zu, auch auf der Ebene der EU-Möglichkeiten zur Kreditfinanzierung zu schaffen und so mit der Zeit einen Markt für europäische Anleihen zu ermöglichen.

Entgegen den Befürchtungen vieler deutscher Stabilitätsfreunde hat der Übergang der Zuständigkeit für die Geldpolitik auf die EZB bis in das Jahr 2021 hinein nicht zu einem besonderen Anstieg der Inflationsrate geführt. Die krisenhafte Entwicklung der

Weltwirtschaft, die durch die Covid-Pandemie ausgelöst wurde, und die Folgen des Kriegs in der Ukraine haben allerdings seit 2021 die Inflationsraten deutlich nach oben getrieben. Das beschränkt sich nicht auf Deutschland und die Europäische Währungsunion. Nach einigem Zögern versucht die EZB seit 2022, die Inflation durch steigende Zinsen und die Einstellung der Ankäufe von Staatsanleihen energisch zu bekämpfen. Diese Politik zeigt mittlerweile (Frühjahr 2024) erste Erfolge.

Die europäische Geldpolitik und die Kapitalmarktentwicklung in Europa sind aber auch eingebunden in weltweite Entwicklungen. Trotz der Nachteile und Risiken der deutschen Mitgliedschaft in der Europäischen Währungsunion[50] ist ein Auseinanderbrechen des Europäischen Währungsraums aus meiner Sicht mittlerweile unwahrscheinlich geworden, und ich halte es auch nicht für wünschenswert: Aus den bereits beschriebenen demografischen Gründen wird Deutschland, aber auch die gesamte EU, in der Welt relativ immer kleiner. Wie der Krieg in der Ukraine zeigt, hat dies auch Sicherheitsaspekte. In gewisser Hinsicht ist deshalb alles begrüßenswert, was das demokratische Europa enger zusammenführt und fester aneinanderbindet, dazu gehört eben auch der Euro.

Allerdings muss man auch klar sehen: Die Einführung des Euro hat weder das deutsche Wachstum gefördert, noch die Produktivität in Deutschland gesteigert. Für die Produktivität gilt möglicherweise sogar eher das Gegenteil: Bis zum Jahr 2000 hatte die deutsche Wirtschaft wegen der Stärke der D-Mark viele Jahrzehnte lang unter starkem Aufwertungsdruck gestanden. Das hat den Strukturwandel beschleunigt.

Ohne die Währungsunion wäre es der D-Mark seit 2000 wohl eher wie dem Schweizer Franken ergangen. Dieser hat gegenüber dem Euro in dieser Zeit um 50 Prozent aufgewertet. Der Schweizer Wirtschaft hat das nicht geschadet. Die Produktivität wächst dort stärker als in Deutschland, und die Schweizer werden durch die Aufwertung reicher, als sie es andernfalls wären.

Tabelle 6.3.1 Staatsschuldenquoten im internationalen Vergleich[51]

Land	in Prozent des BIP		
	2005	**2015**	**2024**
Deutschland	67,3	72,1	64,1
Frankreich	67,4	95,6	109,5
Niederlande	49,8	64,6	48,8
Italien	106,6	135,3	140,3
Spanien	42,4	99,3	109,1
Portugal	72,2	131,2	103,1
Griechenland	107,4	175,9	154,4
Euroraum	*70,3*	*93,0*	*89,9*
Polen	46,6	51,3	53,0
Tschechien	27,9	40,0	43,2
Dänemark	37,4	39,8	28,8
Schweden	49,0	43,9	30,7
EU	*67,1*	*86,6*	*82,6*
Vereinigtes Königreich	39,6	86,9	99,1
USA	65,4	104,7	122,8
Japan	176,8	231,6	253,3

Eine große Sorge – auch für mich – war stets die Entwicklung der Staatsverschuldung im gemeinsamen Währungsraum. Die Staatsverschuldung im Euroraum, aber auch in der EU insgesamt, stieg aber in den vergangenen zwei Jahrzehnten wesentlich langsamer als in den USA, Großbritannien oder Japan (vgl. Tabelle 6.3.1). Das war teilweise sicherlich der international bis 2021 beispiellos günstigen Zinsentwicklung geschuldet. Die unterschiedliche Entwicklung der Staatsverschuldung ist aber auch Ausdruck unterschiedlicher Finanzpolitiken. Innerhalb des Euroraums haben offenbar Deutschland oder die Niederlande ihre Finanzen deutlich besser im Griff als Frankreich, Italien oder Griechenland. Aber nirgendwo im Euroraum und in den übrigen EU-Ländern war die Entwicklung der Staatsverschuldung wirklich katastrophal. Dänemark und Schweden bewältigten sogar, ausgehend von einem bereits niedrigen

Schuldenniveau, einen weiteren deutlichen Abbau ihrer Staatsverschuldung.

Hinsichtlich der Zunahme der Staatsverschuldung war die Entwicklung in Großbritannien, den USA und Japan viel problematischer als in der EU. Der interne Wettbewerb unter den EU-Ländern und deren bürokratische Verkettung miteinander scheint die an der Staatsverschuldung gemessene finanzielle Solidität auch bei typischen »Wackelkandidaten« wie Italien und Griechenland deutlich stärker gefördert zu haben als – wie im Fall der USA, von Großbritannien und Japan – die Verfügung über eine souveräne Notenbank, die die Verschuldung in eigener Währung erleichtert. Damit sind die Sorgen, die auch ich früher hinsichtlich der langfristigen Stabilität der gemeinsamen Währung hatte, zwar nicht gegenstandslos geworden, aber sie haben doch ein Stück weit an Dringlichkeit verloren.

Perspektiven

Der Europäische Währungsraum wird sich mit der Zeit auf alle Mitgliedsländer der EU ausdehnen. Das ist ein psychologisch wichtiges Element des Zusammenhalts. Auch für die Zukunft ist aber nicht erkennbar, dass durch die gemeinsame Währung das Wirtschaftswachstum oder die Produktivität besonders gefördert wird.

Die EZB wird sich bemühen, bei der Inflationsbekämpfung im Mainstream der Industriestaaten zu bleiben, das heißt, keine höheren Inflationsraten zuzulassen, als sie auch in den USA, Großbritannien oder Japan zu beobachten sind.

Der Umfang des Risikos für die Stabilität des Euro und den Bestand der Währungsunion hängt allerdings auch von der künftigen Entwicklung des Zinsniveaus und der Inflationsraten ab. Wenn das zur Beherrschung der Inflation notwendige Zinsniveau so hoch ist, dass die besonders hoch verschuldeten öffentlichen Haushalte in eine nicht auflösbare Zwangslage geraten, ist vorab unklar, wie solch ein Dilemma gelöst werden kann:

- Weichere Zinspolitik mit der Folge zu hoher Inflationsraten?
- Vorrang für die Inflationsbekämpfung mit dem Risiko kollabierender regionaler Haushalte und von Leistungsstörungen bei der Bedienung der Staatsschuld?
- Vorrang für die Inflationsbekämpfung verbunden mit besonderen Hilfen für die Haushalte hoch verschuldeter Mitgliedsländer?

Die dritte Alternative scheint mir die wahrscheinlichste zu sein. Sie wurde auch 2010, 2012 und 2015 bei der Griechenland-Rettung gewählt. Gerät allerdings ein Land wie Italien in eine entsprechende Schieflage, handelt es sich um ganz andere Größenordnungen. Hieraus kann sich unbeabsichtigt immer noch eine Bestandsfrage für die Europäische Währungsunion entwickeln.

In meinem ersten Buch zum Euro, als ich der gemeinsamen Währung noch grundsätzlich positiv gegenüberstand, hatte ich 1998 besonders das Verhältnis von Fiskal- und Geldpolitik beleuchtet und abschließend geschrieben: »Ihre disziplinierende Wirkung auf die Finanzpolitik kann die Geldpolitik aber nur entfalten, wenn finanziell unsolide Staaten nicht auf ein ›bailing out‹ aus der Gemeinschaftskasse oder durch Mechanismen des horizontalen Finanzausgleichs hoffen können. Diesen Webfehler des deutschen Föderalismus sollte man auf der europäischen Ebene nicht wiederholen.«[52]

Zwölf Jahre später geschah das, was ich nicht für möglich gehalten hätte: Es begann die Kette der Hilfspakete und Stützungen für jene Euroländer, die Probleme mit der Kontrolle ihrer Staatsverschuldung hatten. Hier sah ich in meinem zweiten Euro-Buch von 2014 eine Gefahr für die deutschen Staatsfinanzen: »Diese Politik macht Deutschland zur Geisel all jener, die künftig noch im Euroraum, aus welchen Gründen auch immer, hilfsbedürftig werden könnten. Darum gilt: Entweder wir erfüllen das No-Bail-Out-Prinzip mit neuem Leben, oder wir müssen grundsätzlich andere Wege beschreiten, die auch den Austritt aus der Währungsunion nicht ausschließen.«[53]

Auch daraus wurde nichts. Das No-Bail-Out-Prinzip wurde vielmehr in den Folgejahren in dreifacher Weise weiter ausgehöhlt:

- Die EZB betrieb im Rahmen der Umsetzung ihrer Geldpolitik ein umfangreiches »Quantitative Easing« durch den Kauf von Staatsanleihen der Euro-Länder. Dabei waren die Wirkungen der gezielten Kursstützung für die Anleihen hochverschuldeter Länder und die allgemeinen Wirkungen der Geldpolitik praktisch nicht mehr voneinander zu unterscheiden. Dies beruhigte die Märkte, aber Befürchtungen, dass ein Land aus der Währungsunion ausscheiden könnte, spielen heute fast keine Rolle mehr.
- Die fiskalischen Kriterien des von der Europäischen Kommission zu kontrollierenden »Stabilitätspaktes« wurden von 2002 bis heute immer weiter verwässert. Sanktionsmöglichkeiten liefen leer, und fast alles wurde zu einer politischen Verhandlungssache. Es bleibt auf europäischer Ebene noch alleine übrig, dass irgendwie über Schulden und Defizite gesprochen wird, aber garantiert ohne Konsequenzen. So ist es denn kein Zufall, dass die an der Staatsverschuldung gemessene Finanzdisziplin jener EU-Länder, die nicht den Euro haben, deutlich höher ist als die Finanzdisziplin vieler Euroländer (vgl. Tabelle 6.3.1, S. 218). Auch unterstützte das bis 2021 allgemein sehr günstige Zinsumfeld Länder wie Frankreich, Italien und Griechenland bei ihren Bemühungen um Begrenzung der Staatsverschuldung.
- Zum dritten dienten die Corona-Pandemie und die Bekämpfung des Klimawandels als Anlass, um die EU-Kommission zu ermächtigen, mit dem Aufbauinstrument »NextGenerationEU« bis zu 750 Milliarden Euro an den europäischen Kapitalmärkten aufzunehmen.[54] Diese gelten als EU-Eigenmittel im Sinne des Vertrags von Lissabon. Für diese Schulden haften die EU-Länder gemeinsam. Bundeskanzler Olaf Scholz begrüßte dies als langersehnten Einstieg in eine größere fiskalische Rolle der Europäischen Union als Symbol für »mehr Europa«.

Mitte 2023 betrug der öffentliche Schuldenstand in der EU 13,7 Billionen Euro.[55] Es bleibt also noch ein langer Weg, bis die Verschuldung auf EU-Ebene im Verhältnis zur gesamten Schuldenlast der EU-Staaten quantitativ maßgeblich ist. Ein Anfang ist jedoch gemacht, und bei vielen EU-Ländern könnte in Zukunft die Versuchung steigen, einen solchen Weg zu gehen, um heimische Finanznöte abzumildern, wie sie zum Beispiel in Deutschland durch die grundgesetzlich verankerte Schuldenbremse entstehen.

Aus der fiskalischen deutschen Interessenlage ist solch ein Weg klar abzulehnen, weil er die Finanzdisziplin in der EU insgesamt beschädigen kann. In währungspolitischer Hinsicht ist die Einschätzung etwas anders: Wenn die europäische Ebene im Rahmen der EU-Gesamtverschuldung relativ an Gewicht gewinnt und entsprechend auch handelbare Papiere begibt, wird es für die europäische Geldpolitik leichter, ihre Aufgaben auch dann zu erfüllen, wenn einzelne Staaten mit ihrer Verschuldungspolitik in eine Vertrauenskrise geraten. Ein allmählich steigendes Gewicht einer Verschuldung auf EU-Ebene erhöht also die künftigen Überlebenschancen der Europäischen Währungsunion. Das gilt unabhängig von der Frage, ob mehr europäische Verschuldungsmöglichkeiten für die finanzielle Gesamtdisziplin in Europa nützlich oder schädlich sind. Ich gehe davon aus, dass die Wahrscheinlichkeit der zweiten Alternative überwiegt.

Steuern und Abgaben

In einem entwickelten Industrieland, das zugleich eine gewisse sozialstaatliche Vorsorge leistet, machen die Steuern und Abgaben üblicherweise 30 bis 50 Prozent des Sozialprodukts aus. Die eigentliche Steuerquote liegt zumeist bei 20 bis 25 Prozent, die Abgaben sind im Wesentlichen Sozialabgaben.

Die Steuern verteilen sich auf Steuern auf das Einkommen, auf den Umsatz, auf spezifische Verbrauchssteuern sowie auf Steuern auf den Besitz, wie die Grundsteuer, die Erbschaftsteuer oder eine Steuer auf das Vermögen. In Deutschland war die gesamtwirtschaftliche Steuerquote (also der Anteil der Steuern am BIP) in der Summe über die Jahrzehnte hinweg weitgehend konstant. Verschiebungen gab es zwischen den Steuerarten. Der steigende Staatszugriff zeigt sich im Wesentlichen bei den Sozialabgaben (vgl. Tabelle 6.5.1, S. 230).

Steuer- und Abgabenpolitik ist ein schier unerschöpfliches Thema, das ich seit Anfang der Siebzigerjahre beruflich intensiv verfolgt und teilweise als Beamter oder Politiker mitgestaltet habe. Ich beschränke mich an dieser Stelle auf folgende Anmerkungen:

- Die größte Umverteilungswirkung liegt, soweit die Einnahmeseite betroffen ist, bei der Einkommensteuer und bei den Sozialabgaben.
- Die gesamte Abgabenbelastung blieb in Deutschland in den letzten beiden Jahrzehnten bei leichten Schwankungen relativ stabil und betrug 2023 46,3 Prozent des BIP, davon entfielen 23,4 Prozent auf Steuern und 17,2 Prozent auf Nettosozialbeiträge.[56] Der Anteil der Einkommensteuer an den gesamten Steuereinnahmen lag 2020 bei 43,5 Prozent.[57] Auf der individuellen Ebene entfaltet insbesondere die Einkommensteuer eine erhebliche Umverteilungswirkung. Auf die obersten 5 Prozent der Einkommensteuerzahler entfielen 2019 44,2 Prozent des Aufkommens an Einkommensteuer und Soli. Auf die obersten 10 Prozent entfielen 57,3 Prozent des Gesamtaufkommens. Die untersten 50 Prozent der Einkommensteuerpflichtigen erbrachten gemeinsam nur 4,8 Prozent des Aufkommens, und die unteren 30 Prozent waren mit einem Beitrag von 0,3 Prozent zum Gesamtaufkommen praktisch einkommensteuerfrei.[58]
- Bei den Sozialabgaben muss man hinsichtlich des verteilungspolitischen Gesamteffekts den Arbeitgeber- und Arbeitnehmeranteil an der Sozialversicherung kombiniert sehen, Sozialabgaben verteuern den Produktionsfaktor Arbeit und können, sofern nicht in Schwarzarbeit ausgewichen wird, auch beschäftigungshemmend wirken.
- Die persönliche Einkommensteuer muss ausreichend verzahnt sein mit der Körperschaftsteuer und der Gewerbesteuer, damit eine gewisse Rechtsformneutralität zwischen Kapitalgesellschaften und Personengesellschaften gesichert ist.
- Die Besteuerung der Unternehmen kann von der Besteuerung der persönlichen Einkommen nur begrenzt getrennt werden. Außer-

dem müssen Art und Umfang der Einkommensteuer inklusive Körperschaft- und Gewerbesteuer international ausreichend wettbewerbsfähig sein. Sonst wandern wohlhabende Steuerzahler, aber auch Unternehmen, ins Ausland ab, und die Attraktivität Deutschlands als Investitionsstandort leidet. Um hier mehr internationalen Gleichklang herzustellen, ist die Idee einer universal geltenden Mindeststeuer für Unternehmen grundsätzlich richtig.
- Unter den Steuern auf den Besitz ist die Grundsteuer dadurch gekennzeichnet, dass man sich ihr, solange man Eigentümer sein möchte, nicht durch Steuerflucht entziehen kann. Sie ist eine logische kommunale Steuerquelle, weil sich viele kommunale Leistungen um die örtliche Infrastruktur drehen.
- Die Erbschaftsteuer ist bei vielen als Umverteilungsinstrument beliebt. Ist der Steuertarif progressiv gestaltet, gibt er ab einem bestimmten Progressionsgrad Anlass zur vorsorglichen Steuervermeidung durch Vermögensverlagerung ins Ausland, außerdem kann es Kollisionen mit der Unternehmensnachfolge geben.

Durch die Vielzahl der politischen und gesellschaftliche Einwirkungen auf das Recht der Steuern und Abgaben entsteht ein ständiger Druck in Richtung auf weitere Komplizierung, auf Ausnahmen und Ergänzungen. Diesem Druck muss man eine ebenso beständige Anstrengung in Richtung auf Transparenz und Vereinfachung gegenüberstellen. Verteilungspolitische Ziele darf man dabei nicht außer Acht lassen, aber sie dürfen auch nicht alles überwuchern. Damit das Steuer- und Abgabensystem möglichst breit akzeptiert wird, muss es zu einem gewissen Grad auch ausreichend transparent und logisch sein. Da hier die widersprüchlichsten Interessen miteinander ringen, tritt bei der Arbeit am Steuer- und Abgabensystem niemals Ruhe ein, es bleibt eine ewige politische Baustelle.

Perspektiven

Angesichts der fiskalischen Situation in Deutschland, der absehbaren Ausgabenwünsche und des durch das Bundesverfassungsgericht bekräftigten Drucks der Schuldenbremse ist eine nachhaltige Senkung der Steuer- und Abgabenlast in Deutschland auf längere Sicht nicht aussichtsreich. Entlastungen an einer Stelle werden durch Steuererhöhungen an anderer Stelle ausgeglichen werden müssen.

Zur Sicherung der steuerlichen Wettbewerbsfähigkeit ist im internationalen Standortwettbewerb gleichwohl eine Unternehmenssteuerreform geboten. Dabei sollte die Gewerbesteuer als Kommunalsteuer durch einen Zuschlag zur Körperschaftsteuer und eine Beteiligung an der lokalen Lohnsummensteuer ersetzt werden. Deutschland war eigentlich seit den letzten Unternehmenssteuerreformen 2001 und 2008 hinsichtlich der Niveaus der Gesamtbelastung der Unternehmensgewinne gut aufgestellt. Andere Länder blieben aber nicht untätig. Mittlerweile liegt die Belastung der Unternehmensgewinne in Deutschland mit knapp 30 Prozent deutlich höher als in den USA oder Frankreich mit knapp 26 Prozent oder gar in Großbritannien mit 19 Prozent.[59] Dies fällt in den kommenden Jahren besonders ins Gewicht, da die in Deutschland produzierenden Unternehmen auch unter den durch die deutsche Energiewende verursachten Kostennachteilen besonders zu leiden haben

Öffentliche Finanzen

Der Staat kann sich grundsätzlich aus drei Quellen finanzieren:

- aus Steuern und Abgaben,
- aus Krediten,
- aus eigener wirtschaftlicher Betätigung.

Die Erhebung von Steuern und Abgaben geht hinsichtlich des Umfangs und der Struktur grundsätzlich mit Widerständen und Friktionen einher. Die Dauerhaftigkeit und Ergiebigkeit des Einnahmeflusses sowie die Minimierung negativer Wirkungen für den Wirtschaftsprozess und die individuelle Zahlungsbereitschaft hängen ab von der Qualität der entsprechenden staatlichen Gesetzgebung und von der Qualität der mit der Umsetzung beauftragten Verwaltungen.

Werden die Widerstände zu groß oder handelt es sich bei den Finanzierungserfordernissen nicht um dauerhafte Aufgaben, so bietet sich als Alternative eine staatliche Verschuldung an. Das setzt ein entsprechendes Vertrauen bei den potenziellen Gläubigern voraus. Wo das Vertrauen unzureichend ist, werden die Konditionen ungünstiger beziehungsweise eine geplante staatliche Kreditaufnahme kann auch gänzlich scheitern.

Eine Kreditaufnahme in eigener Währung ist dem Staat grundsätzlich bei der eigenen Notenbank möglich, da diese ja durch Begebung staatlicher Anleihen Geld in beliebigem Umfang neu schaffen kann. Wird aber das Instrument der Notenbankfinanzierung staatlicher Schulden missbräuchlich oder leichtfertig eingesetzt, kann dies nicht nur zu Inflation und anderen volkswirtschaftlichen Schäden, sondern auch zu einem Vertrauensverlust gegenüber dem Staat, der Notenbank und dem Geld- und Währungssystem schlechthin führen. Daraus können sich unabsehbare Folgen ergeben. Um solche Risiken zu begrenzen, ist es zweckmäßig, die direkte Inanspruchnahme der Notenbank für die Refinanzierung des Staates qualifiziert zu begrenzen oder ganz zu verbieten.

Bezüglich der Europäischen Währungsunion war im Vertrag von Maastricht verankert worden, dass es keine direkte Finanzierung öffentlicher Haushalte durch die Notenbank geben sollte und dass es nur in besonderen Notlagen erlaubt wäre, öffentliche Haushalte von Euro-Staaten durch Finanzhilfen aus anderen öffentlichen Haushalten oder aus der Notenbank zu stützen. Wegen der möglichen Rolle einer Notenbank bei der Finanzierung des Staates – sei es unmittelbar durch die Ausgabe von Geld, sei es mittelbar durch den Ankauf von Staatsanleihen – war in den Neunzigerjahren für die Mitglieder der Währungsunion ergänzend in dem sogenannten *Stabilitätspakt* festgelegt worden, dass die nationalen Staatsschulden ein Niveau von

60 Prozent des BIP und die jährliche Neuverschuldung ein Niveau von 3 Prozent des BIP möglichst nicht übersteigen sollen. Die beiden Prinzipien – keine Notenbankfinanzierung öffentlicher Haushalte und kein Bail-out – sollten die fiskalische Eigenverantwortung aller Euro-Länder stützen. Beide Prinzipien wurden seit 2009 – zunächst zur Euro-Rettung, dann mit anderen Begründungen – bis zur Unkenntlichkeit verwässert und sinnentleert. Sie spielen heute praktisch keine Rolle mehr. Die entsprechenden Zielsetzungen wurden vor allem von den südlichen Mitgliedstaaten der Währungsunion nicht nur nicht eingehalten, sondern in wachsendem Umfang verfehlt. Auch immer neue Relativierungen führten nicht zu verbindlichen Konsolidierungszielen. Eine Katastrophe für die öffentlichen Haushalte fiel nicht nur in der EU, sondern auch weltweit deswegen weitgehend aus, weil das internationale Zinsniveau über längere Zeit historische Tiefstände erreichte, die öffentlichen Haushalte von Zinslasten der Vergangenheit befreite und neue Verschuldung zu geringen Zinskosten möglich machte.

Formal hielt sich die EZB zwar bis heute an das Verbot der direkten Staatsfinanzierung, aber 2010 begannen im Zuge der ersten Griechenland-Krise zunächst Stützungskäufe des Euro-Systems für griechische, portugiesische und spanische Anleihen. Die Käufe öffentlicher Anleihen wurden in späteren Jahren mit verschiedenen Ankaufsprogrammen ausgedehnt. Ende 2021 hielt die EZB schließlich in ihrem Portfolio Staatsanleihen von 3,6 Billionen Euro. Sie hielt damit 26 Prozent aller öffentlichen Schulden im Euroraum. Darunter waren 28 Prozent der deutschen und 25 Prozent der italienischen Staatsanleihen Ende 2021 im Eigentum der EZB.[60] Seit 2022 finden im Zuge der geldpolitischen Straffung weitere Anleihekäufe nicht mehr statt. Aber die Unterlegung der Geldpolitik der EZB mit staatlichen Anleihen ist jetzt als Systembestandteil der europäischen Geldpolitik fest etabliert. Die Zukunft wird erweisen, welche Risiken damit verbunden sind und ob dies zu einer missbräuchlichen Nutzung beziehungsweise zu inkompetenten Verfahrensweisen führt. Zur Feuerprobe für die europäische Geldpolitik wird der irgendwann unvermeidliche Übergang zu positiven

Realzinsen auch für öffentliche Anleihen werden. So können für die Staatshaushalte der Zukunft erhebliche neue Risiken entstehen. Diese werden in dem Maße virulent, in dem man künftig wieder mit dauerhaft höheren Zinsen rechnen muss. Das hängt auch ab vom Trend der Inflation. Denn negative Realzinsen sind nirgendwo auf der Welt dauerhaft denkbar.

Entscheidend für die Verwundbarkeit von Staatshaushalten und die entsprechenden Volkswirtschaften durch die Staatsverschuldung ist der Zusammenhang mit der Verschuldung im Ausland, dazu zwei Beispiele:

- Japan, mit einer seit einigen Jahrzehnten sehr hohen Staatsverschuldung, finanziert diese insgesamt ausschließlich im Inland und ist deshalb nicht abhängig von der Gunst ausländischer Geldgeber. Möglich wird dies durch seine dauerhaften Leistungsbilanzüberschüsse im Verhältnis zum Ausland.
- Die Türkei dagegen hat hohe und anhaltende Leistungsbilanzdefizite über längere Zeit durch mehr Auslandsverschuldung finanziert. Sollten diese permanenten Kapitalzuflüsse in die Türkei plötzlich abbrechen, sich stark verringern oder nur noch zu stark steigenden Zinsen möglich sein, so wäre das Land vom Staatsbankrott bedroht. Die kritische Situation in der Türkei trat auch deshalb ein, weil das Land trotz hoher und wachsender interner Inflation über Jahre hinweg an einer von Präsident Erdoğan dekretierten Niedrigzinspolitik festhielt. Welchen Ausweg die türkische Geld- und Finanzpolitik jetzt findet und was das für die Wirtschaft, den Arbeitsmarkt und die Masseneinkommen bedeutet, war bei Abschluss dieses Buches noch offen.

In dem komplexen Zusammenhang zwischen Notenbankpolitik, Inflation, Zinsniveau und Staatsverschuldung liegt auch das eigentliche Zukunftsrisiko der Europäischen Währungsunion: Aufgrund der langen Niedrigzinsphase ist die Zinslast auf die Staatsverschuldung durchschnittlich sehr niedrig. Wegen der notwendigen Inflationsbekämpfung liegt das aktuelle Zinsniveau aber durchweg weitaus höher. Sollte die Phase höherer oder gar hoher Zinsen längere Zeit anhalten, so kann dies für viele öffentliche Haushalte in der Euro-Zone zu ernsthaften Schwierigkeiten führen. Vorteile haben in dieser Situation jene Staaten, die wie Deutschland in ihrer Finanzpolitik stets vorsichtig waren. In der Summe gilt: Als dauerhafte Finanzierungsquelle ist die Finanzierung öffentlicher Haushalte mit Schulden stets mit Vorsicht zu betrachten. Für die Europäische Währungsunion ergeben sich die besonderen Risiken daraus, dass die EZB nicht einer staatlichen Ebene unmittelbar zugeordnet ist. Die langfristige Stabilität der europäischen Währungsunion wird deutlich erleichtert, wenn sich die EU allmählich von einem Staatenbund zu einem Bundesstaat fortentwickelt. Das ist gegenwärtig noch nicht absehbar.

Neben Abgaben und Schulden können eine dritte staatliche Finanzierungsquelle *Einnahmen aus wirtschaftlicher Betätigung* sein. So haben rohstoffreiche Länder wegen großer Rohstoffvorkommen häufig mehr Einnahmen, als es dem aktuellen Ausgabenbedarf entspricht. Norwegen hat 1990 für den Überschuss seiner Einnahmen aus der Förderung von Öl und Gas einen großen Staatsfonds eingerichtet, dessen Volumen mittlerweile bei rund 1,2 Billionen Dollar liegt. In seiner Größe wird er weltweit nur noch vom Chinesischen Staatsfonds übertroffen, der ein Volumen von 1,3 Billionen Dollar hat.[61] Staatliche Fonds können aber auch Pensionsfonds sein, die ihre Anlagen zinsbringend streuen. Historisch gesehen, waren es oft Domänengüter, die dem Staat wirtschaftliche Einnahmen brachten. Aber auch die Reichspost und die Eisenbahngesellschaften der Länder finanzierten im Deutschen Reich die öffentlichen Haushalte mit.

Ich wende mich nun den spezifischen Herausforderungen und Problemen der Finanzpolitik in Deutschland zu. Dazu betrachte ich nacheinander den öffentlichen Gesamthaushalt, den Bundeshaushalt und die verschiedenen Zweige der Sozialversicherung.

Die 1949 im Wesentlichen im Grundgesetz festgelegte ursprüngliche Arbeitsteilung der staatlichen Ebenen sah wie folgt aus:

Tabelle 6.5.1 Eckwerte der Öffentlichen Finanzen 1970 und 2022[62]

	1970		2022		Anstieg in %
BIP nominal, Milliarden Euro	360,60		3869,90		+973
BIP real Milliarden Euro (Preise 2022)	1495,90		3869,90		+158
BIP nominal je Einwohner	5963		46 182		+774
BIP real je Einwohner (Preise 2022)	24 736		46 182		+86,7
Eckwerte der öffentlichen Finanzen im Vergleich					
	Milliarden	**% des BIP**	**Milliarden**	**% des BIP**	
Einnahmen	140,53	39,0	1820,12	47,0	+1195
Steuern	82,86	23,0	947,28	23,7	+1043
Sozialbeiträge	42,55	11,8	666,30	17,2	+1466
Summe Abgaben	125,41	34,8	1613,59	41,7	+1189
Ausgaben	138,67	38,5	1926,17	49,8	+1289
Vorleistungen	15,67	4,3	236,55	6,1	+1409
Arbeitnehmerentgelte	30,3	8,4	307,57	7,9	+915
Monetäre Sozialleistungen	44,93	12,5	619,28	16,0	+1278
Soziale Sachleistungen	13,28	3,7	353,57	9,1	+2.662
Bruttoinvestitionen	17,04	4,7	103,12	2,7	+505
Finanzierungssaldo	+1,86	+0,5	106,05	-2,7	
Schuldenstand	64,2	17,8	2367,30	61,2	

- Der Bund ist zuständig für das bundesweit verbindliche Recht. Das gilt grundsätzlich für alle Rechtsgebiete. Die Mitwirkung des Bundesrats ist dabei je nach der Betroffenheit unterschiedlich.
- Die Verwaltung und der Vollzug der Gesetze sind grundsätzlich Aufgabe der Länder beziehungsweise, in Abstimmung mit den Ländern, der kommunalen Selbstverwaltung.
- Einen eigenen Verwaltungsunterbau des Bundes gibt es nur für Bundeswehr, Bundespolizei, Bundeswasserstraßen, Bundesbahn und Bundesbank.

- Die Aufgaben der Sozialversicherung werden nach bundesrechtlichen Vorgaben durch Selbstverwaltungskörperschaften wahrgenommen.

Erst durch spätere Reformen wurden sogenannte Gemeinschaftsaufgaben geschaffen, die teilweise auch wieder abgeschafft oder modifiziert wurden. Insgesamt hat sich das relative Gewicht des Bundes in den vergangenen 70 Jahren kontinuierlich verstärkt. Die Länder haben relativ an Bedeutung verloren. Es entstanden zunehmend gemischte Verantwortlichkeiten. Gleichzeitig werden mehr und mehr Sachverhalte und Rechtsverhältnisse durch Vorgaben aus der EU geprägt.

1970 war der Wiederaufbau der Nachkriegszeit zum Abschluss gekommen. Die Bundesrepublik gehörte jetzt zu den reichsten Ländern der Welt, aber wachstumsstark war sie nicht mehr:

- In dem halben Jahrhundert von 1970 bis 2022 ist zwar das nominale BIP auf nahezu das Elffache gestiegen, aber das meiste davon war ein reiner Inflationseffekt. Real stieg das BIP um rund 160 Prozent auf das gut Zweieinhalbfache. Aber die deutsche Wiedervereinigung und die fortgesetzte Zuwanderung forderten auch ihren Preis. Das BIP pro Kopf hat sich mit 90 Prozent Zuwachs in einem halben Jahrhundert lediglich knapp verdoppelt.
- Gleichzeitig ist der Staatsanteil stark gestiegen: Auf der Ausgabenseite liefen 1970 38,5 Prozent des BIP durch öffentliche Kassen, 2022 waren es 49,8 Prozent.
- Die gesamte Abgabenbelastung stieg von 34,8 auf 41,7 Prozent des BIP. In diesem Rahmen stieg die Steuerquote von 23,0 auf 23,7 Prozent des BIP. Die Belastung mit Sozialbeiträgen explodierte förmlich und stieg von 11,8 auf 17,2 Prozent des BIP. Der Anstieg der Abgabenbelastung vollzog sich von den Siebziger- bis zu den Neunzigerjahren. In den letzten beiden Jahrzehnten blieb die Steuer- und Abgabenquote weitgehend konstant
- Besonders stark nahmen die Sozialleistungen zu. Sie stiegen von 16,3 auf 25,1 Prozent des BIP und machten 2022 mehr als die Hälfte der gesamten Staatsausgaben aus. Hierin kommt die Alte-

rung der Gesellschaft zum Ausdruck, die in der Renten- und Krankenversicherung eine überdurchschnittliche Ausgabenentwicklung treibt. Aber auch die steigenden Transferausgaben für die Bewältigung der Zuwanderungsfolgen finden hier ihren Niederschlag.

- Vor diesem Hintergrund ist es nicht verwunderlich, dass der Staat relativ immer weniger investiert. Die staatlichen Bruttoinvestitionen lagen 1970 bei 4,7 Prozent des BIP, 2022 waren es nur noch 2,7 Prozent, also ein relativer Rückgang von mehr als 40 Prozent.
- 1970 erwirtschaftete der Staat noch einen Überschuss von 0,5 Prozent des BIP, baute also Schulden ab. Sein gesamter Schuldenstand betrug in diesem Jahr lediglich 17,8 Prozent des BIP. 2022 betrug der staatliche Finanzierungssaldo dagegen 106 Milliarden Euro oder 2,7 Prozent des BIP. Sein gesamter Schuldenstand lang bei 2,37 Billionen Euro oder 61,2 Prozent des BIP.

In der Summe liefert der Vergleich dieser ökonomischen und finanzwirtschaftlichen Eckdaten, die ein halbes Jahrhundert auseinanderliegen, den Eindruck einer zunehmenden Anspannung der staatlichen finanziellen Verhältnisse. Die Anforderungen aus der Finanzierung des Sozialstaats scheinen alles andere zu überwuchern. Aus der Kombination von Geburtenarmut, steigender Lebenserwartung und Migration ergibt sich ein großer Teil der Schieflage der Haushaltsstruktur. Der »Rest« kommt aus der kontinuierlichen Ausweitung von Anspruchsniveaus und -tatbeständen.

Insbesondere die Zukunftsverpflichtungen im Sozialbereich tauchen bei der Betrachtung der jährliche Ausgabenentwicklung nicht auf. Die Stiftung Marktwirtschaft veröffentlicht dazu jährlich zusammen mit dem Forschungszentrum Generationenverträge an der Universität Freiburg eine Generationenbilanz, die die eingegangenen staatlichen Zukunftsverpflichtungen – vor allem für künftige Renten- und Pensionszahlungen – quantifiziert: 2023 stand in Deutschland einer expliziten Staatsschuld von 66,3 Prozent des BIP eine implizite Staatsschuld von 381,5 Prozent gegenüber, die mit einem Betrag von 17,3 Billionen Euro knapp das Vierfache jährliche Sozialprodukt ausmachte.[63] Natürlich ist dies eine theoretische Betrachtung, denn im

Falle ernsthafter staatlicher Zahlungsschwierigkeiten würde natürlich in großem Stil in staatliche Leistungsversprechen eingegriffen werden.

Der über Jahrzehnte entstandene Ausgabenwildwuchs zulasten der Zukunft wird besonders deutlich beim Blick auf die Eckwerte des Bundeshaushalts, des größten Einzelhaushalts unter den Gebietskörperschaften (Tabelle 6.5.2, S. 234): Auch hier zeigt sich zunächst eine inflationäre Aufblähung der Ausgabenansätze deutlich. Sie hat dazu geführt, dass sich der nominale Umfang des Bundeshaushalts in 52 Jahren nahezu verelffacht hat:

- 1970 hatten die Verteidigungsausgaben an den Bundesausgaben einen Anteil von 22,5 Prozent. Ihr Anteil am BIP lag bei knapp 3 Prozent. 2022 lagen die Verteidigungsausgaben bei 10,7 Prozent des Bundeshaushalts, ihr Anteil am BIP betrug nur noch 1,3 Prozent. Während 1970 eine Präsenzarmee von 500 000 Soldaten vorgehalten wurde, ist die Bundeswehr gegenwärtig mit ihren rund 180 000 Soldaten aufgrund ihres mangelhaften Ausrüstungsstandes eine nur begrenzt einsetzbare Truppe.[64]
- 1970 hatte der Bund keine nennenswerten Ausgaben in Bildung, Wissenschaft und Kultur. Es handelte ja um originäre Zuständigkeiten der Länder. Heute ist die Verantwortungsvermischung in diesen Bereichen weit fortgeschritten, und 5,8 Prozent der Bundesausgaben entfallen auf Bildung, Wissenschaft, Forschung und Kultur.
- Explodiert sind die Ausgaben des Bundes für die soziale Sicherung. Sie stiegen von 21,0 auf jetzt 52,8 Prozent der Bundesausgaben. Der Löwenanteil davon fließt in direkte Zuschüsse an die Sozialversicherung, insbesondere die Rentenversicherung. Trotz der dramatisch gestiegenen Sozialbeiträge wären alle Zweige der gesetzlichen Sozialversicherung ohne die laufende Unterstützung aus dem Bundeshaushalt nicht mehr funktionsfähig.
- Deutlich gefallen sind die Ausgaben des Bundes für Landwirtschaft, Wirtschaftsförderung und Verkehr: Sie machten 1970 noch 16,4 Prozent der Bundesausgaben aus und liegen heute zusammen bei 8,0 Prozent der Bundesausgaben.

Tabelle 6.5.2 Bundesausgaben nach Aufgabenbereichen 1970 und 2022[65]

	1970		2022	
	Millionen Euro	**Prozent**	**Millionen Euro**	**Prozent**
Ausgaben insg.	46788	100	480688	100
Verteidigung	10543	22,5	51608	10,7
Bildung, Wissenschaft, Kultur	35	0,0	28009	5,8
Soziale Sicherung	9837	21,0	253717	52,8
dar. Sozialversicherung			136757	28,4
Ernährung, Landwirtschaft und Forsten	2301	4,9	1701	0,4
Wirtschaftsförderung, Energie	766	1,6	8795	1,8
Verkehr und Nachrichtenwesen	4611	9,9	28125	5,8

Der aus gegenwärtiger Sicht unvermeidliche Aufwuchs der Verteidigungsausgaben im Bundeshaushalt kollidiert vor allem mit den diversen Wünschen und Notwendigkeiten im Sozialbereich. Das zeigt der Blick auf die Eckwerte der Finanzen der Sozialversicherung und ihre Perspektiven.

Die Sozialversicherungsabgaben, die durch Arbeitgeber und Arbeitnehmer getragen werden, sind in den letzten Jahrzehnten nicht nur absolut stark angestiegen, sondern auch relativ zu den Einkommen und zum BIP. Mittlerweile sind sie für die Mehrheit der Arbeitnehmer eine deutlich höhere Belastung als die Lohn- oder die Einkommensteuer. Die deutsche Sozialversicherung ergibt sich aus der Tradition der bismarckschen Sozialreformen, andere Länder stützen sich stärker auf eine unmittelbare Steuerfinanzierung der sozialen Absicherung. Hier gibt es kein klares Falsch oder Richtig und auch keine optimale Finanzierungsmethode. Ein Vorteil der Finanzierung mit Sozialbeiträgen besteht sicherlich in einer etwas größeren Staatsferne der sozialen Sicherung, sodass Eingriffe, die auf ideologischen Konzepten beruhen beziehungsweise auf mehr Umverteilung gerichtet sind, politisch schwerer durchzusetzen sind.

Tabelle 6.5.3 Einnahmen und Ausgaben der Sozialversicherung 2022[66]

Milliarden Euro	Sozialversicherung		Rentenversicherung		Krankenversicherung		Pflegeversicherung		Arbeitslosenversicherung	
Einnahmen	811,6	100	373,8	100	321,7	100	57,8	100	40,6	100
Tatsächliche Sozialbeiträge	622,7	76,7	259,0	69,3	262,4	81,6	52,4	90,7	33,2	81,7
Transfers vom Staat	178,3	22,0	113,3	30,3	53,4	20,4	4,9	8,5	6,4	15,6
Ausgaben	803,2	100	371,0	100	317,6	100	58,4	100	40,1	100
Monetäre Sozialleistungen	433,4	54,0	353,2	95,2	20,5	6,5	22,4	38,4	26,4	59,8
Transfers an den Staat	10,8	1,3	0,7	0,0	11,2	3,5	0,0	0	1,4	3,5
Soziale Sachleistungen	304,1	37,9	5,1	1,4	263,3	82,9	31,6	54,1	0	0
Finanzierungssaldo	8,4	1,0	2,8	0,8	4,1	1,3	-0,6	-1,0	0,6	1,4

Entscheidend ist aber, dass auch Sozialabgaben staatlich auferlegte Abgaben wie Steuern sind; dass sich Zahlungsverpflichtungen und Leistungsansprüche aus staatlichen Gesetzen ergeben und schließlich, dass die Leistungsversprechen der verschiedenen Sozialversicherungszweige in wachsendem Umfang nur aufrechterhalten werden können durch staatliche Zuschüsse aus dem Bundeshaushalt (vgl. Tabelle 6.5.3):

- Über alle Sozialversicherungszweige hinweg wurden 2022 knapp 77 Prozent der Einnahmen durch Sozialbeiträge finanziert. Die staatlichen Transfers in die Sozialversicherung lagen bei 22 Prozent der Einnahmen und hatten einen Umfang von 178,3 Milliarden Euro. Sie flossen im Wesentlichen aus dem Bundeshaushalt.
- Besonders abhängig von staatlichen Transfers ist die Rentenversicherung. Nur knapp 70 Prozent ihrer Einnahmen sind noch beitragsfinanziert, 30,3 Prozent sind staatliche Transfers. Hier geht es auch um besondere politische Wünsche wie die Mütterrente oder die Mindestrente. Insbesondere aber spiegeln sich in dem hohen und weiter wachsenden Staatszuschuss an die Rentenver-

sicherung die Ungleichgewichte aufgrund der Alterung und der sinkenden Jahrgangsstärken der nachrückenden Anzahl von Beitragszahlern. Dieser Prozess wird sich in den kommenden Jahren erheblich verstärken.

- Auch in der gesetzlichen Krankenversicherung werden mittlerweile 20,4 Prozent der Einnahmen durch Transfers vom Staat generiert. Die maßgebliche Ursache dafür ist, dass mittlerweile mehr und mehr Versicherte – zum Beispiel in der Grundsicherung oder als Asylbewerber – nicht zu den regulären Beitragszahlern gehören.
- Aus demselben Grund steigen in der Pflegeversicherung die staatlichen Transfers stark an und betragen mittlerweile 8,5 Prozent. Mehr und mehr Pflegebedürftige zählten vorher nicht zum regulären Kreis der Beitragszahler. In der Pflegeversicherung werden die offenen Finanzierungsfragen in den nächsten Jahren wohl am stärksten drücken. Das System ist auf die wachsende Zahl Hochbetagter, die einer Intensivpflege bedürfen, nicht vorbereitet.
- In der Arbeitslosenversicherung gibt es schon seit vielen Jahrzehnten eine oft wenig systematische Mischfinanzierung zwischen Sozialbeiträgen und Transfers vom Staat: In den Zeiten sehr niedriger Arbeitslosigkeit, in den Sechziger- und frühen Siebzigerjahren, hatte man einen Teil des Beitragsaufkommens für Fortbildung und Umschulung sowie für diverse arbeitsmarktpolitische Maßnahmen zweckentfremdet. Auch war die Abgrenzung zwischen Arbeitslosengeld, Arbeitslosenhilfe und Sozialhilfe unsystematisch. Und schließlich erforderte ein Anstieg konjunkturbedingter Arbeitslosigkeit immer wieder unmittelbar Zuschüsse aus dem Bundeshaushalt. Heute wirft die Abgrenzung zwischen den Aufgaben der kommunalen Jobcenter und der Bundesagentur für Arbeit immer wieder Probleme auf. Und schließlich ergeben sich aus der fortgesetzten Zuwanderung, insbesondere der Fluchtmigration, immer wieder Probleme bei der Abgrenzung zwischen Arbeitslosenversicherung und staatlichen Transfers. 2022 – aber das ist nur eine Momentaufnahme die sich aus vielen Quellen speist – stammten 15,6 Prozent der Einnahmen der Arbeitslosenversicherung aus staatlichen Transfers.

Das zentrale Strukturproblem der deutschen Staatsfinanzen besteht darin, dass das Wachstum der Sozialausgaben den Staatskorridor mehr und mehr überwuchert und notwendige anderweitige Ausgaben, etwa für Verteidigung oder die Verkehrsinfrastruktur, verdrängt. Das strukturelle Wachstum der Sozialausgaben ist teilweise die unvermeidliche Konsequenz der erfreulichen Zunahme der Lebenserwartung mir ihren Folgen für die Alterssicherung und die Inanspruchnahme der Kranken- und Pflegeversicherung. Es ergibt sich aber auch aus der Schaffung immer neuer sozialer Leistungsansprüche unabhängig von ihrer langfristigen Finanzierbarkeit. Und es ergibt sich aus den finanziellen Folgen der verschiedenen Wellen asylgetriebener Masseneinwanderung, die Deutschland seit Anfang der Neunzigerjahre erlebt hat. Das prägt die Haushalte von Bund, Ländern, Gemeinden und Sozialversicherung vom Asylbewerberleistungsgesetz über die Kosten der Grundsicherung und der Krankenversicherung bis hin zu Schulen, Wohnungsbau und den Ausgaben für Innere Sicherheit.

Exemplarisch kommt die konzeptionelle und strukturelle Überforderung der deutschen Haushaltspolitik im Umgang mit den Problemen des seit drei Jahrzehnten vernachlässigten Verteidigungshaushalts zum Ausdruck: Während die Bundesrepublik Deutschland in den Jahren des Wiederaufbaus und des sogenannten Wirtschaftswunders 4 Prozent des BIP für die Verteidigung erübrigen konnte und in anderthalb Jahrzehnten eine Streitkraft mit 500 000 Soldaten und 5000 Panzern aufstellte, ohne dass der allgemeine Wohlstandszuwachs dadurch nennenswert beeinträchtigt wurde, scheint es in der Gegenwart seit einem Jahrzehnt unmöglich zu sein, die Verteidigungsausgaben gemäß der Verpflichtung gegenüber der Nato von 1,3 auf 2 Prozent des BIP zu erhöhen. Unter dem Druck des russischen Überfalls auf die Ukraine kündigte Bundeskanzler Olaf Scholz zwar am 27. Februar 2022 eine »Zeitenwende« und die Schaffung eines »Sondervermögens« von 100 Milliarden Euro zur Stärkung der Bundeswehr an. Der ordentliche Etatansatz für den Einzelplan der Bundeswehr wurde jedoch im Bundeshaushalt nicht erhöht, denn das hätte mangels anderweitiger Einsparungen die Eckwerte des Bundeshaushalts gesprengt. Stattdessen wird das »Sondervermögen«, das tatsächlich nur eine legalisierte zusätzliche Verschuldungsmöglichkeit ist, dazu genutzt, die Lücken im ordentlichen Verteidigungshaushalt zu stopfen und den Gesamthaushalt des Bundes von anderweitig unvermeidlichen Einsparnotwendigkeiten zu befreien. Tatsächlich werden durch das »Sondervermögen« die Zukunftslasten und die notwendige Konsolidierung – sei es durch Einsparungen, sei es durch Steuererhöhungen – auf künftige Bundesregierungen verschoben. Der Verteidigungshaushalt wäre dann Ende dieses Jahrzehnts immer noch zu niedrig, während das »Sondervermögen« verbraucht ist.[67]

Generell zeigt sich am Umgang mit dem »Sondervermögen Bundeswehr«: Die rot-grün-gelbe Bundesregierung »löst« die finanziellen Probleme, indem sie sie an ihre Nachfolger, die Bundesregierungen ab 2026 – weiterschiebt. Das ist aber genau der Zeitraum, in dem die aufgeschobenen und verdrängten Probleme in der Renten-, Kranken- und Pflegeversicherung voll aufbrechen, während gleichzeitig das deutsche Erwerbspersonenpotenzial, die Quelle allen Wohlstands, stark zurückgeht.

Keineswegs bin ich ein grundsätzlicher Gegner von Sonderetats und Sonderhaushalten für bestimmte Zwecke. Ich nenne zwei große Fonds, an deren Errichtung ich Anfang der Neunzigerjahre als Beamter des Bundesfinanzministerium maßgeblich beteiligt war:

- Der 1990 gegründete Fonds Deutsche Einheit, der ein Sonderetat für eine zweckgebundene Schuldenaufnahme war, ermöglichte es dem Bund und den Ländern, mit einem Volumen von 115 Milliarden D-Mark erhebliche finanzielle Zuschüsse für die DDR (und nach der Wiedervereinigung für die neuen Bundesländer) zur Verfügung zu stellen, ohne die westdeutschen öffentlichen Haushalte unmittelbar zu belasten.
- Mit der Wiedervereinigung wurde im Oktober 1990 die ostdeutsche Treuhandanstalt, in deren Eigentum sich die ehemals volkseigenen Betriebe befanden, zu einer unmittelbaren Bundesbeteiligung. Gedeckt durch die Garantie des Bundes für die Bedienung ihrer Schulden, häufte die Treuhandanstalt bis Ende 1994 einen

konsolidierten Schuldenstand von 240 Milliarden D-Mark an. Dieser wurde zum 1. Januar 1995 in die Bundesschuld übernommen. So erhielt die Treuhandanstalt die notwendige finanzielle Flexibilität, um die Restrukturierung und Privatisierung der ostdeutschen Wirtschaft durchzuführen, wie es ihre Aufgabe war.

Diese beiden großen einheitsbedingten, besonderen Schuldenetats waren in ihrer Zeit unbedingt zweckmäßig und historisch geboten. Dagegen habe ich große Zweifel, ob die üppigen Kreditermächtigungen für die Corona-Hilfen 2020 bis 2022 wirklich notwendig waren -- eine Pandemie ist kein nationaler Notstand. Die langsame Erholung der deutschen Wirtschaft nach Beendigung der Pandemie mag auch damit zusammenhängen, dass üppige öffentliche Hilfen einen gewissen Verwöhneffekt ausgelöst haben.

Betriebsunfall Schuldenbremse

Ende 2021 entschied die von SPD, Grünen und FDP neu gebildete Koalition, nach den Parteifarben auch Ampel-Koalition genannt, die nicht verbrauchten Kreditermächtigungen des Corona-Hilfsfonds auf das 2010 errichtete Sondervermögen für Energieversorgung und Klimaschutz zu übertragen. Dieses Sondervermögen wurde in Klima- und Transformationsfonds (KTF) umgetauft. Er dient als Schaltstelle für die Transformation Deutschlands zu einer klimaneutralen Volkswirtschaft. Die Übertragung der nicht verbrauchten Kreditermächtigungen im Umfang von 60 Milliarden Euro war eine klare Umgehung der seit 2009 im Grundgesetz verankerten Schuldenbremse, die eine Überschreitung der Kreditobergrenze von 0,35 Prozent des BIP nur bei unvorhergesehenen extremen Notlagen gestattet. Die Corona-Pandemie konnte man als eine unvorhergesehene Notlage betrachten. Die Finanzierung von Maßnahmen zur Unterstützung der Energie- und Klimawende erfüllte dagegen dieses Kriterium von Anfang an nicht. Man konnte hierzu zwar seit Jahrzehnten unterschiedliche Einschätzungen haben, unvorhergesehen war hier aber nichts. Gegen diese Zweckentfremdung der Kreditermächtigungen des Corona-Fonds klagte die CDU/CSU-Bundestagsfraktion vor dem Bundesverfassungsgericht, und mit dessen Urteil vom 15. November 2023 bekam sie umfassend recht.[68]

Das Gericht bezog sich in seinem Urteil auf die klassischen haushaltsrechtlichen Prinzipien der Jährlichkeit, Jährigkeit und Fälligkeit:

- Jährlichkeit: Der Haushaltsplan muss vor Beginn des Haushaltsjahres durch das Haushaltsgesetz festgestellt werden.
- Jährigkeit: Die Haushaltsermächtigungen gelten nur für das laufende Haushaltsjahr und verfallen danach grundsätzlich ersatzlos.
- Fälligkeit: Im Haushaltsjahr dürfen nur die Einnahmen und Ausgaben veranschlagt werden, die auch in diesem Jahr voraussichtlich kassenwirksam werden.

Natürlich kann die öffentliche Hand auch unter strikter Beachtung der oben genannten haushaltsrechtlichen Prinzipien vernünftig und mit langfristiger Orientierung wirtschaften:

- Unter gewissen Voraussetzungen kann man haushaltsrechtlich sogenannte Ausgabereste bilden und ins kommende Jahr übertragen.
- Außerdem gibt es die Möglichkeit, mehrjährig wirksame Verpflichtungsermächtigungen zu beschließen.
- Schließlich kann man auch Rücklagen bilden und für bestimmte Vorhaben »ansparen«.
- Außerdem kann man Wirtschaftsunternehmen im öffentlichen Eigentum einschalten, die kaufmännisch bilanzieren und für politisch definierte öffentliche Zwecke Zuschüsse aus dem Staatshaushalt erhalten.

Es gibt also im geltenden Haushaltsrecht vielfältige Möglichkeiten, auch langfristig laufende große Investitionsvorhaben so zu finanzieren, dass ihre Durchführung durch das Haushaltsrecht nicht behindert wird. Zuzugeben ist allerdings, dass die Finanzierung aus großen Schuldenetats, die noch dazu der parlamentarischen Kontrolle weitgehend entzogen werden können, weitaus bequemer und flexibler sein kann.

Die Ampel-Regierung hat es jedoch übertrieben. Die Ende 2021 erfolgte Umwidmung der nicht benötigten Corona-Kreditermächtigungen verstieß so eklatant gegen Geist und Buchstaben der erst 2009 eingeführten verfassungsrechtlichen Schuldenbremse, dass sich das Bundesverfassungsgericht zum Einschreiten genötigt sah, um zentrale Formulierungen des Grundgesetzes nicht der freizügig interpretierenden Beliebigkeit preiszugeben. Das Urteil war ein Paukenschlag. Nachdem es ergangen war, zeigte sich in wenigen Tagen, dass nach der Logik des Bundesverfassungsgerichts auch die 165 Milliarden Euro Kreditermächtigungen untergegangen waren, die im Wirtschaftsstabilisierungsfonds veranschlagt waren. So war es nur folgerichtig, dass die Ampel-Koalition die Verabschiedung des Bundeshaushalts 2024 aufschob.

Es dauerte vier Wochen, bis Kanzler Scholz, Finanzminister Lindner und Wirtschaftsminister Habeck am 13. Dezember verkünden konnten, dass sie sich auf ein Einsparpaket für einen verfassungsgemäßen Bundeshaushalt 2023 geeinigt hätten. Noch einmal sechs Tage dauerte es, bis das Bundespresseamt am 19. Dezember 2023 die Liste der Maßnahmen mit einem Gesamtumfang von 17 Milliarden Euro vorlegen konnte. Es war eine bunte Mischung aus gekürzten Zuschüssen an die Sozialversicherung, pauschalen Streichungen in Einzeletats, korrigierten Schätzansätzen und Streichungen steuerlicher Subventionen.[69] Weitgehend verschont blieben die Sozialausgaben, auch die geplante Erhöhung des Bürgergelds zum 1.1.2024, die allein vier Milliarden Euro kostete, wurde nicht angetastet.

Die im Maßnahmenpaket enthaltene Abschaffung der Kraftfahrzeug-Steuervergünstigung für Forst- und Landwirtschaft und der ermäßigten Steuer beim Agrardiesel führten um die Jahreswende 23/24 zu ausgedehnten Protestaktionen der Bauern, die auch durch die eilends nachgeschobene zeitliche Streckung beim Abbau der Diesel-Vergünstigung nicht mehr beruhigt werden konnten. Auch die geplante Kerosinsteuer für die Luftfahrt überlebte nur wenige Tage, und die geplante Plastikabgabe wurde zunächst auf 2025 aufgeschoben. Das Hin und Her um das Einsparpaket erinnerte Heike Göbel in der *FAZ* an die Praktiken unseriöser Hütchenspieler.[70]

Die Ampel-Koalition erreichte neue Tiefpunkte in den Umfragen, aber die Maßnahmen wurden mit Modifikationen auf den Weg gebracht und der Haushalt 2024 am 2. Februar 2024 verabschiedet. Er sieht gegenüber 2023 einen Anstieg der Ausgaben um 3,4 Prozent auf 476,8 Milliarden Euro vor. Die geplante Kreditaufnahme von 39,03 Milliarden Euro liegt im Rahmen der Schuldenbremse des Grundgesetzes.[71]

Der Streit um die Schuldenbremse hält seitdem an, der SPD-Parteitag und die SPD-Bundestagsfraktion forderten ihre Abschaffung oder Modifizierung. Das geht unabhängig vom Widerstand des FDP-Finanzministers nur mit einer verfassungsändernden Mehrheit im Bundestag, für die die CDU/CSU unter Friedrich Merz nicht zur Verfügung steht. Offen bleibt beim Abschluss dieses Manuskripts, ob die Bundesregierung im Verlauf des Jahres 2024 erneut eine Haushaltsnotlage erklärt und damit die Schuldenbremse aussetzt. Ausgaben zur Unterstützung der Ukraine könnten ein Aufhänger sein. Der Ökonom Hans-Peter Grüner, der die Union bei ihrer Klage in Karlsruhe beriet, verweist dazu auf die Unschärfe des Notlagenbegriffs. Eine risikobewusste Haushaltspolitik könnte nämlich durchaus vorsorgend auch für unvorhergesehene Ausgaben eine Reserve schaffen. Im Übrigen handele es sich bei der Unterstützung der Ukraine nicht um eine kurzfristig auftretende, unvorhersehbare Notlage.[72]

Unabhängig von der aktuellen Krisensituation, rühren die heutigen Probleme des Bundeshaushalts zu einem großen Teil daher, dass der Bund sich über Jahrzehnte immer neuer Aufgaben angenommen hat, die nach der ursprünglichen Aufgabenzuweisung des Grundgesetzes nicht zu seinen Zuständigkeiten zählen. Dazu gehört das gesamte Engagement des Bundes bei Bildung und Kultur. Dazu zählt aber auch seine Beteiligung an der Finanzierung der Grundsicherung als Nachfolgesystem der klassischen Sozialhilfe. So konnte es dazu kommen, dass der Bund gegenwärtig weder dazu in der Lage ist, die Bundeswehr auskömmlich zu finanzieren, noch die finanziellen Lasten für eine quantitativ auskömmliche und qualitativ hochwertige Verkehrsinfrastruktur zu bewältigen.

Die Finanzpolitik steht vor sechs großen finanziellen Herausforderungen,[73] und es fehlt unter den verantwortlichen Politikern offenbar (Stand Frühjahr 2024) fast gänzlich an Ideen, wie sie gleichzeitig bewältigt werden können:

- dauerhafte Finanzierung eines Verteidigungshaushalts von 2 Prozent des BIP,
- Sicherung der Energieversorgung durch neue Lieferanten und Ausbau alternativer Energien,
- Umbau der Wirtschaft zur Anpassung an den Klimawandel,
- Finanzierung der sozialen Sicherungssysteme,
- Attraktivität des deutschen Steuer- und Abgabesystems für die Zuwanderung von Fachkräften,
- Auskömmliche Finanzierung der Infrastruktur, finanzielle und steuerliche Attraktivität für Investitionen.

Die im Juli 2023 verabschiedete mittelfristige Finanzplanung bis 2027 zeigte den Umfang der Ideenlosigkeit: Sie sieht allenfalls eine formale Rückkehr zu jener »Normalität« vor, wie sie in den Jahren bis 2019 geherrscht hatte. Der mit der Schuldenbremse beabsichtigte Zwang zu solider Haushaltsführung hatte seit 2020 zu einer exzessiven Ausdehnung von Ausnahmesachverhalten geführt. Der dadurch ausgelöste langfristige Konsolidierungszwang wird in der mittelfristigen Finanzplanung auf die Zeit ab 2028 verschoben,[74] also der übernächsten Bundesregierung vor die Tür gelegt:

- Bis 2028 wird der Anteil der Sozialausgaben am Bundeshaushalt auf über 52 Prozent angestiegen sein.
- Ab 2028 müssen jene Schulden aus den Jahren 2020 bis 2023, die die Schuldengrenze gemäß der Schuldenregel übersteigen, jährlich mit 12 Milliarden Euro getilgt werden.
- Im Jahr 2031 muss die Tilgung der Schulden des auf 100 Milliarden Euro angelegten »Sondervermögens Bundeswehr« einsetzen.

Perspektiven

Für die langfristige Sanierung der Bundesfinanzen und des öffentlichen Gesamthaushalts sind aus meiner Sicht folgende Ansatzpunkte wichtig:

- Das personelle Wachstum der Bundesbehörden, insbesondere der Ministerien, muss ein Ende haben. Allein von 2021 bis 2023 stieg das Stellensoll des Bundeshaushalts (ohne Soldatinnen und Soldaten) um rund 10 000 Stellen von 289 453 auf 299 489 Stellen.[75] Die Zahl der ministeriellen Planstellen in der Besoldungsgruppe B stieg von 2014 bis 2023 von 1300 auf knapp 2200. Es gab also quasi eine Explosion von top-vergüteten »Führungspositionen«.[76]
- Größere Leitungsstäbe und mehr Staatssekretärsposten sorgen aber nicht für eine bessere Politik – im Gegenteil. Die Verantwortlichkeiten werden immer unschärfer. Man lässt lesen und denken, statt dies selber zu tun. Wenn man – wie Wirtschaftsminister Habeck – sieben Staatssekretäre und deren Leitungsstäbe koordinieren muss, wird man vom Sachverstand der Fachleute abgeschirmt und schwimmt als Minister politisch und fachlich im eigenen Saft. Ludwig Erhard bewältigte sein revolutionäres Aufbauwerk als Bundeswirtschaftsminister mit nur einem Staatssekretär.
- Die Arbeitsteilung zwischen Bund und Ländern sollte wieder stärker zur ursprünglichen Aufgabenzuweisung des Grundgesetzes aus dem Jahr 1949 zurückkehren. Das gilt vor allem für den Bereich Bildung und Kultur.
- Die sogenannte Entwicklungshilfe ist weltweit weitgehend gescheitert. Die wirtschaftliche Zusammenarbeit sollte wieder stärker an wirtschaftlichen und außenpolitischen Interessen ausgerichtet werden und sich vor allem auf Beratung konzentrieren. Die Förderung von Projekten sollte weitgehend auslaufen.
- Dem Wachstum der Zuschüsse an die Sozialversicherung muss ein Ende gesetzt werden. Die Pflegeversicherung ist in ihrer gegenwärtigen Form kaum reformfähig.

- Das Bürgergeld bedarf einer grundlegenden Reform im Hinblick auf das Lohnabstandsgebot und der notwendigen Anreize für die Aufnahme einer Erwerbstätigkeit.
- Künftige Sozialreformen des Bundes – auf welchem Gebiet auch immer – müssen grundsätzlich ausgabenneutral sein.
- Die Unternehmensbesteuerung und die persönliche Einkommensteuer müssen international wettbewerbsfähig sein.

Aus meiner 35 Jahre währenden beruflichen Erfahrung als Ministerialbeamter des Bundes, Finanzstaatssekretär in Rheinland-Pfalz und Finanzsenator in Berlin weiß ich um die grundsätzlich große Gestaltungsfähigkeit staatlicher Finanz- und Haushaltspolitik. Diese setzt aber voraus, dass man die sachlichen Inhalte und politischen Ziele der fachpolitischen Bereiche kritisch analysiert und dem langfristig finanziell Machbaren auch unterordnet. Das geht – so meine gesamte Lebenserfahrung – nicht ohne Streit und große Härten. Wer sich dabei heraushält und immer nach dem nächsten Kompromiss schielt, regiert am Ende wie Angela Merkel oder Olaf Scholz: an der Spitze immer größerer Apparate, eingeengt durch immer mehr Kompromisse, zugewuchert von immer mehr Vorschriften oder einzuhaltende politische Abmachungen, unfähig zur befreienden Tat.

Der Sozialstaat

Die unter Reichskanzler Bismarck gegründete deutsche Sozialversicherung ist mit den vier Säulen Renten-, Kranken-, Unfall- und Arbeitslosenversicherung als Schutz gegen die großen individuellen Lebensrisiken der historische Kern des deutschen Sozialstaats. Sie wurde auch weltweit zum Vorbild.

Aber der Sozialstaat ist viel mehr: Er repräsentiert eine elementare emotional geprägte Gemütsverfassung und nahm dabei im Laufe seiner Geschichte die unterschiedlichsten Elemente in sich auf: liberales, christliches, sozialistisches, kommunistisches, sozialfaschistisches, nationalistisches, universalistisches und egalitäres Gedankengut. Der umfassende Sozialstaatsgedanke enthielt auch stets einen gehörigen utopischen Überschuss. Die Idee des schwedischen »Volksheims« ist seine reinste Ausprägung. Schweden war es auch, in dem der Sozialstaat zuerst an die Grenzen seiner Übertreibung geriet. Dort wurden die Grenzen der Abgabenbelastung zuerst getestet, dort wurde Gleichheit um jeden Preis auf ihre Spitze getrieben. Und in Schweden begann auch der utopische Versuch, durch die Gewährung freier Zuwanderung für alle die schwedischen Ideen von Gleichheit und Gerechtigkeit auf die ganze Welt auszudehnen.

Schweden war aber auch das Land, das frühzeitig und konsequent zu bestimmten Korrekturen schritt:

- Um wirtschaftlich wettbewerbsfähig zu bleiben, trennte es frühzeitig die Besteuerung der Unternehmen und ihrer wirtschaftlichen Tätigkeit von der Besteuerung der Individuen.
- Um den Staat finanziell nicht zu überfordern, beschränkte es frühzeitig die staatliche Verschuldung und hat heute eine der niedrigsten Schuldenquoten der Welt.
- Um die Gleichheit zu fördern, hielt es an einer extrem progressiven Individualbesteuerung fest und öffnete zudem die Steuerakten aller Bürger dem neugierigen fremden Blick.
- Im Zweifel muss im schwedischen Modell aber die Freiheit vor der Gleichheit zurücktreten: Damit sich niemand durch mehr Geld eine bessere Gesundheitsfürsorge kaufen kann, ist in Schweden die privatärztliche Tätigkeit untersagt. Und damit sich niemand mit Geld sexuelles Vergnügen kaufen kann, wird zwar nicht die Prostituierte, wohl aber der Freier bestraft, wenn er erwischt wird.
- Mächtiges Lehrgeld zahlte das Land bei der Einwanderung. Jahrelang wurde jede Debatte darüber unterdrückt, dass bestimmte Einwanderungsgruppen besondere Probleme mit sich bringen. So begann der Aufschwung der Schwedendemokraten: Bei den Reichstagswahlen im September 2022 wurden sie mit 20,5 Prozent die zweitgrößte Partei. Sie stützen die konservative Regierung, ohne an ihr beteiligt zu sein, und prägen maßgeblich die

Asyl- und Einwanderungspolitik, bei der sich Schweden von seinem universalistischen Credo verabschiedet hat.

Jeder westliche Industriestaat hat mittlerweile einen mehr oder weniger ausgebauten Sozialstaat, und in jedem Land wird mit leicht variierenden Ergebnissen um stets dieselben Fragen gerungen:

- Welches Menschenbild lege ich zugrunde: Ist es das autonome, souveräne Individuum, das auf seinem Lebensweg in seiner Unternehmungslust möglichst nicht behindert werden soll und mit einer eher sparsamen sozialen Absicherung begleitet wird? Oder ist es das sozial orientierte Gruppenwesen, das als Teil der Herde beschützt wird, aber dort auch nicht besonders herausragen oder auffallen soll?
- Wie viel Freiheit ist zulässig auf Kosten der Gleichheit – und umgekehrt?
- Wie umfassend ist die soziale Absicherung – und worauf zielt sie: Gleichheit der Chancen oder Gleichheit der Ergebnisse?
- Wie verhindert man den Missbrauch des Sozialstaats für ideologische Zwecke, indem Leistungen so gesteuert werden, dass bestimmte Lenkungsergebnisse erreicht werden, die einem gesellschaftspolitisch erwünschten Bild entsprechen, aber mit Fragen der sozialen Sicherheit nichts zu tun haben?
- Was darf der Sozialstaat »kosten«? Das gilt für die individuelle Abgabenbelastung, für die Staatsausgaben insgesamt, aber auch für Faktoren wie Ehrgeiz, Leistungsbereitschaft und Risikofreude.
- Was sind die langfristigen unbeabsichtigten Nebenwirkungen einer bestimmten Struktur der staatlichen Absicherung für die menschliche Reproduktion und die Zukunft der Gesellschaft insgesamt?

Diese und andere Fragen ähnlicher Art werden nie eine abschließende Antwort finden. Wo ich selber von meinem Weltbild her stehe, ist dem Leser wohl ausreichend klar geworden. Von Januar 1978 bis April 1981 hatte ich als enger Mitarbeiter, Redenschreiber und Berater des Arbeitsministers Herbert Ehrenberg im damaligen Bundesministerium für Arbeit und Sozialordnung gearbeitet, und dabei unter anderem als Ghostwriter für den Minister und seine Staatssekretärin Anke Fuchs ein ganzes Buch über den Sozialstaat verfasst.[77] Es ist eine faszinierende Welt, die sich allerdings nur im Detail wirklich erschließt und letztlich über die ganze Breite staatlicher Gesetzgebung und Daseinsvorsorge geht. Trotzdem wechselte ich im April 1981 dankbar erneut ins Bundesministerium der Finanzen. Ich hatte erkannt, dass die zahlreichen Architekten und Maurer am ausufernden Gebäude des Sozialstaats eines starken Gegengewichts bedurften. Sonst würde der soziale Erfindungsreichtum immer neuer staatlicher Leistungen und die Entdeckung immer neuer Ungerechtigkeiten, die es zu bekämpfen galt, das gesamte Gemeinwesen in eine Schieflage bringen. Ich schlug mich im April 1981 im Alter von 36 Jahren endgültig auf die Seite der finanziellen Vernunft, der kritischen Sparsamkeit und der produktiven Effizienz. Dort blieb ich für den Rest meines Berufslebens und habe das bis heute nie bereut.

Die ständige Arbeit am Umbau des Sozialstaats halte ich weiterhin für unbedingt notwendig, allerdings nicht im Sinne eines Ausbaus, sondern im Sinne von mehr Zielgenauigkeit und Effizienz. Dabei muss die Absicherung der großen Lebensrisiken weiterhin im Mittelpunkt stehen. Aber es gibt auch Grenzen der Solidarität, und den Menschen muss individuell die Luft zum Atmen und die Lust zur Leistung durch Arbeit verbleiben. Die heutige Beanspruchung der Wirtschaftskraft durch den Staat – die Hälfte des BIP geht in irgendeiner Form durch öffentliche Kassen – sollte auch künftig allemal ausreichen.

Von den rund 50 Prozent der Wirtschaftsleistung, die der Staat in irgendeiner Form durch seine Kassen lenkt, dienen drei Fünftel, also 30 Prozent des BIP, der Finanzierung des Sozialstaats. Für 1969 erstellte das damalige Bundesministerium für Arbeit und Sozialordnung erstmals ein sogenanntes Sozialbudget, das alle Sozialleistungen und ihre Finanzierung in einem einheitlichen Rechenwerk erfasst.[78] Der Anteil aller Sozialleistungen am BIP, die Sozialleistungsquote, erreichte im Jahr 2009 erstmals 30 Prozent und liegt seitdem in dieser Größenordnung.[79] 1960 hatte die Sozialleistungsquote noch bei 18 Prozent gelegen, aber sie stieg im Laufe der Jahre immer mehr an. Rund 80 Prozent der Sozialleistungen werden für Krankheit sowie für Renten und Pensionen verwendet. 64 Prozent der Sozialleistungen wurden 2022 durch Sozialbeiträge und 34 Prozent durch staatliche Zuschüsse finanziert. Diese Anteile sind seit Jahren recht stabil.

Rund 217 Milliarden Euro oder 6 Prozent des BIP flossen 2021 in die nicht beitragsfinanzierten Förder- und Fürsorgesysteme, das sind die staatlichen Sozialleistungen im engeren Sinne, die praktisch vollständig aus Steuermitteln finanziert werden.[80] Hier schlagen sich in unterschiedlichen Positionen auch die sozialen Ausgaben für Zuwanderer und Asylbewerber nieder. Die zweistelligen Milliardenbeträge, die hierfür jährlich aufgewendet werden, gehen im Grundrauschen des gigantischen Sozialbudgets fast unter. Die indirekten Verdrängungseffekte, die diese Ausgaben auslösen, zeigen sich in den niedrigen staatlichen Investitionen, aber auch in dem seit Jahren anhaltenden Unvermögen, die Bundeswehr ausreichend zu finanzieren und entsprechend auszustatten.

Der internationale Vergleich von Abgabe- und Ausgabequoten in Tabelle 6.6.1, S. 250 zeigt, dass man auch in einer westlichen Marktwirtschaft in Bezug auf den Sozialstaat durchaus unterschiedliche Wege gehen kann. Abgabenbelastungen sowie Umfang und Qualität der staatlichen oder staatlich garantierten Sozialleistungen fallen dann allerdings auch unterschiedlich aus. Hier spiegeln sich nicht nur Effizienzunterschiede und die Ergebnisse unterschiedlicher historischer Entwicklungspfade, sondern auch die Präferenzen in der jeweiligen Bevölkerung wider. Länder, die niedrige Abgaben und ein nicht so gut ausgebautes Sozialsystem haben, ziehen tendenziell eher die Leistungsträger an. Die typischen nord- und mitteleuropäischen Wohlfahrtsstaaten sind dagegen für all jene besonders attraktiv, die vor allem die Sozialtransfers im Auge haben

Tabelle 6.6.1: Steuern, Abgaben und staatliche Gesamtausgaben[81]

	In Prozent des BIP 2021		
	Steuern	**Abgaben**	**Staatliche Gesamtausgaben**
Irland	17,9	21,1	24,8
USA	20,2	26,6	44,9
Schweiz	21,2	28,0	33,0
Kanada	28,5	33,2	45,9
Japan	19,8	33,2	44,3
Estland	21,8	33,5	41,5
Vereinigtes Königreich	26,8	33,5	46,3
Tschechien	17,4	33.8	46,5
Portugal	25,2	35,8	47,7
Polen	23,8	36,8	44.1
Deutschland	*24,6*	*39,5*	*51,3*
Niederlande	26,6	39,7	46.7
Schweden	33,6	42,6	49,4
Italien	29,8	43,3	57,3
Österreich	28,1	43,4	56.1
Frankreich	30,3	45,1	59,1
Dänemark	46,8	46,9	50,8

Leistungsanreize

In jedem sozialen Sicherungssystem gibt es, unabhängig vom Grad seines Ausbaus und seiner Konstruktion im Detail, ein grundsätzliches Spannungsverhältnis zwischen dem Ziel, allen eine sozial angemessene und menschenwürdige Grundsicherung zu gewährleisten, und dem Ziel, ausreichende Anreize für eine aktive, auf Erwerbsarbeit gerichtete Lebensgestaltung zu geben.

Der in den Jahren 2002 bis 2005 ausgetragene bittere Streit um die Agenda 2010 mit den Reformen des Arbeitsmarkts und der Ablösung der Arbeitslosenhilfe und Sozialhilfe durch die sogenannte Grundsicherung drehte sich um genau diesen Punkt. Er führte zum Aufstieg der Linkspartei und lähmte über viele Jahre die SPD. Die

2022 erfolgte Ablösung der Grundsicherung durch das Bürgergeld – eine veredelte Grundsicherung mit verbesserten Leistungen und weniger Sanktionen – ist eine verspätete Genugtuung für all jene Linken und Linksliberalen, die mit den Hartz-Reformen nie ihren inneren Frieden gemacht haben.

Leider wird mit dieser Reform das Anreizproblem nicht gelöst, sondern eher noch verschärft, und durch die Kombination mit einer Wohngeldreform leidet zudem noch die Übersichtlichkeit. Je nach Mietkostenbelastung besteht im neuen Recht für ein Alleinverdiener-Paar mit zwei Kindern ein Transferanspruch bis zu einem monatlichen Bruttoarbeitseinkommen von 4500 bis 5000 Euro. Bei einem Alleinstehenden kann inklusive Wohngeld ein Transferanspruch bis zu einem monatlichen Bruttoarbeitseinkommen von 2000 bis 2200 Euro bestehen. Bürgergeld, Wohngeld und Kinderzuschläge sind aber unzureichend miteinander verzahnt, für den Leistungsbezieher und potenziellen Antragsteller gibt es keine erkennbare Logik.[82] Die Anreize für eigene Arbeitsleistung sind unzureichend ausgebildet. Es bleibt ein Problem, dass bezahlte und legal mit Abgaben belegte Arbeit bis hin zu nennenswerten Monatseinkommen im Verhältnis zum Transferbezug eigentlich »nicht lohnt«. Durch den Abbau von Sanktionsmöglichkeiten ist zudem der Anreiz für missbräuchliche Ausnutzung des Transfersystems weiter gestiegen.

Kindergrundsicherung

Die Grundsicherung ist wie vorher die Sozialhilfe seit ihrer Einführung im Jahr 2004 so bemessen, dass das Armutsrisiko damit ausgeschlossen ist: Die Kosten der Unterkunft und die Kosten der Heizung sowie die Kosten der gesetzlichen Krankenversicherung werden vom Staat getragen. Der eigentliche Regelsatz muss also nur die Kosten für den übrigen Lebensunterhalt abdecken. Er beträgt seit Anfang 2024

– für einen Alleinstehenden 563 Euro,
– für zwei volljährige Partner mit 2 Kindern zwischen 6 und 13 Jahren 1849 Euro.[83]

Von »Armut« kann bei solchen Beträgen, die netto nach Wohnung, Heizung und Krankenversicherung zur Verfügung stehen, eigentlich nicht die Rede sein. Eher stellt sich die Frage der ausreichenden Anreize für die Aufnahme einer Beschäftigung. Umso befremdlicher wirkte es, welch öffentlicher Aufruhr viele Monate lang um das Projekt einer sogenannten Kindergrundsicherung gemacht wurde, das die obigen Beträge für Kinder noch einmal deutlich aufstocken sollte.

Die Tatsache, dass in Bedarfsgemeinschaften, die Bürgergeld beziehen, 2,6 Millionen Kinder leben, wurde als Beleg für deren »Armut« genommen. Als Misserfolg staatlicher Sozialpolitik wurde im Modus des moralischen Vorwurfs beklagt, dass die Zahl der Kinder, die von Grundsicherung leben, seit vielen Jahren auf diesem Niveau stagniert. Dabei geht schon fast gewohnheitsmäßig die elementare Grundtatsache unter, dass das Bürgergeld ja gerade Armut verhindern soll und auch entsprechend ausgelegt ist. Wer Bürgergeld bezieht, ist zwar materiell vom Staat abhängig, aber er ist eben nicht arm. Er wäre arm, wenn es das Bürgergeld nicht gäbe.

Eine im Juli 2023 bekannt gewordene Auswertung der Bundesanstalt für Arbeit teilte die Zahl der Minderjährigen in Bedarfsgemeinschaften nach ihrer Staatsangehörigkeit auf:

- Es stellte sich heraus, dass die Zahl der deutschen Kinder in Bedarfsgemeinschaften seit 2015 um 550 000 oder mehr als ein Drittel von fast 1,6 Millionen auf zuletzt eine Million gesunken ist.
- Dagegen ist die Zahl der ausländischen Kinder in Bedarfsgemeinschaften von 350 000 auf 930 000 gestiegen. Das sind vor allem die Kinder der seit 2015 nach Deutschland gekommenen Fluchtmigranten, soweit diese Grundsicherung beziehen. Aber auch 275 000 ukrainische Kinder sind mittlerweile in der Grundsicherung.[84]

Das politische Thema ist also nicht, ob und um wie viel man die Grundsicherung für Kinder erhöhen soll, sondern welche Mechanismen und Anreize dazu dienen könnten, die durchweg jungen und entsprechend gesunden Eltern dieser Kinder in bezahlte Arbeit zu bringen, damit sie und ihre Familien sich aus der Abhängigkeit vom Bürgergeld lösen können.

In der hier zum Ausdruck kommenden Verknotung unterschiedlichster Probleme – von Migration, Flucht und Asyl bis hin zu den Anreizwirkungen in unserem Sozialstaat – sehen wir viel von dem, was in Deutschland generell schiefläuft und in unserem Sozialstaat nicht in Ordnung ist. Die zweistelligen Milliardenbeträge, die für dieses in vielerlei Hinsicht obsolete System ausgegeben werden, fehlen bei der Modernisierung der Bundeswehr, bei der Verkehrsinfrastruktur und bei der Digitalisierung der öffentlichen Verwaltung.

Relative Armut und Ungleichheit

Bei jeder Debatte um Armut und Reichtum spielen neben der notwendigen Bekämpfung nackter Not und der Sicherung eines sozialen Existenzminimums Fragen von Gleichheit und Gerechtigkeit eine elementare Rolle.

Das beginnt schon bei der Armutsdefinition. Nach der allgemein zugrunde gelegten Definition der OECD gilt als einkommensarm, wer weniger als 50 Prozent des mittleren Einkommens in der jeweiligen Gesellschaft verdient, und als wohlhabend, wer mehr als 200 Prozent des mittleren Einkommens verdient. Das mittlere Einkommen ist dabei definiert als Median.[85] Das führt zu dem Ergebnis, dass nach dieser Definition Länder wie Polen, Tschechien oder die Slowakei anteilig weniger einkommensarme Haushalte haben als Deutschland, während die reichen Länder USA, Australien oder Japan deutlich mehr Arme haben als Deutschland. Eine solche Armutsdefinition misst also eher die Verteilung des Wohlstands als den Wohlstand selbst. Der im Mai 2021 veröffentlichte Armuts- und Reichtumsbericht der Bundesregierung kommt zum Ergebnis, dass in den letzten Jahren die materielle Ungleichheit nicht gestiegen ist und dass der Umverteilungsumfang erheblich war.[86]

Aus einer Auswertung der regionalisierten Lohn- und Einkommensteuerstatistik ergibt sich, dass nur ein sehr geringer Teil der in Deutschland gemessenen Einkommensungleichheit von etwa fünf Prozent auf Unterschieden zwischen den Regionen beruht und vor allem in den Regionen selber liegt. 95 Prozent der Einkommensungleichheit hängen dagegen mit der Gemeindegröße zusammen, und zwar ist die Verteilung umso ungleicher, je größer eine Gemeinde ist. Länderbezogen ist die Ungleichheit am stärksten ausgeprägt in Gemeinden in Baden-Württemberg und am schwächsten in Thüringen: In Erfurt vereinen die oberen 10 Prozent 35 Prozent der Einkommen auf sich, in Hamburg sind es 43 Prozent und in Heilbronn fast 60 Prozent.[87]

Für Deutschland insgesamt gilt, dass der Einkommensanteil der obersten 10 Prozent von 1998 bis 2016 stetig zunahm und zuletzt bei 37,2 Prozent lag, die obersten 1 Prozent steigerten ihren Anteil von 10,3 auf 11,1 Prozent. Das galt allerdings vor Umverteilung, die obersten 10 Prozent erwirtschaften, wie bereits erwähnt, 57 Prozent des Aufkommens an Einkommensteuer mit Solidarzuschlag.

Perspektiven

Für die Zukunft kommt es darauf, den Sozialstaat und seine Leistungsfähigkeit langfristig im Kern zu sichern, aber den öffentlichen Haushalten mit ihren Aufgaben der allgemeinen Daseinsvorsorge auch jenseits der sozialen Sicherung genügend Luft zum Atmen zu lassen. Das bedeutet konkret, dass die staatlichen Zuschüsse zur Sozialversicherung keinesfalls weiter steigen dürfen, sondern zumindest relativ eher fallen müssen, und es bedeutet weiterhin, dass man an die nicht beitragsfinanzierten Sozialleistungen besonders scharfe Maßstäbe anlegen muss.

Alterssicherung

Wohl auf keinem Gebiet staatlicher Politik ist die Versuchung, Tabula rasa zu machen und sich ein völlig neues System auszudenken, so groß wie bei der Alterssicherung. Man sollte ihr jedoch aus einem zentralen Grund widerstehen. Jeder Übergang in ein neues System muss mit dem Schutz von Besitzständen und Leistungsansprüchen umgehen, die über viele Jahrzehnte aufgebaut wurden und deren natürliche Abwicklung ohne enteignungsgleiche Eingriffe (die größtenteils sowieso verfassungswidrig wären) noch viele Jahrzehnte dauern würde.

Deshalb sollte die Steuerfinanzierung der Beamtenpensionen grundsätzlich unverändert bleiben. Das System ist eingespielt. Es ist ein wichtiger Faktor bei der Gewinnung von Personal.[88] Für den Staat ist das System auch fiskalisch nicht ungünstig. Etwa notwendige Anpassungen kann die Politik systemimmanent jederzeit flexibel vornehmen, indem man auf gesetzlicher Grundlage das Niveau der Pensionen und die Zeitdauer, in der es erreicht wird, feinsteuert. Auch der rechtliche Rahmen für berufsständische Versorgungswerke sollte grundsätzlich unverändert bleiben. Bei diesen Einrichtungen handelt es sich um stabile Systeme, die sich ausschließlich über Beiträge ihrer Mitglieder finanzieren und keine staatlichen Zuschüsse bedeuten. Die Zahl der pensionierten Beamten beträgt in Deutschland rund 1,4 Millionen, die Zahl der Rentenempfänger in Versorgungswerken betrug 2021 rund 306 000.[89]

Dagegen wurden 2022 in Deutschland aus der gesetzlichen Rentenversicherung 25,6 Millionen Renten an 21,3 Millionen Rentner gezahlt.[90] Die gesetzliche Rentenversicherung ist deshalb das für die deutsche Alterssicherung maßgebliche System. Es finanziert sich grundsätzlich nach einem Umlageverfahren, das heißt, die laufenden Sozialbeiträge der Versicherten und die staatlichen Zuschüsse decken die laufenden Ausgaben. Die Kapitalanlagen haben nur den Charakter einer Schwankungsreserve. In diesem System entscheiden das Zahlenverhältnis zwischen Beitragszahlern und Rentnern, der Beitragssatz und die Staatszuschüsse über das finanzierbare Rentenniveau. Das Wirtschaftswachstum und die weitere Entwicklung der Relation von Beitragszahlern und Rentnern entscheiden über die künftige Entwicklung der Renten.

Zwischen der Beitragsbelastung, den Staatszuschüssen, dem politisch erstrebten Rentenniveau und der Beachtung der demografischen Entwicklung muss stets erneut eine Balance hergestellt werden. Entscheidend für die weitgehende Akzeptanz des Systems bei Beitragszahlern und Rentnern ist der Umstand, dass der individuelle

Rentenanspruch grundsätzlich die Beitragsdauer und das Niveau der Einzahlungen widerspiegelt. Die sogenannte Rentenformel, die dies grundsätzlich sicherstellt, wurde seit den Siebzigerjahren wiederholt geändert. Auch gab es in Bezug auf die Anrechnung von Kindererziehungszeiten, Ersatzzeiten, Ausfallzeiten, Mindestrenten, Altersgrenzen und so weiter immer wieder zahlreiche Änderungen. Zudem änderten sich wiederholt die Maßstäbe für das sogenannte Rentenniveau.[91] 2023 lag es bei 48,3 Prozent. Es soll nach dem politischen Willen der Ampelregierung nicht unter 48 Prozent fallen.

Der jährlich erscheinende Rentenversicherungsbericht enthält auch 15-jährige Vorausberechnungen mit Varianten. Diese Vorausberechnungen werden anhand der aktuellen Bevölkerungsprognose des Statistischen Bundesamtes und der aktuellen gesamtwirtschaftlichen Vorausschätzung, insbesondere der Lohnentwicklung, erstellt. In die Bevölkerungsprognose fließen auch Annahmen über die zukünftige Zuwanderung ein. Im Rentenversicherungsbericht 2023 wird bis 2037 eine jährliche Zuwanderung von 250000 Personen unterstellt.

Trotz der unterstellten Zuwanderung entwickelt sich aufgrund der demografischen Entwicklung das Verhältnis zwischen Beitragszahlern und Rentnern ungünstig: Von 2023 bis 2037 steigt in der mittleren Prognosevariante der Rentnerquotient von 0,52 auf 0,63.[92] Das bedeutet bis 2037 einen Anstieg des Beitragssatzes von gegenwärtig 18,6 Prozent auf 21,1 Prozent und ein Absinken des Rentenniveaus von 48,2 auf 45 Prozent.[93] In den vergangenen Jahrzehnten hatte die Politik wiederholt eingegriffen, um politisch unerwünschte Auswirkungen auf das Rentenniveau zu vermeiden. Das hatte dazu geführt, dass der Anteil der Staatszuschüsse zur Rentenversicherung immer weiter stieg.

Es ist jedoch in den letzten Jahrzehnten auch gelungen, den Trend zur Frühverrentung zu unterbrechen: So lag das durchschnittliche Rentenzugangsalter im Jahr 2000 noch bei 62,3 Jahren, bis 2022 war es auf 64,4 Jahre gestiegen.[94] Die durchschnittliche Erwerbstätigenquote der 60- bis 64-Jährigen stieg in dieser Zeit von 19,6 auf 63,4 Prozent.[95]

Aufgrund der wachsenden Lebenserwartung wird die durchschnittliche Verweildauer im Rentensystem immer länger. 2034 beträgt gemäß der 15. koordinierten Bevölkerungsvorausschätzung des Statistischen Bundesamtes die Lebenserwartung 65-Jähriger bei den Männern 19 Jahre und bei den Frauen 22,2 Jahre.[96] Dies geht auch mit steigender durchschnittlicher Rüstigkeit und Gesundheit einher. Deshalb war die stufenweise Anhebung der Regelaltersgrenze in der gesetzlichen Rentenversicherung von 65 auf 67 Jahre ein richtiger Schritt. Für die Zukunft werfen die ungünstiger werdende Relation von Rentnern und Beitragszahlern sowie die Notwendigkeit, die Bundeszuschüsse in die Rentenversicherung eher abzusenken als zu erhöhen, schwierige Fragen auf.

Die durchschnittliche monatliche Altersrente lag 2022 in Deutschland bei 988 Euro.[97] Nach dem Beitrag zur Krankenversicherung der Rentner und zur Pflegeversicherung verbleiben davon 885 Euro. Das ist kaum mehr, als ein alleinstehender Empfänger von Grundsicherung inklusive der vom Staat übernommenen Mietkosten erhält. Wer unterdurchschnittliche Rentenbezüge und daneben kein anderes Einkommen hat, liegt schnell unter dem Anspruch, den er aus der Grundsicherung hätte. Das frustriert, wenn man lebenslang gearbeitet hat.

Ein Viertel der Rentner sind jedoch Mehrfachrentner. Zahlreiche Rentner leben als Ehepaare zusammen, und sehr häufig gibt es auch Einkommen aus anderen Quellen. 2019 hatten in den alten Bundesländern Ehepaare im Rentenalter ein durchschnittliches Nettoeinkommen von 2910 Euro, alleinstehende Männer hatten 1796 Euro und alleinstehende Frauen 1606 Euro. Im Durchschnitt kamen nur 61 Prozent der den Seniorenhaushalten zufließenden Einkommen aus der Rentenversicherung.[98]

Aus den dargestellten Gründen wird es auf mittlere und längere Sicht unvermeidlich sein, dass das Rentenniveau eher fällt als steigt. Das macht es umso wichtiger, eine ergänzende Altersvorsorge zu unterstützen. Die 2002 mit großen Hoffnungen eingeführte sogenannte Riesterrente ist unattraktiv geblieben. Das lag an der komplizierten Bürokratie und an einer Beschränkung der Anlagemöglichkeiten, die rentable Optionen wie Aktien praktisch ausschloss.

Es ist aber generell schwer, Menschen mit schmalem Einkommen zu einem langfristigen Vermögensaufbau aus Ersparnissen zu bewegen. Daran scheiterten schon vor 60 Jahren die staatlich unterstützten Versuche zur Vermögensbildung in Arbeitnehmerhand. Ein besserer Weg ist es, wenn die staatlichen oder staatlich regulierten Rentenversicherungen ein Teil der Beiträge in rentierlichen Investments, zum Beispiel in Aktien, anlegen. Schweden ist erfolgreich diesen Weg gegangen, und auch die großen staatliche Pensionsfonds in den USA können ein Beispiel dafür sein.

Die FDP hat 2021 in den Verhandlungen zur Ampel-Koalition vereinbart, dass künftig jährlich 10 Milliarden Euro des Beitragsaufkommens der Rentenversicherung in Aktien angelegt werden sollen, wenn die Kassenlage dies erlaubt. Der Aufbau eines Kapitals der Rentenversicherung, das eine sogenannte Aktienrente ermöglicht, könnte langfristig die Rentenversicherung entlasten und die demografischen Probleme entschärfen.

Das Problem ist, dass man damit schon vor Jahrzehnten hätte beginnen müssen. Jetzt müsste so etwas durch Einsparungen an anderer Stelle oder durch mehr Schulden oder durch höhere Steuern und Sozialbeiträge finanziert werden.[99] Eine Senkung des gegenwärtigen Nettorentenniveaus von 48 Prozent schließt Bundesarbeitsminister Hubertus Heil für die Bundesregierung aber auch langfristig ausdrücklich aus.[100] Das ist ein konzeptioneller und fiskalischer Offenbarungseid.

In der Summe gilt für die langfristige Sicherung und Finanzierung der Rentenversicherung:

- Die Regelaltersgrenze muss stufenweise weiter steigen.
- Die Finanzierung aus dem Bundeshaushalt muss strikt begrenzt und eher zurückgeführt werden.
- Die Sozialbeiträge dürfen nicht weiter steigen. Ein gewisses Absinken des Rentenniveaus wird deshalb unvermeidlich sein.
- Der Aufbau eines rentablen Kapitalstocks (Aktienrente) sollte unverzüglich beginnen. Er muss vor Zugriffen zum Stopfen von Lücken im Bundeshaushalt geschützt werden.

Gesundheit

Mit jährlichen Ausgaben von 288,8 Milliarden Euro (2022)[101] ist die gesetzliche Krankenversicherung der zweitgrößte Zweig der Sozialversicherung und in der Organisation ungleich komplexer. Gegenwärtig (Stand 1. Januar 2024) gibt es noch 95 gesetzliche Krankenkassen in Deutschland. Sie versorgen 73 Millionen Versicherte, also rund 90 Prozent der Bevölkerung. Hinsichtlich ihres Leistungsspektrums unterliegen sie denselben gesetzlichen Vorgaben. Sie haben das Recht zur Selbstverwaltung und schließen im Rahmen der gesetzlichen Vorgaben Verträge mit den Leistungserbringern ab.

Finanziert werden sie über den Gesundheitsfonds, einem Sondervermögen des Bundes, bei dem alle Beitragseinnahmen der Krankenkassen und der aus dem Bundeshaushalt finanzierte Bundeszuschuss gesammelt werden. Dieser Bundeszuschuss dient der pauschalen Abgeltung für versicherungsfremde Leistungen. Dazu zählen beispielsweise die beitragsfreie Versicherung von Frauen im Mutterschutz, aber auch ein Ausgleich für die niedrigen Krankenversicherungsbeiträge der Empfänger von Grundsicherung.[102]

Neben dem allgemeinen Beitragssatz von 14,6 Prozent können die Krankenkassen einen individuellen Zusatzbeitrag erheben, den die Bundesregierung jährlich aufgrund der Empfehlung eines Schätzerkreises festgelegt. Er liegt für 2024 im Durchschnitt bei 1,7 Prozent.[103]

Die Entstehungsgeschichte und Existenz des Zusatzbeitrags sowie seine schleichende Aufwärtsbewegung über die Jahre hinweg zeigen, dass offenbar anhaltende Schwierigkeiten bestehen, den Anstieg der Kassenausgaben auf die Entwicklung der allgemeinen Beitragseinnahmen zu begrenzen. Das Ziel der Beitragssatzstabilität reibt sich noch stärker als bei der Rentenversicherung an den Anforderungen der Wirklichkeit. Es fehlt auch an einem hinreichend eleganten und gleichwohl wirksamen Instrumentarium, die Gesundheitskosten mit den durch das Beitragsaufkommen gesetzten finanziellen Möglichkeiten abzustimmen.

Es geht um viel Geld und einen großen Wirtschaftszweig mit divergierenden Interessen. Die »Kunden«, also die Patienten, sind einerseits nicht sachkundig und folglich abhängig von den ärztlichen

Vorschlägen, die sie zumeist gar nicht beurteilen können. Andererseits sind sie geneigt, im Zweifelsfall »das Beste« für sich und ihre Gesundheit einzufordern, also im Zweifelsfall den teuren Weg zu gehen. Sie können sich gar nicht wie mündige, kritisch abwägende Marktteilnehmer verhalten. Das rechtfertigt grundsätzlich den erheblichen Regulierungsaufwand, den die Gesundheitspolitik mit ihren vielfältigen Vorgaben – von der Arzneimittelzulassung bis zur Frage, welche ärztlichen Leistungen von der Versicherung wie abgegolten werden – betreibt. Es liegt aber auch auf der Hand, dass sich hier Ineffizienzen und missbräuchliche Verhaltensweisen einschleichen und lange Zeit unentdeckt oder ungeahndet bleiben können. Schon die Frage, welche Behandlungsmethoden überhaupt wirksam sind und wo Quacksalberei oder gar Betrug beginnen, kann zu vielfältigen Streitigkeiten führen.[104]

Drei Elemente treiben in der modernen Gesellschaft die Kosten des Gesundheitssystems immer weiter nach oben, wenn nicht systematisch gegengesteuert wird:

- Die demografisch bedingte Alterung der Gesellschaft und der grundsätzlich sehr erfreuliche anhaltende Anstieg der Lebenserwartung führen zu einer Verlagerung des Gewichts der Gesundheitsausgaben zu den Älteren und Hochbetagten: Bei einem 40-jährigen GKV-Versicherten liegen die jährlichen Kosten bei 2000 Euro, beim 60-Jährigen sind es 4000 Euro, beim 80-Jährigen 8000 Euro, und ab einem Alter von 90 Jahren liegen die jährlichen Kosten bei 10 000 Euro. Dabei sind die Kosten der Pflege noch nicht eingerechnet.[105]
- Die wissenschaftlich-technische Entwicklung eröffnet immer tiefere Einblicke in immer mehr Krankheiten. So mehren sich die Krankheitsbilder, und gleichzeitig steigen die Möglichkeiten des Gegensteuerns auch bei chronischen Krankheiten. So können Patienten Jahre und Jahrzehnte zusätzliche Lebenszeit gewinnen, die noch vor wenigen Jahren keine Überlebenschancen gehabt hätten. Gleichzeitig steigen die Möglichkeiten der Chirurgie, etwa bei Herzpatienten oder in der Orthopädie. So ist es in

den westlichen Gesellschaften immer mehr Menschen möglich, die Gruppe der Hochbetagten zu erreichen. Das wiederum führt zu einer wachsenden Zahl von Pflegebedürftigen, vor allem im Bereich von Demenzerkrankungen. Das allgemeine Absinken der Sterblichkeit bewirkt auch, dass bestimmte Krankheitsbilder in stärkerem Maße als früher vererbt werden können, zum Beispiel Diabetes.

– Im Zuge der allgemeinen Wohlstandsentwicklung steigen einerseits die menschlichen Ansprüche an das gesundheitliche Wohlbefinden und das eigene Erscheinungsbild. Andererseits nehmen Zivilisationskrankheiten zu, insbesondere Übergewicht mit seinen Folgekrankheiten. Auch das wirkt kostentreibend.

Für die Gesundheitspolitik bedeutet dies schwierige Abwägungen. Immer wieder wird sich ein Widerspruch zwischen dem auftun, was in einer gesetzlichen Versicherung mit tragbaren Beitragssätzen finanzierbar wäre, und dem, was im individuellen Fall möglich und wünschbar ist. Das hässliche Wort von der »Zwei-Klassen-Medizin« hat wiederholt gesundheitspolitische Debatten bestimmt. Alle staatlich regulierten Systeme stoßen hier an Grenzen, und es gibt keine Zauberformeln, die die Diskrepanz zwischen Wünschenswertem und Bezahlbarem allgemeingültig auflösen könnten. Das macht es umso wichtiger, ein Gesundheitssystem mit ausreichenden Anreizen für Effizienz und Wirtschaftlichkeit zu versehen.

Vergleicht man international das Niveau der Gesundheitsausgaben im Verhältnis zum BIP, die Ärztedichte und die Lebenserwartung, so fällt auf, dass in den entwickelten westlichen Gesellschaften die drei Größen fast nichts miteinander zu tun haben. Für die statistische Lebenserwartung als dem wichtigsten Indikator der Volksgesundheit scheint jedenfalls nicht zu gelten, dass eine hohe Ärztezahl und hohe Gesundheitsausgaben hier besonders hilfreich sind.

Tabelle 6.6.2: Indikatoren des Gesundheitssystems 2021 im internationalen Vergleich[106]

	Lebenserwartung bei der Geburt	Gesundheitsausgaben in Prozent des BIP	Ärzte	Pflegekräfte	Krankenhausbetten
			pro 1000 Einwohner		
Ungarn	74,3	6,7	3,3	5,3	6,8
Polen	75,5	6,7	3.4	5,7	6,3
USA	76,4	16,6	2,7	12,0	2,8
Türkei	78,6	4,3	2,2	2,8	3,0
OECD	*80,3*	*9,2*	*3,7*	*9,2*	*4,3*
Großbritannien	80,4	11,3	3,2	8,7	2,4
Deutschland	*80,8*	*12,7*	*4,5*	*12,0*	*7,8*
Dänemark	81,5	9,5	4,4	10,2	2,5
Finnland	81,9	10,0	3,6	18,9	2,8
Frankreich	82,4	12,1	3,2	9,7	5,2
Israel	82,6	7,4	3,4	5,4	2,9
Italien	82,7	9,0	4,1	6,2	3,1
Schweden	83,1	10,7	4,3	10,7	2,0
Spanien	83,3	10,4	4,5	6,3	3,0
Schweiz	83,9	11,3	4,4	18,4	4,4
Japan	84,5	11,5	2,6	12,1	12.6

In Deutschland hatte ein Kind 2021 bei der Geburt eine Lebenserwartung von 80,8 Jahren, damit liegt es knapp über dem OECD-Durchschnitt von 80,3 Jahren (vgl. Tabelle 6.6.2). In Spanien leben die Menschen zweieinhalb Jahre, in der Schweiz drei Jahre und in Japan fast vier Jahre länger als in Deutschland. Am Ausgabenniveau kann es nicht gelegen haben, denn die Gesundheitsgaben dieser Länder sind gemessen am Sozialprodukt deutlich niedriger als in Deutschland. Im Fall Japans mit seiner hochaltrigen Bevölkerung ist dies besonders bemerkenswert.

Während Deutschland bei der Lebenserwartung nur Durchschnitt ist, liegt es bei den Gesundheitsausgaben nach den USA mit 12,7 Prozent des BIP OECD-weit an der Spitze. Dänemark kommt bei höherer Lebenserwartung mit 9,5 Prozent des BIP, also einem Viertel weniger aus. Mit 4,5 Ärzten pro 100 000 Einwohner ist auch die Arztdichte in Deutschland weltweit Spitze. Japan versorgt seine überdurchschnittlich alte Bevölkerung mit 2,6 Ärzten pro 100 000 Einwohner. Einen Rekord stellt Deutschland bei der Zahl der Krankenbetten pro 100 000 Einwohner auf. Mit 7,8 Betten ist die Bettendichte in Deutschland drei- bis viermal so hoch wie in Großbritannien, Dänemark, Schweden oder Finnland und liegt 80 Prozent höher als im OECD-Durchschnitt. Auch beim Pflegepersonal liegt Deutschland über dem OECD-Durchschnitt.

Tabelle 6.6.3: Entwicklung und Struktur der Leistungsausgaben der gesetzlichen Krankenversicherung[107]

Milliarden Euro	2018	2022	Anteil in Prozent	Anstieg in Prozent
gesamte Leistungsausgaben	226,2	274,2	100	21,2
Darunter				
Krankenhausbehandlung	72,2	88,1	32,1	22,0
Arzneimittel	38,7	48,4	17,6	25,1
ärztliche Behandlung	39,4	46,1	16,8	17,0
Heil- und Hilfsmittel	16,0	21,3	7,8	33,1
Krankengeld	13,1	18,0	6,6	37,4
zahnärztliche Behandlung inkl. Zahnersatz	14,5	16,8	6,1	15,9
Fahrtkosten	6,0	8,4	3,1	40,0
Behandlungspflege und häusliche Krankenpflege	6,4	8,4	3,1	31,2
Sonstiges	19,9	18,7	6,8	-6,0

Die internationalen Vergleichszahlen sind eine klare Indikation, dass Deutschland relativ und absolut eher zu viel in die Gesundheitsversorgung im Lande steckt – Geld, das bei der Infrastruktur, der Rüstung oder bei der Unterstützung von Forschung und Entwicklung fehlt. Die Gesundheitspolitik des Bundes ist dringend aufgerufen, Voraussetzungen für mehr Effizienz zu schaffen. Das ist ein äußerst komplexes Unterfangen mit großen politischen und institutionellen Widerständen. Eine effizienzverbessernde Grundsatzreform der GKV kommt seit Jahrzehnten nur in Ansätzen zustande. Das wird nicht gehen, ohne dass man einige heilige Kühe schlachtet: Es bedarf einer sozial vertretbaren Selbstbeteiligung der Patienten, um die Nachfrage nach Gesundheitsdienstleistungen besser zu steuern. Und es bedarf einer vernünftigen Steuerung der Versorgung mit Fachärzten und Krankenhäusern, um zu verhindern, dass sich das Angebot seine Nachfrage schafft.

Jedwede Reform im Gesundheitswesen muss neben der Sicherung und Verbesserung der Leistungsqualität zum Ziel haben, den globalen Anstieg der Gesundheitsausgaben durch mehr Wirtschaftlichkeit wirksam zu begrenzen. Der internationale Vergleich zeigt, dass Deutschland hier große Reserven hat. Die nachfolgenden Hinweise erheben nicht den Anspruch eines geschlossenen Reformkonzepts. Aber sie zeigen die Richtung an, in die eine Erfolg versprechende Reform des Gesundheitswesens gehen muss:

- Mehr Ärzte braucht Deutschland nicht. Es dürften auch weniger sein, denn Deutschland liegt bei der Ärzteversorgung weltweit an der Spitze.
- Deutschland braucht weitaus weniger Krankenhäuser und Krankenhausbetten, als es gegenwärtig hat. Bei den Krankenhäusern braucht es mehr Spezialisierung. Ein Teil des medizinischen Personals sollte in die ambulante Versorgung wechseln.
- Jeder Arztbesuch und jeder Krankenhausaufenthalt sollte mit einem Selbstbehalt verbunden sein, darf also für den Patienten nicht gänzlich kostenfrei sein. Das gilt grundsätzlich auch für die Empfänger von sozialen Transferleistungen. Entsprechende Gebühren können so ausgestaltet werden, dass sie für die Zahlungspflichtigen verhaltenslenkend wirken, ohne sie materiell zu überfordern. Eine besondere Gebühr gibt es für die medizinisch nicht notwendige Inanspruchnahme von Rettungsstellen.

- Jede ärztlich verschriebene Medikamentenabgabe muss grundsätzlich mit einer Rezeptgebühr verbunden sein.
- Bei Krankschreibungen soll für die Lohnfortzahlung im Krankheitsfall grundsätzlich wieder ein Karenztag eingeführt werden, wie er schon in der Vergangenheit bestanden hat.
- Die Inanspruchnahme von Fahrtkostenerstattungen muss restriktiver gehandhabt werden.

Eine besondere Herausforderung in der alternden Gesellschaft bleibt der Umgang mit Pflegebedürftigkeit. Hier muss es das Ziel sein, mithilfe ambulanter Pflegedienste und der Unterstützung der Familien den Umzug in eine Pflegeeinrichtung möglichst lange aufzuschieben. In Bezug auf das Ende des Lebens ist es besonders ungewiss, was der weitere medizinische Fortschritt noch bringen kann.

Mindestsicherung

Im Unterschied zu meiner früheren Auffassung bin ich seit einigen Jahren für einen gesetzlichen Mindestlohn. Zwar konnte ich als Ökonom stets alle Überlegungen nachvollziehen, dass ein zu hoher Mindestlohn auch die Arbeitslosigkeit verfestigen kann. Ich war aber schließlich davon überzeugt, dass ein gesetzlicher Mindestlohn der beste Weg ist, um am unteren Ende des Arbeitsmarktes Ausbeutungsverhältnisse zu unterbinden und die Rolle ehrlicher Arbeitgeber, die ihre Mitarbeiter fair bezahlen, gegenüber schwarzen Schafen zu stärken.

Ein Mindestlohn sollte so bemessen sein, dass man davon bei einer Vollzeittätigkeit würdig leben kann. Gegenwärtig (2024) beträgt der gesetzliche Mindestlohn in Deutschland 12,41 Euro pro Stunde.[108] Bei 215 Arbeitstagen mit je acht Stunden bedeutet dies einen monatlichen Bruttoarbeitslohn von rund 1780 Euro. Eine Lohnsteuerpflicht besteht bei diesem Einkommen nicht. Nach den gesetzlichen Sozialversicherungsabgaben verbleibt ein Nettoeinkommen von 1405,31 Euro. Unterstellt man eine Wohnungsmiete von 500 Euro (warm), verbleiben einem Alleinstehenden rund 900 Euro monatlich. Ein alleinstehender Empfänger von Bürgergeld erhält demgegenüber vom Staat die Kosten der Unterkunft (warm) und seit Anfang 2024 den Regelsatz von 563 Euro. Für einen Alleinstehenden ohne Kinder ist also gegenwärtig ein ausreichender Abstand zwischen Grundsicherung und Arbeitseinkommen gegeben, wenn die Miete nicht allzu hoch ist.

Komplizierter wird dies bei Haushalten mit Kindern:

- Ein beschäftigungsloses Paar mit zwei Kindern im Alter von 6 bis 13 Jahren hat seit Anfang 2021 einen Bürgergeldanspruch von 1849 Euro.[109] Die vom Staat getragenen Kosten der Unterkunft treten hinzu. Unterstellt man für die Kosten der Unterkunft (warm) 800 Euro, so sind dies netto 2650 Euro.
- Um dieses Nettoeinkommen zu erreichen, muss ein Alleinverdiener 2800 Euro verdienen. Er hat dann netto 2131 Euro, hinzu treten 500 Euro Kindergeld, je nach Höhe der Miete auch ein Wohngeld.[110]
- Ist die Kinderzahl größer oder die Wohnung teurer, steigt die notwendige Verdienstgrenze, um dasselbe Netto zu erreichen wie beim Bürgergeld, immer weiter an.
- Wenn jemand aus einem Haushalt mit Bürgergeldbezug schwarzarbeitet, steht ein Bürgergeldhaushalt schnell deutlich besser als bei sozialversicherungspflichtiger Beschäftigung.

Die Grundproblematik könnte durch zahlreiche Rechenbeispiele weiter veranschaulicht werden. Insbesondere kinderreiche Großhaushalte, wie sie für viele migrantische Milieus typisch sind, kommen schnell auf »astronomische« Bürgergeldansprüche: Ein Sechspersonenhaushalt mit vier Kindern über 14 Jahren erhält einen Regelsatz von 2953 Euro. Die vom Staat getragenen Kosten der Unterkunft für eine entsprechende Wohnung belaufen sich inklusive Heizungskosten schnell auf 1500 Euro. Auch die Kosten der Krankenversicherung für die ganze Familie trägt der Staat. Zusammen sind das monatlich netto mehr als 5000 Euro vom deutschen Staat, ganz ohne eine produktive Gegenleistung der Transfereinkommensbezieher. Das ist in Deutschland das Lebensmodell für Millionen von Menschen.

Bei dieser Grundproblematik helfen auch fein ziselierte Rechnungen über das soziökonomische Existenzminimum und über Anreizsysteme nicht weiter. Das System lädt, so wie es ist, zu massivem Missbrauch ein, und es wird ja millionenfach missbraucht. Es fehlen aber auch schlicht bei den Jobcentern und der Bundesagentur für Arbeit die personellen Kapazitäten, um jedem einzelnen potenziellen Missbrauchsfall ständig hinterherzusteigen. Folgende Maßnahmen halte ich für geboten:

- Zunächst sollte man von dem Anfang 2022 eingeführten Begriff des Bürgergelds Abschied nehmen. Er ist unehrlich. Der mündige Bürger zeichnet sich nämlich durch den Umstand aus, dass er auf eigenen Beinen steht, sich und seine Familie aus eigenen Mitteln ernähren kann und stolz darauf ist. Wer zeitweilig oder dauerhaft dazu nicht in der Lage ist und deshalb vom Staat, also von der Gemeinschaft der Steuerzahler, unterstützt wird, ist Gegenstand staatlicher Fürsorge, er erhält Sozialhilfe. Deshalb muss man sich nicht schämen, es sollte aber auch nicht bemäntelt werden. Darum sollte das Bürgergeld generell Sozialhilfe oder Grundsicherung genannt werden.
- Sodann müssen die Regelsätze grundsätzlich deutlich abgesenkt werden. Durch die beitragsfreie Mitgliedschaft in der gesetzlichen Krankenversicherung und die vom Staat getragenen Kosten der Unterkunft inklusive Heizung hat der Staat den Beziehern von Grundsicherung die beiden größten Lebensrisiken bereits abgenommen. Der Regelsatz sollte ausreichen, um sich angemessen zu ernähren, wenn man selbst kocht, und Elementarbedürfnisse für Hygiene und Kleidung abdecken. Für Menschen im arbeitsfähigen Alter sollte er aber so niedrig sein, dass ein starker Anreiz zur Arbeitsaufnahme besteht. Um eine solche Absenkung verfassungsgerecht auszugestalten, müssen Begriff und Inhalt des »sozioökonomischen Existenzminimums« kritisch hinterfragt werden.[111]
- Bei der Verweigerung der Aufnahme einer zumutbaren Beschäftigung muss es Sanktionsmöglichkeiten geben, die auch in der er-

heblichen Absenkung oder völligen Streichung des Regelsatzes – vorübergehend oder dauerhaft – bestehen können.

- Der Regelsatz für Kinder muss so bemessen sein, dass er nicht indirekt den Lebensstandard der Eltern mitfinanzieren kann.
- Die Unterstützung von Kindern aus sozial schwachen Verhältnissen sollte sich vor allem auf die Kindertagesstätten und Schulen konzentrieren, um dort den Kindern durch Förderung und Ertüchtigung einen möglichst guten Start ins Leben zu ermöglichen.

Wohnungsversorgung

Deutschland hat aufgrund der niedrigen Geburtenzahlen seit vielen Jahren einen jährlichen Sterbeüberschuss. 2023 standen den rund 700 000 Geburten 1,02 Millionen Sterbefälle gegenüber.[112] Aufgrund der Zuwanderung ist die Bevölkerung in Deutschland gleichwohl seit 2012 um 3,8 Millionen oder 4,8 Prozent auf 84,4 Millionen angestiegen. Der Wohnungsbestand in Deutschland stieg in der gleichen Zeit um 6,3 Prozent oder 2.6 Millionen auf 43,4 Millionen Wohnungen.

Da der Wohnungsbestand stärker als die Einwohnerzahl stieg, kann in Deutschland von einem generellen Wohnungsmangel nicht die Rede sein. Und die Wohnungsversorgung in Deutschland ist sehr gut: Durchschnittlich leben 1,9 Personen in einer Wohnung. Bei einer durchschnittlichen Wohnungsgröße von 92,2 Quadratmetern stehen jedem Einwohner 47,4 Quadratmeter Wohnfläche zur Verfügung.[113]

Die starke Zuwanderung nach Deutschland (seit 2012 netto rund 7 Millionen) verteilt sich jedoch nicht gleichmäßig auf die Regionen, sondern strömt vor allem in die Ballungsräume. Auch die Binnenwanderung hat vor allem prosperierende Großstädte zum Ziel, während sich ländliche Räume entleeren. So ist in den letzten Jahren in vielen Ballungsräumen ein Wohnungsmangel entstanden, der sich in steigenden Mieten und Kaufpreisen niederschlägt. Der Wohnungsmangel ist nicht global, sondern lokal. Teilweise wird er auch dadurch reguliert, dass Menschen ins Umland abwandern.

Deshalb liegen auf dem Wohnungsmarkt Überschuss und Mangel häufig dicht nebeneinander: In Berlin lag 2021 die mittlere Angebotsmiete bei 10,55 Euro und die Durchschnittsmiete im Bestand bei 6,70 Euro pro Quadratmeter. Im umliegenden Brandenburg gab es dagegen vielfach Durchschnittsmieten von unter 5 Euro, und auch die Neuvermietungen lagen durchschnittlich nur bei 6,26 Euro pro Quadratmeter.[114]

Das auf Wohnungsmarktanalysen spezialisierte empirica Institut schätzt die mittelfristige jährliche Neubaunachfrage abhängig vom Zuwanderungsniveau auf 300 000 bis 330 000 Wohnungen. Ab der zweiten Hälfte der Zwanzigerjahre sieht empirica einen deutlichen Bedarfsrückgang voraus.[115]

Die Ampel-Koalition hatte 2021 eine jährliche Neubauleistung von 400 000 Wohnungen zur wohnungspolitischen Zielsetzung erhoben. Dieses Ziel wurde verfehlt: 2022 wurden 295 000 Wohnungen fertiggestellt.[116] 2023 waren es rund 270 000, und bis 2025 wird nach einer Schätzung des ifo Instituts die Zahl der Fertigstellungen auf 175 000 zurückgehen.[117] Hierbei spielen das ungünstiger gewordene Zinsumfeld, aber auch die allgemeine wirtschaftliche Unsicherheit eine Rolle.

Einen starken Einfluss hat auch die politisch-administrativ bewirkte Verteuerung des Bauens, unter anderem durch strikte Vorschriften zu Standards der Wärmedämmung. Aber auch Vorschriften zum barrierefreien Bauen wirken kostentreibend. Zudem werden viele Investoren durch restriktive Vorgaben beim Mietrecht abgeschreckt. Der Präsident des Hauptverbands der Deutschen Bauindustrie, Peter Hübner, resümierte im Januar 2024 zur Politik der Bundesregierung, dass »das dringend notwendige Neubaubündnis so, je nach Lesart, ein Mietenbündnis oder ein Soziales-Wohnen-Bündnis geworden« ist.[118]

Was kann man tun?

– Man sollte nicht darauf setzen, dass es kurzfristig gelingt, eine massive Steigerung der Neubauzahlen zu erreichen. Wie oben dargelegt, ist der Bedarf eher regional und lokal. Da kann man vor Ort viel falsch und richtig machen. Das Land Berlin zum Beispiel hat mit der Einführung eines verfassungswidrigen Mietendeckels und dem unentschlossenen Agieren in der politischen Frage der

Enteignung großer Wohnungsbestände viel falsch gemacht. Dies spiegelte sich in einem dramatischen Rückgang des Baubeginns und der Baufertigstellungen in Berlin, die jetzt die dortigen Wohnungsengpässe verschärfen

- In Ballungsräumen muss der soziale Wohnungsbau gezielt gestärkt werden, denn es fehlt dort vor allem an preisgünstigem Wohnraum für die breiten Schichten. Die Frage, ob es genügend preisgebundene Sozialwohnungen im engeren Sinn gibt, muss aber analytisch getrennt werden von der Frage, ob die regionale Wohnungsversorgung insgesamt quantitativ ausreichend ist. Wenn nämlich der Wohnungsbestand ausreicht, gibt es stets auch genügend »bezahlbaren« Wohnraum. Unabhängig davon hilft ein hoher Anteil von Sozialwohnungen der örtlichen Wohnungsversorgung überhaupt nicht, wenn es auf einem regionalen Markt zu wenig Wohnungen gibt. Um diese Frage werden viele durch Interessen und Ideologie motivierte Scheindebatten geführt.[119]
- Die Eigentumsbildung für das selbst genutzte Wohnungseigentum sollte wieder stärker steuerlich gefördert werden. Angesichts der absehbaren Rentenentwicklung ist dies auch ein wichtiger Beitrag zur Altersvorsorge.
- Man sollte wohnungspolitische Fragen auch bei der Migrationspolitik stärker beachten. Ohne die politisch ungeplanten Zuwanderungswellen seit 2015 gäbe es auch nicht den heutigen Wohnungsmangel in Ballungsräumen.
- Man muss aber auch im Auge behalten, dass der extreme Wohnungsmangel in Ballungsräumen auch aus technologischen Gründen ein vorübergehendes Phänomen sein könnte. Bereits jetzt zeigt sich weltweit, dass der Trend zum Home-Office den Drang in die Ballungsräume bremst und das Wohnen in Vorstädten und ländlichen Räumen attraktiver macht.

Der Arbeitsmarkt

Tabelle 6.7.1 Besetzung von Altersjahren 56-65 und 11-20 Jahre im Vergleich. Wohnbevölkerung in Deutschland, Stand Ende 2022[120]

unter	in tausend	unter	in tausend	Differenz
65	1093	20	835	252
64	1128	19	809	319
63	1203	18	800	403
62	1247	17	776	471
61	1297	16	767	531
60	1325	15	780	545
59	1374	14	786	588
58	1393	13	767	626
57	1373	12	778	595
56	1374	11	761	615
				4944

Die potenzielle Beteiligung am Arbeitsmarkt wird nach oben begrenzt durch die Zahl der Bevölkerung im erwerbsfähigen Alter. Im Sinne einer pragmatischen Vereinfachung kann man bei den heute üblichen Zeiten schulischer Bildung den Einstieg in die Erwerbsfähigkeit bei einem Alter von 20 Jahren und den Ausstieg in die Rentenphase bei einem Alter von 65 Jahren ansetzen.

Tabelle 6.7.1 zeigt die Gegenüberstellung der Wohnbevölkerung in Deutschland nach Altersjahren, Stand Ende 2022. Den Jahrgangsstärken jener Jahrgänge, die sich der Verrentung nähern, wird die Jahrgangsstärke des jeweils 45 Jahre jüngeren Jahrgangs gegenübergestellt. Die jährliche Lücke liegt im Durchschnitt der Jahre 2023 bis 2032 bei rund 500 000 und erhöht sich von 260 000 im Jahr 2023 bis auf über 600 000 im Jahr 2030.

Die Lücke hat diese Größenordnung, obwohl die jüngeren Jahrgänge bereits zu rund 40 Prozent aus Kindern und Jugendlichen mit Migrationshintergrund bestehen. Hier zeigen sich die langfristigen demografischen Folgen, wenn jede Generation um etwa ein Drittel kleiner ist als die Generation der Eltern, wie das in Deutschland seit sechzig Jahren der Fall ist.

Tabelle 6.7.2 Wachstum und Beschäftigung von 1991 bis 2022[121]

	1991	**2022**	**Veränderung in Prozent**
Erwerbstätige in 1000	38 871	45 572	+17,2
Arbeitsstunden in Mill.	60 408,3	61 078,3	+1,1
Arbeitsstunden je Erwerbstätigen	1554	1340	-13,8
BIP in Mrd. Euro zu Preisen von 2015	2218,8	3261,9	+47,0
BIP je Erwerbstätigenstunde	36,7	53,4	+45,5

Seit vielen Jahren beobachten wir ein Absinken der durchschnittlichen Arbeitszeit je Beschäftigtem. Über die vergangenen drei Jahrzehnte wurde der deutliche Anstieg der Beschäftigtenzahl durch deren sinkende Arbeitszeit fast vollständig ausgeglichen, so dass es im Ergebnis über drei Jahrzehnte hinweg praktisch keinen Zuwachs der in Summe geleisteten Arbeitsmenge gab. Da gleichzeitig die Produktivität pro Arbeitsstunde immer langsamer stieg, fiel auch das durchschnittliche Wirtschaftswachstum, das sich aus der Arbeitsmenge und der Produktivität speist, immer niedriger aus. Wenn sich der Trend der stagnierenden Produktivität fortsetzt und gleichzeitig wegen einer allgemeinen Tendenz zur weiteren Arbeitszeitverkürzung auch die Arbeitsmenge nicht steigt oder sogar sinkt, dann wird das künftige Wirtschaftswachstum in Deutschland auslaufen, oder es kann sogar zu einer säkularen Schrumpfung kommen. Es ist allerdings nicht zu erkennen, wie man dann die geplanten gigantischen Investitionen in die Energie- und Klimawende noch finanzieren will, ohne in den Lebensstandard der Menschen scharf einzugreifen.

Tabelle 6.7.3 Verschiebungen in der Beschäftigungsstruktur von 1991 bis 2022[122]

Arbeitsstunden in Mill.	1991	2022	Veränderung
insgesamt darunter	60 408	61 078	670
Land- und Forstwirtschaft	2394	921	-1472
Verarbeitendes Gewerbe	15 086	10 544	-4541
Baugewerbe	4827	4050	-777
Handel, Verkehr, Gastgewerbe	14 157	13 261	-896
Banken und Versicherungen	2062	1549	513
Zwischensumme schrumpfende Wirtschaftsbereiche	38 544	30 325	*-8219*
Information und Kommunikation	1435	2243	+808
Grundstücks- und Wohnungswesen	422	574	+152
Unternehmensdienstleister	3646	8368	+4722
Öffentliche Dienstleister, Erziehung, Gesundheit	12 097	15 390	+3293
Sonstige Dienstleister	2902	3263	+361
Zwischensumme wachsende Wirtschaftsbereiche	20 502	29 838	+9336

Bei fast unveränderter Beschäftigungsmenge haben sich aber die Strukturen der Beschäftigung in Deutschland im Verlauf von drei Jahrzehnten stark verschoben. Die Arbeitsmenge sank erheblich bei Land- und Forstwirtschaft, Gewerbe und Industrie, bei Handel, Verkehr, Gastgewerbe sowie Banken und Versicherungen. Sie stieg bei Information und Kommunikation, Gesundheit, Bildung und Erziehung sowie bei Dienstleistungen für Unternehmen (vgl. Tabelle 6.7.3). Die Zahlen müssen mit Vorsicht interpretiert werden. Sie spiegeln einerseits eine betriebswirtschaftliche Tendenz, zahlreiche Dienstleistungen eher am Markt zu kaufen als im eigenen Unternehmen zu erbringen. Andererseits reflektieren sie die Auswirkungen des technischen Fortschritts bei der IT, der auch viele neue Märkte entstehen ließ, und zum Dritten sind es strukturelle Nachfrageverschiebungen hin zu mehr Bildung und Gesundheit. Tendenziell schrumpfen gerade jene

Bereiche, in denen es in der Vergangenheit den höchsten Produktivitätsfortschritt gab. Das drückt auf die Perspektiven für das künftige gesamtwirtschaftliche Produktivitätswachstum.

Perspektiven

Aufgrund der dauerhaft niedrigen Geburtenzahlen verschiebt sich der Altersaufbau der Bevölkerung im erwerbsfähigen Alter in Richtung Älterer. Diese Entwicklung ist anhaltend. Sie wird immer wieder abgemildert durch die Wirkungen der Zuwanderung auf den Altersaufbau. Da sich aber das generative Verhalten von Zuwanderern im Verlauf einiger Jahrzehnte erfahrungsgemäß an das der aufnehmenden Gesellschaft anpasst, wird das relativ gestiegene Gewicht der Älteren im Erwerbspersonenpotenzial von Dauer sein.

Jung und Alt

Die Erwerbsbeteiligung der Älteren ist in den letzten beiden Jahrzehnten gegenüber den Zuständen der Siebziger- bis Neunzigerjahre dauerhaft gestiegen. Das hat die Stabilität der Rentenfinanzen wesentlich gestützt. Bei weiter steigender künftiger Lebenserwartung sollte dieser Weg aber nicht zu Ende sein. Es macht nämlich weder gesamtwirtschaftlich, noch gesellschaftlich oder für das individuelle Lebensglück wirklich Sinn, wenn ältere Menschen 25 Jahre oder mehr ihres späteren Lebens ohne Aufgaben verbringen. Abgesehen davon ist dies auch gesamtwirtschaftlich sehr teuer.

Natürlich gibt es körperlich anstrengende Arbeiten, die von Älteren nicht mehr so gut ausgeführt werden können. Die Tätigkeit als Dachdecker ist ein häufig angeführtes Beispiel. Aber zahlreiche handwerkliche Tätigkeiten können bis ins hohe Alter ausgeführt werden, wenn man eine gewisse Entschleunigung akzeptiert und ausreichend Ruhepausen einbaut. Bei zahlreichen Tätigkeiten, die vor allem Routine und Erfahrung brauchen, können ältere Erwerbstätige sogar besonders geeignet sein. Die digitale Revolution krempelt viele Tätigkeiten um, sie stellt aber auch stabile Arbeitsumfelder zur Verfügung, die für viele Ältere durchaus geeignet sind. Im europäischen Vergleich ist allerdings bei der digitalen Affinität Älterer in Deutschland durchaus noch Luft nach oben.[123] Das ist auch eine Frage der Schulung und Fortbildung.

Bei innovativen Tätigkeiten und allen beruflichen Aktivitäten, die eine fluide Intelligenz benötigen, werden junge und jüngere Erwerbstätige Vorteile haben. In der Chemieindustrie war es immer schon der Brauch, dass junge Chemiker in der Forschung begannen und mit den Jahren ins Management wechselten. Die künftigen technologisch bedingten Veränderungen der Arbeitswelt können aber durchaus bedeuten, dass der Dienstleistungsanteil in der Arbeitswelt zunimmt, während die Arbeitsmenge, die mit Technologie und Produktion zu tun hat, relativ abnimmt. Das erleichtert die Beschäftigung Älterer.

Qualifikation

Bei der Diskussion der Bildungsleistung (Kapitel 6, Abschnitt »Bildung«) wurde deutlich, dass Deutschland auf diesem Gebiet Defizite hat, an denen es arbeiten muss. Ein Teilaspekt ist die berufliche Bildung. Das arbeitsmarktnahe deutsche duale System war immer eine besondere Stärke des deutschen Wirtschaftsstandorts. Es wird gegenwärtig dadurch gefährdet, dass ein großer Teil der Menschen mit mittlerer Begabung nach der Schule unmittelbar eine Hochschulausbildung beginnt. Gleichzeitig steigt an den allgemeinbildenden Schulen der Anteil jener, die die Voraussetzungen für eine erfolgreiche berufliche Bildung aufgrund ihrer schulischen Bildungsleistung nicht erfüllen.

So lag 2021 der Anteil junger Erwachsener (20 bis unter 35 Jahre) ohne Berufsausbildung bei 17,5 Prozent. Unter den Deutschen dieser Altersgruppe betrug er 11,7 Prozent, bei den jungen Ausländern waren es 37,5 Prozent, und bei den Zugewanderten aus Krisen- und Kriegsgebieten waren es 64 Prozent. Hier laufen die Themen Qualifikation und Integration ineinander. Um hier Erfolg zu haben, ist auch eine stärkere Berufsorientierung an den Schulen nötig

Mangel oder Überschuss

Immer wieder gab es Vorhersagen, dass bestimmte technologische Entwicklungen eine anhaltend beschäftigungssenkende Wirkung entfalten würden, sodass die Zukunft der bezahlten menschlichen Arbeit insgesamt gefährdet sei. Solche Befürchtungen haben sich nie dauerhaft materialisiert. Es gab zwar sich wiederholende Schübe von Beschäftigungseinbrüchen, die durch neue Erfindungen ausgelöst wurden, zum Beispiel bei der Einführung des mechanischen Webstuhls, bei der Verbreitung moderner Transportmittel, beim Mähdrescher oder bei der Automatisierung von Produktionsvorgängen. Das wird aber alles ausgeglichen durch die wachsende Bedeutung von Dienstleistungen in der modernen Gesellschaft. Auch entstanden ständig neue Märkte mit neuen Bedürfnissen. Für die Zukunft ist nicht erkennbar, dass sich dies grundsätzlich ändern könnte.

Im Gegenteil, gegenwärtig beobachten wir, dass sich der technische Fortschritt, gemessen an der Produktivität je Arbeitsstunde, deutlich verlangsamt hat, und auf zahlreichen Gebieten – in der Bildung, im Handwerk, in der Altenpflege – gibt es wachsende Engpässe. Das erfordert eine entsprechende Zunahme der relativen Entlohnung, bis ein neues Gleichgewicht erreicht ist. So kann der Mangel beseitigt werden, er stellt kein prinzipielles Problem dar.

In diesen Zusammenhang gehört auch, dass man Hemmnisse bei der Arbeitsaufnahme beseitigt, soweit sie durch das deutsche Sozialsystem geschaffen werden. Das Bürgergeld muss so bemessen sein, dass es zur Aufnahme bezahlter Arbeit anregt. Seit der Entschärfung der Auflagen und der deutlichen Anhebung der Regelsätze zeigt sich immer mehr, dass das Bürgergeld bei vielen Beziehern beschäftigungshemmend wirkt.[124] Bezahlte Arbeit muss für alle Arten von Tätigkeit so attraktiv vergütet werden, dass ein wirksamer Ausgleich zwischen Angebot und Nachfrage stattfindet. Eine Begrenzung der Zuwanderung kann durchaus den Lohnanstieg im Inland anregen und so den Lebensstandard am unteren Ende der Lohnskala besser sichern.

Wohlstand

Der deutsche Blick auf wirtschaftlichen Wohlstand ist tief geprägt von der Erfahrung der Nachkriegszeit mit einer als spektakulär empfundenen, mehr oder weniger die ganze westdeutsche Bevölkerung umfassenden massenhaften Wohlstandsentwicklung. Ich nehme dazu als Einstieg mein eigenes kindliches Erleben.

- Zu Weihnachten 1947, ich war zwei Jahre und acht Monate alt, bekam ich vom Christkind einen Spielzeugbollerwagen. Mein Onkel hatte ihn aus alten Brettern gebastelt, er hatte vier gesägte Scheibenräder, die mit Holzsplinten auf der Achse gehalten wurden. Ich war selig, so etwas Tolles hatte ich noch nie gesehen. Natürlich hatte ich keine Ahnung, dass es in den Läden nichts zu kaufen gab.
- Im Juni 1948 brachte meine Tante meine kleine Schwester und mich in der Straßenbahn Linie 18, die damals das ganze Ruhrgebiet durchquerte, aus Recklinghausen in die neue Wohnung meiner Eltern nach Bochum-Langendreer. Aus dem unbekannten Treppenhaus schaute ich auf den angrenzenden Friedhof und dachte intensiv über das Wort nach, dass ich drei Stunden lang nahezu ununterbrochen in der Straßenbahn aus allen Richtungen gehört hatte: *Währungsreform*. Ich konnte mir darunter absolut nichts vorstellen. Die Straßenbahnfahrt fand offenbar am 20. oder 21. Juni statt.
- Einige Wochen später suchten meine Eltern hektisch nach einem Umschlag, der anscheinend unter die alten Zeitungen geraten war, die zum Anfeuern des Ofens benutzt wurden. Die Suche war vergeblich: Eine Familientragödie, denn der Umschlag enthielt das Monatsgehalt meines Vaters als Assistenzarzt am Knappschaftskrankenhaus Bochum-Langendreer. Im Nachlass meines Vaters fand ich eine Lohnbescheinigung der Ruhrknappschaft vom Januar 1949. Das Bruttogehalt betrug 547,60 DM, 59 DM Lohnsteuer wurden abgezogen. 488,60 DM wurden ausgezahlt, nach heutiger Kaufkraft 1420 Euro. Davon gingen noch die Ausgaben für Miete, Strom und Heizung (Briketts in Öfen) ab.

- Über Renten- und Krankenversicherung findet sich auf der Lohnbescheinigung nichts. Die Beiträge dazu waren offenbar aus dem Nettogehalt gesondert zu entrichten. Insgesamt war dies also vier Jahre nach dem Krieg für die vierköpfige Arztfamilie ein Gehalt weit unter dem heutigen Hartz-IV-Regelsatz.

Gleichwohl konnte meine Familie sechs Jahre später in Recklinghausen ein geräumiges Einfamilienhaus für die mittlerweile auf 7 Köpfe (einschließlich Oma) angewachsene Familie bauen. Ein unerhört günstiges Erbpachtgrundstück (Erbpacht 113 DM jährlich für 937 Quadratmeter) und ein zinsgünstiges nachrangiges Arbeitgeberdarlehen der Ruhrknappschaft machten es meinen Eltern möglich, fast ohne Eigenkapital zu bauen. Das wenige Eigenkapital bestand aus einigen ererbten Vorkriegsaktien von Daimler-Benz, die in den frühen Fünfzigerjahren wieder an Wert gewonnen hatten.

Der Hausbau kostete 1954/55 etwa 85 000 DM, in heutiger Kaufkraft entspricht dies 240 000 Euro. Um uns herum siedelten sich mehrere Studienräte meines Gymnasiums und zahlreiche Bergwerksdirektoren an. Es war eine demokratische Gesellschaft. Die Luft enthielt trotz der günstigen Lage im Norden der Stadt viel Kohlenstaub. Der »blaue Himmel über der Ruhr« war nichts als eine ferne Utopie. Wenn meine Mutter im Garten den Kaffeetisch eindeckte, wurden die Tassen umgedreht, damit sie nicht bis zum Eintreffen des Besuchs von innen schwarz besprenkelt wurden.

Das Bruttogehalt meines Vaters als leitender Medizinaldirektor der Ruhrknappschaft betrug 1957 genau 1781 DM. Nach Abzug der Lohnsteuer entsprach das einem Nettoeinkommen in heutiger Kaufkraft von rund 3400 Euro. Also mehr als doppelt so viel wie 1949, aber weit unter dem heutigen Bürgergeld für einen 7-köpfigen Haushalt. Als Familie sahen wir in diesen Jahren zwar nie ein Restaurant von innen. Aber 1958 wurde ein gebrauchter Opel Rekord angeschafft, und im Sommer ging es im gebrauchten Opel mit den beiden ältesten Kindern auf der Rückbank erstmals zum Familienurlaub an die Ostsee.

Der ungeheure geradezu raketengleiche materielle Aufstieg ist eine Grunderfahrung meiner frühen Jahre. Und sie wurde in der einen oder anderen Form von der gesamten westdeutschen Bevölkerung geteilt. Das ist lange vorbei. Schaue ich in die aktuelle Bundesbesoldungstabelle, so würde meine Eingangsbesoldung mit A13 als Regierungsrat z.A. im Bundesfinanzministerium heute netto und real deutlich weniger wert sein als im Jahr 1975, dem Jahr meines Eintritts ins Ministerium. *Materieller Aufstieg ist heute nur noch individuell, nicht mehr im Kollektiv möglich, das verändert die Gesellschaft.*

Der Sachverständigenrat für gesamtwirtschaftliche Entwicklung formulierte in seinem Jahresgutachten 2023/24: »Durch die demografische Alterung wird das inländische Arbeitsvolumen sinken. Gleichzeitig sind das Produktivitätswachstum und das Wachstum des Kapitalstocks im Vergleich zu anderen europäischen Ländern seit Jahrzehnten rückläufig. Deutschland droht eine Alterung nicht nur seiner Bevölkerung, sondern auch seiner industriellen Basis. Um das Wachstumspotenzial zu stärken, gilt es, beiden Entwicklungen entgegenzuwirken, durch verbesserte Erwerbsanreize, Reformen der Zuwanderungspolitik, sowie Innovations- und Investitionstätigkeit, um die Wirtschaft zu modernisieren und das Produktivitätswachstum zu steigern.«[125]

Das ist leichter gesagt als getan. Die Unzufriedenheit oder Zufriedenheit von Menschen macht sich nicht nur am Niveau, sondern mehr noch an erfahrenen und gefühlten Veränderungen fest. Das ist die Grunderfahrung in der gesamten Haushalts- und Finanzpolitik. Wenn man hier ungeschickt und sachlich angreifbar verfährt, so können einem die Dinge gehörig um die Ohren fliegen. Das zeigte sich 2023 in Frankreich bei der politisch missratenen Rentenreform und in Deutschland beim sachlich und politisch missratenen Gebäudeenergieeinsparungsgesetz (GEG).

Nachfolgend nenne ich einige Trends, die auf lange Sicht mindestens eine Stagnation der durchschnittlichen materiellen Lebensverhältnisse wahrscheinlich machen:

- Der wichtigste Trend ist die Entwicklung der Arbeitsproduktivität, gemessen als reales BIP je durchschnittliche geleistete Arbeitsstunde. Noch Anfang der Siebzigerjahre nahm die Arbeitsproduktivität durchschnittlich um 5 Prozent im Jahr zu, in den Neunzigerjahren waren es noch 1,8 Prozent, und im Zehnjahreszeitraum 2010 bis 2022 lag der jahresdurchschnittliche Produktivitätszuwachs nur noch bei 0,8 Prozent.[126] Bei der Produktivitätsentwicklung herrscht also nahezu Stagnation. Die Zahl der gesamtwirtschaftlich geleisteten Arbeitsstunden lag 2022 mit rund 61,1 Milliarden Arbeitsstunden leicht über dem Niveau des Jahres 1991. Dahinter verbergen sich starke strukturelle Verschiebungen: Bei Landwirtschaft, Industrie, Handwerk, Handel und Banken nahm die Zahl der Arbeitsstunden um 8,2 Milliarden ab. Bei Information und Kommunikation, Unternehmensdienstleistungen, öffentlichen Dienstleistungen, Erziehung und Gesundheit nahm die Zahl der geleisteten Arbeitsstunden um 9,3 Milliarden zu (vgl. Tabelle 6.7.3, S. 273).

– Der zweitwichtigste Trend ist die Veränderung der Arbeitszeit. Zwar sind gegenwärtig in Deutschland mit rund 46 Millionen so viel Menschen erwerbstätig wie nie zuvor, aber die Zahl der durchschnittlich geleisteten Arbeitsstunden sank von 2500 im Jahr 1950 über 1554 im Jahr 1991 auf gegenwärtig 1340 im Jahr 2020 (vgl. Tabelle 6.7.2, S. 272).[127] Bei sechs Wochen Jahresurlaub entspricht dies einer durchschnittlichen wöchentlichen Arbeitszeit von 30 Stunden. In den USA arbeitete man 2020 durchschnittlich 1700 Stunden, und in China 2200 Stunden. Es ist legitim, wenn sich Deutsche mehr und mehr ihren Lebensstandard in Form von Freizeit auszahlen lassen, aber es bedeutet eben auch weniger Geld im Portemonnaie und weniger Geld für die Finanzierung der staatlichen Aufgaben.
– Der drittwichtigste Trend ist die Demografie: Die geburtenstarken Jahrgänge gehen in den nächsten zehn Jahren in Rente. Zwischen den 65-Jährigen, die in Rente gehen, und den 20-Jährigen, die die Schwelle der Erwerbsfähigkeit erreichen, klafft über die nächsten zehn Jahre eine Gesamtlücke von fünf Millionen. Diese Lücke liegt gegenwärtig schon bei jährlich 300 000 und erreicht 2028 jährlich 600 000 (vgl. Tabelle 6.7.1, S. 271). Das gilt für alle Berufsgruppen von Bauhandwerkern über Steuerberater bis hin zu Pflegekräften. Diese Situation gleitet seit 50 Jahren wie ein

Eisberg auf uns zu. Wir hatten uns schon dazu als junge Beamte 1975 im Bundesfinanzministerium die Köpfe heiß geredet. Aber die Politik blieb schon vor einem halben Jahrhundert hinsichtlich demografischer Entwicklung grundsätzlich passiv, und so ist es bis heute geblieben.

- Deutschland braucht deshalb jede arbeitssparende Rationalisierung, die nur möglich ist. Die 700 000 bis 800 000 jungen Menschen, die künftig jährlich in die Erwerbsfähigkeit einrücken, sind im Unterschied zu den jährlich 1,4 Millionen der Jahrgänge der Babyboomer, die sie am Arbeitsmarkt ablösen, ethnisch und kulturell weitaus diverser und haben zudem ausweislich PISA und IQB-Bildungstrend eine durchschnittlich wesentlich schlechtere Bildungsleistung und kognitive Kompetenz als die Altersjahrgänge, die sie ablösen. Wir bekommen also gleichzeitig ein quantitatives und ein qualitatives Problem.
- Trotz der nominalen Bildungsexpansion – statt 5,5 Prozent eines Jahrgangs wie Anfang der Sechzigerjahre, machen heute 40 Prozent Abitur – sinkt die Zahl der MINT-Abschlüsse an deutschen Hochschulen. Vielen Studienanfängern fehlt es an den nötigen mathematischen Grundkenntnissen. Das beginnt bereits beim Stoff des 6. und 7. Schuljahres – Bruchrechnung und Umgang mit einfachen Gleichungen –, und so geben sie bald auf.
- Die Politik möchte die Problematik durch mehr Arbeitskräfteeinwanderung entschärfen. Dazu fehlen ihr aber die richtigen Auswahlinstrumente. Die Millionen Syrer, Afghanen und Afrikaner, die in den letzten Jahren im Wesentlichen als Asylbewerber zu uns kamen, bringen individuell teilweise sicherlich ein großes Kapital an Tüchtigkeit und Einsatzfreude mit. Im Durchschnitt sind sie aber gar nicht oder schlecht ausgebildet. Die Testergebnisse ihrer kognitiven Kompetenzen liegen deutlich unter dem deutschen Durchschnitt,[128] und ihre Arbeitsmarktintegration ist auch nach vielen Jahren sehr niedrig.

All das hinterlässt seine Spuren in den deutschen öffentlichen Haushalten. Trotz steigender Steuer- und Abgabequoten wird die relative Belastung für die Unterstützung der wachsenden Zahl transferabhängiger Menschen, für die staatlichen Zuschüsse an die Rentenversicherung, die Pflegeversicherung und absehbar auch an die Krankenversicherung immer größer, während die Mittel sinken, die dauerhaft für zukunftsbezogene Aufgaben zur Verfügung stehen (vgl. exemplarisch auf S. 235 Tabelle 6.5.3 zum Bundeshaushalt).

Von den Fünfzigerjahren bis heute hat das durchschnittliche reale jährlich BIP-Wachstum von gut 8 Prozent auf 1 Prozent abgenommen.[129]

Wirtschaftswachstum

Bruttoinlandsprodukt preisbereinigt, Veränderung gegenüber dem Vorjahr in %

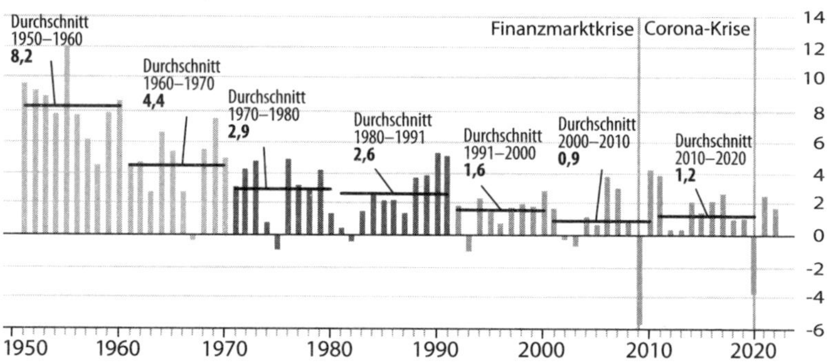

Quelle: Statistisches Bundesamt (Destatis), 2023

Der Trend der Arbeitsproduktivität und des Wirtschaftswachstums zeigt schon für sich genommen, dass es im Deutschland der kommenden Jahre und Jahrzehnte keine größeren Wachstumsperspektiven gibt. Die Wirtschaft kann ja immer nur so stark wachsen, wie es sich aus der Summe von Produktivitätsfortschritt und Arbeitsmenge ergibt. Das Arbeitsvolumen in Deutschland stagniert. Ohne deutliche Verlängerung der durchschnittlichen Arbeitszeit oder große Zuwanderung von Arbeitskräften wird es in absehbarer Zukunft deutlich zurückgehen.

Bei der Arbeitskräftezuwanderung wird der Engpass bei den qualifizierten Fachkräften liegen. Auch ist Wirtschaftswachstum durch Arbeitskräftezuwanderung kein Selbstzweck. Einen Wohlstandsgewinn liefert Arbeitskräftezuwanderung nur, wenn der Gesamtertrag aus der Arbeitskräftezuwanderung positiv ist. Dazu gehören neben dem Ertrag aus der Arbeitsleistung auch die direkten und indirekten sozialen und gesellschaftlichen Kosten einschließlich des Familiennachzugs, der späteren Altersrenten und so weiter. Für die sogenannte Gastarbeitergeneration und ihre Nachkommen war dieser Gesamtsaldo negativ.[130] Auch für den asylpolitisch bedingten Massenzustrom seit 2015 ist der Gesamtsaldo auf den Wohlstand in Deutschland negativ. Damit die Bilanz der Zuwanderung positiv ist, müssten alle Einwanderer sofort auf Fachkräfteniveau in Arbeit gebracht werden.[131] Das aber ist für den jüngst vergangenen und absehbaren Zustrom irreal. Außer bei Spezialisten ist es deshalb unwahrscheinlich, dass der Wohlstandssaldo für die künftige Zuwanderung positiv ist.

Tabelle 6.8.1 BIP pro Kopf (Kaufkraftparität) im internationalen Vergleich[132]

US-Dollar 2015	**2016**	**2022**	**Zuwachs in Prozent**	**USA = 100**
Schweiz	65 892	70 086	+6,3	110
Norwegen	60 889	64 658	+6,2	102
USA	57 386	63 659	10,9	100
Niederlande	51 119	56 239	+7,4	88
Dänemark	50 235	55 548	+10,6	87
Schweden	49 494	53 375	+8,2	84
Deutschland	48 280	50 225	+4,0	79
EU	42 698	45 572	+6,8	72
Großbritannien	42 962	44 746	+4,1	71
Frankreich	41 123	42 950	+4,4	67
Japan	41 275	42 220	+2,3	66
Italien	37 759	40 457	+7,1	64
Polen	27 298	35 584	+30,3	56
Türkei	26 358	32 760	+24,3	51

Das in Kaufkraftparitäten gemessene BIP pro Kopf ist nach wie vor der zuverlässigste und international am besten vergleichbare Maßstab für das in einem Land erreichte Wohlstandsniveau (vgl. Tabelle 6.8.1, S. 283).

Deutschland lag hier 2022 um 28 Prozent unter dem Schweizer und um 21 Prozent unter dem amerikanischen Niveau, den EU-Durchschnitt übertraf es um 11 Prozent. Allerdings war – außer in Japan – der Zuwachs von 2016 bis 2022 nirgendwo so niedrig wie in Deutschland. Über sechs Jahre gab es lediglich einen Zuwachs von 4 Prozent. Die USA, die skandinavischen Länder, Polen oder auch die Türkei wuchsen in einem Zeitraum von immerhin sechs Jahren wesentlich stärker. Das bedeutet: Von einer nur noch mittleren Position aus fällt Deutschland immer weiter zurück.

Der Trend zu einem immer langsameren Wachstum des Produktionspotenzials und der Arbeitsproduktivität ist in Deutschland seit Anfang der Siebzigerjahre, also seit einem halben Jahrhundert, sehr stabil.[133] Bei dieser Entwicklung kommen ganz unterschiedliche Elemente zusammen:

- Für ein hochentwickeltes Industrieland wie Deutschland gibt es keinen noch nicht genutzten technischen Fortschritt, den man aus anderen Teilen der Welt einfach importieren könnte.
- Die traditionelle Innovationskraft der deutschen Wirtschaft nimmt im internationalen Vergleich relativ gesehen eher ab. Das zeigt sich zum Beispiel an der Patentstatistik.[134]
- Die Erwerbstätigen in Deutschland werden im Durchschnitt älter und damit weniger flexibel und belastbar.
- Das deutsche Bildungssystem ist in seiner Qualität gesunken. Das hat Folgen für die durchschnittlichen Qualifikationsprofile der jüngeren Erwerbstätigen.
- Die durch die Politik forcierte Klima- und Energiewende führt zu einer teilweisen Entwertung beziehungsweise Vernichtung des Kapitalstocks und bewirkt zudem, dass Deutschland international an Wettbewerbsfähigkeit verliert.

- Ungewiss, wahrscheinlich aber positiv, ist der Einfluss künftiger technischer Entwicklungen, insbesondere der KI, auf die Arbeitsproduktivität.[135]

Bis zum Beweis des Gegenteils sollte man also davon ausgehen, dass der Trend zu einer sehr langsamen Zunahme der Arbeitsproduktivität auch in Zukunft anhält. Zusätzliche Verteilungsspielräume gibt es in Deutschland auch auf lange Sicht nur in sehr geringem Umfang. Dabei ist noch nicht berücksichtigt, dass die durch demografischen Wandel bedingte Erhöhung der Soziallasten und die Übertreibungen der Klimawende die Abgabenbelastung dauerhaft erhöhen können, sodass so ein zusätzlicher Druck auf die verfügbaren Einkommen entsteht.

Perspektiven

Eine für die große Mehrheit der Menschen erfolgreiche Politik läuft am Ende auf die gleichzeitige Sicherung von vier Zielen hinaus:

- politische Freiheit,
- soziale Sicherheit,
- Wohlstand und
- Frieden.

Diese Ziele bedingen sich teilweise gegenseitig. Sie sollten nicht gegeneinander ausgespielt werden und können zumindest in Teilen auch nur gemeinsam erreicht werden. Das Element des Wohlstands möchte ich dabei keineswegs verabsolutieren. Das Glück von Gesellschaften kann nicht an ihrem Sozialprodukt pro Kopf gemessen werden, und auch der individuelle Reichtum ist kein sehr zuverlässiger Glücksmaßstab. Wo aber die Menschen wohlhabend sind, ist meist auch der soziale Frieden größer, und die Finanzierung unrentabler Aufgaben – wie die Unterstützung der sozial Schwachen, die Sicherung der Landesverteidigung oder ein anspruchsvoller Umweltschutz – fällt leichter. Folgende Punkte sind zur künftigen Wohlstandssicherung besonders wichtig:

Infrastruktur
Von zentraler Bedeutung für die wirtschaftliche Entwicklung eines Landes, aber auch für die täglich erfahrene Lebensqualität seiner Bewohner, sind Ausbau und Zustand der Verkehrsinfrastruktur. Hier war die westdeutsche Bundesrepublik in Modernität und Dichte einmal führend. Durch die Verkehrsprojekte »Deutsche Einheit« wurde in den Neunziger- und frühen Zweitausenderjahren auch die verkehrliche Erschließung der ostdeutschen Länder gut vorangebracht.

Bei den Bundesfernstraßen in Westdeutschland baute sich jedoch in den vergangenen beiden Jahrzehnten ein erheblicher Instandhaltungsrückstau auf, der sich unter anderem in einigen spektakulären Brückenschließungen äußerte. Auch machte die gezielte Beseitigung von Engpässen unzureichende Fortschritte. Durch die Gründung der bundeseigenen Autobahn GmbH, die Anfang 2021 ihre Arbeit aufnahm, wurde die Zuständigkeit für den Bau und die Instandhaltung der Bundesautobahnen aus der Auftragsverwaltung der Länder herausgelöst. Damit haben sich die Voraussetzungen für einen ganzheitlich orientierten Betrieb und Ausbau des Bundesfernstraßennetzes verbessert.

Für die Qualität und Weiterentwicklung des Schienennetzes hat sich leider die Bahnreform von 1994 als Fehlschlag erwiesen. Die Trennung zwischen der öffentlichen Aufgabe der Vorhaltung des Schienennetzes und dem privatwirtschaftlich geführten Betrieb auf dem Netz war nicht hinreichend sauber abgebildet worden. Krasse Managementfehler und eine unzureichende Führung durch den Eigentümer Bund traten hinzu. In der Summe ist das deutsche Schienennetz in einem schlechteren Zustand als jemals nach der Beseitigung der großen Kriegszerstörungen. Zum 1. Januar 2024 wurden die für die Infrastruktur zuständigen Töchter der DB AG in eine neue Gesellschaft InfraGO AG überführt. Diese soll stärker gemeinwohlorientiert arbeiten und besser vom Verkehrsministerium beaufsichtigt werden. Auch diese Gesellschaft bleibt allerdings Teil des

Bahnkonzerns. Ich habe Zweifel, ob das Konstrukt so funktionieren wird, aber das bleibt abzuwarten.

Das häufig wechselnde Management, das die DB AG seit 1994 führte, hat im Konzern leider sehr viel eisenbahnspezifische betriebliche und technische Expertise zerstört. Auch ausreichend sachkundige Führungskapazitäten für komplexe Bauvorhaben gibt es großenteils nicht mehr. Peter Hübner, Präsident des Hauptverbandes der Deutschen Bauindustrie, sieht bei der angekündigten Investitionsoffensive zur Sanierung des Schienennetzes ein Desaster voraus: »Die Lose sind zu groß, das Projektmanagement der Bahn überfordert, alle wollen zu viel in kurzer Zeit. [...] Das ist verschwendetes Steuergeld.«[136]

Entscheidend für die künftige Qualität des Schienennetzes bleibt aber, dass die Gesamtmittel für Investition und Unterhalt auf ein langfristig tragfähiges und zu den verkehrspolitischen Zielen passendes Niveau angehoben werden. Das sind erhebliche Mittelbindungen, die der Bundeshaushalt – eingeklemmt zwischen den Zwängen zur Steigerung der Rüstungsausgaben, dem anhaltenden Druck steigender Sozialausgaben und dem Korsett der Schuldenbremse – nach meiner Einschätzung nicht vernünftig leisten kann. Die Mittel für Ausbau und Unterhalt des Schienennetzes müssen zudem langfristig verlässlich zur Verfügung stehen und dem Jahresrhythmus des Bundeshaushalts entzogen werden.

Eine ähnliche Aufgabe der langfristigen Orientierung bei großer Planbarkeit besteht für Investitionen und Unterhalt beim Bundesfernstraßennetz. Beim Schienennetz gibt es eine teilweise Finanzierung durch die Nutzer über die sogenannte Trassenpreise. Auf den Bundesfernstraßen gibt es die Mautgebühren. Vernünftig wäre es, die Finanzierung der Verkehrsinfrastruktur vollständig auf nutzungsabhängige Gebühren umzustellen. So kann man auch eine implizite Subventionierung der Schiene durch die Straße regulieren.

Zeitlich und örtlich gestaffelte Benutzungsgebühren sind zudem ein ideales Instrument der Verkehrslenkung. Das gilt sowohl für die Zufahrt zu den Städten und Ballungszentren als auch für die zeitliche Streckung der Verkehrsströme bei bekannten Engpassstellen. So kann die vorhandene Infrastruktur besser genutzt werden, denn das entlastet den Neubaubedarf. Solch ein System könnte generell auch auf Fahrten mit dem Pkw sowie auf Landes- und Gemeinstraßen ausgedehnt werden. In- und ausländische Fahrzeuge werden gleichermaßen je nach Nutzung der Infrastruktur diskriminierungsfrei zur Finanzierung herangezogen. Das ist auch deshalb wichtig, weil Deutschland stets ein wichtiges Transitland in Europa bleiben wird.[137]

Bildungsleistung und kognitive Kompetenzen

Die große Bedeutung der möglichst umfassenden Stärkung und Förderung der kognitiven Kompetenzen einer Bevölkerung für den Wohlstand des betreffenden Landes habe ich in Kapitel 6, Abschnitt »Bildung« ausführlich diskutiert, ebenso die Bedeutung der beruflichen Bildung. Mit der Eisenbahn in Deutschland verbinden mich zehn Jahre meiner beruflichen Tätigkeit. Ihr allmählicher Niedergang, der sich in den letzten 20 Jahren beschleunigt hat, war eng verbunden mit dem allmählichen Ausscheiden jener Mitarbeiter auf allen Ebenen des Unternehmens, die bei Bundesbahn und Reichsbahn hervorragend ausgebildet worden waren und den Betrieb einer Eisenbahn quasi von der Pike auf gelernt hatten. Das war ein globaler Niedergang in Miniatur, den ich der deutschen Volkswirtschaft als Ganzes nicht wünsche

Im internationalen Wettbewerb hat Deutschland immer davon gelebt, dass seine Produkte besonders zuverlässig und seine Dienstleistungen auffallend kompetent waren. Neben Einsatzfreude, Fleiß und Zuverlässigkeit waren dafür stets auch eine besondere Expertise und eine entsprechende Ausrichtung der Mentalitäten maßgebend.

Dazu gehört, dass man die besten Köpfe findet, ihnen Entfaltungsmöglichkeiten bietet und sie auch von außen ins Land zieht. Fachkräfte, ob Wissenschaftler, Ingenieure und Handwerker mit besonderem Know-how, müssen in Deutschland stets willkommen sein.

Industriepolitik

Deutschland hat den Vorteil, dass es extrem verkehrsgünstig und mit angenehmem Klima in der Mitte Europas liegt. Es ist räumlich so groß, dass es genügend Luft und Platz für seine 84 Millionen Einwohner bietet, aber doch so klein, dass jeder Ort von überall in einer halben oder ganzen Tagesreise erreicht werden kann. Wer erlebt hat, wie endlos sich die Strecken in Skandinavien ziehen können, weiß das zu schätzen. Auch zu unseren Nachbarn haben wir es nah, und sie zu uns.

Wenn die Verkehrsinfrastruktur und die Bildung und Ausbildung der Menschen stimmen, und wenn es der deutschen Politik gelingt, die Bürokratie im Zaum zu halten, ist eine besondere Industriepolitik für das Gedeihen des Landes kaum noch vonnöten. Wer sich mit dem deutschen wirtschaftlichen Aufstieg im 19. und frühen 20. Jahrhundert befasst, erkennt die Elemente, die auch heute entscheidend sind:

- eine internationale Spitzenposition in Bildung und Wissenschaft,
- ein großer, offener Markt, damals in der Form des deutschen Zollvereins (heute in der Form der EU),
- eine leistungsfähige öffentliche Verwaltung mit sparsamer, aber intelligenter Regulierung,
- eine lange Friedenszeit.

Das sind auch für die absehbare Zukunft die zentralen Voraussetzungen für die Erhaltung stabilen Wohlstands und dessen weitere Vermehrung. Dass man dabei auch viel falsch machen kann, ist im Verlauf dieses Buches deutlich geworden.

Gegenwart und Zukunft im staatlichen Handeln

Der Fokus eines jeden Menschen ist – je nach Bildung, Intelligenz, Sozialisation, Temperament und Interessen – unterschiedlich im Inhalt, in der Breite und im Zeithorizont. Er ist zudem notwendig immer begrenzt, das gilt auch für alle Fragen, die die Zukunft betreffen. Diese Begrenzung trifft auch für politische Machthaber und für alle politisch aktiven und interessierten Menschen zu. Gerade wegen der Begrenzung des Blickwinkels ist der individuelle Fokus, der immer eine Auswahl darstellt, nicht nur unterschiedlich, sondern generell auch unvollständig.

Das gilt auch für die relative Verteilung politischer Energie auf Fragen der Gegenwart und der Zukunft. Machthaber, die ihre Macht erhalten und ausbauen wollen, sowie politisch Aktive, die um Teilnahme an der politischen Macht ringen, tun gut daran und konzentrieren sich zumeist darauf, zunächst einmal die dringendsten Fragen der Gegenwart anzugehen und insbesondere jene Probleme zu lösen, mit deren Bewältigung sie ihre Macht am besten festigen und Bedrohungen abwenden können.

Das bringt die Gefahr mit sich, dass Politik sich aus Gründen der Machtsicherung einseitig auf die Gegenwart konzentriert und dabei auf Kosten der Zukunft auch in ihr stecken bleiben kann. Dazu zwei Beispiele:

- Angela Merkels Grenzöffnung im Spätsommer 2015 war geprägt von gegenwartsbezogener Opportunität. Sie stand politisch zunächst einmal gut da. Die großen Probleme tauchten erst einige Monate später auf, und die Grundfragen des Migrationsproblems sind bis heute nicht gelöst.
- Mit dem Eintritt der Babyboomer ins Rentenalter ergeben sich in wenigen Jahren gewaltige Anpassungsprobleme bei der sozialen Alterssicherung. Diese sind seit Jahrzehnten absehbar. Die Politik hat sich gleichwohl dazu entschieden, sie zu ignorieren. Es wurde weder eine gesetzliche Vorsorge durch Leistungseinschränkungen noch eine fiskalische Vorsorge durch Rücklagen oder vorsorgliche Abgabenerhöhungen getroffen.

In einer offenen Gesellschaft reflektiert die Politik selbstverständlich auch die vorherrschenden oder besonders lauten gesellschaftlichen Strömungen. So geraten neue Fragen in den Fokus der Politik. Auch die Zukunft spielt dann plötzlich in der Politik dort eine Rolle, wo wichtige oder mächtige gesellschaftliche Strömungen um bestimmte Zukunftsfragen kreisen. So wurde der Umweltschutz vor einem halben Jahrhundert weltweit zum politischen Großthema, und so geriet die deutsche Politik auf den Pfad, der zur Abschaffung der Kernenergie in Deutschland führte.

Gegenwärtig sind durch mächtige gesellschaftliche Strömungen Klimafragen in den zentralen Zukunftsfokus der Politik gerückt. Fragen der Demografie und der Bevölkerungsentwicklung spielen dagegen in der Politik der Gegenwart praktisch keine Rolle. Es fehlen nämlich hinreichend einflussreiche politische Strömungen, die sich für solche Fragen interessieren. Dabei ist für die Zukunft der Menschheit die schiere Zahl der Menschen, die in hundert Jahren auf der Erde leben, weitaus wichtiger, als es alle Fragen der Klimapolitik sind. Mit der Zahl der Menschen reduziert sich nämlich zwingend und automatisch auch der menschliche Einfluss auf das Klima. Konsumgewohnheiten und Lebensstile, die bei zehn Milliarden Menschen für das Klima problematisch sein mögen, sind vergleichsweise unschädlich, wenn nur zwei Milliarden Menschen auf der Erde leben.

Generell gilt: Der Staat befasst sich mit Fragen der Zukunft nicht systematisch, sondern je nach politischen Moden mit stark wechselnden Perspektiven. Opportunität und politische Mehrheiten sind von Themenfeld zu Themenfeld sehr unterschiedlich und schwanken häufig geradezu erratisch. Der stark variierende Fokus des Staates ist darum ein Spiegel der Gesellschaft. Wenn dabei wichtige Fragen immer wieder untergehen beziehungsweise systematisch falsch behandelt werden, so ist das ein Stück weit unvermeidlich, und auch der Preis gelebter Demokratie.

Auch mein eigenes Bild auf staatliche Handlungsnotwendigkeiten beziehungsweise deren Verfehlung ist unvermeidlich subjektiv gefärbt und kann deshalb keine Allgemeinverbindlichkeit beanspruchen. Das gilt auch dort, wo ich für meine Sicht gute sachliche Gründe anführen kann.

Die sieben wichtigsten Zukunftsfragen Deutschlands sind meines Erachtens:

- eine auf Leistungsfähigkeit und Integrationswillen der Zuwanderer gerichtete Einwanderungspolitik – verbunden mit einer entsprechenden Reform der Flüchtlings- und Asylpolitik,
- eine Steuer- und Sozialpolitik, die die Familiengründung für die gebildeten Schichten wieder attraktiver macht,

- eine Bildungspolitik, die die individuellen Bildungs- und Leistungspotenziale besser ausschöpft und möglichst viele nach ihren Fähigkeiten fördert,
- eine Umweltpolitik, die den Schutz der natürlichen Lebensgrundlagen mit der wirtschaftlichen Entwicklung versöhnt,
- eine Investitions- und Wirtschaftspolitik, die die Infrastruktur modern hält und den Wettbewerb anregt,
- eine Verteidigungs- und Außenpolitik, die für sichere Grenzen in Europa sorgt und nicht dem Wunschdenken verfällt,
- eine Europapolitik, die eine immer engere Zusammenarbeit und Integration der westlich geprägten Demokratien in Europa sichert und die gemeinsame Handlungsfähigkeit sichert.

Zu den ersten fünf Zukunftsfragen habe ich meine Sicht an verschiedenen Stellen des vorangegangenen Textes geschildert. Die letzten beiden Fragen finden Eingang in meinen Blick auf die europäische Integration.

Kapitel 7
Der Nationalstaat, Europa und die Weltgesellschaft

Grundsätzlich bin ich ein Freund von überschaubaren, nicht zu großen Staatswesen. Die europäische Kultur kam in den italienischen Stadtstaaten der Renaissance oder auch in den Freien Reichsstädten des Heiligen Römischen Reiches Deutscher Nation zu ihrer höchsten Blüte. Nationalstaaten waren dort erfolgreich, wo sie das Beste der europäischen Stadtkulturen aufnahmen und zu neuen Einheiten zusammenfügten.

Immer wieder spielten aber auch kriegerische Auseinandersetzungen, Machtgier, Expansionsdrang und die Bedrohung durch äußere Feinde eine Rolle. So entstand ein Zwang zum Zusammenwachsen zu größeren Einheiten, das war die Geburtsstunde der europäischen Nationalstaaten. Es gab in Europa stets eine Vielfalt der Sprachen, des Brauchtums oder der Küche. Aber daneben gab es eine innere Einheit der europäischen Kultur. Das zeigte sich in der Mode, den Künsten oder im Stand der Technik.

Die Mischung von Einheit und Vielfalt sowie reger Austausch über die Grenzen förderten den Wettbewerb und schufen den besonderen Charakter der europäischen Kultur und der abendländischen Zivilisation.

In einer Welt mit stark wachsender Bevölkerung ist Europa relativ gesehen immer kleiner geworden. Die europäische Integration ist seit 1950 die politische Antwort auf Europas relativen Bedeutungsverlust und auf die kriegerischen Verwicklungen in der ersten Hälfte des 20. Jahrhunderts. So soll nach innen der Frieden gesichert werden, und nach außen hofft man, Bedrohungen gemeinsam besser zu bestehen.

Die europäische Integration ist bezogen auf die Zukunft ein offener Prozess ohne ein klares, allgemein anerkanntes Ziel. Starke Minderheiten möchten in allen europäischen Ländern am Vorrang des Nationalstaats festhalten, andere sehen ein Europa der Vaterländer. Es gibt aber auch starke Minderheiten, die langfristig auf einen europäischen Bundesstaat setzen. Dazu gehöre ich nicht. Für mich sind drei Dinge wichtig:

- ein gemeinsamer Wirtschaftsraum, in dem Menschen und Waren frei verkehren können, mit gemeinsamen Regeln für Wettbewerb und Umweltschutz,
- eine gemeinsame wirkungsvolle Sicherheits- und Verteidigungspolitik – am besten in und mit der NATO, aber notfalls auch ohne die USA,
- ein gemeinsamer wirkungsvoller Schutz der Grenzen mit einer robusten Politik zum Schutz vor unerwünschter Einwanderung.

Alle drei Ziele können grundsätzlich in einem Europa der Vaterländer, aber auch in einem europäischen Bundesstaat gewährleistet werden. Nötig ist aber in jedem Fall, endlich eine gemeinsame Sicherheits- und eine gemeinsame Asyl- und Einwanderungspolitik zu entwickeln. Dazu muss man sich über den Charakter von Bedrohungen einigen und entsprechend handeln:

- Will Europa von den USA wirklich militärisch unabhängig werden, so braucht es einen gemeinsamen nuklearen Schirm. Das kann nur eine fortentwickelte »Force de frappe« (Atomstreitmacht) sein. Deren Schutzfunktion darf dann nicht auf Frankreich beschränkt sein.
- Europa braucht konventionelle Streitkräfte, die für die Bedrohung durch Russland adäquat sind – also Panzer, Artillerie und eine funktionierende Luftabwehr. Kräfte für den Einsatz in Afrika oder dem Nahen und Mittleren Osten braucht es nicht mehr. Die Zeiten europäischer Kolonialherrschaft oder weltweiter Interventionen sind vorbei.
- Europa braucht nicht nur eine gemeinsame Asyl- und Einwanderungspolitik. Diese muss auch so ausgestaltet sein, dass eine wirksame Steuerung der Zuwanderung tatsächlich möglich ist. Das erfordert eine Reform der Genfer Flüchtlingskonvention und der Europäischen Menschenrechtskonvention sowie eine robuste Ab-

Abschirmung der europäischen Seegrenzen durch entsprechend ausgerüstete Marinekräfte.

Der falsche Weg ist es, die innere Vielfalt Europas durch ein immer dichteres Netz europäischer Regulierungen zu erdrosseln und gleichzeitig Europas kulturellen Kern und seine demografische Identität durch fortgesetzte Masseneinwanderung aus der islamischen Welt zu gefährden und am Ende zu zerstören.

Gegenwärtig befindet sich die Europäische Union überwiegend auf diesem falschen Weg. Die wichtigste Aufgabe, die sich der Europäischen Union gegenwärtig (Frühjahr 2024) stellt, besteht darin, sich politisch auf einen gemeinsamen europäischen Weg zum Schutz vor unerwünschter Einwanderung aus Afrika und dem Nahen und Mittleren Osten zu einigen. Anhaltende Uneinigkeit in dieser Frage und ein »Weiter so« mit offenen Grenzen und ideologisch getriebener Willkommenskultur wird nicht nur den weiteren Aufstieg einwanderungskritischer Parteien in der gesamten EU fördern. Es kann vielmehr auch dazu führen, dass die Europäische Union letztendlich auseinanderbricht.

Ausblick

Parteigründungen sind in Deutschland seit einiger Zeit in Mode: Der Aufstieg der 2013 gegründeten AfD wurde wesentlich beflügelt durch die verbreitete Unzufriedenheit mit der Asyl- und Migrationspolitik. Auch das im Januar 2024 gegründete »Bündnis Sahra Wagenknecht« (BSW) zehrt von dieser Unzufriedenheit. Der ehemalige Verfassungsschutzpräsident Hans-Georg Maaßen gründete ebenfalls im Januar 2024 die »Werteunion« als neue Partei. In den Umfragen steigt auch das Gewicht der Freien Wähler. Zusammen könnte dies dazu führen, dass die Parteienlandschaft in Deutschland dauerhaft umgepflügt wird:

- Die CDU/CSU kommt in den bundesweiten Umfragen trotz der extremen Unzufriedenheit mit der Ampel-Regierung über 30 bis 32 Prozent nicht hinaus.
- Die SPD liegt, obwohl sie den Bundeskanzler stellt, bundesweit nur bei 15 bis 16 Prozent. Bei künftigen Landtagswahlen in Ostdeutschland droht sie an der Fünf-Prozent-Klausel zu scheitern. Ihre Zeit als Volkspartei von bundesweiter Relevanz scheint sich unwiderruflich dem Ende zuzuneigen.
- Auch die Zukunft der FDP ist bedroht. Bundesweit krebst sie, obwohl sie prominent mitregiert, um die 5 Prozent, und in einigen Bundesländern hat sie den Status einer Splitterpartei.
- Für Die Linke hat mit der Gründung des BSW das Totenglöckchen geläutet. Sie wird nicht mehr in den Bundestag einziehen, und selbst in Thüringen, wo sie den populären Ministerpräsidenten Bodo Ramelow stellt, lag sie im Januar 2024 mit 15 Prozent hinter dem neu gegründeten BSW.
- Allein die Grünen können unter den etablierten Parteien ihre ideologisch gefestigten Wähler halten und verharren in den Umfragen bundesweit bei 13 bis 15 Prozent.

Die Folgen dieser tektonischen Verschiebungen in der Verteilung der Wählergunst sind gegenwärtig (Frühjahr 2024) noch nicht konkret absehbar. Parallele Entwicklungen gibt es in vielen europäischen Staaten. Und auch der Erfolg von Donald Trump beim Kampf um die Nominierung als republikanischer Präsidentschaftskandidat passt in dieses Muster. Zugrunde liegt immer eine tiefe Unzufriedenheit mit der Asyl- und Migrationspolitik. Nach meiner Einschätzung werden die tektonischen Verschiebungen bei der Wählergunst weitergehen, solange es in der Asyl- und Migrationspolitik keine grundlegende Wende gibt. Diese ist aber derzeit weder bei der Demokratischen Partei in den USA noch in der Europäischen Union absehbar. Die bisher beschlossenen und eingeleiteten Maßnahmen (vgl. Kapitel 3, Abschnitt »Perspektiven«) reichen dazu nicht annähernd aus.

Vielleicht ist es einfach so, dass die dazu notwendige mentale Wende Parteien wie die CDU und die SPD innerlich zerstören würde. Dann könnte man allerdings argumentieren, dass ihre Rolle sich historisch überlebt hat und es Zeit für etwas grundlegend Neues ist.

Eine maßgebende Wende in der Asyl- und Einwanderungspolitik ist für mich eine zentrale Bedingung, um die Zukunft Europas, der Europäischen Union und auch Deutschlands zu sichern. Das weitgehende Versagen der politischen und gesellschaftliche Eliten in der Migrations- und Asylfrage bringt große Kollateralschäden mit sich, denn es raubt der europäischen Idee ihr Prestige, und dieser Prestigeverlust untergräbt die dringend notwendige weitere Unterstützung der Ukraine in ihrem Abwehrkampf gegen die völkerrechtswidrige russische Invasion.

Anmerkungen

Einleitung

1 Mit der Analyse in *Deutschland schafft sich ab* hatte ich mich 2010 in Politik und Medien nicht beliebt gemacht. Das merkte ich auch an der Rezeption meiner nachfolgenden Bücher, die stets gegen den Mainstream der Medien erfolgreich ihre Leserschaft fanden. Mit ein wenig Distanz betrachtet, waren meine Publikationen und sonstigen öffentlichen Äußerungen Teil eines vielstimmigen Chors der öffentlichen Meinung, in dessen dissonantem Grundrauschen zumeist nicht nur die Details, sondern auch wichtige Grundaussagen untergingen. Haben meine Publikationen einen Unterschied gemacht? Ich habe hier keine sichere Einschätzung, mal war ich Prellbock, mal Identifikationsfigur.
Für meine aktive Berufslaufbahn von 1972 bis 2009 bin ich mir auch in der Rückschau sicher, dass ich überall dort, wo ich tätig war, einen Gestaltungsbeitrag leistete und konkret etwas bewirkte. Bei meiner späten Karriere als Schriftsteller seit 2010 fühle ich diese Sicherheit nicht. Gleichwohl empfand ich jedes Buch, das ich schrieb, jeden Zeitungskommentar, den ich verfasste, als sinnvoll und nützlich. Zum einen wurde ich selbst dabei – durch die schiere Arbeit am Text – stets ein wenig klüger, als ich es vorher gewesen war. Zum anderen zeigte mir die Resonanz meiner Leser, dass ich Fragen ansprach, die viele berühren.
Was aber die politische und gesellschaftliche Gesamtentwicklung angeht, ist das einzelne Buch, der einzelne Artikel wie ein Eimer Wasser, den man ins Meer schüttet: Der Kubikinhalt des Ozeans wurde dadurch zweifellos erhöht, aber der Unterschied ist weder fühlbar noch messbar. Nur bei sehr wenigen bedeutenden Werken der Geisteswissenschaft ist der Unterschied fühlbar. Das unterscheidet sie von den Naturwissenschaften und technischen Erfindungen, wie sich an Einsteins Relativitätstheorie, am Satellitenfunk oder am iPhone zeigt. Politische und gesellschaftliche Entwicklungen fließen breit dahin. Man kann sie beobachten, aber es ist zumeist äußerst schwierig, sie kausal zu erklären. Und noch schwieriger ist es, sie mit den Mitteln des Wortes und der Analyse tatsächlich zu beeinflussen.

2 Vgl. Michael Reinsch: »Ein Land sucht Talente. – Darum hat der Spitzensport in Deutschland ein Problem«, in: *FAS* vom 23. Mai 2023, S. 47.

3 Mathematikdozenten an Technischen Universitäten »identifizieren insbesondere einen Mangel an Grundfertigkeiten wie Bruchrechnen oder Termumformungen als zentrales Problem«. Es fehlt bei den Studenten also schon an der geistigen Durchdringung des mathematischen Stoffes, der im sechsten und siebten Schuljahr vermittelt wird. »Die angewachsene Abiturienten-

quote, die in den letzten 50 Jahren von 15 Prozent auf 40 Prozent der Schülerschaft gestiegen ist, hat zu einer geringeren Selektion geführt. Sie ist eine wesentliche Ursache der Probleme.« Volker Bach, Aloys Krieg und Ruedi Seiler: »An der Mathematik hängt alles. Das erste Studienjahr entscheidet über den Erfolg eines MINT-Studiums«, in: *FAZ* vom 22. Juni 2023, S. 6.

4 So hat in Deutschland der Versuch der etablierten politischen Parteien und der meisten Medien, die AfD umfassend auszugrenzen und alle ihre Funktionäre, Mitglieder und Wähler in den Bereich des moralisch Unberührbaren abzuschieben, ihren Wahlergebnissen und ihrer Akzeptanz nicht geschadet: Im Winter 2024 lag die AfD in bundesweiten Umfragen bei 21 bis 23 Prozent. Ihr Stimmenpotenzial wird noch höher geschätzt. 49,5 Prozent der Befragten konnten sich nach einer INSA-Umfrage vom Mai 2023 vorstellen, die AfD zu wählen. Vgl. Maria Fiedler: »Radikaler und akzeptierter. Nur noch jeder Zweite will niemals AfD wählen«, in: *Tagesspiegel* vom 23. Mai 2023, S. 1.

5 Der einzelne Mensch kann bei seinen persönlichen Antrieben, Begierden und Erkenntnismöglichkeiten seiner Biologie nicht entkommen, seine Sterblichkeit ist unentrinnbar. Individuelle Chancen und Begrenzungen ergeben sich einerseits aus den mit der Geburt empfangenen Gaben der Natur, andererseits durch das Zeitalter, die Gesellschaft und Familie, in die man hineingeboren wurde. Herkunft, Familie sowie der Ort und die Zeit der Sozialisation beeinflussen auch das individuelle Weltbild.

Mit diesen Einschränkungen entscheidet jeder Mensch selbst, welchen Sinn und Zweck er seinem Leben und seinen Taten beimisst, wohin die Richtung seiner Handlungen geht und welche Anstrengungen er unternimmt. Dabei kann er sich Ziele setzen, deren Verfolgung ihm Lebenssinn und Befriedigung verschafft. Ob das individuelle Leben aber auch einen über sich selbst hinausweisenden Sinn hat, ist eine Frage, die sich nur subjektiv auf der Gefühlsebene beziehungsweise durch religiöse Überzeugung beantworten lässt. Von ihrer Gefühlslage her sind die meisten Menschen zum Leben und zur Kooperation in der Gruppe geneigt. Sie sind dabei sowohl zur opferbereiten Selbstentäußerung als auch zu Hass und Fanatismus fähig und können mehr oder weniger ehrgeizig, eher egoistisch oder eher altruistisch sein. Gruppenorientierung und geistige Neugier befähigen die Menschen, sich Ziele zu setzen, die weit über sie als Person und ihre individuelle Lebensspanne hinausweisen.

Individuen, Gruppen, Völker, Gesellschaften oder Religionsgemeinschaften können ganz unterschiedliche Lebensentwürfe und Zielsetzungen haben. Wollen sie friedlich zusammenleben, geht das nicht ohne innere Liberalität und klare Regeln zu Meinungsfreiheit, Rechtsstaat und Gewaltverzicht. Funktionierende parlamentarische Demokratien westlicher Prägung sind bei der Kombination von friedlichem Zusammenleben und individueller Freiheit im Vergleich zu autokratischen Systemen, Diktaturen und Gewaltherrschaften besonders erfolgreich.

Unter den höheren Lebewesen auf der Erde hat sich der Mensch aufgrund seiner überlegenen Verstandesgaben einen Überlebensvorteil verschafft. Durch die Industrialisierung und das dadurch ermöglichte große Bevölkerungswachstum schlug dieser Überlebensvorteil seit rund 200 Jahren um in eine große Dominanz des Menschen über die Natur, die die Lebensbedingungen auf der Erde stark verändert hat. Darüber vergisst man leicht, dass, verglichen mit dem Alter der Welt, das individuelle menschliche Leben, aber auch die Existenz der Menschheit insgesamt, von geradezu mikroskopischer Kürze ist: Der Urknall, in dem das Weltall geboren wurde, geschah vor rund 13 Milliarden Jahren, das erste Leben auf der Erde entstand vor etwa vier Milliarden Jahren. Die Spezies Homo sapiens entwickelte sich vor 200 000 bis 300 000 Jahren und hat vor rund 50 000 Jahren erstmals Afrika verlassen. Dem einzelnen Menschen verbleiben zwischen Geburt und Tod siebzig bis achtzig, höchstens hundert Lebensjahre.

6 Wilhelm Busch: »Leider! Schein und Sein«, *Nachgelassene Gedichte*, in: Historisch–Kritische Gesamtausgabe, hrsg. von Friedrich Bohne, Wiesbaden/Berlin o.J., S. 394.

Kapitel 1: Die Rolle des Zufalls in Politik und Geschichte

1 Vgl. »Wie das Leben auf die Erde kam«, Mitteilung der Max-Planck-Gesellschaft vom 2. Oktober 2017 und die dort zitierte Literatur, https://www.mpg.de/11494864/hintergrund.

2 Der Historiker Heinrich August Winkler schreibt zu diesem tragischen Moment deutscher Geschichte: »Die Übertragung des Kanzleramts an Hitler war keineswegs zwangsläufig. Sie hätte sich bis zuletzt vermeiden lassen. … In der Endkrise der ersten Republik setzten sich jene Kräfte in der politisch-wirtschaftlichen Oberschicht durch, die mit ›Weimar‹ radikal brechen wollten. Dass nicht sie die Gewinner ihres vermeintlichen Paktes mit den ›nationalen Massen‹ waren, sondern Hitlers Nationalsozialisten, begriffen sie erst, als es zu spät war.« Heinrich August Winkler: »Machtübertragung«, in: *FAZ* vom 30. Januar 2023, S. 6.

Kapitel 2: Voraussetzungen einer gelungenen Gesellschaft

1 Allerdings sichert die Unabhängigkeit der Justiz noch nicht die Qualität und Objektivität der Rechtsprechung. Auch wird die Richtung der Rechtsprechung durch den Wahlmodus beziehungsweise die Ernennungsprozeduren für Richter politisch beeinflusst. Zudem bestimmt der jeweilige Zeitgeist die Richtung der Rechtsprechung maßgeblich mit. Außerdem können selbst gute Richter

schlechte Gesetze zwar in gewissem Umfang interpretieren, aber sie können sie nicht außer Kraft setzen. Ferner kann die Rechtsprechung den tatsächlichen Inhalt von Gesetzen durch die Art der Interpretation schleichend ändern. Auch kann mangelhafte richterliche Sorgfalt zu in der Sache schlichtweg falschen Urteilen führen. Fehlen Berufungsmöglichkeiten, so kann daraus dauerhaftes Unrecht werden. Zum letzten Punkt vgl. Martin Stucke: »Justiz ohne Kontrolle. Der Bundesgerichtshof hat die Überprüfung von Strafurteilen der Landgerichte im Wesentlichen aufgegeben«, in: *FAZ* vom 23. März 2023, S. 7.

2 Diese Problematik wird noch verschärft durch identitätspolitische Strömungen der Gegenwart, etwa bei der Beachtung religiöser Normen von Klägern, Beklagten oder im Strafprozess Beschuldigten beim Urteil beziehungsweise der Strafzumessung. Im Einzelnen kann dies durchaus die staatliche Gewährleistung der individuellen Menschenrechte berühren. Vgl. Peter Oestmann: »Die Personalisierung des Rechts«, in: *FAZ* vom 11. Januar 2023, N 4.

3 Kielmannsegg verbindet den ersten Aspekt mit dem Philosophen Benjamin Constant, den zweiten Aspekt mit Alexis de Tocqueville und den dritten Aspekt mit Karl Marx. Vgl. Peter Graf Kielmannsegg: »Freiheit! Welche Freiheit?«, in: *FAZ* vom 27. März 2023, S. 6.

4 Dazu habe ich bei meinem islamkritischen Buch *Feindliche Übernahme*, das im Jahr 2018 erschien, entsprechende Erfahrungen gemacht. Der Journalist und Islamkenner Constantin Schreiber, der sich in zwei Büchern kritisch mit der Religion des Islam auseinandergesetzt hatte, erklärte im September 2023 nach massiven Störungen eines Vortrags von ihm an der Universität Jena einschließlich Tortenwurf, dass er sich zum Thema Islam öffentlich nicht mehr äußern und auch jede diesbezügliche Talkshow-Einladung künftig ablehnen werde. Vgl. »Er will sich zu allem, was mit dem Islam zu tun hat, öffentlich nicht mehr äußern«, in: *FAZ* vom 14.September 2023, S. 13. Damit hat Schreiber möglicherweise seine Position als Tagesschau-Sprecher gesichert. Aber der Meinungsfreiheit hat er mit diesem öffentlich vollzogenen Rückzug aus einem kontroversen Thema keinen guten Dienst erwiesen.

5 Vgl. Alexis de Tocqueville: *Über die Demokratie in Amerika*. Erster Teil, Zürich 1987, S. 382f.

6 Vgl. »Klasse statt Masse. Von der Hauptstadt der Transferleistungen zur Metropole der Eliten«, Interview mit *Lettre International*, Heft 86, Herbst 2009, S. 197ff.

7 Vgl. *Der neue Tugendterror. Über die Grenzen der Meinungsfreiheit in Deutschland*, München 2014.

8 Vgl. »AfD auf Kurs nach rechts«, in: *FAZ* vom 23. Mai 2023, S. 5.

9 Bundesamt für Verfassungsschutz: »Verfassungsschutzbericht 2022«, hrsg. vom Bundesministerium des Innern und für Heimat, Berlin 2023, S. 48.

10 Brockhaus Enzyklopädie, Band 19, Wiesbaden 1974, S. 682.

11 Verfassungsschutzbericht 2022 a.a.O., S. 50.

12 Zitiert bei Oliver Weber: »Ohne Garantie. Drei Intellektuelle und das Böckenförde-Diktum«, in: *FAZ* vom 25. Januar 2023, N 3.

13 Thomas Thiel: »Zurück zur Natur? Die Wissenschaften und das Geschlecht«, in: *FAZ* vom 7. Juni 2023, N 4.
14 Vgl. Adrian Daub: »Karriere eines Kampfbegriffs«, in: *FAS* vom 2. April 2023, S. 35.
15 Vgl. Boris Palmer: *Wir können nicht allen helfen*, München 2017.
16 Vgl. »Neuer Rassismusvorwurf. Unmut über Palmer wegen Äußerungen zu Mordfall«, in: *FAZ* vom 1. April 2023, S. 4.
17 Vgl. Gerald Wagner: »Die maximale Ächtung«, in: *FAZ* vom 7. Juni 2023, N4.
18 Vgl. René Pfister: *Ein falsches Wort. Wie eine neue linke Ideologie aus Amerika unsere Meinungsfreiheit bedroht*, München 2022.
19 Ben Shapiro: *Der Autoritäre Terror. Wie Cancel Culture und Gutmenschentum den Westen verändern*, München 2022, S. 210.
20 Vgl. Adrian Daub: *Cancel Culture Transfer. Wie eine moralische Panik die Welt erfasst*, Berlin 2022.
21 Vgl. Dieter Schönecker: »Adrian Daubs Buch *Cancel Culture*, Eine Kritik«. Netzwerk Wissenschaftsfreiheit vom 24. Januar 2023, https://www.netzwerk-wissenschaftsfreiheit.de/adrian-daubs-buch-cancel-culture-transfer-eine-kritik/
22 »Die Nackten und die Amerikaner«, Interview mit Cecilie Hollberg, in: *FAS* vom 2. April 2023, S. 37.
23 Alexis de Tocqueville: Über die Demokratie in Amerika, Erster Teil, Zürich 1987, S. 382 f.
24 Vgl. Angelika Nußberger: »Im Griff der Oligarchen«, in: *FAZ* vom 20. April 2023, S. 6.
25 Vgl. Benjamin von Stuckrad-Barre: *Noch wach?*, Köln 2023.
26 Jasper von Altenbockum: »Wundert es jemanden?«, in: *FAZ* vom 3. Juni 2023, S. 1.

Kapitel 3:
Bevölkerung

1 Der politisch gewollte Ersatz der nicht geborenen eigenen Kinder durch kulturfremde Einwanderung darf aber nicht »Bevölkerungsaustausch« genannt werden. Dieser Ausdruck gilt selbst dann als rechtsextrem, wenn er lediglich zur wertfreien Tatsachenbeschreibung einer ethnischen und kulturellen Selbstzerstörung dient. Solch ein Streit um Worte ändert aber nichts an den demografischen Fakten und den darin sichtbaren Trends für Vergangenheit und Zukunft.
2 Vgl. https://population.un.org/dataportal/home.
3 Zu den genannten Daten vgl. Statistisches Bundesamt, https://www.destatis.de/DE/Themen/Gesellschaft-Umwelt/Bevoelkerung/Bevoelkerungsvorausberechnung/begleitheft.html

4 Statistisches Bundesamt https://www.destatis.de/DE/Themen/Gesellschaft-Umwelt/Bevoelkerung/Geburten/Tabellen/lebendgeborene-staatsangehoerigkeit-laender.html.

5 Vgl. Statistisches Bundesamt: 15. Koordinierte Bevölkerungsvorausberechnung, Annahmen und Ergebnisse https://www.destatis.de/DE/Presse/Pressemitteilungen/2023/07/PD23_290_12.html

6 https://www-genesis.destatis.de/genesis/online?operation=abruftabelleBearbeiten&levelindex=1&levelid=1698147057522&auswahloperation=abruftabelleAuspraegungAuswaehlen&auswahlverzeichnis=ordnungsstruktur&auswahlziel=werteabruf&code=12612-0003&auswahltext=&werteabruf=starten&nummer=5&variable=5&name=STAMT2#abreadcrumb

7 So sinkt in Italien die Zahl der jährlichen Geburten seit 15 Jahren in Folge. Gebürtige Italienerinnen haben im Durchschnitt noch 1,18 Kinder, dank der höheren Geburtenzahl der Ausländer liegt die durchschnittliche Geburtenrate insgesamt bei 1,22 Kindern. Vgl. »In Italien sind Bambini Mangelware«, in: *FAZ* vom 30. Oktober 2023, S. 7.

8 Vgl. Katja Gelinsky, Tim Kanning: »23 Milliarden Euro für mehr Babys«, in: *FAZ* vom 3. Juni 2023, S. 19.

9 Daten entnommen bei https://population.un.org/dataportal/home. Datenabruf vom 5. Januar 2024.

10 Vgl. Statistisches Bundesamt: Kinderlosigkeit und Mutterschaft. Erstergebnisse des Mikrozensus 2022, https://www.destatis.de/DE/Themen/Gesellschaft-Umwelt/Bevoelkerung/Geburten/kinderlosigkeit-und-mutterschaft.html#:~:text=Bei%20hohem%20Bildungsstand%20hatten%20sie,Frau%20mit%202%2C0%20höher.

11 Statistisches Bundesamt Genesis-Datenbank Tabelle 12211-0200, Datenabruf Oktober 2023.

12 Statistisches Bundesamt: Genesis online 12521, Statistischer Bericht Ausländische Bevölkerung 2010200227005, Datenabruf Oktober 2023 und eigene Berechnungen

13 Statistisches Bundesamt: Statistischer Bericht Ausländische Bevölkerung 2010200227005, Tabelle 12521-10, Datenabruf Oktober 2023.

14 Vgl. zur ausführlichen Beschreibung dieser Phänomene und Zusammenhänge Thilo Sarrazin: *Der Staat an seinen Grenzen. Wirkung von Einwanderung in Geschichte und Gegenwart*, München 2020.

15 Vgl. Bundesamt für Migration und Flüchtlinge: Das Bundesamt in Zahlen 2022, Nürnberg 2023, S. 11.

16 Vgl. ebenda, S. 39.

17 Vgl. über die täglichen Erfahrungen der Polizei Maria Rövekamp: »Systemfehler«, in: *Tagesspiegel* vom 12. November 2023, S. 13.

18 Vgl. Bundesamt für Migration und Flüchtlinge, Das Bundesamt in Zahlen 2022 a.a.O., S. 23.

19 Der Migrationsforscher Stefan Luft weist darauf hin, dass 72 Prozent der internationalen Flüchtlinge in den Anrainerstaaten unterkommen. Dies be-

deutet auch, dass die am wenigsten entwickelten Länder die größten Lasten schultern. Vgl. »Wer behauptet, dass das keine Anreizwirkungen hat, muss Migranten für völlig dumm halten«, Interview mit Stefan Luft, in: *Die Welt* vom 31. Mai 2023.

20 Reinhard Müller: »Land ohne Selbstachtung«, in: *FAZ* vom 6. Mai 2023, S, 12.

21 In ethnischer Hinsicht hätte dann in Deutschland ein weitgehender Bevölkerungsaustausch stattgefunden. An dieser Tatsache ändert sich auch dann nichts, wenn man den Begriff als »rechtsradikal« verunglimpft, weil man eine entsprechende politische Debatte unterbinden will. Das Deutsche Institut für Menschenrechte (DIMR) mit Sitz in Berlin, das als eingetragener Verein aus Mitteln des Deutschen Bundestages finanziert wird, führt als Beleg für den rechtsradikalen Charakter der AfD unter anderem an, dass deren Vorsitzende Tino Chrupalla und Alice Weidel in ihren Reden das »Narrativ vom Bevölkerungsaustausch« bedienten. Nicht die Tatsache wird bestritten, sondern deren Erwähnung soll demokratiefeindlich sein und könnte nach der Vorstellung des Instituts als Begründung für ein Verbot der AfD dienen. Vgl. »Hemmungslose Radikalisierung. Institut für Menschenrechte hält AfD-Verbot für möglich«, in: *Tagesspiegel* vom 8. Juni 2023, S. 6.

22 »Archaische Clanstrukturen haben sich festgesetzt«, Interview mit Thomas Kufen, in: *FAZ* vom 1. Juli 2023, S. 4

23 Vgl. Anna Petschel: »Bevölkerung mit Migrationshintergrund«, in: Datenreport 2021, Hrsg. Statistisches Bundesamt, Wissenschaftszentrum Berlin für Sozialforschung, Bundesinstitut für Bevölkerungsforschung, Bonn 2021, S. 37.

24 Vgl. »Viertklässler immer schlechter in Mathematik«, in: *FAZ* vom 9. Mai 2023, S. 4.

25 Vgl. Timo Steppat: »Einschulung für alle, die Deutsch können«, in: *FAZ* vom 5. Januar 2023, S. 6.

26 Vgl. ebenda, S. 36.

27 Die Prozentzahlen sind berechnet aus Statistisches Bundesamt: Bevölkerung nach Erwerbsbeteiligung und Migrationsstatus, Genesis online, Tabelle 12211-0204, Datenabruf Oktober 2023.

28 Vgl. Anna Petschel: »Bevölkerung mit Migrationshintergrund«, a.a.O. S. 38.

29 Nach der Definition des Statistischen Bundesamtes, die sich auf eine Konvention in der OECD stützt, gilt als armutsgefährdet, wer ein Einkommen von weniger als 60 Prozent des mittleren Einkommens (Median) erzielt. Vgl. https://www.destatis.de/DE/Themen/Gesellschaft-Umwelt/Einkommen-Konsum-Lebensbedingungen/Lebensbedingungen-Armutsgefaehrdung/_inhalt.html.

Diese Definition ist von Wertungen nicht frei. Sie führt dazu, dass Armut relativ, aber nicht absolut definiert wird. Sie wird dann eher zum Verteilungsmaß und trifft keine Aussage über die tatsächliche materielle Armut. Die Aussagefähigkeit dieser Armutsdefinition besteht in ihrer weit verbreiteten einheitlichen Anwendung.

30 Vgl. Bundesagentur für Arbeit: Statistik Personen im Kontext von Fluchtimmigration für Oktober 2023.
31 Vgl. Herbert Brücker, Philipp Jaschke, Yuliya Kosyakova, Ehsan Vallizadeh: »Entwicklung der Arbeitsmarktintegration seit Ankunft in Deutschland. Erwerbstätigkeit und Löhne von Geflüchteten steigen deutlich«, IAB Kurzbericht 13/2012, S. 6f.
32 Vgl. Statistisches Bundesamt Genesis online, Tabelle 12211-0002 Datenabruf November 2023.
33 Vgl. Statistisches Bundesamt: Pressemitteilung vom 21. Dezember 2022.
34 https://www.sozialpolitik-aktuell.de/files/sozialpolitik-aktuell/_Politikfelder/Sozialstaat/Datensammlung/PDF-Dateien/abbIII63b.pdf.
35 Vgl. Anne Theweit: »Asylbewerber. Ein Großteil darf arbeiten, aber nur wenige tun es«, in: *Tagesspiegel* vom 6. November 2023, B25.
36 Vgl. Rüdiger Soldt, Stefan Locke: »Die Risse in der Gesellschaft werden immer größer«, in: *FAZ* vom 4. November 2023, S. 3.
37 Vgl. »Viele Ukrainer wollen in Deutschland bleiben«, in: *FAZ* vom 1. März 2023, S. 5.
38 Vgl. Bundesministerium des Innern und für Heimat (Hrsg.): Polizeiliche Kriminalstatistik 2023. Ausgewählte Zahlen im Überblick, Berlin März 2024, S. 13f.
39 Vgl. das kenntnisreiche Buch von Ralph Ghadban: *Arabische Clans. Die unterschätzte Gefahr*, Berlin 2018, S. 284.
40 Vgl. Stefan Locke: »Die Naivität der Justiz ist grenzenlos«, in: *FAZ* vom 25. November 2023, S. 12.
41 Vgl. Sarah von Alten: »Provokateure am Pool«, in: *FAS* vom 6. Juli 2022, S. 3.
42 »Eine krasse Ablehnung des Staates«, Interview mit Martin Hikel, in: *FAZ* vom 12. Januar 2023, S. 2.
43 Vgl. Julian Staib: »Der blutige Preis der Naivität«, in: *FAS* vom 9. Oktober 2023, S. 4.
44 So wurde es mit Friedrich Merz versucht, als er über die »kleinen Paschas« in den Schulen sprach. Vgl. Jasper von Altenbockum: »Die kleinen und großen Paschas«, in: *FAZ* vom 14. Januar 2023, S. 1.
45 »Verschweigen, wegducken, aussitzen«, Interview mit Susanne Schröter, in: *Tichys Einblick* 09/23, S. 23.
46 Vgl. Henning Onken: »Islamistische Jugendliche. Arche-Sprecher warnt vor Hass«, in: *Tagesspiegel* vom 11. November 2023, B4.
47 Vgl. Eric Kaufmann: *Shall the Religious Inherit the Earth? Demography and Politics in the Twenty-First Century*, London 2010.
48 Vgl. Thilo Sarrazin: *Feindliche Übernahme. Wie der Islam den Fortschritt behindert und die Gesellschaft bedroht*, München 2018, S. 68.
49 Vgl. dazu Ralph Ghadban: *Allahs mutige Kritiker. Die unterdrückte Wahrheit über den Islam*, Freiburg 2021.
50 Vgl. Susanne Schröter: *Politischer Islam: Stresstest für Deutschland*, München 2019; Ruud Koopmans: *Das verfallene Haus des Islam. Die religiösen Ursachen von Unfreiheit, Stagnation und Gewalt*, München 2020.

51 Najem Wali: »Was für einen Preis diese Autoren gezahlt haben«, in: *FAZ* vom 27. August 2022, S. 16.
52 Berthold Kohler: »Nach Jahrzehnten der Verblendung«, in: *FAZ* vom 3. November 2023, S. 1.
53 So zeichnet es sich im Herbst 2023 ab, dass in den USA Präsident Biden und die Demokratische Partei wegen des Eintretens für Israel weitgehend die Unterstützung der muslimisch-arabischen Wähler verlieren. Vgl. Majid Sattar: »Das Hoffen auf Bidens Umkehr«, in: *FAZ* vom 15. Dezember 2023, S. 3.
54 Berna Pekesen: »Kritik am Islam unmöglich«, in: *FAZ* vom 10. Januar 2014, S. 18.
55 »Schon Viertklässler wissen, was sie werden wollen: Bürgergeldbezieher«, in: *Tagesspiegel* vom 6. Januar 2024, S. 13.
56 Ulrich Schnakenberg: »Das große Schweigen«, in: *FAZ* vom 21. Dezember 2023, S. 6.
57 https://www.youtube.com/watch?v=ZBtAtsdco-8.
58 Muhammed Mertek: »Flucht in die Herkunftsidentität«, in: *FAZ* vom 18. Januar 2024, S. 6.
59 Diesen Trend habe ich wie folgt berechnet: Auf der Basis der gesamtdeutschen Geburtenzahlen bis 1970, die nur einen sehr geringen Anteil ausländischer Geburten enthielten, habe ich den weiteren Geburtentrend unter der Annahme fortgeschrieben, dass bei der deutschen Bevölkerung die Nettoreproduktionsrate stabil bei 0,65 liegt und die Mütter bei der Geburt durchschnittlich 31 Jahre alt sind. Die Datenbasis findet sich bei Genesis online in der Tabelle 12612-0001-3, Datenabruf November 2023.
60 Vgl. Eric Kaufmann: *Whiteshift. Populism, Immigration and the Future of White Majorities*, London 2018.
61 Vgl. dazu aus psychologischer Sicht das profunde Werk der kanadischen Psychologin Susan Pinker: *The Sexual Paradoxon. Men, Women, and the Real Gender Gap*, New York 2008, sowie aus evolutionsbiologischer Sicht das empirisch sehr dichte Buch des Evolutionsbiologen Axel Meyer: *Adams Apfel und Evas Erbe. Wie die Gene unser Leben bestimmen und warum Frauen anders sind als Männer*, München 2015.
62 Zu den Daten siehe Statistisches Bundesamt Genesis online, Tabelle 12612-0003, Datenabruf Oktober 2023.
63 Gerald Wagner: »Wie wichtig sind uns Kinder? Die Vereinbarkeit von Beruf und Familie scheint noch weit entfernt«, in: *FAS* vom 11. Juni 2023, S. 21.
64 Vgl. Hans Monath und Valerie Höhne: »Erdogan-Wähler in Deutschland: ›Er gewinnt den Wettbewerb um die Herzen‹, in: *Tagesspiegel* vom 17. Mai 2023, S. 8.
65 Vgl. Ruud Koopmans: *Die Asyllotterie. Eine Bilanz der Flüchtlingspolitik von 2015 bis zum Ukrainekrieg*, München 2023.
66 »Wir können nicht allen helfen, die nach Europa wollen«, Interview mit Ruud Koopmans, in: *Die Weltwoche* vom 30.04.2023, S. 34ff.
67 »Ziel muss sein, weniger Menschen aufzunehmen«, Interview mit Thomas Westphal, in: *FAZ* vom 13. November 2023, S. 4.

68 Vgl. Thilo Sarrazin: »Die Grenzen schließen«, in: *FAZ* vom 22. August 2016. Zu den darin enthaltenen Vorschlägen zur Reform der Flüchtlings- und Asylpolitik vgl. auch Thilo Sarrazin: *Feindliche Übernahme. Wie der Islam den Fortschritt behindert und die Gesellschaft bedroht*, a.a.O., S. 396ff. Diese Passagen dienten dem Parteivorstand der SPD 2020 als wesentliche Begründung für das Ausschlussverfahren gegen mich.
69 Vgl. Europäischer Rat: Pressemitteilung 1068/23 vom 20. Dezember 2023.
70 Vgl. Matthias Kamann: »Was die Deutschen von der Migrationspolitik der Ampel halten«, in: *Die Welt* vom 30. Dezember 2023.

Kapitel 4:
Wissenschaft und Technik

1 Vgl. Ralf Otte: »Die große KI-Illusion«, in: *FAZ* vom 22. Mai 2023, S. 18.
2 Vgl. ders.: »Es gibt kein Auslöschungsrisiko durch diese künstliche Intelligenz«, in: *FAZ* vom 19. Juni 2023, S. 15.
3 »Verglichen mit der Wasserstoffbombe ist KI mehr als harmlos«, Interview mit Jürgen Schmidhuber, in: *FAZ* vom 1. Juni 2023, S. 22.
4 Vgl. Patrick Bernau: »Deutschland hält nicht durch«, in: *FAS* vom 31. Dezember 2023, S. 22.
5 »Um den Innovationsstandort mache ich mir große Sorgen«, Interview mit Rafael Laguna de la Vera, in: *FAZ* vom 22. Dezember 2023, S. 24.
6 Vgl. das informative und nachdenkliche Buch von Constanze Kurz und Frank Rieger: *Arbeitsfrei. Eine Entdeckungsreise zu den Maschinen, die uns ersetzen*, München 2013.

Kapitel 5:
Die Umwelt

1 Vgl. »Die meisten Menschen sterben nicht an Dingen. über die sie besorgt sind«, Interview mit Andreas Hensel, in: *FAZ* vom 27. Dezember 2023, S. 17.
2 So klammert der Chef des ifo Instituts, Clemens Fuest, in einem ansonsten lesenswerten Artikel zur Sicherung von Nachhaltigkeit den zentralen Einfluss der Bevölkerungsentwicklung weitgehend aus. Vgl. Clemens Fuest: »Sind Wirtschaftswachstum und ökologische Nachhaltigkeit vereinbar?«, in: *Ifo Standpunkte* 2023, München 2023, S. 38ff.
3 Vgl. Synthesis Report of the IPPC Sixth Assessment Report, https://report.ipcc.ch/ar6syr/pdf/IPCC_AR6_SYR_LongerReport.pdf, S. 6.
4 Vgl. ebenda, S. 25.
5 Vgl. ebenda, S. 55.
6 Vgl. die aufschlussreiche Darstellung bei Alexander Wendt: »Grünes Schrumpfen – die große Endzeitbeschleunigung«, https://eike-klima-energie.eu/2023/06/16/104490/

7 Vgl. Ulrike Hermann: *Das Ende des Kapitalismus. Warum Wachstum und Klimaschutz nicht vereinbar sind – und wie wir in Zukunft leben werden*, Köln 2022.

8 Es soll aber nicht verschwiegen werden, dass es immer wieder Wissenschaftler gibt, die Analysen oder Schlussfolgerungen des IPCC gesamthaft oder im Detail kritisieren und teilweise eine dezidiert andere Sicht haben. Vgl. https://andymaypetrophysicist.com/2023/05/28/a-critique-of-ar6/

9 Vgl. Ebenda, S. 51.

10 Vgl. Crippa M., Guizzardi D., Banja M., Solazzo E., Muntean M., Schaaf E., Pagani F., Monforti-Ferrario F., Olivier, J.G.J., Quadrelli, R., Grassi, G., Rossi, S., Oom, D., Branco, A., San-Miguel, J., Vignati, »E. CO_2 emissions of all world countries – 2022 Report«, EUR 31182 EN, Publications Office of the European Union, Luxembourg, 2022, ISBN 978-92-76-55802-6, doi: 10.2760/07904, JRC130363.

11 Es gibt zahlreiche ernst zu nehmende Stimmen, die eine für ein Industrieland in nördlichen Breiten passende Energieversorgung, die überwiegend auf Sonne und Wind beruht, schon rein physikalisch für unmöglich halten. Mir kommen die dazu vorgetragenen Argumentationen schlüssig vor, aber ich möchte gleichwohl der gegenwärtigen Richtung der herrschenden Politik, die genau das für möglich hält, »the benefit of the doubt« geben. Allerdings wehe uns allen, wenn die darin liegende Wette auf die Zukunft nicht eingelöst werden kann.

12 Anfang 2022 veröffentlichte Anna Veronika Wendland das engagierte und kompetente Buch: *Atomkraft? Ja bitte. Klimawandel und Energiekrise: Wie Kernkraft uns jetzt retten kann*, Köln 2022. Sie schreibt darin im Epilog: »Der größte Fan des deutschen Atomausstiegs heißt Wladimir Putin. Deutschland zerstörte ein Unterpfand seiner Energieunabhängigkeit und tauschte es gegen die Abhängigkeit von russischem Erdgas ein.« Ihre Hoffnung, der russische Angriff auf die Ukraine würde in Deutschland zu einem erneuten Nachdenken über die Kernkraft führen, erfüllte sich nicht.

13 Vgl. Eric Heymann: »Kosten der Stromerzeugung. Auf die Systemkosten kommt es an«, Deutsche Bank Deutschland Monitor vom 31. Mai 2023.

14 Zur Langfriststrategie für eine Wasserstoffwirtschaft vgl. Fritz Vahrenholt: *Die große Energiekrise und wie wir sie bewältigen können*, München 2023, S. 157ff.

15 Frank Hennig: *Klimadämmerung. Vom Ausstieg zum Abstieg – ein Plädoyer für mehr Vernunft in der Energiepolitik*, München 2021, S. 134f.

16 Vgl. »Rückenwind für Industriestrompreis«, in: *FAZ* vom 23. Mai 2023, S. 15.

17 »Die suchen sich außerhalb Deutschlands neue Standorte«, Interview mit Anke Rehlinger, in: *FAZ* vom 31. Mai 2023, S. 4.

18 Axel Ockenfels, Achim Wambach: »Industriestrompreis: Brücke ins Nirgendwo«, in: *FAZ* vom 22. Mai 2022, S. 17.

19 Hubertus Bardt: »Vergünstigter Industriestrom als Chance für den Standort«, in: *FAZ* vom 1. Juni 2023, S. 19.

20 Vgl. »Ein Industriestrompreis light«, in: *FAZ* vom 10. November 2023, S. 17.

21 Zwar entfallen nur 14 Prozent der Beschäftigten im verarbeitenden Gewerbe und 21 Prozent von dessen Wertschöpfung auf energieintensive Industrien. Aber diese Branchen stehen allesamt im Produktionsverbund mit nachgelagerten Stufen, und die Leichtigkeit einer Substitution durch Importe ist unterschiedlich ausgeprägt. In einigen Bereichen der Industrie wird ein Personalabbau unvermeidlich sein. Hier kommt es auf die richtige Transformationsgeschwindigkeit an. Der Wandel wird umso erfolgreicher sein, je besser es Deutschland gelingt, begleitend seine Standortschwächen bei Regulierungen, Steuerbelastung und Infrastruktur abzubauen, Vgl. Michael Hüther; »Deindustrialisierung als Risiko ernstnehmen, Potenziale für die Transformation mobilisieren«, in: *ifo Schnelldienst* 3/2023, S. 3ff. Insbesondere die gasintensive Industrieproduktion stützt sich in Deutschland auf nur wenige Bereiche, bei denen großenteils eine leichte Substituierbarkeit besteht. Vgl. Stephen Müller: »Strukturwandel zulassen«, in: *ifo Schnelldienst* 3/2023, S. 11ff.

22 Vgl. Stephan Löwenstein: »Dreht sich der Wind für die Kernkraft?«, in: *FAZ* vom 28. Dezember 2023, S. 10.

23 Vgl. Klaus Max Smolka: »Uran für die Welt«, in: *FAZ* vom 22. Juli 2023, S. 17.

24 Vgl. Fritz Vahrenholt: »Nach dem Wärmepumpendesaster der Dämmhammer«, https://eike-klima-energie.eu/2023/04/07/das-waermepumpendesaster-von-fritz-vahrenholt/

25 Dabei bleibt vorhandener Sachverstand ungenutzt. Im von Robert Habeck geleiteten Bundesministerium für Wirtschaft und Energie wird in großem Umfang die Herrschaft von Expertise durch den Vorrang der Ideologie ersetzt. Vgl. Carsten Germis: »Ein wortgewaltiger Gnostiker«, in: *Tumult* 02/2023, S. 14ff.

26 Bundesminister Habeck will den Einsatz von CCS ermöglichen: »Ohne CCS können wir unmöglich die Klimaziele erreichen«, Pressemitteilung des Bundesministeriums für Wirtschaft und Klimaschutz vom 26.02.2024

27 Zu den Chancen der Wärmepumpe auch für Fernwärme und industrielle Anwendungen vgl. Christian Geinitz: »Jetzt kommt das dicke Ökoding«, in: *FAZ* vom 1. Juni 2023, S. 19.

28 Erst nach dem Skandal um die Vetternwirtschaft des für die Energiewende zuständigen beamteten Staatssekretärs Patrick Graichen und dem dadurch beschleunigten Absturz des Ministers Habeck in den Meinungsumfragen entwickelte sich die Bereitschaft, den GEG-Entwurf in wesentlichen Punkten zu modifizieren und das Gesamtprojekt zeitlich zu strecken. Vgl. »Heizungsgesetz ohne Hammer«, in: *FAZ* vom 31. Mai 2023, S. 15.

29 Um dies zu vermeiden, wurde im Dezember 2022 vom Deutschen Bundestag das Kohlendioxidkostenaufteilungsgesetz beschlossen, das die Kosten der CO_2-Steuer teilweise den Vermietern anlastet. Das ist ein systemwidriger Eingriff in die Nebenkostenabrechnung, der die beabsichtigte Wirkung der

CO2-Steuer beeinträchtigt, indem das beabsichtigte Preissignal beim Endverbraucher nur unvollständig ankommt. Vgl. https://www.gesetze-im-internet.de/co2kostaufg/CO2KostAufG.pdf

30 Vgl. https://barmalgas.de/blog/co2-steuer-in-deutschland-ab-2021/

31 André T. Thess: *Sieben Energiewendemärchen? Eine Vorlesungsreihe für Unzufriedene*, Berlin 2020, S. 201.

32 Ebenda, S. 202.

33 In einer Umfrage des Pew Research Center in den USA aus dem Jahr 2022 rangierte der Klimawandel unter den als dringend angesehenen Themen auf Platz 14 zwischen Armutsbekämpfung und Rassenfragen. An der Spitze standen eine stärkere Wirtschaft, reduzierte Gesundheitskosten und die Bekämpfung des Corona-Virus, https://www.pewresearch.org/politics/2022/02/16/publics-top-priority-for-2022-strengthening-the-nations-economy/

Kapitel 6: Die Rolle des Staates

1 Thomas Petersen: »Am Bürger vorbei«, in: *FAZ* vom 29. Juni 2023, S. 10.

2 Vgl. Ralph Bollmann: »Ein Hoch auf die Bürokratie. Warum Demokratie und Kapitalismus ohne Beamtenherrschaft undenkbar sind«, in: *FAS* vom 5. November 2023, S. 20.

3 Vgl. Nationaler Normenkontrollrat: Jahresbericht 2023, Berlin November 2023, S. 3ff.

4 Vgl. Eric H. Hanushek, Ludger Woessmann: *The Knowledge Capital of Nations. Education and the Economics of Growth*, Cambridge (Mass.) 2015.

5 Vgl. Richard Lynn, Tatu Vanhaanen. *IQ and the Wealth of Nations*, London 2002.

6 Vgl. Heiner Rindermann: »Was messen eigentlich internationale Schulleistungsstudien? – Schulleistungen, Schülerfähigkeiten, Kognitive Fähigkeiten, Wissen oder allgemeine Intelligenz?«, in: *Psychologische Rundschau* 58 (2007) 2, S. 128ff.

7 Vgl. Nele McElvany, Ramona Lorenz, Andreas Frey, Frank Goldhammer, Anita Schilcher, Tobias C. Stubbe (Hrsg.): *Lesekompetenz von Grundschulkindern im internationalen Vergleich und im Trend über 20 Jahre*. Münster/New York 2023, S. 75.

8 Vgl. ebenda, S. 117.

9 Vgl. ebenda, Abbildung 34, S. 76.

10 Das wird schlüssig und umfassend belegt bei Eric. H. Hanushek, Ludger Woessmann: *The Knowledge Capital of Nations*, a.a.O.

11 Vgl. OECD PISA 2022 Ergebnisse. Lernstände und Bildungsgerechtigkeit, Band I, OECD 2023.

12 Vgl. OECD: PISA 2018 Results (Band II): Where all students can succeed, S. 3.

13 Vgl. OECD: PISA 2022 Band I, a.a.O., S. 329ff.

14 Eric. H. Hanushek, Ludger Woessmann: *The Knowledge Capital of Nations*, a.a.O, S. 112ff.

15 Vgl. OECD: PISA 2022, Band I, a.a.O, S. 329ff.

16 Vgl. ebenda, S. 337–341.

17 Vgl. Heiner Rindermann, James Thompson: »The cognitive competences of immigrants and native students around the world: An analysis of gaps, possible causes and impacts«, in: *Journal of Biosocial Science* 2014, Tabelle 1, S, 7ff., siehe dazu auch die Darstellung bei Thilo Sarrazin: *Wunschdenken. Warum Politik so häufig scheitert*, München 2022, S. 322ff.

18 Vgl. dazu OECD: PISA 2018 *Results* (Band II) Grafiken II.95 und II.9.6 S. 186f.

19 Vgl. zuletzt Petra Stanat, Stefan Schipolowski, Nicole Mahler, Sebastian Weirich, Sofie Henschel (Hrsg.): *IQB-Bildungstrend 2018. Mathematische und naturwissenschaftliche Kompetenzen am Ende der Sekundarstufe I im zweiten Ländervergleich*, Münster/New York 2019, siehe dazu auch die Darstellung bei Thilo Sarrazin: *Wunschdenken. Warum Politik so häufig scheitert*, a.a.O., S. 322ff.

20 Vgl. Petra Stanat, Stefan Schipolowski, Camilia Rjosk, Sebastian Weirich, Nicole Haag (Hrsg.): *IQB-Bildungstrend 2016. Kompetenzen in den Fächern Deutsch und Mathematik am Ende der 4. Jahrgangsstufe im zweiten Ländervergleich*, Münster/New York 2017. Die Daten zum Vergleich nach Herkunftsgruppen befinden sich auf S. 258 ff.

21 Vgl. Petra Stanat, Stefan Schipolowski, Rebecca Schneider, Karoline A. Sachse, Sebastian Weirich, Sofie Henschel (Hrsg.): *IQB-Bildungstrend 2021. Kompetenzen in den Fächern Deutsch und Mathematik am Ende der 4. Jahrgangsstufe*, Münster/New York 2022, Tabelle 81 auf S. 185. Zur Ermittlung der im obigen Text genannten Zahlen habe ich die in der Tabelle angegebenen Anteile der Schüler mit Zuwanderungshintergrund und der Schüler, bei denen Angaben dazu fehlten, zusammengerechnet.

22 Vgl. ebenda, S. 100.

23 Vgl. ebenda, Pressemappe S. 15.

24 Der Zuwanderungshintergrund wird beim IQB-Bildungstrend wie folgt definiert; 1. Generation: Beide Eltern und das Kind sind im Ausland geboren; 2. Generation: Die Eltern sind im Ausland, das Kind ist im Inland geboren; ohne Zuwanderungshintergrund: alle übrigen. Bei dieser engen Definition wird ein großer Teil der Bevölkerung mit Migrationshintergrund der Bevölkerung ohne Migrationshintergrund zugeschlagen.

25 Vgl. Vgl. Petra Stanat, Stefan Schipolowski, Rebecca Schneider, Karoline A. Sachse, Sebastian Weirich, Sofie Henschel (Hrsg.): *IQB-Bildungstrend 2021*, a.a.O., S. 190.

26 Vgl. Petra Stanat, Stefan Schipolowski, Nicole Mahler, Sebastian Weirich, Sofie Henschel (Hrsg.): *IQB-Bildungstrend 2018. Mathematische und naturwissenschaftliche Kompetenzen am Ende der Sekundarstufe I im zweiten Ländervergleich*, Münster/New York 2019, Tabelle 6.4, S. 207.

27 Vgl. ebenda, Tabelle 6.2, S. 205.
28 Vgl. ebenda, Tabelle 8.10, S. 277.
29 Vgl. ebenda, Tabelle 9.1, S. 303 und Tabelle 9.2, S. 305.
30 Vgl. Petra Stanat, Stefan Schipolowski, Rebecca Schneider, Sebastian Weirich. Sofie Henschel, Karoline A. Sachse (Hrsg.): *IQB-Bildungstrend 2022. Sprachliche Kompetenzen am Ende der 9. Jahrgangsstufe im dritten Ländervergleich*, Münster/New York 2023, S. 150.
31 Vgl. ebenda, Abbildung 4.1, S. 151.
32 Vgl. ebenda, Abbildung 4.11, S. 162.
33 Vgl. ebenda, Abbildung 4.24, S. 181ff.
34 Vgl. ebenda, Tabelle 8.1, S. 303. 11,7 Prozent sind nicht zuzuordnen und werden getrennt ausgewiesen. Diese Kategorie habe ich für die obigen Aussage den Fällen mit Zuwanderungshintergrund zugeschlagen.
35 Vgl. ebenda, Abbildung 8.1, S. 308.
36 Vgl. ebenda, Abbildung 8.3 S. 311.
37 Vgl. Olaf Köller: *MINT-Nachwuchsbarometer 2023*, hrsg. von der acatech München und der Joachim Herz Stiftung Hamburg
38 Vgl. ebenda, S. 23f.
39 Vgl. ebenda, S. 26,
40 Vgl. Christina Anger, Julia Betz, Axel Plünnecke: *MINT-Frühjahrsreport 2023*, Gutachten für BDA, Gesamtmetall und MINT-Zukunft schaffen, Köln Mai 2023, S. 5.
41 Rindermann berechnet die Veränderung des durchschnittlichen IQ für die Zeit von 2010 bis 2100 aufgrund von Demografie und Einwanderung: Der durchschnittliche IQ der Bevölkerung wird in Ostasien, Südasien und Australien aufgrund der Herkunft der Einwanderer kaum durch Einwanderung beeinflusst. In den USA ist der negative Einfluss von Einwanderung auf die kognitiven Fähigkeiten schon etwas höher und liegt bei rund 4 IQ-Punkten. In Mitteleuropa liegt der prognostizierte Rückgang der kognitiven Fähigkeiten bei rund 10 IQ-Punkten. Vgl. Heinrich Rindermann: *Cognitive capitalism: Human capital and the wellbeing of nations*. Cambridge 2018, Tabelle 13.4., S. 516.
42 Dabei liegen in den USA keineswegs die Weißen, sondern die Ostasiaten an der Spitze. Insbesondere die ungünstige Positionierung der schwarzen Bevölkerung war seit den Sechzigerjahren immer wieder ein Politikum. Die seit den Siebzigerjahren üblichen Versuche der Gegensteuerung, indem bei der Zulassung zu Colleges und Universitäten neben der akademischen Leistung auch die ethnische Herkunft berücksichtigt wurde (Affirmative Action), wurden im Juni 2023 vom Obersten Gerichtshof für verfassungswidrig erklärt. Die konservative Mehrheit des Gerichts war der Meinung, dass die unabhängig vom ethnischen Hintergrund erzielte individuelle akademische Leistung maßgebend sein solle. Vgl. Winand von Petersdorff-Campen: »Sind Vorteile für Schwarze fair?«, in: *FAZ* vom 1. Juli 2018, S 18.
43 »Unterforderung aus Empathie hilft nicht«, Interview mit Christian Fischer, in: *FAZ* vom 23. November 2023, S. 6.

44 Birgit Westphal: »Schein statt Sein«, Leserbrief in: *FAZ* vom 5. Januar 2024, S. 7.

45 Vgl. Caroline von St. Ange: *Alles ist schwer, bevor es leicht ist. Wie Lernen gelingt*, Hamburg 2023; Julia Schaaf: »Die Mary Poppins des Lernens«, in: *FAS* vom 7. Januar 2024, S. 14.

46 Hessen hat mit entsprechenden Vorschulkursen sehr positive Erfahrungen gemacht. Vgl. Tim Steppat: »Einschuldung für alle, die Deutsch können«, in: *FAZ* vom 5. Januar 2023, S. 6.

47 Vgl. Michal Kolinowski, Harald Pfeifer: »Junge Menschen ohne Berufsabschluss – durch Stärkung der Ausbildungsbeteiligung zu mehr Fachkräften«, in: *ifo Schnelldienst* 12/2023, S. 3ff.

48 Andrea Nahles: Fachkräftemangel – wo noch Potentiale schlummern, *ifo Schnelldienst* 12/2023, S. 16.

49 Ich wurde 1951 eingeschult. Wegen der Zerstörung vieler Schulgebäude fand der Unterricht wöchentlich wechselnd vormittags oder nachmittags statt. In unserer Volksschulklasse waren wir 50 Kinder. Nach dem ersten Schuljahr konnte ich fließend lesen. Im vierten Schuljahr war die Rechtschreibung bei nicht vorbereiteten Texten fast durchgehend korrekt und besser als heute bei vielen Abiturienten. Am Ende des vierten Schuljahrs beherrschten wir in Mathematik die Methodik schriftlicher Multiplikation und Division auch bei größeren Zahlen. Zur dreitägigen schriftlichen Aufnahmeprüfung beim Gymnasium schickte unser Lehrer aus unserer 50-köpfigen Klasse vier Kinder. Drei Kinder bestanden, darunter auch ich.
In der Sexta (so hieß damals das fünfte Schuljahr am Gymnasium) waren wir zunächst 40 Kinder.
Bis zum Abitur hatte sich die Klassengröße auf 20 reduziert. Aus den 20 Abiturienten wurden 10 Mediziner, davon 2 Professoren, 2 Rechtsanwälte und Notare, 2 Gymnasiallehrer, 2 Priester, 1 Kommunalbeamter, 1 Luftwaffengeneral, 1 Ministerialbeamter und späterer Politiker. Letzterer war ich. Einer blieb nach dem Abitur verschollen.
In meiner Schulklasse stand ich keineswegs leistungsmäßig an der Spitze und kam mir auch nicht besonders begabt vor. Die harte Auswahl förderte die Anstrengungsbereitschaft und machte gleichzeitig bescheiden. So hatten wir im späteren Leben allesamt Erfolg.
Die damals zugrunde liegenden pädagogischen Prinzipien sind natürlich heute teilweise überholt. Es kommt darauf an, Begabungen und Interessen dort abzuholen, wo sie tatsächlich sind. Dies darf aber nicht auf Kosten von Anstrengungsbereitschaft und tatsächlicher Leistung gehen.

50 Vgl. dazu Thilo Sarrazin: *Europa braucht den Euro nicht*, München 2012. Hier habe ich die Vorgeschichte des Euro, die große Krise der gemeinsamen Währung im Gefolge der Finanzkrise 2008/2009 und die Fülle der gebrochenen Zusagen und Versprechungen rund um den Stabilitätspakt und sein Scheitern umfassend aufgearbeitet.

51 BMF-Monatsbericht Juli 2023, Übersichten zur finanzwirtschaftlichen Entwicklung. Die Schätzung für 2024 stammt aus der Frühjahrsprognose 2023 der EU-Kommission, Stand Mai 2023.

52 Thilo Sarrazin: *Der Euro. Chance oder Abenteuer?*, Bonn 1998, S. 309.

53 Thilo Sarrazin: *Europa braucht den Euro nicht*, München 2014, S. 417.

54 Vgl. »Die EU-Mittel zur Krisenbewältigung«, Pressemitteilung der Bundesregierung vom 11. Dezember 2023.

55 Vgl. Eurostat: »Rückgang des öffentlichen Schuldenstandes im Euroraum auf 90,3 Prozent des BIP«, Pressemitteilung vom 23.Oktober 2023.

56 Vgl. ifo Konjunkturprognose Winter 2023: Konjunkturerholung verzögert sich – Haushaltslücke birgt neue Risiken, *ifo Schnelldienst*, Sonderausgabe Dezember 2023, S. 37.

57 Vgl. Marin Beznoska, Tobias Hentze: »Die Steuerlastverteilung der Einkommensteuer und des Soli von 1998 bis 2021«, Gutachten im Auftrag der Stiftung Neue Soziale Marktwirtschaft, Berlin April 2021, S. 5.

58 Vgl. ebenda, Tabelle 3.1 auf S. 15.

59 Vgl. Clemens Fuest: »Warum die Ampel eine große Reform der Unternehmensteuer angehen sollte«, in: *ifo Standpunkte* 2023, S. 13ff.

60 Der Umfang und die Verteilung der von der EZB gehaltenen Staatsanleihen des Euro-Raums erschließt sich nicht unmittelbar aus den Veröffentlichungen der EZB und der Bundesbank. Der Analyst Julian Marx von Flossbach von Storch, aus dessen Berechnungen die zitierten Zahlen stammen, moniert diesbezüglich die Intransparenz der vom Eurosystem veröffentlichten Daten. Vgl. https://www.flossbachvonstorch.de/de/impulse/artikel-und-meinungen/detail/das-geheimnis-der-ezb

61 Die zehn größten Staatsfonds sind:
1. China Investment Corporation: 1351 Milliarden Dollar
2. Staatlicher Pensionsfonds des Königreichs Norwegen: 1220 Milliarden Dollar
3. Abu Dhabi Investment Authority (VAE): 790 Milliarden Dollar
4. Kuwait Investment Authority: 750 Milliarden Dollar
5. GIC Private Limited (Singapur): 690 Milliarden Dollar
6. Public Investment Fund (Saudi Arabien): 607 Milliarden Dollar
7. Hong Kong Monetary Authority Investment: 514 Milliarden Dollar
8. Temasek Holdings (Singapur): 497 Milliarden Dollar
9. Qatar Investment Authority: 475 Milliarden Dollar
10. National Council for Social Security Fund (China): 447 Milliarden Dollar

https://www.businessinsider.de/wirtschaft/finanzen/das-sind-die-zehn-groessten-staatsfonds-der-welt-nur-ein-europaeischer-hat-es-in-die-liste-geschafft/

62 Vgl. Statistisches Bundesamt: Volkswirtschaftliche Gesamtrechnungen. Lange Reihen ab 1970, Fachserie 18, Reihe 1.5 erschienen am 2. Juni 2023, S. 14 und 41, sowie eigene Berechnungen.

63 Vgl. Bernd Raffelhüschen u.a.: *Ehrbarer Staat? Die Generationenbilanz Update 2023*, hrsg. von der Stiftung Marktwirtschaft, Berlin 2023, S. 6.

64 Vergleiche an Ausrüstung und Kampfkraft sind für einen militärischen Nichtexperten wie mich nur schwer vorzunehmen. Es ist aber bekannt, dass das Heer 1970 12 Divisionen mit 36 Brigaden und 5000 Panzern hatte.

Heute zählt die Zahl der einsatzfähigen Panzer wenige Hundert, und allenfalls drei Brigaden des Heeres sind voll einsatzfähig.

65 Vgl. Statistisches Bundesamt: Ausgaben des Staates nach Aufgabenbereichen in den Volkswirtschaftlichen Gesamtrechnungen 1970 bis 1978, Fachserie 18, S. 4, erschienen im Februar 1981, S. 28; Bundesministerium der Finanzen: Entwicklung der Bundesausgaben nach Aufgabenbereichen, Monatsbericht Mai 2023, S. 54f.

66 Vgl. Statistisches Bundesamt: Einnahmen und Ausgaben der Sozialversicherung 2022, abgerufen bei der Genesis-Datenbank am 29. Juni 2023, und eigene Berechnungen.

67 Vgl. dazu die empirisch fundierte Analyse von Florian Dorn und Marcel Schlepper: »Fiskalische Zeitenwende in Deutschland – Implikationen des Sondervermögens Bundeswehr auf die Haushaltspolitik«, in: *ifo Schnelldienst* 7/2023, S. 23ff.

68 Vgl. Bundesverfassungsgericht: Zweites Nachtragshaushaltsgesetz 2021 ist nichtig, Pressemitteilung Nr. 101/2023 vom 15. November 2023.

69 Vgl. Presse- und Informationsamt der Bundesregierung: Zum Haushalt 2024, Pressemitteilung 280/23 vom 19. Dezember 2023.

70 Vgl. Heike Göbel: »Hütchen spielende Ampel«, in: *FAZ* vom 5. Januar 2024, S. 17.

71 Die Obergrenze der Schuldenbremse wird für jedes Haushaltsjahr im Soll und Ist spitz berechnet. Sie umfasst die maximal zulässige strukturelle Nettokreditaufnahme in Höhe von 0,35 Prozent des BIP, eine Konjunkturkomponente und den Saldo finanzieller Transaktionen. Auch die Kreditaufnahme von Sondervermögen wird einbezogen. Zur Berechnungsmethode vgl. Bundesministerium der Finanzen: Kompendium zur Schuldenregel des Bundes (Schuldenbremse) vom 23. Februar 2022.

72 Vgl. Hans Peter Grüner: »Dauernotlage?«, in: *FAZ* vom 11. Januar 2024, S. 19.

73 Vgl. dazu Silke Übelmesser: »Verteidigung als eine von mehreren großen Herausforderungen«, in: *ifo Schnelldienst*, 7/2023, S. 19ff.

74 Vgl. Bundesministerium der Finanzen: Kabinettvorlage zum Regierungsentwurf für den Bundeshaushalt 2024 und den Finanzplan des Bundes 2023 bis 2027, S. 11f. https://www.bundesfinanzministerium.de/Content/DE/Downloads/Oeffentliche-Finanzen/Bundeshaushalt/kabinettvorlage-regierungsentwurf-2024.pdf?__blob=publicationFile&v=3

75 Vgl. Regierungsentwurf 2024, a.a.O., S. 25.

76 Vgl. Stiftung Marktwirtschaft: Erdrückende Bürokratie, Blickpunkt Marktwirtschaft II/2023, S. 3.

77 Vgl. Herbert Ehrenberg, Anke Fuchs: *Sozialstaat und Freiheit*, Frankfurt a.M. 1980.

78 Bundesministerium für Arbeit und Soziales: Sozialbudget 2022, Berlin Juni 2023. Zu den nachfolgend genannten Zahlen vgl. S. 5ff.

79 Dem Zahlenwerk des Sozialbudgets liegen etwas andere Abgrenzungen zugrunde, als sie in der Haushaltsstatistik beziehungsweise in der Volkswirt-

schaftlichen Gesamtrechnung verwendet werden. So werden Betriebsrenten und Leistungen der privaten Krankenversicherung auch in das Sozialbudget einbezogen, ebenso die Pensionszahlungen für Beamte. Viele Abgrenzungen des Sozialbudgets sind diskussionswürdig. Entscheidend ist der Vorteil, überhaupt einen transparenten Zahlenrahmen zu haben, der zudem langfristig nachverfolgt werden kann.

80 Vgl. Sozialbudget, a.a.O., S. 17.

81 »Steuer und Abgabequoten nach den Abgrenzungsmerkmalen der OECD«, *OECD Revenue Statistics*, Stand Dezember 2022. Staatsquoten EU-Kommission Frühjahrsprognose, Stand Mai 2023.

82 Vgl. die gründliche, vielseitige und profunde Analyse des Zusammenwirkens von Bürgergeld und Wohngeld bei Tom Günther, Svenja Miltner, Ronnie Schöb: »Ungelöste Probleme der Grundsicherung«, in: *ifo Schnelldienst* 3/2023, S. 41ff.

83 Vgl. Bundesregierung: Sozialhilfe und Bürgergeld. Regelsätze 2024 deutlich gestiegen. Pressemitteilung vom 1. Januar 2024.

84 Vgl. Dietrich Creutzburg: »Erfolge im Kampf gegen die Kinderarmut«, in: *FAZ* vom 22. Juli 2023, S. 19.

85 Das bedeutet, 50 Prozent in der jeweiligen Gesellschaft haben mehr, 50 Prozent weniger als die Referenzgröße des mittleren Einkommensbeziehers.

86 2017 betrug das Einkommen der untersten 10 Prozent nach Umverteilung circa 35 Prozent des Durchschnittseinkommens, die obersten 10 Prozent hatten ein Einkommen, das um 130 Prozent über dem Durchschnitt lag. Vgl. *Sechster Armuts- und Reichtums-Bericht – Lebenslagen in Deutschland, Bundestagsdrucksache* 19/29815 vom 14.05.2021, dort die Tabelle zur Verteilung der jährlichen Nettoäquivalenzeinkommen laut Einkommens- und Verbrauchsstichprobe, S. 357.

87 Vgl. Immo Frieden, Andreas Peichl, Paul Schüle: »Regionale Einkommensungleichheit in Deutschland«, in: *ifo Schnelldienst* 3/2023, S. 31ff.

88 Im Jahr 2004 hatte das Land Berlin gegen mein Votum als Finanzsenator beschlossen, den Beamtenstatus für Lehrer abzuschaffen. Das führte zu so erheblichen Problemen bei der Personalgewinnung und zu einer so massiven Abwanderung von Lehrkräften in andere Bundesländer, dass der Senat von Berlin den Beamtenstatus für Lehrer ab dem Schuljahr 2022/23 erneut einführte.

89 Vgl. Arbeitsgemeinschaft berufsständischer Versorgungseinrichtungen. Daten und Fakten, https://www.abv.de/verlaessliche-struktur.html

90 Vgl. Bundesministerium für Arbeit und Soziales: Rentenversicherungsbericht 2023, Berlin, November 2023.

91 Das Rentenniveau ermittelt sich aus einer standardisierten Berechnung, mit der der Rentenanspruch eines Durchschnittsverdieners mit 45 Versicherungsjahren zu seinen Aktivbezügen ins Verhältnis gesetzt wird. Die Aussagekraft dieser Ziffer ist dadurch beschränkt, dass nur ein Teil der Rentner so lange Beitragszeiten aufweist. Vgl. zur Entwicklung des Rentenniveaus ebenda, S. 38.

92 Vgl. ebenda, S. 53.
93 Vgl. ebenda, S. 37f.
94 Vgl. ebenda, S. 64.
95 Vgl. ebenda, S. 66.
96 Vgl. ebenda, S.9.
97 Vgl. ebenda, S. 15.
98 Vgl. ebenda, S. 22ff.
99 Vgl. Clemens Fuest: »Die Aktienrente – wie sie das demografische Problem der deutschen Rentenversicherung abmildern kann«, in: *ifo Standpunkte* 2023, S. 31ff.
100 Vgl. »Reformpläne vorgelegt. Bundesregierung will Rente stabilisieren«, in: *FAZ* vom 5. März 2024.
101 Vgl. Bundesgesundheitsministerium: Finanzielle Entwicklung in der gesetzlichen Krankenversicherung im 1.–4. Quartal 2022, https://www.bundesgesundheitsministerium.de/fileadmin/Dateien/3_Downloads/G/GKV/2023-03-03_PMAnlagen_GKV-Finanzergebnisse_1.-4._Quartal_2022__002__bf.pdf
102 Vgl. GKV-Spitzenverband: Die gesetzlichen Krankenkassen, https://www.gkv-spitzenverband.de/krankenversicherung/kv_grundprinzipien/alle_gesetzlichen_krankenkassen/alle_gesetzlichen_krankenkassen.jsp#:~:text=Waren%20es%201970%20noch%201815,Januar%202024).
103 Vgl. Technikerkrankenkasse: Der gesetzliche durchschnittliche Zusatzbeitrag 2024, https://www.tk.de/firmenkunden/service/fachthemen/jahreswechsel/gesetzlicher-durchschnittlicher-zusatzbeitragssatz-2074060#
104 Das zeigte sich, als Bundesgesundheitsminister Karl Lauterbach im Januar 2024 seine Absicht verkündete, den Kassen die Bezahlung homöopathischer Behandlungen zu verbieten. Dieser Schritt war lange überfällig, weil ein wissenschaftlich fundierter Wirkungsnachweis für homöopathische Medikamente bis heute nicht erbracht wurde. Der Ausschluss der Bezahlung durch die Kasse dient auch dem Schutz gutgläubiger Patienten, die möglicherweise zugunsten des homöopathischen Weges auf eine wirksame Behandlung verzichten. Vgl. Christian Geinitz: »Keine Globuli von der Kasse«, in: *FAZ* vom 12, Januar 2024.
105 Vgl. Bernd Raffelhüschen u.a.: »Ehrbarer Staat? Die Generationenbilanz, Update 2023«, hrsg. von der Stiftung Marktwirtschaft, Berlin 2023, S. 17.
106 Vgl. OECD: »Health at a Glance 2023«, Paris 2023, S. 21 und 29.
107 Vgl. GKV-Spitzenverband: Kennzahlen der gesetzlichen Krankenversicherung, Berlin Januar 2024 und eigene Berechnungen.
108 Vgl. Pressemitteilung der Bundesregierung vom 15. November 2023: Mindestlohn steigt in zwei Schritten, https://www.bundesregierung.de/breg-de/themen/arbeit-und-soziales/mindestlohn-steigt-2223632
109 Vgl. Pressemitteilung der Bundesregierung vom 1. Januar 2024: Sozialhilfe und Bürgergeld. Regelsätze 2024 deutlich gestiegen, https://www.bundesregierung.de/breg-de/themen/arbeit-und-soziales/regelsaetze-erhoehung-2222924

110 Vgl. aktuelle Wohngeldtabellen https://www.bmwsb.bund.de/Webs/BMWSB/DE/themen/stadt-wohnen/wohnraumfoerderung/wohngeld/wohngeld-node.html

111 Die Rechtsprechung des Bundesverfassungsgerichts hat das Niveau des zu gewährleistenden sozioökonomischen Existenzminimums grundsätzlich mit der verfassungsrechtlich zu garantierenden Menschenwürde verbunden. Es bewegt sich damit auf dünnem Eis, insbesondere wenn man die Folgen für die Sicherungsansprüche der Asylbewerber und illegalen Einwanderer bedenkt. Allerdings gibt es auch hier Gestaltungsmöglichkeiten, die besser ausgelotet werden müssen. Vgl. »Kürzungen sind nicht ausgeschlossen«, Interview mit Henning Radtke, in: *FAZ* vom 17. Januar 2024, S. 17.

112 Vgl. Statistisches Bundesamt: Sterbefälle 2016-2023, 9. Januar 2024, https://www.destatis.de/DE/Themen/Gesellschaft-Umwelt/Bevoelkerung/Sterbefaelle-Lebenserwartung/Tabellen/sonderauswertung-sterbefaelle.html

113 Vgl. Statistisches Bundesamt: 43,4 Millionen Wohnungen zum Jahresende 2023, Pressemitteilung Nr. 297 vom 28. Juli 2023.

114 Vgl. BBU-Verband Berlin-Brandenburgischer Wohnungsunternehmen: BBU-Marktmonitor 2022, Berlin Februar 2023, S. 9f. und S. 12.

115 Vgl. empirica: Wohnungsmarktprognose 2023, Stand Februar 2023, empirica-Papier Nr. 271.

116 Vgl. Statistisches Bundesamt: genesis-online, Tabelle 31121, Datenabruf Januar 2024.

117 Vgl. ifo Institut: Deutlich weniger Wohnungen bis 2025, Pressemitteilung vom 16. Juni 2023, https://www.ifo.de/pressemitteilung/2023-06-16/deutlich-weniger-neue-wohnungen-bis-2025

118 »Im Wohnungsbau sieht es dramatisch aus«, Interview mit Peter Hübner, in: *FAZ* vom 12. Januar 2024, S. 26.

119 So machte im Januar 2024 das Pestel-Institut mit der alarmistischen Aussage Furore, in Deutschland würden 800 000 Wohnungen bzw.- gemessen am Bedarf der Menschen mit geringem Einkommen – 910 000 Sozialwohnungen fehlen. Für Berlin ermittelte es einen Fehlbedarf von 130 000 Sozialwohnungen. Die Berichterstattung der Medien fiel prompt darauf rein. Vgl. Reinhard Bünger: »Zu teure Mieten. Berlin fehlen 130 000 Sozialwohnungen«, in: *Der Tagesspiegel* vom 17. Januar 2024, B1. Tatsächlich sind preisfreie ältere Wohnungen außerhalb der städtischen Toplagen mindestens so günstig wie neu errichtete Sozialwohnungen. Das wohnungspolitische Kernproblem in Berlin ist nicht das Fehlen von Sozialwohnungen, sondern die im Verhältnis zur Bevölkerungszahl insgesamt zu niedrige Wohnungsversorgung. Dies ergibt sich einerseits aus dem starken Zuzug von Flüchtlingen und Asylbewerbern, andererseits aus der unzureichenden Neubaupolitik in Berlin. Die erste Problematik ist vom Bund, die letztere vom Land Berlin selber verschuldet.

120 Vgl. Statistisches Bundesamt: genesis-online, Tabelle 12411-00058, Datenabruf September 2023.

121 Vgl. Statistisches Bundesamt: genesis-online Tabelle 81000-0015, Datenabruf September 2023.

122 Vgl. Statistisches Bundesamt: genesis-online Tabelle 81000-015, Datenabruf September 2023.

123 Vgl. Nicolas Bunde, Anita Wölfl: »Wie technologieaffin sind ältere Menschen in Deutschland im europäischen Vergleich«, in: *ifo Schnelldienst* 11/2023, S. 12ff.

124 Vgl. Jacob Arnold: »Der verborgene Anstieg der Langzeitarbeitslosigkeit«, in: *FAZ* vom 28. Dezember 2023, S.17.

125 Sachverständigenrat zur Begutachtung der gesamtwirtschaftlichen Entwicklung: Wachstumsschwäche überwinden – in die Zukunft investieren. Jahresgutachten 23/24, Wiesbaden Dezember 2023, S. 7.

126 Die Produktivität ist hierbei definiert als das reale BIP je Erwerbstätigenstunde. Die Zahlen für das BIP in Preisen von 2015 und für die Erwerbstätigenstunden wurden für den Zeitraum von 1991 bis 2022 am 26. Juli 2023 bei der Genesis-Datenbank des Statistischen Bundesamt abgerufen. Auf dieser Grundlage sind die im Text genannten Zahlen zur Produktivitätsentwicklung das Ergebnis eigener Berechnung.

127 Abruf für die Zahlen von 1991 und 2022 bei der Genesis-Datenbank des Statistischen Bundesamtes am 26.Juli 2023.

128 Das Ausbildungsniveau der Migranten ist im Durchschnitt gering. Die kognitiven Kompetenzen der seit 2015 nach Deutschland gekommenen Flüchtlinge liegen deutlich (nämlich um 1,2 Standardabweichungen) unter der deutschen Referenznorm. Besonders groß ist der Unterschied bei sprachfreien, numerischen Aufgaben. Bei textgebundenen Aufgaben besteht auch in der jeweiligen Muttersprache ein erheblicher Abstand zur deutschen Referenznorm. Die beobachteten Defizite in der kognitiven Kompetenz lassen sich also nicht durch die mangelhaften Deutschkenntnisse erklären und können auch nicht durch Sprachkurse kompensiert werden. Vgl. A. Frintrup und M. Spengler: »Berufliche Orientierung für Flüchtlinge und Migranten: psychologische Kompetenzanalyse und Berufsprofiling mit CAIDANCE-R«, in: A. Frinturp (Hrsg.): *Berufliche Integration von Flüchtlingen und Migranten*, Heidelberg 2017.

129 Vgl. Statistisches Bundesamt: Bruttoinlandsprodukt von 1991 bis 2022 im Durchschnitt 3,1 Prozent pro Jahr gewachsen, Pressemitteilung Nr. N 032 vom 1. Juni 2023.

130 Vgl. dazu die ausführliche Argumentation bei Thilo Sarrazin: *Wunschdenken. Warum Politik so häufig scheitert*, a.a.O., S. 314ff.

131 So hat dies der Freiburger Finanzwissenschaftler Bernd Raffelhüschen mit seinem Team für die Stiftung Marktwirtschaft ermittelt. Selbst wenn sich die Einwanderer nach sechs Jahren fiskalisch nicht mehr von der übrigen Bevölkerung unterschieden, wäre ihr Gesamtbeitrag über den Lebenszyklus gerechnet negativ. Vgl. »Migration ist kein Rezept zur Sanierung der Staatskassen. Die fiskalische Nachhaltigkeitslücke wächst weiter«, in: *FAZ* vom 11. Januar 2024, S. 19.

132 Vgl. OECD.stat, https://stats.oecd.org/index.aspx?queryid=61433#, Abfrage vom 19. Januar 2024.

133 Von 1971 bis 2022 ging das jährliche Wachstum des deutschen Produktionspotentials von 3,5 Prozent auf 0,4 Prozent zurück. Vgl. Sachverständigenrat zur Begutachtung der gesamtwirtschaftlichen Entwicklung: Jahresgutachten 23/24, a.a.O., Abbildung 34, S.91.

134 Am 28. Februar 2023 veröffentlichte die Weltorganisation für geistiges Eigentum (WIPO) ihren Bericht über internationale Patentanmeldungen des Jahres 2022. Dem Bericht zufolge stiegen die internationalen Patentanmeldungen über den PCT (Vertrag über die Zusammenarbeit auf dem Gebiet des Patentwesens) der WIPO im Jahr 2022 gegenüber im Vorjahr leicht um 0,3 Prozent an und erreichten mit 278 100, die höchste jemals in einem einzigen Jahr verzeichnete Zahl.
Hinsichtlich der Herkunft der Anmeldungen, blieb China im vierten Jahr in Folge an der Spitze, mit 70 015 Anmeldungen (Wachstum von 0,6 Prozent gegenüber dem Vorjahr), was mehr als 25 Prozent aller Einreichungen im Jahr 2022 entspricht; die Plätze zwei bis fünf belegten die USA (59 056), Japan (50 345), Korea (22 012) und Deutschland (17 530). Asien war weiterhin die dominierende Quelle für internationale Patentanmeldungen und machte einen Gesamtanteil von 54,7 Prozent aller Anmeldungen im Jahr 2022 aus. Unter den asiatischen Anmeldern wiesen Indien (oberster 12. Platz nach Herkunft) und Korea (oberster 4. Platz) ein bemerkenswertes Wachstum von 25,4 Prozent bzw. 6,2 Prozent auf.
In Bezug auf die Unternehmensrangliste behielt das in China ansässige Unternehmen Huawei Technologies mit 7689 veröffentlichten PCT-Anmeldungen im Jahr 2022 zum sechsten Mal in Folge den Spitzenplatz; auf den Plätzen zwei und drei folgten Samsung Electronics aus Korea (4387 Anmeldungen) und Qualcomm aus den USA (3855). Samsung Electronics verzeichnete unter den Top-10-Anmeldern mit 44,3 Prozent das schnellste Wachstum bei den PCT-Anmeldungen.
Im Bildungssektor waren die drei führenden Anmelder die Universität von Kalifornien in den USA (552 veröffentlichte PCT-Anmeldungen), die Zhejiang-Universität von China (309) und die Suzhou-Universität von China (303). Die Universität Suzhou verzeichnete den stärksten Anstieg unter den Top-10-Bildungseinrichtungen, wobei sich die Zahl der PCT-Anmeldungen ab 2021 fast verdoppelte.
In Bezug auf technisches Gebiet, machte die Computertechnologie den größten Anteil der veröffentlichten PCT-Anmeldungen aus (10,4 Prozent), gefolgt von digitaler Kommunikation (9,4 Prozent) und elektrischen Maschinen (7,1 Prozent).

135 Einerseits können zahlreiche berufliche Qualifikationen entwertet werden, andererseits kann ein Teil der Arbeitskräfte von künftigen Anforderungen auch geistig überfordert sein. Dazu gab mir der Human Resources Diagnostiker Andres Frintrup im Oktober 2023 folgende Einschätzung: »Unsere

Kunden in der Automotive-Branche setzen momentan extrem auf Qualifizierungsmaßnahmen für low-skilled workers, stellen aber zunehmend frustriert fest, dass diese Mitarbeiter nicht ohne Grund in ihren bisherigen Beschäftigungssituationen stecken und eine Höherqualifizierung nur im untersten Prozentbereich Aussicht auf Erfolg verspricht. Entsprechend rollt gerade die Welle der Lay-offs über Newplacement und Beschäftigungsgesellschaften an. Das ist nicht nur ein Automotive-Effekt (wegen geringerer Stückzahlen und vereinfachter Prozesse durch Modellverschlankung und insbesondere E-Mobilität), sondern ein Effekt, den ich auch bei anderen Unternehmen im produzierenden Gewerbe beobachte. Besonders die Verwaltungsbereiche wird es treffen, denn hier schreiten Automatisationen mit einem großen Tempo voran. Übersetzer haben sich in den letzten Jahren durch Mitwirkung an den Datenbanken für KI-Übersetzungen selbst entbehrlich gemacht, eine befreundete Leiterin der Übersetzungsabteilung eines amerikanischen Software-Konzerns im München berichtet, dass man nur noch einen Bruchteil der externen Übersetzungsdienstleistungen in Anspruch nimmt wie vor zwei Jahren und diese Leistungen auch nur noch mit 10% der bisherigen Zeilen/Wort-Vergütung bezahle. … Software schreibt Software, Dalle malt Bilder und KI gestaltet Webseiten und beantwortet E-Mails. Ein befreundeter Radiologe schreibt seine radiologischen Berichte mittlerweile per KI und spart sich so zwei Assistenzen. Was das Arbeitsleben für gestresste Büroberufe eben noch einfacher macht, macht sie morgen überflüssig und das gilt auch in IT-Berufen bis hin zum Engineering. Wenn man in Wirtschaftssektoren denken möchte, wird im tertiären Sektor nur übrig bleiben, was unmittelbare psycho-soziale (muttersprachliche!) und nicht ersetzbare handwerkliche Kompetenzen erfordert, der quartäre Sektor wird extrem automatisiert werden und ob wir uns dann einen quintären Sektor noch werden leisten können, steht auf einem ganz anderen Blatt. … Was wir brauchen, ist eine richtige Allokation von Bildungsressourcen und (falls überhaupt) eine Zuwanderung in den sekundären Sektor, so rückschrittlich das klingen mag.«

136 »Im Wohnungsbau sieht es dramatisch aus«, Interview mit Peter Hübner, in: *FAZ* vom 12. Januar 2024, S. 26.

137 Der in den oben angegebenen Textpassagen von mir aufgegriffene Vorschlag einer weitgehenden Umstellung der Verkehrsinfrastrukturfinanzierung auf eine Nutzerfinanzierung war der Kernpunkt des Gutachtens der vom Bundesverkehrsministerium 1999 berufenen Regierungskommission »Verkehrsinfrastrukturfinanzierung«, die von Wilhelm Pällmann geleitet wurde. Leider blieb dieses wertvolle Gutachten mit seinen wegweisenden Vorschlägen in der Politik weitgehend unbeachtet und ist heute vollständig vergessen. Vgl. Andreas Kossak, Wilhelm Pällmann (Hrsg.): *10 Jahre Regierungskommission Verkehrsinfrastrukturfinanzierung. Aktualisierter und erweiterter Appell zum Paradigmenwechsel*, Hamburg 2009.

Dank

Meine Frau Ursula Sarrazin war erneut meine erste und kritische Leserin, ihr Urteil war mir wichtig.

Christian Raap hat die Entstehung des Manuskriptes kritisch begleitet und mir viele wertvolle Anregungen gegeben. Annalisa Viviani hat als Lektorin den Text stilistisch verbessert. Ihnen und allen Mitarbeitern des Verlags gilt mein Dank für die erneut sehr gute und harmonische Zusammenarbeit.

Register